Konold (Hrsg.)

Naturlandschaft – Kulturlandschaft

Die Veränderung der Landschaften
nach Nutzbarmachung durch den Menschen

ecomed Umweltinformation

Das vorliegende Werk besteht aus umweltfreundlichen und ressourcenschonenden Materialien. Da diese Begriffe im Zusammenhang mit den Qualitätsstandards zu sehen sind, die für den Gebrauch unserer Verlagsprodukte notwendig sind, wird im folgenden auf einzelne Datails hingewiesen:

Einband/Ordner
Der innere Kern von Loseblatt-Ordnern und Hardcover-Einbänden besteht aus 100% Recycling-Pappe. Neue Bezugsmaterialien und Paperback-Einbände bestehen alternativ aus langfaserigem Naturkarton oder aus Acetat-Taftgewebe.
Der Kartoneinband beruht auf Sulfat-Zellstoff-Basis, ist nicht absolut säurefrei und hat einen alkalisch eingestellten Pigmentstrich (Offsetstrich). Der AOX-Wert (Absorbierbare Organische Halogene) für das Abwasser der Fabrikation beträgt 1,7 kg/t Zellulose und 0,0113 kg/t Zellstoff. Der Einband wird mit oxidativ trocknenden Farben (Offsetfarben) und einem scheuerfesten Drucklack bedruckt, dessen Lösemittel Wasser ist.
Das Acetat-Gewebe wird aus Acetat-Cellulose hergestellt. Die Kaschiermaterialien Papier und Dispersionskleber sind frei von Lösemitteln (insbesondere chlorierte Kohlenwasserstoffe) sowie hautreizenden Stoffen. Die Fertigung geschieht ohne Formaldehyd, und die Produkte sind biologisch abbaubar.
Im Vergleich zu den früher verwendeten Kunststoff-Einbänden mit Siebdruck-Aufschriften besteht die Umweltfreundlichkeit und Ressourcenschonung in einer wesentlich umweltverträglicheren Entsorgung (Deponie und Verbrennung) sowie einer umweltverträglicheren Verfahrenstechnik bei der Herstellung der Grundmaterialien. Bei dem wesentlichen Grundbestandteil »Zellstoff« handelt es sich um nachwachsendes Rohmaterial, das einer industriellen Nutzung zugeführt wird.

Papier
Die in unseren Werken verwendeten Offsetpapiere werden zumeist aus Sulfit-Zellstoff, einem industriell verwerteten, nachwachsenden Rohstoff, hergestellt. Dieser wird chlorfrei (Verfahren mit Wasserstoffperoxid) gebleicht, wodurch die im früher angewendeten Sulfatprozeß übliche Abwasserbelastung durch Organochlorverbindungen, die potentielle Vorstufen für die sehr giftigen polychlorierten Dibenzodioxine (PCDD) und Dibenzofurane (PCDF) darstellen, vermieden wird. Die Oberflächenverleimung geschieht mit enzymatisch abgebauter Kartoffelstärke. Bei gestrichenen Papieren dient Calciumcarbonat als Füllstoff.
Alle Papiere werden mit den derzeit üblichen Offsetfarben bedruckt.

Verpackung
Kartonagen bestehen zu 100% aus Recycling-Pappe. Pergamin-Einschlagpapier entsteht aus ungebleichten Sulfit- und Sulfatzellstoffen.
Folienverschweißungen bestehen aus recyclingfähiger Polypropylenfolie.

Hinweis: Die ecomed verlagsgesellschaft ist bemüht, die Umweltfreundlichkeit ihrer Produkte im Sinne wenig belastender Herstellverfahren der Ausgangsmaterialien sowie Verwendung ressourcenschonender Rohstoffe und einer umweltverträglichen Entsorgung ständig zu verbessern. Dabei ist der Verlag bestrebt, die Qualität beizubehalten oder zu verbessern. Schreiben Sie uns, wenn Sie hierzu Anregungen oder Fragen haben.

Konold (Hrsg.)

Naturlandschaft Kulturlandschaft

Die Veränderung der Landschaften nach der Nutzbarmachung durch den Menschen

Dieses Werk ist nach bestem Wissen zusammengestellt, dennoch sind Fehler nicht vollständig auszuschließen. Aus diesem Grund sind alle Angaben mit keiner Verpflichtung oder Garantie der Autoren und des Verlages verbunden. Sie übernehmen infolgedessen keinerlei Verantwortung oder Haftung für etwaige inhaltliche Unrichtigkeiten des Buches. Patente, Gebrauchsmuster oder Warenzeichen sind als solche gekennzeichnet. Aus dem Fehlen einer Kennzeichnung folgt jedoch nicht, daß kein Schutz besteht.

Die Deutsche Bibliothek – CIP-Einheitsaufnahme
Naturlandschaft – Kulturlandschaft : die Veränderung der
Landschaften nach der Nutzbarmachung durch den Menschen /
Konold (Hrsg.). [Verf.: Rainer Beck ...] – Landsberg : ecomed,
1996
    ISBN 3-609-69280-4
NE: Konold, Werner [Hrsg.]

Naturlandschaft- Kulturlandschaft
Die Veränderung der Landschaften nach Nutzbarmachung durch den Menschen

Herausgeber: Prof. Dr. Werner Konold, Universität Hohenheim, Institut für Landschafts- und Pflanzenökologie

Verfasser: Dr. Rainer Beck, Dr. Diedrich Bruns, Prof. Dr. Reinhard Böcker, Prof. Dr. Klaus C. Ewald, Dr. Christian Ganzert, Prof. Dr. Ulrich Hampicke, Dr. Alois Kapfer, Dr. Michael Kleyer, Prof. Dr. Werner Konold, Prof. Dr. Frieder Luz, Bettina Oppermann, Prof. Dr. Peter Poschlod, Dr. Katrin Schwineköper, Dr. Peter Seiffert, Prof. Dr. Ludwig Trepl, Prof. Dr. Friedrich Weller

Titelbild: Blick von der Schwäbischen Alb auf das Albvorland (Aufnahme: W. Konold)

© 1996 ecomed verlagsgesellschaft AG & Co. KG
Rudolf-Diesel-Straße 3, 86899 Landsberg
Tel.: (0 81 91) 125-0; Telefax: (0 81 91) 125-492; Telex: 527 114

Alle Rechte, insbesondere das Recht der Vervielfältigung und Verfilmung sowie der Übersetzung, vorbehalten. Kein Teil des Werkes darf in irgendeiner Form (durch Fotokopie, Mikrofilm oder ein anderes Verfahren) ohne schriftliche Genehmigung des Verlages reproduziert oder unter Verwendung elektronischer Systeme gespeichert, verarbeitet oder verbreitet werden.

Satz und Layout: Verlagsservice G. Pfeifer, Germering
Druck: VEBU Druck GmbH, 88427 Bad Schussenried
Bindung: Moser GmbH, 88213 Ravensburg
Printed in Germany: 690280/296205
ISBN: 3-609-69280-4

Vorwort

Tagtäglich sehen wir, wie sich die Landschaften um uns herum mit einer immer größer werdenden Geschwindigkeit verändern. Landschaft, verstanden als das Zusammenspiel von belebter und unbelebter Natur, von Mensch, Tier und Pflanze, als umfassender Lebens- und Sozialraum, war immer in Veränderung, einmal schneller, dann wieder langsamer, aber wohl nie so raumgreifend und gründlich wie heute. Die gestaltenden Eingriffe des Menschen sind so alt, daß wir heute kaum noch irgendwo einen Rest von wilder, natürlicher Natur finden können. Ja, man kann wohl sagen, daß in Mitteleuropa fast alle Landschaft Kulturlandschaft ist, vom Menschen geformt nach seinen Bedürfnissen und seinen jeweiligen Möglichkeiten.

War in den alten Kulturlandschaften die Kontur und der Wille der Natur noch sichtbar und spürbar, so sind wir nun seit geraumer Zeit dabei, die Natur ganz und gar menschlichen Bedürfnissen anzupassen, die »Natur der Landschaft« in ein Korsett zu pressen: Der Wald wurde – nachdem er jahrhundertelang ausgebeutet worden war – nicht wieder zum Wald, sondern oft genug zur Holzplantage, der Sumpf und das Moor zu Acker und Wiese, das Grasland zum Grünland, die Hecke, der Riegel und der Rain zum Hindernis. Bach und Fluß wurden gezähmt, begradigt, um Land zu gewinnen und um vor den Launen der Natur, so glaubte man, sicher zu sein.

Das vorliegende Buch will exemplarisch verschiedene Landschaftszustände sowie Verhältnisse in der »Natur« und zur »Natur« darstellen. Gegenstand sind zum einen »wilde« Naturlandschaftselemente wie die Moore und ihre größtenteils irreversible Zerstörung; zum anderen ästhetisch ansprechende, rein kulturelle Elemente wie die Streuobstwiesen oder von Gräben durchzogene Wiesen, sowie »altmodische« Kulturelemente wie die Streuwiesen, die jedoch sehr viel »Natürlichkeit« ausstrahlen, die heute aber wie »nutzlos« zu sein scheinen; dann die modernen, sich auf Kosten traditioneller Formen ausdehnenden urbanen Siedlungskomplexe; und schließlich – als optimistischer Blick in die Zukunft – die sich mit Unterstützung der Planung neu strukturierenden Landschaften, in denen versucht wird, einen sinnvollen Weg zwischen Tradition und Moderne zu finden.

Bis auf einen Beitrag erschienen alle im Buch abgedruckten Aufsätze weitgehend unverändert bereits im Jahr 1994 in der Reihe »Der Bürger im Staat«, herausgegeben von der Landeszentrale für politische Bildung Baden-Württemberg (Jg. 44, Heft 1). Dem Schriftleiter dieser Zeitschrift, Prof. Dr. Hans-Georg Wehling, sei an dieser Stelle ganz herzlich dafür gedankt, daß er es möglich machte, die Beiträge in Buchform veröffentlichen zu können.

Stuttgart-Hohenheim, im Februar 1996

Werner Konold

Autorenverzeichnis

Dr. Rainer Beck
Haus 52
86923 Unterfinning

Prof. Dr. Reinhard Böcker
Universität Hohenheim
Institut für Landschafts- und
Pflanzenökologie
70593 Stuttgart

Dr. Diedrich Bruns
Panoramastraße 22
73614 Schorndorf

Prof. Dr. K.C. Ewald
Zürcherstraße 111
CH-8903 Birmensdorf
Schweiz

Dr. Christian Ganzert
Teutoburger Straße 8
50678 Köln

Prof. Dr. Ulrich Hampicke
UGH Kassel
Nora-Platiel-Straße 4
34127 Kassel

Dr. Alois Kapfer
Gesellschaft für ökologische
Landschaftsentwicklung
Gartenstraße 3
78532 Tuttlingen

Dr. Michael Kleyer
Universität Stuttgart
Institut für Landschaftsplanung
und Ökologie
Azenbergstraße 12
70174 Stuttgart

Prof. Dr. Werner Konold
Institut für Landschafts- und
Pflanzenökologie
Universität Hohenheim
70593 Stuttgart

Prof. Dr. Frieder Luz
Fachhochschule Weihenstephan
Teilbereich Landespflege
85350 Freising

Bettina Oppermann
Akademie für Technikfolgenabschätzung
Industriestraße 5
70565 Stuttgart

Prof. Dr. Peter Poschlod
Philipps-Universität Marburg
Sachgebiet Naturschutz II
Fachbereich Biologie
Karl-von-Frisch-Straße
35032 Marburg

Dr. Katrin Schwineköper
Universität Hohenheim
Institut für Landschafts- und
Pflanzenökologie
70593 Stuttgart

Dr. Peter Seiffert
Universität Hohenheim
Institut für Landschafts- und
Pflanzenökologie
70593 Stuttgart

Prof. Dr. Ludwig Trepl
Lehrstuhl für Landschaftsökologie
Technische Universität München
85354 Freising

Prof. Dr. Friedrich Weller
Karl-Erb-Ring 104
88213 Ravensburg

Inhaltsverzeichnis

Vorwort 5
Autorenverzeichnis. 6

Die Landschaft und die Wissenschaft 13
L. Trepl

Die Abschaffung der »Wildnis« 27
Landschaftsästhetik, bäuerliche Wirtschaft und Ökologie zu Beginn der Moderne
R. Beck

Kosten des Fortschritts 27
Der ländliche Raum blieb nicht verschont 27
Ein neues Ideal: Schönheit als verwirklichte Nützlichkeit 28
»Traurige Moore« – Entwässerung der Feuchtgebiete 29
Wider den bäuerlichen Schlendrian – die agrarische Bewegung 30
Das Vieh soll an allem Schuld sein 31
Die vielfältige Nutzung der einstigen Wälder 32
Der Reigen der Weideplätze 32
Gleitende Übergänge in der alten Kulturlandschaft 33
Die Bauern gehören aus dem Wald getrieben 34
Das Programm der Reformer: Abschaffung von Viehtrieb und Allmende 35
Kultivation oder Enteignung 36
Krieg den Disteln und Dornen – heroischer Fortschritt 37
Verordnete Natürlichkeit und gehorsame Erde 37
Wald hatte Wald und Wiese Wiese zu sein – das Prinzip der Trennung 38
Das Schachbrett als ökologisch-ökonomisches und ästhetisches Ideal 39
Ein neuer Landmann wird verlangt 40
Der traditionelle Bauer paßte sich an 41
Fast alles stammte aus dem eigenen Dorf oder der eigenen Erzeugung 41
Vormoderne Logik: Risikominimierung statt Ertragsoptimierung 42
Ein ausgeklügeltes ökologisches System und – erbärmliche Erträge 43
Die Übererfüllung des Solls 43
Literatur 44

Der Preis einer vielfältigen Kulturlandschaft 45
U. Hampicke

Der unbefriedigende Zustand der Landschaft 45
Das Problem in ökonomischer Sichtweise 46
Ökonomie: Die Kunst des vernünftigen Umgangs mit knappen Ressourcen 46
Unökonomische Rahmenbedingungen 48
Die Agrarmarktregelungen der Europäischen Union 48
Intensivierungszwang durch mangelnde Flächenausstattung, das »Durchwursteln«
zahlreicher Betriebe 49

Inhaltsverzeichnis

Die Tätigkeit der Landeskulturbehörden 53
Das tiefere Problem: Defizite bei der Bewirtschaftung von Kollektivgütern 57
Der Preis einer vielfältigen Kulturlandschaft 61
Kosten der Verdrängung der Intensivnutzung 62
Kosten der Erhaltung einer extensiven Nutzung 63
Bereits durchgeführte Maßnahmen und weiterer Bedarf 66
Ausblick auf eine kurz- bis mittelfristige Strategie 68
Literatur 72

Die Landwirtschaft zwischen Natur und Markt 77
C. Ganzert

Gefragt sind Lösungsansätze, die den alten Konflikt zwischen Ökonomie
und Ökologie überwinden 77
Arbeiten am Beispiel 78
Bodennutzung im Wandel 78
Die Wiesenkultur breitet sich aus 79
Zunehmende Spezialisierung, Intensivierung und Nivellierung 82
Wachsende Instabilitäten der Grünlandvegetation 85
Der Energieeinsatz steigt mit dem Abstand von der Naturlandschaft 85
Die Steigerung der Nutzungsintensität und ihre Folgen 87
Mit dem fossilen Energieeinsatz und der zunehmenden räumlichen
Spezialisierung ging die Artenvielfalt zurück 88
Die Landwirtschaft wird heute vom Markt, nicht mehr von den
natürlichen lokalen Ressourcen bestimmt 90
Die entstandenen Umweltprobleme erfordern eine Neuorientierung
der Landwirtschaft 91
Zusammenfassung 95
Literatur 95

Traditionelle Kulturlandschaften 99
Elemente und Bedeutung
K.C. Ewald

Einleitung 99
Landschaft: Raum und Zeit 100
Traditionelle Kulturlandschaften: von Hand und mit einfachen Geräten gestaltet ... 100
Elemente der traditionellen Kulturlandschaft 101
Der agrarmorphologische Formenschatz 103
Wölbacker 104
Bifang 105
Rain 106
Anwand 106
Gewannstoß 106
Stufenrain 107
Terrassenacker bzw. Ackerterrasse 108
Kulturwechselstufe: Wiesen- und Waldrandstufen 109
Lesesteine 111

Besondere Strukturen 111
Hohlwege, besonders eindrücklich am Kaiserstuhl 112
Weidgasse 114
Von der traditionellen Kulturlandschaft zur maschinenbefahrbaren Produktionsstätte oder die Zerstörung kulturhistorischen Erbes durch die Flurbereinigung 114
Ausblick 116
Literatur 116

Von der Dynamik einer Kulturlandschaft 121
Das Allgäu als Beispiel
W. Konold

Was ist Kulturlandschaft? 121
Die Aneignung von Landschaft 123
Assoziationen und Klischees zum »Allgäu« 125
Wie sah das Allgäu früher aus? 126
Der »Wald« 126
Die Äcker 126
Wiesen und Weiden 127
Die fließenden und stehenden Gewässer 127
Die Vereinödung hat das Gesicht verändert 129
Beschleunigung der Veränderung 131
Der Schwund von Mooren und Trockenstandorten 132
Degradierte Lebensadern 133
Einheits-Grün 133
Schleichender Identitätsverlust 134
Literatur 135

Streuobstwiesen 137
Herkunft, heutige Bedeutung und Möglichkeiten der Erhaltung
F. Weller

Obstbäume in der Landschaft 137
Historische Entwicklung der Streuobstwiesen 138
Heutige Bedeutung der Streuobstwiesen 143
Möglichkeiten zur Erhaltung der Streuobstwiesen 150
Literatur 159

Moore in Oberschwaben 161
Entstehung, Kulturgeschichte und Gedanken zur Zukunft
P. Poschlod

Einführung 161
Gurgelnd und schaudernd das Moor 161
Torfstecher ziehen in die Moore 162

Inhaltsverzeichnis

Moore als Dokumente 162
Die landschaftsökologischen Funktionen von Mooren sind durch
die verschiedenen Nutzungsformen beeinträchtigt 164
Vielfalt durch kleinflächigen Torfstich 167
Moore werden ausradiert 167
Fallbeispiele 169
Das Beispiel Wurzacher Ried 169
Der Mensch soll sich künftig heraushalten 172
Das Beispiel Federsee mit Federseeried 174
Einschneidende Änderungen durch Seefällungen 174
Es war schon fünf vor Zwölf 175
Neue Ziele 176
Das Beispiel Osterried 177
Durch Vernässung wieder mehr Natur 178
Was tun mit den kleinflächigen Mooren? 179
Zusammenfassung 180
Differenzierte Betrachtungen sind notwendig 180
Literatur 180

Streuwiesen 185
Relikte vergangener Landbewirtschaftung mit hohem ökologischen Wert
A. Kapfer, W. Konold

Einleitung 185
Streuwiesen leben auf nassem Fuß 186
Streuwiesen stehen auf mageren Standorten 186
Extensive Bewirtschaftung 188
Artenreich und bunt vom Frühjahr bis in den Herbst 189
Die Tierwelt der Streuwiesen - hochspezialisiert und mit vielfältigsten Ansprüchen .. 190
Streuwiesen - Produkte der Agrarkultur 192
 Suche nach Strohsurrogaten 193
Die Streuwiesenkultur 194
Ausbreitung und Niedergang 194
Streuwiesen - geschützt und dennoch Problemkinder der Landschaftspflege 196
Regeneration von Streuwiesen? 198
Pflege von Streuwiesen - eine Sackgasse? 198
Literatur 199

Die Veränderung einer Flußlandschaft 201
Das Beispiel obere Donau
W. Konold

Einleitung 201
Die Donau als alte Achse für Wirtschaft und Kultur 201
Alte Nutzungen der Aue 203
»Widriger Anblick von Heiden« 204

Die »Schlangenwendungen« der Donau 207
Die Donau und ihre Aue nach der Begradigung 208
Flora, Vegetation und Nutzung zu Beginn des 20. Jahrhunderts 211
Torf- und Kiesabbau 212
Weitere Veränderungen im 20. Jahrhundert 213
Wandel der Flußlandschaft an weiteren Beispielen 218
Ausblicke 225
Literatur 226

Urbanisierungsprozesse in der Kulturlandschaft 229
Neue Kulturlandschaften?
M. Kleyer

Agrarlandschaft – Stadtlandschaft 229
Verkehrsknotenpunkt mit Markt in fester Schale: die historische Stadt . 229
Die Auflösung der Behälterstadt 231
Urbanisierungsprozesse in verschiedenen Maßstabsebenen 232
Steuerungsversuche durch Planungsrecht - doch die Gemeinden halten
sich selten daran 234
Beispiele 235
Dörfliche Maßstabsebene - die Initiale 235
Städtischer Maßstab - Vergrößerung und Differenzierung 236
Überspringen und Einkapseln alter Kulturlandschaft 237
Kolonisierung der Zwischenräume am Stadtrand 238
Die Umweltbelastungen stadtnaher Agrar- und Waldlandschaften 238
Maßstabsebene Verdichtungsgebiet - Häufung, Mischung und Dispersion .. 240
Urbane und urbanisierte Landschaften - Neue Kulturlandschaften? 240
Forderungen zu einer umweltschonenden Siedlungserweiterung 241
Literatur 242

Stadt statt Landschaft 243
R. Böcker

Status quo der Stadtlandschaft 243
Entwicklungen einer typischen Stadt in Mitteleuropa 244
Alles umfassende Veränderungen 245
Stadtentwicklungskonzepte 248
Änderungen im Landschaftshaushalt 249
Moloch Verkehr 250
Verbau der freien Landschaft 251
Die Rolle der Stadtökologie für eine Trendwende 252
Sicherungsmaximen für Landschaft im Umland von Städten 253
Perspektiven einer Integration ökologischer Erkenntnisse in Planung und
Stadtentwicklung 256
Literatur 257

Inhaltsverzeichnis

Neue Wege kommunaler Planung 259
D. Bruns

Die „Talidee" entsteht 259
Kulturelles Erbe im Entscheidungsprozeß 260
Altlandschaft in der Erneuerung? 261
Schutzgut Münstertal-Landschaft 263
Entscheidungsbeispiel: Sportstättenplanung 266
Entscheidungsbeispiel: Weideland - Offenhalten des Tales 268
Landschaft ist mehr als eine Summe von Einzelteilen: Komponenten
des integrierten Entwicklungskonzeptes 270
Leitbild für die Zukunft: die Talidee 271
Literatur 272

Planung hört nicht mit dem Planen auf 273
Kommunikation und Kooperation sind für die Umsetzung unerläßlich
B. Oppermann, F. Luz

Zu schade für die Schublade - Planung ist nicht Selbstzweck 273
Die Chancen der Umsetzung von Planung erkennen und nutzen 274
Kommunikationsprobleme hemmen die Umsetzung 277
Verfahren zur Kooperation und Konsensfindung: Vertreter der lokalen Akteure
an den Runden Tisch 278
Bündelung und Projektsteuerung am Runden Tisch - Voraussetzung für
Kommunikation und Kooperation 282
Schlußfolgerungen 282
Literatur 286

Zukünftige Kulturlandschaft aus der Tradition heraus 289
Ein Beispiel aus Oberschwaben
W. Konold, K. Schwineköper, P. Seiffert

Einleitung 289
Das Untersuchungsgebiet 289
Formulierung von Landschaftsqualitätszielen 290
Erkenntnisse aus der historischen Analyse 293
Entwicklungspotentiale 294
Zielführende Maßnahmen 301
Zwei Beispiele 303
1. Beispiel: Gründlenniederung nördlich von Kißlegg 303
2. Beispiel: Tal der Wolfegger Ach unterhalb von Kißlegg 307
Akzeptanz und Kooperation 307
Rechtliche Möglichkeiten 310
Literatur 311

Stichwortverzeichnis 313

Die Landschaft und die Wissenschaft[1)]

L. Trepl

Von einem Beitrag aus »der Wissenschaft« zum Thema Landschaft erwartet man vermutlich, daß er einem den Gegenstand zeigt, wie er objektiv, also wirklich ist und bloß subjektive Auffassungen, die sich gemeinhin bei Laien finden, korrigiert. Dies könnte damit beginnen, daß man darstellt, was die Wissenschaft darüber herausgefunden hat, in welche Aspekte, Subsysteme oder Elemente sich Landschaften unterteilen. Wer bereits Texte aus Landschaftswissenschaften kennt, wird vielleicht erwarten, daß nun gesagt wird, es gäbe zwei grundverschiedene Typen von Landschaft, nämlich die Natur- und die Kulturlandschaft, und die Landschaft gliedere sich in verschiedene »Sphären« – Lithosphäre und Biosphäre etwa. So wie man sich etwa dem ganzheitlichen Ökosystem wissenschaftlich nähere, indem man erkennt, aus welchen Grund-Kompartimenten es besteht – aus Biotop und Biozönose, diese wiederum aus Produzenten, Konsumenten und Destruenten etc. – so werde es auch für die wissenschaftliche Aufschlüsselung der ganzheitlichen Landschaft eine ähnlich fundamentale Weise der Annäherung geben.

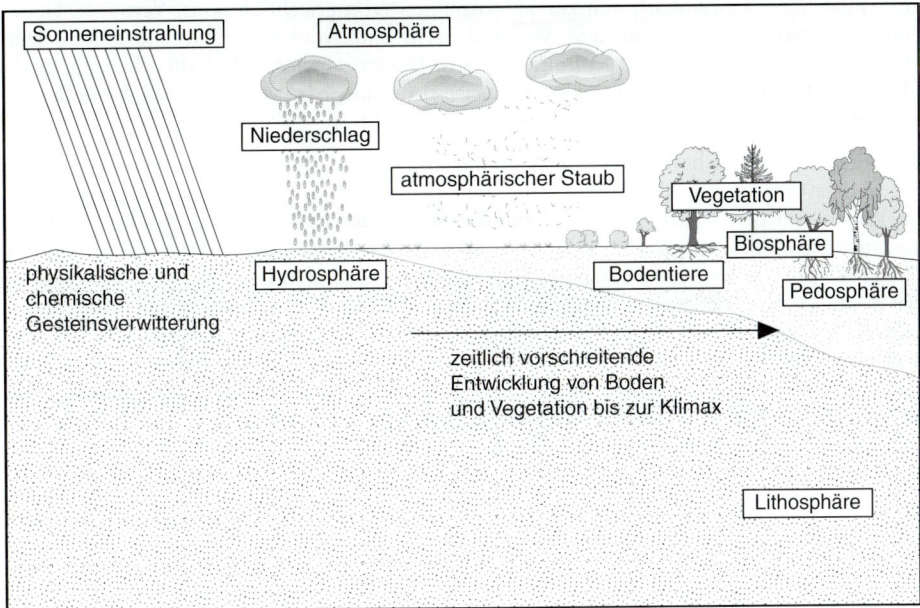

Abbildung 1: Gliederung von Landschaft.

---

1) Die Diskussion, in die dieser Beitrag gehört, wurde um 1970 vor allem in der Geographie sehr heftig geführt und ist seitdem mehr oder weniger verstummt, obwohl der Begriff der Landschaft, nachdem er seit dem 2. Weltkrieg fast vollständig auf den disziplininternen Gebrauch von Geographie und Landespflege eingeschränkt war (Hard 1969a), wieder ein breites Publikum – wohl zahlreicher als je zuvor – gefunden hat. Zum Thema vgl. vor allem die Arbeiten von Hard (z.B. Hard 1970, 1973).

In der Tat hätten viele Angehörige von Universitätsfächern, die sich mit der Landschaft befassen – Landschaftsplaner und Landespfleger, Landschaftsgeographen und Landschaftsökologen – damit kaum Schwierigkeiten. Die Grundgliederung der Landschaft in Lithosphäre, Hydrosphäre, Atmosphäre und Biosphäre ist ja offensichtlich; wer würde daran zweifeln, daß diese Einteilung eine wirkliche Eigenschaft der wirklichen Landschaft trifft, so selbstverständlich »gegeben« wie für den Anatomen die Einteilung seines Objektes in Kopf, Rumpf und Gliedmaßen? Das heißt nicht, daß es keine wissenschaftliche Leistung gewesen wäre, diese Sphären zu definieren und zu benennen. Gerade das auf den Begriff zu bringen, was man immer schon kannte, macht ja oft große wissenschaftliche Leistungen aus; man denke an den Begriff der Kraft oder den der Schwere.

Eine beachtliche Leistung war es auch zu erkennen, daß sich die Landschaften quasi horizontal in Natur- und Kulturlandschaften unterscheiden, und daß jene Sphären nicht einfach übereinanderliegen wie Schichten einer Torte, sondern in ihrem Zusammenwirken die »Ökosphäre« bilden, bzw. daß die Biosphäre nicht etwa nur die Summe der Pflanzen und Tiere sei, sondern aus der Integration der Lebewesen mit ihrer Umwelt, die aus den abiotischen Sphären besteht, hervorgeht. Diese Sphären werden gleichsam vertikal von einer weiteren Sphäre durchdrungen, die man, mit gewissen Nuancenverschiebungen, Techno- oder Soziosphäre nennen kann. Man kann auch sagen, daß sich die »Geosphäre«, wie sie vor dem Eingreifen des Menschen vorhanden war (sie hatte sich bereits von der »Physiosphäre« zur »Biosphäre« gewandelt), nun zur »Noosphäre« (von griechisch nous, Vernunft, Geist) entwickelt habe. Dabei verursacht Vorhandensein und Grad dieser Durchdringung jene Differenzierung in Natur- und Kulturlandschaft. Die einzelnen Landschaften kann man als »konkrete Erscheinungsformen« der – teilweise zur Noosphäre weiterentwickelten oder integrierten – Geosphäre betrachten (NEEF & NEEF 1977).

Daß sich die Wissenschaftler über den Gebrauch dieser und ähnlicher Begriffe nicht ganz einig sind, ist von geringer Bedeutung. Man hat jedenfalls, trotz der Differenzen im einzelnen, im Prinzip auf den Begriff gebracht, was das *Wesen* der Landschaft ausmacht: Eben das *Zusammenwirken* aller »Kräfte« oder »Geofaktoren«. Und man hat Anschluß gewonnen an das große *praktische* Interesse, das die Landschaft heute findet: denn in einem nie gekannten Tempo verschwinden die Naturlandschaften, und die Kulturlandschaften werden zerstört. Daß man das überhaupt erkennen kann, hat zur Voraussetzung, daß man einen Begriff von landschaftlicher Intaktheit hat, und diese liegt in jenem harmonischen, »ökosphärischen« Zusammenwirken zu einem integrierten Ganzen. Der Zerstörung entgegenwirken zu können hat schließlich zur Voraussetzung, daß man einen Begriff von der Rolle des *Menschen* in der Landschaft hat, d.h. Konzepte wie »Kultur« oder »Technosphäre« entwickelt hat, die erlauben, diese Rolle zu thematisieren.

Denn der wissenschaftlichen Disziplin Ökologie (der »Bio-Ökologie«[2]) wird ja allenthalben vorgeworfen, viel zu eng zu sein, um mit den ökologischen Problemen unserer Zeit angemessen umgehen zu können: Sie ist in Wirklichkeit ja gar nicht ganzheitlich, wie schon ihre Begrenzung auf Objekte der Biologie zeigt; muß man, wenn man das Ganze im Auge behalten will, sich nicht auch um die abiotischen Dinge kümmern, z.B. die Sphäre der Gesteine? Und – das ist die Hauptklage – »der Mensch« als nicht nur biologisches Wesen

---

[2] Eine merkwürdige Verdoppelung: Denn wenn man die Ökologie für die Wissenschaft vom Naturhaushalt oder von den Umweltweltbeziehungen von Lebewesen als Lebewesen hält – im Hinblick auf etwas Nicht-Lebendes gibt selbstverständlich der Begriff Umwelt keinen Sinn, und mit nicht-biologischen Haushalten (also soziologischen oder ökonomischen Gegenständen) befaßt man sich in der Wissenschaft bekanntlich seit eh und je unter anderen Namen als »Ökologie« – kann sie gar nichts anderes sein als eine biologische Wissenschaft.

Abbildung 2: Eine alte, strukturreiche Kulturlandschaft: das Elztal im Schwarzwald.

bleibt von der Betrachtung ausgeschlossen. Schließlich kann die »Bio-Ökologie« offensichtlich die Bedeutung des *konkreten Ortes* nicht würdigen. Für sie ist die Welt in Ordnung, wenn die Lebewesen ihre ökologische Nische, die für sie nötigen Kombinationen abstrakter Umweltfaktoren, finden. Ökologische Intaktheit und Vielfalt wird so zu etwas auch künstlich Herstellbarem (man denke an das »Biosphere II«-Experiment in den USA), die Dinge der Natur erscheinen als austauschbar, und worum es doch wesentlich geht im Kampf gegen das alles nivellierende Industriesystem, die *Eigenart*, die Unersetzbarkeit der lokalen Besonderheit schlechthin, das kann in dieser reduzierten Ökologie überhaupt nicht auftauchen. Denn die *Eigenart* ist eine Qualität, die nicht dem Ökosystem, sondern nur der Landschaft zukommen kann, ebenso wie die Schönheit, und nach §1 des Bundesnaturschutzgesetzes sind ja Vielfalt, Eigenart und Schönheit zu schützen – die »ganze Landschaft« eben, nicht nur intakte, funktionierende Ökosysteme.

Darum ist, so nützlich die »Bio-Ökologie« auch für spezielle Fragen sein kann, das ökologische Problem in seiner Gesamtheit nur für eine Wissenschaft, deren Zentralbegriff die

Landschaft ist, wirklich zugänglich. Um diese Landschaft unserem Denken zu erschließen, muß sie zwar durchaus analytisch zerlegt werden, doch dabei muß die Gefahr des »Reduktionismus«, und das heißt der Entfremdung von der Natur als ganzheitlich-ökologischer, die sie in Wirklichkeit doch ist, so weit wie möglich vermieden werden. Das leisten die Sphärenbegriffe. Denn ist nicht beispielsweise schon im Begriff der Atmosphäre mehr enthalten, als für Physik und Chemie daran begreifbar ist – von der Noosphäre gar nicht zu reden? Deutet nicht »Sphäre« überhaupt weniger auf ein dem Menschen gegenüberstehendes, nach Möglichkeit technisch zu beherrschendes Objekt als auf ein ihn umgreifendes Ganzes? Zudem ist, wie oben angedeutet, die Sphäreneinteilung eine durchaus natürliche; jeder Mensch, nicht nur der Wissenschaftler, nimmt sie vor, wenn auch vielleicht weniger präzise. Es ist offenbar eine Einteilung, die uns die Realität selbst vorschreibt. Was sollte künstlich, unnatürlich, unwirklich, abstrakt sein an dem Begriff der Lithosphäre, der Sphäre der Gesteine, ist doch »Stein« die Metapher für das unbezweifelbar Gegebene, die »harte Realität« schlechthin? – Während man durchaus Zweifel haben kann, ob es Ödipuskomplex, Mehrwertraten und selbst Ökosysteme wirklich »gibt«[3] oder ob das nicht bloß Erfindungen der abstrakt – also wirklichkeitsfern – denkenden Wissenschaftlerhirne sind, ist auf einen solchen Gedanken bezüglich der Steine wohl noch niemand gekommen.

Nur diese Frage soll uns hier interessieren: ob jene Sphären, in die sich die Landschaft offenbar gliedert, und auch die Landschaft selbst wirklich derart fraglos gegeben sind, ob also diese Begriffe uns von der Realität gleichsam aufgenötigt werden (und was daraus für die »Landschaftswissenschaft« folgt). Man kann es nämlich durchaus bezweifeln. Ich bezweifle aber ausdrücklich nicht, daß diese Begriffe und Unterscheidungen in diesem oder jenem Sinne *nützlich* sein können.

Man kann die Frage stellen, ob das, was *uns* so selbstverständlich gegeben erscheint, für Angehörige anderer Kulturen ebenso selbstverständlich vorhanden ist, bzw. richtiger: man weiß, daß es das nicht ist. Die Ansicht, daß ein Baum einer anderen »Sphäre« angehören sollte als der des »Geistigen« (Noosphäre), dürfte den Angehörigen mancher sogenannter primitiver Kulturen Anlaß zur Verwunderung geben. Auch in unserer Kultur war es noch vor 250 Jahren kaum denkbar, daß man das Reich der Tiere mit dem der Pflanzen gegenüber dem der nicht lebendigen Dinge zur »Biosphäre« zusammenfassen könnte. Denn daß eine Pflanze nicht mit einem Stein mehr gemeinsam haben sollte als mit einem Tier, war keineswegs ausgemacht. Warum sollte z.B. eine so fundamentale Eigenschaft wie die Unmöglichkeit, aus eigener Kraft den Ort zu verlassen, welche Steine und Pflanzen verbindet, geringer bewertet werden als die Tieren und Pflanzen gemeinsame Fähigkeit des Wachstums? Und sehen nicht manche Steine wie Pflanzen, manche Pflanzen wie Steine aus? Es gab den Begriff des *Lebens* in unserem Sinne nicht, der den Begriff der Biosphäre ermöglicht hätte (vgl. Trepl 1987).

Daß man die Welt in »Sphären« einteilt, hätte den damaligen Europäern freilich eingeleuchtet: Das war seit den alten Griechen im Abendland üblich; allerdings auch wohl nur hier. Gewundert hätte man sich aber über die Behauptung, die *Landschaft* enthalte diese Sphären in sich. Den Menschen des Mittelalters wäre nicht in den Sinn gekommen, daß es unter den Dingen dieser Welt überhaupt so etwas geben könnte wie Landschaften – niemand hatte je eine gesehen (vgl. z.B. Ritter 1963, Piepmeier 1980). Für die Menschen des 18. Jahrhunderts dagegen gehörte die Landschaft zu den bedeutenden Gegenständen. Als höchste Kunstform galt damals bekanntlich das Erzeugen von Landschaften – Englischen Gärten. Unverständlich wäre es aber gewesen, wenn jemand gesagt hätte, die Landschaft bestehe in

---

3) Zu letzterem vgl. Trepl (1988)

dem Zusammenwirken all dessen, was in der von den Griechen überkommenen Sphärenvorstellung über den Inhalt dieser Sphären angenommen wird. Daß insbesondere die physiologischen Vorgänge, die z.B. die Pflanzen mit den Gewässern, den Gesteinen und der Luft verbinden und die man später »ökologisch« nannte, Attribute der Landschaft sein sollten, hätte man überhaupt nicht begreifen können.

Denn eine Landschaft war ein Gemälde. Eine wirkliche Gegend nannte man nur dann Landschaft, wenn sie wie ein Gemälde aussah (vgl. HARD 1970a). Wenn man zur gleichen Zeit auch über die oeconomia naturae in derselben Gegend, über den Zusammenhang der Naturdinge und Naturkräfte, sprechen konnte, so sprach man über etwas vollkommen anderes als über die Landschaft, nämlich über die »Physis« oder den »Kosmos« oder über »Naturgeschichte« – über Natur, sofern sie Gegenstand »denkender Betrachtung« ist, bezogen auf »Vernunft« und nicht auf »Gemüt« (vgl. HARD 1969a). Mit »Landschaftskunde« hatten solche Betrachtungen so wenig zu tun wie heute etwa eine experimentelle Untersuchung zur Halbleiterphysik in einem Postdamer Labor, obwohl der untersuchte Gegenstand doch zweifellos in der Havellandschaft liegt.

Es blieb freilich in den Landschaftswissenschaften nicht durchwegs unbekannt, in welchem Ausmaß das, was sie doch nur für eine wissenschaftliche Präzisierung dessen hielten, was jeder Mensch immer schon wahrnimmt, in der Wahrnehmung von Menschen anderer Zeiten und Kulturen gar nicht vorhanden war oder ist. Das fiel aber nicht schwer zu erklären: Es ist ja zweifellos vorhanden, nur eben in deren Wahrnehmung nicht. So kann die Wahrnehmung von Landschaft und ihres Sphärenbaus erst wirklich als *Entdeckung* gelten. Auch die Wissenschaften von der Landschaft unterliegen damit, wie man sieht, einem Fortschritt. Während man in vorwissenschaftlichen Zeiten und Verhältnissen oder auf früheren Stufen wissenschaftlichen Denkens nur *Aspekte* der Landschaft erkannte, sei die Wissenschaft heute so weit gekommen, die Landschaft in ihrer ganzen Wirklichkeit zwar nicht zu durchschauen (wer könnte das!), aber doch in den Blick zu nehmen. Noch zu Beginn des Jahrhunderts habe die »Mehrdeutigkeit des Wortes Landschaft« sehr »hemmend gewirkt« und in der Geographie »zu Verwirrungen geführt, die nur schwer wieder aufzuklären waren«. Aber heute wisse man: »Der wissenschaftliche Landschaftsbegriff« ist durch das (fälschlicherweise – HARD 1969b – Alexander von Humboldt zugeschriebene) »Stichwort Totalcharakter einer Erdgegend gekennzeichnet« (SCHMITHÜSEN 1964:8). Darin sind »alle bekannten Formen der Materie, nämlich die Seinsstufen des Anorganischen, des Organischen und des Menschlichen in einem komplexen Wirkungssystem vereint« (SCHMITHÜSEN 1968:104, zit. n. HARD 1969b).

Die Landschaftswissenschaftler irren sich aber, wenn sie glauben, ihr Standpunkt sei der der heutigen Wissenschaft, sie könnten sich auf deren Konsens berufen oder die Tatsache, daß man sie in ihren Fächern mit ihrer Meinung weitgehend in Ruhe läßt, so interpretieren, daß sie in diesem Punkt als die Sprecher der Wissenschaftlergemeinde insgesamt akzeptiert wären. Kaum ein Angehöriger eines Faches außerhalb des Kreises jener Landschaftsdisziplinen selbst, insbesondere eines arrivierteren – in dem Sinne, daß hier die wissenschaftstheoretischen Entwicklungen des letzten dreiviertelten Jahrhunderts einigermaßen rezipiert worden sind – dürfte das Sphärenmodell der Landschaft für kompatibel halten mit dem, was er für den Konsens und den heutigen Stand der Wissenschaft hält. Er wird kaum weniger befremdet davor stehen wie etwa vor dem bis ins 17. Jahrhundert hinein gängigen Erkenntnisprinzip der »Sympathie«, das einen verstehen ließ, warum die Wurzeln dem Wasser zustreben, oder dem Prinzip der »aemulatio«, das eine Ähnlichkeit der Gräser mit den Sternen und des Mundes mit der Venus zu erkennen erlaubte (vgl. FOUCAULT 1974: 48, 53f).

Abbildung 3: Blick in den Hegau mit seinen markanten Vulkanschlotruinen.

Dabei würde ihn vielleicht weniger die Antiquiertheit stören, die er darin zu sehen meint, denn gerade für die Auffassung, die Wissenschaft entwickle sich zu immer größerer Wahrheitsnähe und die Wissenschaften früherer Epochen seien demnach »überholt«, ist die Unterstützung sehr geschwunden. Eher dürfte die extrem entgegengesetzte Position, die sogar jenen in der Wissenschaft der Renaissance angewandten Prinzipien ihre eigene und der heutigen durchaus gleichwertige Wahrheit zugesteht, Zustimmung finden. Stören wird er sich eher daran, daß die für ihn so offenkundige Ungleichzeitigkeit der Landschaftswissenschaften sich als zeitgemäß ausgibt, etwa, indem man die uralte, antik-mittelalterliche Kosmos-Vorstellung, die man auf die neuzeitliche Idee der Landschaft übertragen hat – so ungefähr dürfte unser moderner Wissenschaftler das Sphären-Modell einschätzen – mit systemtheoretischem Wortgeklingel drapiert.

Vor allem wird er sich darüber wundern, daß man (wenngleich – wenigstens außerhalb mancher auch in der Geographie als etwas rückständig eingeschätzter Kreise – meist nicht explizit) die »Landschaft« so behandelt, als könnte sie *ein* wissenschaftlicher Gegenstand sein bzw. Gegenstand *einer* Wissenschaft. Zwar müßten, so die Landschaftswissenschaftler, wegen der »hohen Komplexität« des Gegenstandes, die verschiedenen »Aspekte« – z.B. der Naturhaushalt und das Landschaftsbild – von verschiedenen Spezialisten bearbeitet werden. Aber »die Landschaftswissenschaft« – ob man sie nun, z.B. in Gestalt der Landschaftsgeographie, für etwas bereits existierendes hält oder für etwas, was sich im Zuge der Bemühungen um Interdisziplinarität als »Synthese« hoffentlich einmal ergibt – muß diese Ergebnisse zu einem Ganzen integrieren, so wie ja auch die Ökologie die Ergebnisse von Botanik, Zoologie, Bodenkunde usw. integriert.

Das dürfte unserem Beobachter der Landschaftsdisziplinen so vorkommen, als ob man das Projekt einer Gemäldewissenschaft in Angriff nähme. Das ganze Gemälde ist – man sieht es ja – *ein* Gegenstand, und man möchte ihn ganzheitlich behandeln, indem man die verschiedenen Wissenschaften auf seine verschiedenen Aspekte ansetzt: die Kunstgeschichte und die Ästhetiktheorie, die Farbchemie und die Marktpsychologie usw. Er wird einwenden, daß das alles zusammen nicht eine wissenschaftliche Disziplin, die Wissenschaft vom Ding Gemälde, ergibt; die (alltagssprachliche) Einteilung der Welt in »Dinge« ergibt keineswegs die Einteilung der Wissenschaft in Disziplinen, etwa, indem die wissenschaftliche Betrachtung eines jeden »Dings« eben die Disziplin, deren Gegenstand dieses ist, wäre. Die Ichthyologie ist nicht die Wissenschaft von den Fischen. Es interessiert sie z.B. überhaupt nicht, was Heringe kosten.

Das heißt nicht, daß die »ganze Landschaft« nicht Gegenstand eines *praktischen* Aufgabengebietes sein kann, in dem man tatsächlich die verschiedenen Aspekte zusammenfügen muß. Wie ein Architekt oder Stadtplaner muß auch ein Landschaftsplaner die physischen und auf ihren materiellen Nutzen hin betrachteten Aspekte seines Planungsobjektes mit kulturhistorischen und ästhetischen Aspekten »integrieren«, ähnlich wie in der Praxis eines Kunsthändlers u.a. kulturhistorisches und ökonomisches Wissen verbunden werden muß, obwohl es die eine Gemäldewissenschaft nicht geben kann. Diese Integration ist trivial, da es in solchen praktisch-problemorientierten Fächern um die Lösung von Problemen in der Realität, nicht in der Theorie, geht – um die Erzeugung oder Veränderung konkreter Dinge, die immer mehrere jener Aspekte aufweisen; der Praktiker kann gar nicht anders als »integrieren«. Eine Wissenschaft, die sozusagen für einen dieser Aspekte zuständig ist, formuliert diesen aber gerade so, daß die anderen Aspekte an dem Gegenstand *nicht* mehr vorkommen; wissenschaftliche Theorien konstituieren *exklusive* Gegenstände. Darum kann es ein praktisch-problemorientiertes Fach Landschaftspflege oder Landschaftsplanung geben (vgl. BERNARD & KÖTZLE 1991, ECKEBRECHT 1991), aber das ist etwas anderes als die eine Wissenschaft von der Landschaft.

Abbildung 4: Landschaftsbild aus dem mittleren Schwarzwald.

In einer solchen müßten die Trennungen zwischen den verschiedenen »Welten«, denen die Landschaftsbegriffe der verschiedenen Disziplinen angehören, überwunden werden. Um das an unserem Beispiel der fiktiven Gemäldewissenschaft zu verdeutlichen: Es genügt nicht, daß die verschiedenen Disziplinen, mittels derer – in interdisziplinärer Zusammenarbeit – der Kunsthändler sein Metier verwissenschaftlicht, so aufeinander bezogen werden, daß etwa ein Vorgang in der Welt der Chemie der Farben ebenso wie einer in der Welt des kunsthistorischen Diskurses den Preis des Gemäldes in der Welt der Wirtschaft beeinflussen kann. Sondern es müßte eine Bedeutung für den ästhetischen Rang des Bildes von Caspar David Friedrich haben, wie hoch der wirkliche Berg namens Watzmann ist, oder für den kulturhistorischen Wert eines Stillebens, ob die darauf gemalten Äpfel wirklich schmecken. Das scheint uns eine kuriose Forderung zu sein. Und doch beschreibt sie nur eine in den Wissenschaften von der Landschaft durchaus gängige Praxis. Es ist z.B. üblich, die Schönheit der Landschaft anhand meßbarer Kriterien wie etwa der Vielfalt der Landschaftselemente objektiv faßbar (und damit nachvollziehbar bewertbar) machen zu wollen (vgl. ESSER & LAURUSCHKUS 1993).

So seltsam uns jene Forderung im Gemäldebeispiel vorkommt, so unproblematisch erscheint es uns, wenn man ihr bezüglich der Landschaft nachkommt. Hier scheint es einen tieferen, inneren Zusammenhang zwischen ansonsten völlig inkommensurablen »Welten« zu geben. Wenn das Naturschutzgesetz fordert, die Vielfalt, Eigenart und Schönheit der Landschaft zu erhalten, so denkt man sich dabei z.B. nicht, daß es etwa möglich sein könnte, durch Erhöhung der Vielfalt die Eigenart zu zerstören oder durch Steigerung der Schönheit die Vielfalt. Sondern alle drei Kriterien sind untrennbar verbunden, und zwar positiv korreliert: Die Landschaft ist nur schön, wenn sie vielfältig und eigenartig ist (wer würde die nivellierte, eigenartslose Allerweltslandschaft gewisser Gegenden mit hochgradig industrialisierter Landwirtschaft schön nennen?), sie ist nur vielfältig, weil sie in einem langen historischen Prozeß, der sie sich ungestört in ihrer Eigenart und zu eigener Schönheit hat entwickeln lassen, entstanden ist (hat das Verschwinden von Eigenart und Schönheit im Gefolge der Industrialisierung nicht ein Verschwinden der Vielfalt zur Folge?). Dieser Zusammenhang ist einem Landschaftspfleger oder Naturschützer völlig selbstverständlich, man sieht sich in den Handbüchern und Planungswerken nicht veranlaßt, ihn eigens zu begründen, wenn man ihn behauptet. Und doch ist dem gleichen Landschaftsplaner als modernem Menschen, der er ja auch ist, ebenso das Gegenteil selbstverständlich. Dem folgenden Satz – auch wenn er ihm sonst ständig widerspricht – würde er sicher zustimmen: »Die schöne ländliche Landschaft war und ist das Symbol einer kulturökologischen Mensch-Natur-Harmonie; das Symbol von etwas ist aber noch nicht dieses Etwas selbst und außerhalb des horizon aestheticus bedeutet ›schön‹ (oder gar ›ländlich‹, ›altertümlich‹, ›idyllisch‹) noch lange nicht ›ökologisch gut‹, wie stark auch immer eine populäre Politökologie diese Gleichsetzungen heute wieder propagieren mag« (HARD 1985). Selbstverständlich kann eine – ökologisch gesehen, aber auch ästhetisch gesehen – nicht-vielfältige Landschaft schön sein, selbstverständlich kann man die Eigenart einer Landschaft dadurch zerstören, daß man ihre Vielfalt erhöht – nämlich indem man ihre Vielfalt durch Hinzufügen *fremder* Elemente erhöht (vgl. STÖBENER 1993). Eigenart ist dann ein Hindernis für die Erhöhung der Vielfalt.

Woher rühren diese zwei Seelen in der Brust? Weil die Landschaftspfleger bzw. -planer, wie alle modernen Menschen, gleichzeitig fortschrittlich und konservative Romantiker sind (auch wenn, wenigstens im engeren politischen Sinne, mitunter die eine Seite so die Oberhand gewinnt, daß von der anderen kaum mehr etwas zu merken ist).

Progressive und Konservative haben verschiedene Ansichten vom Leben und überhaupt verschiedene Weltbilder. Diese sind nicht einfach ein Sammelsurium einzelner Meinungen,

Haltungen und Werte (Freiheit, Gleichheit, Zukunfts- und Wissenschaftsgläubigkeit, Rationalität, Weltbürgertum usw. auf der einen, Traditon, Treue, Familie, Glaube etc. auf der anderen Seite), sondern konsistente Figuren, Systeme eines notwendigen Zusammenhangs solcher Elemente. So könnte man vermutlich alle Attribute des progressiven Weltbilds von der Grundidee herleiten, daß es darauf ankomme, mittels der Vernunft die allgemeinen Gesetze von Natur und Gesellschaft zu erkennen, um sich von der Herrschaft der konkreten Umstände – seien es die Naturbedingungen des Ortes, an dem man lebt, die Unzulänglichkeiten des eigenen Leibes oder die Macht, die in den »naturwüchsigen« gesellschaftlichen Verhältnissen steckt – zu befreien, weil man durch Kennntnis ihrer Gesetze die Umstände selbst beherrscht und sie so *vernünftig* neu ordnen kann. Der Fortschritt, den das zur Folge hat, ist aber nicht nur für diejenigen unangenehm, welche dadurch ihre Herrschaft verlieren (weil sie sich als unvernünftig und veränderbar erwiesen hat). Vielmehr bekommen auch die, die von ihm profitieren, nun Probleme, nämlich »Sinnprobleme«. Wenn alles in der Welt nur noch als Objekt der Beherrschung mittels »instrumentellen Wissens« (HABERMAS 1968) erscheint, dann hat die Welt für sich keinen *Sinn* mehr; man muß ihr erst einen geben. Aber was ist der Sinn, den man *selber* hat, *wofür* ist man als Einzelner eigentlich da, wenn es ein sinnvolles und sinnverleihendes Ganzes nicht mehr gibt? Sinn gibt es nur *in* einem Ganzen.

Diese Konstellation erzeugt die Gegenidee: daß die Welt ganz anders beschaffen ist als die fortschrittlichen Weltveränderer meinen; zumindest war sie es und sollte es sein. Das, was die Individuen umgibt, darf nicht gedacht werden als manipulierbare Objektwelt, sondern es besteht in Ganzheiten, die ihrerseits den Charakter von Individuen haben und meist durch wirkliche oder gedachte Individuen repräsentiert werden: (Gott und) die Schöpfung, (der König und) das Vaterland, (der Familienvater und) die Familie etc. Ganzheiten dieser Art sind auch »die Natur« oder die (Heimat-)Landschaft. Nur wenn dieses Ganze, in das jeder einzelne eingebunden ist, das er sich nicht aussuchen kann, das vor ihm da war und in das er hineingeboren wurde, selbst den Charakter eines Individuums hat, kann man von ihm denken, daß es Anforderungen stellt und daß es einem wohlgesonnen ist, wenn man sie erfüllt, bzw. daß es sich rächt, wenn man gegen sie verstößt (wie »die Natur«, wenn die Menschen sich »unökologisch« verhalten). D.h., man kann sich geleitet, angenommen, gebraucht und geborgen fühlen.

Für eine solche Sichtweise liegen in unserer Kultur zwei Modelle bereit: das alte – später mit der christlichen Schöpfungsidee verbundene – Kosmosmodell und das moderne, erst im 18. Jahrhundert entstandene (vgl. FOUCAULT 1974, TREPL 1987) Modell des lebenden Organismus. Die Vorstellung des Organismus nimmt die des Kosmos in sich auf und ermöglicht ihre Neuinterpretation; sie erlaubt insbesondere die Deutung des hierarchischen und harmonischen Stufenbaus und Allzusammenhanges der Sphären des Kosmosmodells im Sinne einer funktionalen selbstorganisierenden Ganzheit (»Ökosphäre«).

»Land und Leute« bilden nun zusammen eine *organische* Einheit, die *Kulturlandschaft*, die nach dem Muster des »Körpers mit Geist« (»Noosphäre«) gedacht wird. Ganz bestimmte Teile der allgemeinen »Noosphäre« – konkrete, regionale kulturelle Gemeinschaften – sind an ihren ganz bestimmten Lebensraum, die Heimaterde, gebunden. Nur hier, nur dadurch, daß sie sich auf die Besonderheiten der heimatlichen Natur eingelassen haben und das entwickelt haben, was an Möglichkeiten in ihr lag, ohne ihr ihre Besonderheit zu nehmen, sondern im Gegenteil, indem sie gerade die naturgegebenen Besonderheiten zu kulturellen erhöhten, entsteht wahre Kultur, der ihre *Eigenart* wesentlich ist, statt bloß gestaltlose »Zivilisation« (vgl. EISEL 1982, 1992a). Der Gedanke, daß sich die bayerische Kultur auch am Amazonas hätte entwickeln können, wirkt absurd.

Landschaft und Wissenschaft

Abbildung 5: Am Keuperstufenrand bei Schwäbisch Hall.

Aus diesem Kontext erklärt sich, was uns oben an der Vorstellung eines notwendigen positiven Zusammenhangs von Vielfalt, Eigenart und Schönheit so merkwürdig vorkam. Die kulturelle Höherentwicklung durch Anpassung an die *Besonderheiten* der konkreten, regionalen Naturbedingungen (wodurch man sich zugleich von deren Zwängen befreit: auch der Konservatismus ist eine Emanzipations- und Fortschrittsideologie) ist ja notwendigerweise eine *Diversifizierung* der Kultur und damit auch der Natur bzw. der Landschaft. Wenn man allen Besonderheiten der Natur gerecht werden will, dann läuft das auf das Gegenteil von Nivellierung hinaus. Man kann ihnen aber nur gerecht werden, wenn man sie kennt, wenn man kein Fremder ist, wenn man willens und in der Lage ist, den Ort in seiner Eigenart anzuerkennen und sich in ihm zu höherer kultureller Eigenart zu entwickeln, und das bedeutet gleichzeitig: ihn zur Fülle seiner Möglichkeiten, also zu etwas Vielfältigem zu entwickeln. Der, der dem Ort fremd bleibt, der ihm gegenüber keine Verantwortung wahrnimmt, der sich, wie die Tropenholzindustrie oder das Agro-Business, für seine Natur nur als Ausbeutungsobjekt interessiert, das man verläßt, wenn die Rentabilität sinkt, wird Nivellierung der Landschaft hervorrufen.

Nur in ihrer Entwicklung zu Eigenart wird die Landschaft also vielfältig, und nur so ist auch ein wirklich »ökologisches« Ineinandergreifen der einzelnen Elemente, Kräfte und Faktoren gewährleistet. Denn das Eingehen auf die Besonderheiten der Natur des Ortes bedeutet ja gerade dies: daß man auf dieses Ineinandergreifen Rücksicht nimmt und sich selbst zu einem integralen Teil dieses harmonisch ineinandergreifenden Gefüges macht. Wenn die Kulturlandschaft nach dem Modell des Organismus gedacht wird, dann ist das organische Funktionieren ihres »leiblichen Aspekts« ihr wesentlich. Und wenn sie ein organischer Körper ist, dann ist die Frage ihrer *Schönheit* nicht unabhängig von ihrer *körperlichen Vollkommenheit*; es handelt sich – in den Begriffen von Kant – nicht mehr um »reine Schönheit«, sondern um »bloß anhängende Schönheit (pulchritudo adhaerens)«

(Kritik der Urteilskraft § 16). Da das organische Funktionieren des Landschaftskörpers und das Beitragen der Menschen zu diesem organischen Funktionieren zugleich moralisch gut ist (denn der Einheit von Kultur und Natur als dem umgebenden Ganzen gegenüber hat man ja Pflichten) und zugleich angenehm (denn es nützt einem selbst), fällt das Schöne, das im modernen Denken eigentlich an »interesseloses Wohlgefallen« (Kant) gebunden ist, mit dem Organisch-Vollkommenen, dieses mit dem Guten, dieses mit dem Angenehm-Nützlichen zusammen.

Ich will die kulturellen und politischen Konsequenzen dieses Weltbildes, in dem die Idee der Landschaft eine so zentrale Stelle einnimmt, nicht weiter diskutieren (vgl. z.B. EISEL 1982, 1992a), sondern mit einigen Bemerkungen zu den Wissenschaften von der Landschaft schließen. Natürlich wäre es Unfug, sich gewisse Gefühle zu verbieten, wie etwa, die eigenartigen und vielfältigen alten Kulturlandschaften schön zu finden, weil man erfahren hat, daß es einen Zusammenhang zum konservativen Denken gibt, man vor sich selbst aber gern als fortschrittlicher Mensch dastehen möchte. Jeder moderne Mensch ist, wie gesagt, auch konservativ; wäre er es nicht, müßte man wohl annehmen, daß er immer noch in vormodernen Zeiten lebt (dann wäre er allerdings auch nicht fortschrittlich). Es stellt sich aber die Frage, in welchen Kontexten Elemente eines solchen Weltbildes »zulässig« sind in dem Sinne, daß man nicht in unlösbare Konflikte mit Prinzipien kommt, die man – weil man ja als in der Moderne lebender Mensch nicht nur konservativ ist, sondern auch »modern« – ebenfalls akzeptiert und akzeptieren muß.

Solche Kontexte können die der modernen, empirisch-analytischen Wissenschaft sein. In deren Rahmen ist es nicht gerade falsch, einen umgrenzten Raum an der Erdoberfläche in »Sphären« zu unterteilen, und auch nicht schädlich, solange man sich der durch die Herkunft dieses Bildes gegebenen Implikationen bewußt bleibt und solange man sich darüber klar ist, daß dies nur ein heuristisches Prinzip sein kann und man damit keineswegs etwas über die »wirkliche Landschaft« »entdeckt« hat. Nicht möglich ist es aber in einem wissenschaftlichen Rahmen, sich den »Totalcharakter einer Erdgegend« zum Forschungsgegenstand zu wählen[4]. Es kann auch nicht um die Erfassung des (totalen) »Landschaftshaushalts« oder »Naturhaushalts an der Erdoberfläche« und dergleichen gehen (vgl. HARD 1973:80) Solche Begriffe sind im Wortsinne gegenstandslos: Das, was hier untersucht werden soll, gibt es als wissenschaftlichen Gegenstand einfach nicht (wenn man so will: es ist ein etwas eigenartiger Ausdruck für das Ding-an-sich). »Die Umwelt«, »der Naturhaushalt« etc. sind *Abstraktionen*, keineswegs etwa all das, was es außer den lebenden Dingen in einem bestimmten Raumzeitausschnitt (etwa »dem Wald«), den man in seiner Totalität dann »Landschaft« nennt, noch gibt. Es »gibt« die Umwelt nur im Hinblick auf Lebewesen und ihre Gesellschaften, sie ist eben die Umwelt bestimmter, eben dieser, Systeme. Was in der raumzeitlichen Umgebung dann, wenn es sich ändert, keine Änderung dieser Systeme nach sich zieht, gehört nicht zur Umwelt (im ökologischen Sinn). Ihre Umwelt ist ein Teil der Lebewesen, und die Untersuchung der Umwelt der Lebewesen, auch wenn sie aus Steinen oder Lichtstrahlen besteht, *ist* Biologie. Es gibt in einem Raum so viele Umwelten, wie es Lebewesen (oder, je nach dem, Lebensgemeinschaften) gibt, und es ist keineswegs so, daß sich all diese Umwelten zu »der« Umwelt summieren ließen, und schon gar nicht bildet »die« Umwelt ein System; das widerspräche dem ganzen Sinn des Systembegriffs. Es ist auch nicht etwa so, daß man die Lebewesen wegnehmen oder sich wegdenken könnte und

---

[4] Die Erkenntnis der Totalität des Inhalts des kleinsten Raumes wäre identisch mit der Erkenntnis der Totalität des Universums; es sei denn, »Charakter« implizierte ein bestimmtes Selektionskriterium. Das müßte aber angegeben werden, sonst ist die Formel leer. Vgl. POPPER (1965).

dann z.B. Hydrologen, Meteorologen, Chemiker u.a. untersuchen lassen könnte, wie hier »die Umwelt« beschaffen sei. »*Die* Umwelt«, »*der* Naturhaushalt«, »*der* Landschaftshaushalt« sind klassische Nonsense-Formulierungen.

Völlig unzulässig ist es schließlich, von einem in irgendeinem Sinne intakten Funktionieren eines ökologischen Systems oder von seiner ökologischen Vielfalt auf die Harmonie und die Schönheit der ästhetischen Landschaft zu schließen. – Daß das alles dennoch geschieht, führt dazu, daß die wissenschaftliche Literatur über die Landschaft wie kaum eine andere von Leerformeln und Zirkelschlüssen wimmelt.

Es ist also gerade das nicht zulässig, was für viele Landschaftswissenschaftler als selbstverständlich gilt und was für sie den ganzen Sinn einer Wissenschaft von der Landschaft ausmacht. Heißt das, daß die Landschaft kein Gegenstand für die Wissenschaft sein kann? Natürlich nicht. Es »gibt« sie ja, zumindest als »Gegenstand der Rede« von Menschen einer bestimmten Zeit und eines bestimmten Kulturkreises, und als Gegenstand einer Reihe praktischer Betätigungen. Aus wissenschaftlicher Perspektive zerfällt sie aber in Aspekte, die ganz verschiedenen »Welten« angehören, so daß die Landschaft der Welt, in der sie ein schöner, erhabener oder stimmungsvoller Gegenstand ist, in der anderen, wo das ebenfalls »Landschaft« genannte ein Komplex räumlich aneinandergrenzender Ökosysteme mit Eigenschaften wie »Nettoproduktivität« oder »Gamma-Diversität« ist, schlichtweg nicht vorkommen kann; so wenig, wie in der Welt der Psychologen oder der Ökonomen, anders als in der der Zoologen, Kühe aus Fleisch und Blut vorkommen können, sondern nur Vorstellungen oder Preise derselben.

Mit der »ganzen« Landschaft umzugehen – was etwa heißen könnte: mit der Gesamtheit dessen, was alltagssprachlich und in einer Reihe von Sonderdiskursen mit diesem Wort gemeint ist, einem höchst heterogenen Konglomerat – ist in Form *einer* Wissenschaft nur auf der Meta-Ebene möglich: Man befaßt sich dann nicht mit Landschaften, sondern mit den Reden und Theorien über sie[5]. Davon abgesehen kann der Umgang mit der »ganzen« Landschaft wissenschaftlich nur eine *interdisziplinäre* Angelegenheit sein; die Landschaftswissenschaft als eine Einzeldisziplin entspräche unserer Gemäldewissenschaft. Damit dürften manche jener Landschaftswissenschaftler, die eben unsicher geworden sind, wieder zufrieden sein. Denn genau das meinten sie ja immer: Ihre Wissenschaft sei keine gewöhnliche – d.h. empirisch-analytische – Einzeldisziplin, sondern eine interdisziplinäre, das heißt aber: eine *synthetische*. Wenn die Technosphäre die Biosphäre oder die Noosphäre die Ökosphäre »durchdringt« und »integriert«, dann entsteht »synthetisch« eine Einheit höherer Ordnung. Synthetische Wissenschaft betreiben heißt offenbar, diesen Prozeß abzubilden, indem man solche Sätze formuliert. Mir leuchtet aber nicht ein, worin deren wissenschaftlicher Gewinn liegt; man hat, scheint mir, die Unkenntnis darüber, was eigentlich bei dieser »Durchdringung« passiert und was der Sinn eines solchen Begriffs sein könnte, nur mit einem wohlklingenden Wort zugedeckt.

Man sollte sich statt dessen vor Augen halten: Daß der in der Alltagserfahrung einheitliche Gegenstand für die Wissenschaft in so viele exklusive Gegenstände zerfällt, wie es Wissenschaften mit verschiedenen »Paradigmen« gibt, die sich ihm zuwenden, ist ein *Gewinn*. Denn dadurch entsteht der Gegenstand als ein reicher, differenzierter, vielfältiger. Wer das nicht will und auf der »Synthese« besteht, also auf *wissenschaftlicher* Einheit,

---

[5] Es gibt prinzipiell noch eine Möglichkeit *einer* Wissenschaft, nämlich die dialektische wie in den Theorien von Hegel oder Marx. »Realität« hat darin allerdings einen ganz anderen Status als in den empirisch-analytischen Wissenschaften. (Die Landschaftsgeographie und andere Landschaftswissenschaften, wie sie in der DDR betrieben wurden, hatten trotz vieler Marx-Zitate damit übrigens nichts zu tun.)

d.h. Einheit unter einem allgemeinen Prinzip (»euphorische Interdisziplinarität«, statt der »pragmatischen Interdisziplinarität«, wie sie im Falle praktischer Problemlösung normalerweise geschieht, EISEL 1992b) landet unweigerlich bei völlig leerem Gerede, die »Begriffe« sind beliebig füllbar; mit den allgemeinen Prinzipien, die die Einheit gewährleisten sollen – »Totalcharakter«, »Allzusammenhang«, »ganzheitliches vernetztes System«, »Geokomplex«, »Geosphäre« usw. –, sagt man über den Teil der Welt, den man als »Landschaft« wissenschaftlich auszeichnen möchte, nicht mehr, als daß er ein Teil der Welt ist (vgl. zu diesem Thema ausführlich HARD 1973). Im günstigsten Fall kehrt man zum Gegenstand der Alltagserfahrung zurück. Der Gewinn der Interdisziplinarität liegt in Wirklichkeit nicht in einer neuen Einheitswissenschaft, sondern eben in den vielen *verschiedenen* disziplinären Perspektiven, und die *Inter*disziplinarität muß darin bestehen, diese Verschiedenheit deutlich und bewußt zu machen; sie ist eher »Kommunikation über Differenzen« (EISEL 1992b) als Synthese. Es kann nicht die Wissenschaft von der Landschaft geben, denn für *die* Wissenschaft gibt es *die* Landschaft nicht.

Literatur

BERNARD, D. & KÖTZLE, M. 1991: Interne und externe Faktoren der Entwicklung interdisziplinärer Wissenschaftsbereiche – mit einer Einführung in die allgemeine Wissenschaftstheorie und einer Darstellung des Fallbeispiels Fachbereich 14 Landschaftsentwicklung. Landschaftsentwicklung und Umweltforschung 83: 280-359

ECKEBRECHT, B. 1991: Die Entwicklung der Landschaftsplanung an der TU Berlin – Aspekte der Institutionalisierung seit dem 19. Jahrhundert im Verhältnis von Wissenschaftsentwicklung und traditionellem Berufsfeld. Landschaftsentwicklung und Umweltforschung 83: 360-424

EISEL, U. 1982: Die schöne Landschaft als kritische Utopie oder als konservatives Relikt. Soziale Welt 38(2): 157-168

EISEL, U. 1992a: Individualität als Einheit der konkreten Natur: Das Kulturkonzept der Geographie. In: GLAESER, B., TEHERANI-KRÖNNER, P. (Hrsg.): Humanökologie und Kulturökologie: Grundlagen, Ansätze, Praxis. Opladen, S. 107-151

EISEL, U. 1992b: Über den Umgang mit dem Unmöglichen. Ein Erfahrungsbericht über Interdisziplinarität im Studiengang Landschaftsplanung. Das Gartenamt **9/92**: 593-605; **10/92**, 719-719

ESSER, P. & LAURUSCHKUS, G. 1993: Landschaftsbildbewertung in der wissenschaftlichen Landschaftsplanung. Projekt »Landschaftsplanung zwischen Rationalität und Natur«. TU Berlin, Fachbereich 14, 331-381

FOUCAULT, M. 1974: Die Ordnung der Dinge. Frankfurt/M.

HABERMAS, J. 1968: Erkenntnis und Interesse. In: Ders.: Technik und Wissenschaft als »Ideologie«. Frankfurt/M., 146-168

HARD, G. 1969a: Die Diffusion der »Idee der Landschaft«. Erdkunde Bd. XXIII, Lfg. 4, S. 249-368

HARD, G. 1969b: »Kosmos« und »Landschaft«. Kosmologische und landschaftsphysiognomische Denkmotive bei Alexander von Humboldt und in der geographischen Humboldt-Auslegung des 20. Jahrhunderts. In: PFEIFFER, H. (Hrsg.): Alexander von Humboldt. Werk und Weltgeltung. München, S. 133-177

HARD, G. 1970: Die »Landschaft« der Sprache und die »Landschaft« der Geographen. Semantische und forschungslogische Studien zu einigen zentralen Denkfiguren in der deutschen geographischen Literatur. Colloquium Geographicum **11**: 1-278

HARD, G. 1973: Die Geographie. Eine wissenschaftstheoretische Einführung. Berlin, New York

HARD, G. 1985: Städtische Rasen – hermeneutisch betrachtet – ein Kapitel aus der Geschichte der Verleugnung der Stadt durch die Städter. Klagenfurter Geographische Schriften **6**: 29-52

NEEF, E. & NEEF, V. 1977 (Hrsg.): Sozialistische Landeskultur. Leipzig

PIEPMEIER, R. 1980: Das Ende der ästhetischen Kategorie »Landschaft«. Westfälische Forschungen **30**: 4-48

POPPER, K.R. 1965: Das Elend des Historizismus. Tübingen

RITTER, J. 1963: Landschaft. Zur Funktion des Ästhetischen in der modernen Gesellschaft. In: Ders.: Subjektivität. Frankfurt/M. 1980, S. 141-163, 172-190

SCHMITHÜSEN, J. 1964: Was ist eine Landschaft? Erdkundliches Wissen **9**: 7-21

STÖBENER, K. 1993: Das Problem der Neophyten in der heimischen Flora vor dem Hintergrund des idiographischen Weltbildes. Projekt »Landschaftsplanung zwischen Rationalität und Natur«. TU Berlin, Fachbereich 14, S. 549-566

TREPL, L. 1987: Geschichte der Ökologie. Vom 17. Jahrhundert bis zur Gegenwart. Zehn Vorlesungen. Athenäum-Verlag, Frankfurt/M.

TREPL, L. 1988: Gibt es Ökosysteme? Landschaft + Stadt **20** (4): 176-185

Die Abschaffung der »Wildnis«

Landschaftsästhetik, bäuerliche Wirtschaft und Ökologie zu Beginn der Moderne

R. Beck

Kosten des Fortschritts

Eineinhalb bis zwei Jahrzehnte ist es nun her, daß eine breite Öffentlichkeit begann, sich um unsere »Umwelt« ernsthaft Sorgen zu machen. Ob Luftverschmutzung oder Waldsterben, Artenschwund oder Gewässerverunreinigung, ob von Schadstoffen belastete Lebensmittel, Ozonloch oder die Zerstörung noch für intakt gehaltener Landschaftsräume: Überall mußte man plötzlich erkennen, daß die »Natur« in Gefahr ist, und mit ihr der Mensch, der auf historisch neuartige Weise seiner Abhängigkeit von eben dieser Natur gewahr wurde – von den Ressourcen, die sie ihm bereitstellt, wie von bestimmten Balancen und Kreisläufen, die Voraussetzung für die Erhaltung dieser Ressourcen sind. Während man lange dem Glauben frönte, die Umwelt werde folgenlos und geduldig sämtliche Eingriffe und Schadstoffbelastungen schlucken oder die Technik sei im Stande, einen von der Notwendigkeit der Rücksichtnahme auf unsere natürlichen Ressourcen zu befreien, sehen wir uns heute mehr und mehr mit besorgniserregenden Risiken und Kosten unserer technisch-industriellen Entwicklung konfrontiert. »Umweltprobleme« nah und fern, von anderen verursacht oder hausgemacht – hausgemacht und zugleich exportiert wie der europäisch-amerikanische Fortschrittsglaube, die Industrialisierung, die enorm effiziente, aber eben auch ressourcenvergeudende und -zerstörende westliche Zivilisation, deren Take off im 18. Jahrhundert als Projekt des »Fortschritts« und des ökonomischen Wachstums Gestalt anzunehmen begann. In dem Maß, in dem uns die Grenzen und Kosten unseres Wachstums – seine geringe Umweltverträglichkeit – bewußter wurden, mußte sich auch der Fortschrittsbegriff, der die historische Entwicklung der letzten 200 Jahre regiert, als reichlich undifferenziert und naiv erweisen. Und so ist unsere Geschichte, die wir lange als reine Erfolgsgeschichte zu betrachten gewohnt waren, »in eine andere Farbe getaucht« (Sieferle 1984).

Der ländliche Raum blieb nicht verschont

Die negativen Auswirkungen und Umweltsünden der technisch-industriellen Expansion stachen in Form von Schmutz und Schadstoffen am raschesten in den großen Städten und Industrieagglomerationen ins Auge – oder den Flüssen, die erst einmal zu Abwasserkanälen umfunktioniert wurden, bevor man sie durch Kläranlagen und Kanalisationssysteme von einem Teil dieses Schmutzes wieder zu befreien suchte. Aber die Kosten unseres industriellen Systems und seiner ökonomischen Logik zeigen sich bei genauerer Analyse oder auch nur näherem Zusehen selbstverständlich ebenso auf dem Land, dort, wo man Natur – in ihrer Gestalt als Landschaft – vorrangig erwartet: Überdüngte Fluren, gefährdete Grundwasser, medikamentöse Rückstände oder der Verseuchung verdächtigte Lebensmittel; eine Verarmung an Arten, die Rückdrängung oder Zerstörung von »Biotopen« – die Ersetzung von Buntheit oder Vielfalt durch Monotonie, die Umwandlung »ursprünglicher« Landschaft zur Nutzfläche für den Forst- oder Landwirt. Das hat einfach damit zu tun, daß unsere Landschaft, daß die »freie Natur« keine »Natur-«, sondern »Kultur-« oder »Zivilisationslandschaft« ist, anders ausgedrückt, daß die Natur Kapital und Ressource der Land- und Forstwirtschaft ist, also die Landschaft ein in Form von Eigentum zu gewinnbringender Nutzung und intensiver Bewirtschaftung aufgeteilter Raum. Die ökologische Verfassung und das Aussehen unserer Landschaft hängen damit entscheidend davon ab, was die Wirtschaftszweige, die sich ihrer bedienen, aus ihr machen. Diese Abhängigkeit hat immer schon gegolten, nur eben daß die »alte«, die vorindustrielle ländliche Wirtschaft im nachhinein betrachtet doch entschieden naturverträglicher operierte und, von Rodungs- und Eindeichungsmaßnahmen abgesehen, normalerweise weit weniger in das vorgegebene Landschaftsbild eingriff als die moderne Agrarwirtschaft das tut oder jedenfalls bis vor kurzem ziemlich ungebremst tat.

Ein neues Ideal: Schönheit als verwirklichte Nützlichkeit

Die Umgestaltung unserer »Kulturlandschaft« und die Eingriffe in den ökologischen Haushalt der Natur, die sich in den letzten zweihundert Jahren ereigneten, sind beträchtlich. Kein Wunder, denn von Anfang an war diese Natur, waren das Land oder die Landschaft in das Projekt der Moderne, des Fortschritts miteinbezogen. In relativ rückständigen Ländern wie Deutschland begann der ökonomische Modernisierungsprozeß überhaupt eher noch in der Landwirtschaft als im Gewerbe, jedenfalls längst vor der eigentlichen Industrialisierung. Was man als »Agrarreform« zu bezeichnen pflegt, war zugleich ökologische Reform und landschaftsverändernde Maßnahme. Es war ein systematisches Programm, mit dem Aufklärer und staatlich unterstützte Reformer seit der zweiten Hälfte des 18. Jahrhunderts an die Demontage einer ihres Erachtens – und an heutigen Standards gemessen ja auch tatsächlich – ineffizienten Wirtschaftsweise gingen, die sich mit geringen Veränderungen vielerorts seit Jahrhunderten gehalten hatte. Der Blick dieser Reformer unterschied sich – wie nicht anders zu erwarten – radikal von dem heutiger Kritiker. Sie – damals Männer der Zukunft – forderten ein, wovon wir heute zu viel haben und mokierten sich über das, was uns heute abgeht.

Als beispielsweise der Aufklärer und Staatsrat Joseph Hazzi (1802), der um 1800 eine großangelegte Beschreibung des »Herzogtums Bayern« verfaßte, die Landschaft – oder wie er es nannte »das Terrain« – zwischen Ammersee und Lech im Südwesten Bayerns bereiste, da schrieb er über diese Gegend:

»Das aufgeschwemmte, in Gries und Thon bestehende Terrain [enthält] nebst der Windach mehrere Bäche, Filz und Moos und einiges Gehügel ... [Die] Wege sind ... nicht zu passieren. Das Ganze hat ein wildes Aussehen. Die meistens großen, von Holz erbauten Dörfer sind von Waldungen umrungen und die Kirchen ragen wie aus Holzstössen hervor ... Die Landwirthschaft ist hier schlecht bestellt und nimmt höchstens den dritten Theil ein, das übrige ist Wald, Weide oder Filz. Die Felder sind wenig besorgt; »die Brache ist auch noch beibehalten. Die wenigen Wiesen sehen eben so unkultiviert aus ...«

Wälder, Moore und Filz, Dörfer wie Holzstöße, unpassierbare Wege, das sind bei Hazzi keineswegs Chiffren eines positiv besetzten Landschafts- und Naturerlebens, sondern irritierende Zeichen der Wildnis, der Unkultur. Und diese, wie wir heute sagen würden, natürliche Landschaft ist für ihn dann auch ästhetisch keineswegs positiv besetzt, sondern im Gegenteil abstoßend, häßlich. Schön ist es für ihn woanders, weiter nördlich, in den »goldenen« Fluren eines Getreidelandes, wo, wie er sagt, die Dörfer »beinahe in Linie stehen«:

»5/6 des Flächeninhalts sind gewiß kultiviert, und nur 1/6 [ist] als Moos, Weide und Holz anzunehmen. Alles wird beinahe zu Feldern benutzt, die mit allem Fleiß behandelt werden. Früh 3 Uhr ist schon alles bis spät am abend auf dem Acker, auf den vorzüglich viel Dung kommt: von allen Seiten werden Raine, Wiesen abgestochen und mit diesem ausgeschlagenen Koth der Acker überführt, welches sie mergeln oder schmalzen nennen. Der Pflug greift tief in den Boden, und dies geschicht 3, 4 bis 5 mal bis zum Anbau« usw.

Im Unterschied zu eben handelt es sich hier nun schon um einen weit ansehnlicheren Landstrich, eine Gegend, die bis auf einige kleine Enklaven von Menschenhand gestaltet ist. Und zwar nicht irgendwie gestaltet, nachlässig, sondern mit Fleiß, Hingabe und zu einem löblichen Zweck: zur Verbesserung der Felder und Erzeugung einer möglichst ansehnlichen Menge Getreides. So schwärmt 1815 auch ein anderer Autor angesichts der »sanft wogenden Getreidefrüchte« dieser Gegend von »Ceres' segnendem Füllhorn« und dem »heiteren Mute«, den ihm dieser Anblick bescherte. Eine, wie der preußische Schriftsteller Klöden es nannte, »wilde« Gegend, »wie die Hand der Natur sie gebildet hatte«, hatte für die Aufklärer wie womöglich die meisten ihrer Zeitgenossen wenig Attraktivität, rief keine positiven Regungen und Assoziationen hervor. Das aufklärerische Ideal ist auf »Schönheit als verwirklichte Nützlichkeit« gerichtet, auf die Verbindung von Natur mit einem praktischen Nutzen, den »Wildnis« überhaupt nicht oder nur in geringem Umfang versprach.

»Traurige Moore« – Entwässerung der Feuchtgebiete

Unberührte, unkultivierte Natur – das war eine brachliegende Ressource, geradezu ein Frevel in Erwägung dessen, wozu sie dem Menschen bei nur etwas Anstrengung dienen könnte (gerade noch in den Alpen war man bereit, sie zu dulden). Der scheele Blick auf alles unkultivierte Land war damals nicht mehr neu. Seit dem späten 17./frühen 18. Jahrhundert läßt sich beobachten, wie staatliche Stellen »Hayden, Filtzen, Möser und andere zu keines Menschen Nutzen gedeyend verschiedene öde Gründe« (bayer. Mandat von 1723) mehr und mehr mit Aufmerksamkeit bedachten. Fraglos nahmen Moore und Heidegebiete im Europa des 18. Jahrhunderts enormen Raum ein. »Traurig« war es nach Hazzi, »für den Freund der Natur, die ungeheuren Filz-, Moos- und Weidestrecken« seiner Heimat zu sehen (1796). Ließ sich nicht durch Trockenlegung und Kultivation dieser Gebiete die landwirtschaftliche Nutzfläche und damit die agrarische Erzeugung beträchtlich vermehren? Der Hunger des alten Europas galt dem Getreide, an dessen Mangel oder Mißwuchs die Menschen immer wieder – bis hin zu den Katastrophen von 1771/72, 1816/17 oder 1847 – litten. Und abgesehen von diesem Hunger, der dem »liebseligen Korn« seine hohe Wertschätzung garantierte, drängten seit dem ausklingenden 17. Jahrhundert Fürsten und Territorialherren aus nicht zuletzt macht- und fiskalpolitischen Gründen auf die Urbarmachung von Land. Die Macht eines Staates, so das absolutistische Credo, hing von dessen Reichtum und der Größe seiner Bevölkerung ab. Und da die Gesellschaften und Staaten dieser Zeit noch weitgehend agrarisch geprägt waren, schienen eine höhere Bevölkerungsdichte, mehr Soldaten und höhere Steuereinnahmen vor allem durch eine Ausweitung der Kulturflächen als probates Mittel zur Steigerung der landwirtschaftlichen Produktion erreichbar. Der Erzbischof von Salzburg ordnete noch im 17. Jahrhundert die Kultivation des Leopoldskroner Mooses an; Friedrich Wilhelm I. ließ zwischen 1719 und

Die Abschaffung der »Wildnis«

1724 15.000 Hektar des Havelländer Luchs trockenlegen; 56.000 Hektar Niedermoore im Oderbruch und 30.000 Hektar in den Warthebrüchen ließ sein Sohn Friedrich der Große (1740–86) entwässern; in Bayern wurde unter Karl Theodor 1791–93 die Urbarmachung von 18.000 Hektar Donaumoos versucht usw. Die Erfolge dieser frühen Maßnahmen waren aus verschiedenen Gründen nicht immer überwältigend und ihr Umfang vergleichsweise bescheiden. Aber ein Anfang war gemacht, eine Richtung vorgezeichnet, von der man bis über die Mitte unseres Jahrhunderts hinaus nicht mehr ablassen sollte (1955 waren in Westdeutschland 4.400.000 Hektar ehemaliger Feuchtgebiete entwässert, weitere 2.400.000 kamen bis 1972 dazu).

Abbildung 1: »Unkultivierte« Landschaft im frühen 19. Jahrhundert. Ausschnitt aus E. Kaiser, »Blick von Oberföhring auf München«, 1835/40 (München, Städt. Galerie Lenbachhaus; G 10451)

Wider den bäuerlichen Schlendrian – die agrarische Bewegung

Der nutzen- und ertragsorientierte Blick, der sich anfangs vor allem auf Heideland, auf Hoch- und auf Niedermoore, sogenannte Ödländereien, gerichtet hatte, wurde – wohl auch, weil man auf diesem Weg allein nicht vorankam – bald differenzierter oder auch grundsätzlicher, radikaler. Seit der Mitte des 18. Jahrhunderts, als Europa eine wahre »agrarische Bewegung« erlebte, die zum Zwecke der »allgemeinen Wohlfahrt« den unverständigen Bauern auf die Sprünge helfen zu müssen meinte, richtete er sich nicht mehr nur auf einzelne »Ödländereien«, sondern auf den Wald, die Weide, die Brachäcker, die gesamte von den Bauern bestellte oder – Stein des Anstoßes – unbestellte Flur. Die Kritik wurde somit systematisch, hielt sich nicht länger nur damit auf, den bäuerlichen Wirtschaftsraum durch Neuansiedlung und die Kultivation öder Günde in seinen »Zwischenräumen« zu verdichten oder zu erweitern, sondern zielte nun auch auf längst schon kultiviertes Land. Die herkömmliche bäuerliche Wirtschaftsweise insgesamt kam in Verruf, wurde zum »Schlendrian«, wenn nicht zur »Liederlichkeit« erklärt, und die Landgewinnungsbewegung wandelte sich zur Agrarreform, die einen Umbau auf allen Ebenen, wenn man so will, auch einen neuen Bauern verlangte. War es nicht schrecklich, was die Leute auf dem Land vor allem mit ihren Viehherden anrichteten, wie nachlässig und verschwenderisch sie mit ihren gesamten Wirtschaftsflächen umgingen?

Das Vieh soll an allem schuld sein

»Wilder Hirtenstab!« Das Vieh oder besser gesagt seine Weidegewohnheiten und Weideplätze fungierten von jetzt ab als Synonym, als der Urgrund aller Öde und Wildnis, derer die Reisenden in Sachen Modernisierung auf dem Lande gewahr wurden. Dieser Schritt, diese Verallgemeinerung war nicht ohne innere Konsequenz, denn schon auf den »Ödländereien«, die der Staat bei seinen Neulandgewinnungsversuchen im Visier gehabt hatte, war man nicht selten dem Vieh oder dem »Hirtenstab« begegnet, hatte man sich nicht wirklich auf ungenutztem Terrain, sondern in der Peripherie des bäuerlichen Wirtschaftsraumes bewegt. Und jetzt sah man, daß diese Peripherie bis ins Zentrum, bis in die Äcker hineinreichte, mit anderen Worten, daß die Bauern ihr Land unzulänglich nutzten und somit kostbare Ressourcen vergeudeten. Zeit zum Handeln:

»Nachdem die gemeine Wohlfahrt und Aufnahm eines Staates unter anderem auch hauptsächlich darauf beruht, daß alle darinn befindlichen Güter und Ländereyen auf bestmögliche Art zu Nutzen gebracht werden« (Bayer. »Kulturmandat« 1762),

begannen in der zweiten Hälfte des 18. Jahrhunderts auf breiter Front Bemühungen zu einer flächendeckenden Reform der Land- und Forstwirtschaft einzusetzen, die das Ende der Kulturlandschaft vorindustrieller Prägung bedeuteten – jener Landschaft, die die Romantiker des 19. Jahrhunderts noch einmal in suggestive Bilder zu bannen versuchten. Es wurde ein Tod in Stücken, der bis in unser Jahrhundert dauern sollte und spärliche Reste der vorindustriellen Landschaft, »Biotope«, immerhin bis heute verschonte.

Was machten die Bauern in den Augen der Reformer denn alles falsch? Bestenfalls den dritten Teil nahm, nach Hazzis Worten, die »Landwirtschaft« in einer Gegend wie zwischen dem Lech und dem Ammersee noch um 1800 herum ein. Alles andere – landschaftsbeherrschender Eindruck – war »Wald, Weide oder Filz«. »Wald, Weide oder Filz« als unkultivierte und sich selbst überlassene Natur? Ein Naturliebhaber von heute könnte sich über so viel Unberührtheit freuen. Aber natürlich war das Polemik. Die Bauern, von denen da indirekt die Rede war, begriffen die »Weiden« durchaus als Teil oder Zubehör ihrer Höfe. Und wenn man als bäuerlich bewirtschafteten Raum all jene Flächen definieren würde, aus denen sie einen landwirtschaftlichen Nutzen zogen, so gehörten fraglos auch das Filz und die Wälder dem bäuerlichen, dem »landwirtschaftlichen« Wirtschaftsraum zu.

Die vielfältige Nutzung der einstigen Wälder

Ich sage: definieren würde, denn je nach Definition stellen sich die Dinge verschieden dar. Tatsächlich hatte Hazzi recht, es gab viel Wald in der Gegend. Und man kann diesen Wald wohl auch als relativ naturnah beschreiben: Ein Mischwald aus Eichen und Buchen, Weißtannen und Fichten, der sich vermutlich noch weitgehend durch Anflug regenerierte, ein Wald ohne feste Schlageinteilung, teils sehr locker bestanden, so daß auch noch eine erkleckliche Menge Gras zwischen den Bäumen emporkam. Richtig ist auch: Ein Wald ist kein Acker, keine Kernzone bäuerlicher Kultivation. Nur: regelmäßig kamen die Leute aus dem Dorf in diese ihre Wälder, um nicht nur Brennholz, Bauholz, Werkholz oder Zaunstangen zu schlagen, sondern auch, um im Frühjahr oder Sommer ihr gesamtes Rindvieh das Waldgras abweiden zu lassen (»Waldweide«) und im Herbst die »Waldfrüchte« zu nutzen oder zu ernten, also Buchen und Eicheln (»Dechl«) zu klauben oder die Schweine zur Mast in die Hölzer zu treiben. Und zu guter Letzt rechten die Bauern gegen Ende des Jahres auch noch das Laub zusammen, um es an ihre Schafe zu verfüttern oder als Einstreu (»Laubstreu«) in ihren Ställen zu verwenden. »Landwirtschaft« und »Wald«, das waren unter den Bedingungen der vormodernen dörflichen Wirtschaft keine Gegensätze. Gerade weil Wald nicht Monokultur, nicht einfach Holz bedeutete, wurde der »alte« Wald einer Vielzahl von Nutzungen unterzogen, darunter solchen, die man als durchaus landwirtschaftlich bezeichnen kann, die der Viehhaltung zugute kamen und in Form von Dünger den Äckern.

Der Reigen der Weideplätze

Und Hazzis »Weiden«? Die Dorfleute sperrten ihr Vieh während der Vegetationsperiode bekanntlich nicht in den Ställen ein, sondern übergaben es Gemeindehirten, die es in Herden auf verschiedene Weideplätze trieben (»Viehtrift« und »Trift-« oder »Hutweide«). Diese Weiden waren – vom Wald einmal abgesehen – zu einem großen Teil Grünländereien, die sich im Besitz der einzelnen Bauern und Häusler befanden. Als Wiese oder »Wiesmahd« war das zu Individualeigentum verteilte Grünland Anfang Mai bis Ende Juni eingezäunt, damit seine Besitzer für den Winter einen Heuvorrat erwirtschaften konnten. Die übrige Zeit stand das »einschürige« (= nur einmal gemähte) Heuland den Gemeindeherden als Weide zur Verfügung. Im Unterschied zum Wald also, wo man eventuell von »Nebennutzung« sprechen könnte, diesmal eine rein landwirtschaftlich genutze Fläche – nur eben daß Leuten wie Hazzi der Zustand der Weiden und die ganze Institution der kollektiven Herdenhaltung ein Dorn im Auge war. »Blumbesuch« nannte man in Tirol, Bayern und den angrenzenden Ländern den Weidegang des Viehs. Auf den Wiesmahdern wurde kein bestimmtes Futtergras kultiviert, sondern es wuchsen das Gras, die Blumen und Kräuter, die der Boden, die die Natur hervorbrachte – gesteuert nur dadurch, daß manche Böden durch offene Gräben etwas drainiert und einige hartnäckige Unkräuter ab und an ausgestochen wurden, während die Düngergaben, die man solchen Böden verabreichte, gering waren.

Daneben gab es dann auch die reinen Gemeindeweiden, die überhaupt keine Heumahd erfuhren, wo man bestenfalls etwas Einstreu holte: Streuwiesen, Mager- und Trockenrasen am Rande der Flur, auf nähstoffarmen Böden, die für eine intensive Nutzung wenig prädestiniert schienen, aber gleichwohl eben den Rindern oder Schafen als Weideplätze einen gewissen Vorteil verschafften. Auch sie also – wenngleich kein Land, auf das man große Verbesserungsmaßnahmen oder Kultivationsanstrengungen verwandt hätte – durchaus »Nutzflächen« für die Bauern von damals.

Und um den Reigen der Weideplätze komplett zu machen: Als Weide dienten schließlich noch die abgeernteten Äcker (»Stoppelweide«) und das Brachfeld (»Brachweide«), also ein Teil der Getreideflur. Die Weidenutzung der Feldflur war deshalb möglich, weil sich zum einen zwischen den Äckern häufig Grasraine sowie an Abhängen, Feuchtstellen und an den Wendestellen der Pflüge (»Anwand«) ganze Wiesenflecken eingestreut fanden, zum anderen auch auf den Ackerbeeten selbst zwischen dem Korn oder während des Brachjahres – das der Regeneration wie auch der Bodenpflege diente – immer Gras und Grünzeug emporwuchsen (»Ackergras«), das keinen Schnitt, wohl aber ein Abweiden lohnte. Zudem waren auch die Ähren und Körner, die während der Ernte in den Boden fielen, den Bauern einen Viehauftrieb wert. Gänse, Enten und Schweine durchsuchten die Stoppel- und Brachfelder. Wobei letztere nach Meinung der Bauern »durch das Umgraben und Umwühlen den Acker rogler [= lockerer] und fruchtbarer« werden ließen, zudem, »willen diselben die Wurzen unter der Erden herausbringen« zur Unkrautbekämpfung beitrugen.

Gleitende Übergänge in der alten Kulturlandschaft

Nirgenwo also ungenutztes Land. Überall ließen die Bauern ihr Vieh abweiden, was es an Futter zu holen gab. Aber für die Reformer war genau das – Definitionsfrage wie gesagt – keine »Landwirtschaft«, sondern »alter Schlendrian«: ein liederlicher Umgang mit der Natur gerade deshalb, weil er die Natur zu sehr sich selbst überließ. Polemisch also beschreibt Hazzi eine Stufenfolge, die durchaus typisch für die alte ländliche Wirtschaftsweise und den Charakter des die Dörfer umgebenden Landschaftsraumes war: eine gleitende Abnahme der Kultivation von innen nach außen, von den dorfnahen Äckern über Wiesen und Weiden zu den Waldweiden, Moosen und Wäldern – eine Abstufung und Mischung, die die Vielfalt der Arten und die Buntheit der Landschaft, die häufig noch von irgend welchen unregulierten Gewässern durchzogen war, begünstigte. Ökologisch betrachtet setzte sich diese Landschaft – obwohl bäuerlich-dörflicher Wirtschaftsraum, also »ökonomische Ressource« auch damals – aus einer Vielzahl unterschiedlicher, aber auch in sich vernetzter »Biotope« zusammen. Süßgraswiesen und Äcker, die heute die offenen Fluren so gut wie lückenlos überziehen und unser Bild von einer landwirtschaftlich genutzten Fläche, von »Agrarlandschaft« bestimmen, waren in den vormodernen Fluren keineswegs dominant. Die Viehbestände waren gering, Dünger damit knapp. Und dieser knappe Dünger wurde vor allem auf den dorfnahen Ackerfluren angewandt. Für eine intensive Nährstoffversorgung des Grünlandes reichte er normalerweise nicht mehr aus. Den Wäldern und Mooren am Rande der Gemarkung entzog man in Form der Laub- und Grasstreu sogar einen Teil ihrer Nährstoffe, um diese zu Stallmist verwandelt den Äckern zukommen zu lassen. So erhielten sich in der Peripherie des Dorfes, aber auch als Einstreusel in der dorfnäheren Flur, »halbnatürliche Vegetationsbestände« wie Magerwiesen, Moore oder Streugründe in nicht unerheblichem Umfang, war, was heute nur noch als isoliertes Biotop vorkommt, in den einstigen Fluren reichlich vorhanden. Gleitend und nicht nach Art einer scharfen Abrißkante gestaltet war dann meist auch der Übergang zwischen offener Flur und den Gehölzen und Wäldern. Denn da gab es in Richtung Wald die mächtigen, einzeln stehenden Eichen, Tannen oder Eschen auf dem Weidegrund, die eine Art Parklandschaft formten, gab es den lichten und locker bestandenen Hain und dann die eigentlichen Wälder, häufig, wie gesagt, artenreiche Laub- und Mischwälder, die immer wieder von Lichtungen durchsetzt waren und noch wenig den sterilen Holzplantagen glichen, die heute vielerorts anzutreffen sind.

Die Abschaffung der »Wildnis«

Abbildung 2: Viehweide am Rande der dörflichen Flur. Ausschnitt aus H. Bürkel, »bei Garmisch«, 1839 (München, Städt. Galerie Lenbachhaus; G 227)

Die Bauern gehören aus dem Wald getrieben

All das mußte sich nach dem Willen der Reformer ändern!

»Man sehe nur was immer für Gemeindegründe, Weyden, Auen etc. an, wie sie der lieben Natur so vollkommen überlassen werden, als wenn sie der Menschen Hände nicht bedürftig oder würdig wären. Disteln, Dörner, allerhand Unkraut, und Maulwurfshäufen vermehren sich jährlich darauf; das gute Gras hingegen nimmt ab«,

heißt es in einer Tiroler Schrift von 1767, die ganz im Sinn der zeitgenössischen Kritik gehalten war. »Elende Viehweiden«, die dem Raub dienten, aber nicht der Kultur! Für Johann August Friedrich Block, einen sächsischen Reformer, war die Schädlichkeit der Weidehaltung eine ausgemachte Sache: »Auf der Weide zertritt, verunreinigt und verdirbt das Vieh mehr Futter als es frißt...« (Lehrbuch der Landwirthschaft, Leipzig 1774). Wiesen, die auch als Weide genutzt wurden, standen bei den Neuerern im Ruf geringer Pflege, und noch schlimmer war die reine Weide, zu der sich auch moosiges oder sumpfiges Terrain eignete, die sich häufig in Gemeindebesitz befand und auf der überhaupt keine Anstrengungen zur Bodenpflege unternommen wurden. Dazu dann die so verbreitete Waldweide:

»Nirgendwo wird man eine Waldung nur in einem mittelmäßig guten, zu geschweigen in einem vollkommenen Stand antreffen, wohin der Viehtrieb gehet. Alles, selbst das Hornvieh, ist auf den hervorsprossenden Holzanflug mehr als auf das Gras erpicht; und was es nicht abfrißt, wird vertreten. Die darinn erfindliche von Holz entblößte, zum Theil mit Dornstauden überwachsene leere Plätze haben davon ihren Ursprung...«

bemängelt der Autor der Tiroler Reformschrift, um fortzufahren:

»Viehhütungen erfordern solche Wälder, darinnen die Bäume dinn einzeln zerstreut stehen, wo folglich unzählig viele Blößen anzutreffen sind; und da hat es gewiß mit dem Holzwachsthum ein Ende: hingegen müssen alle Waldungen, so genugsam taugliches Holz und schöne Stämme, nicht bloß kurzes struppichtes Gebüsche, hervorbringen sollen, dick, eng und geschlossen aufwachsen, in welchem Fall kein Gras darunter zu finden seyn wird.«

Während manche Bauern eher der Meinung waren, »Holz und Waldungen werde man allezeit noch finden; sie wachsen wie das Unkraut« (ebd.), schickten sich Reformer und staatliche Forstbeamte an, das Vieh und bald auch die laubrechenden Bauern aus den Wäldern zu vertreiben – notfalls um den Preis, ihnen für diese Bereinigung der Verhältnisse, für die Ablösung der bäuerlichen Nutzungsrechte, ein Stück des Waldes abzutreten. »Hutung, Trift und Brache, die größten Gebrechen und die Pest der Landwirtschaft«, lautete dann auch der Titel einer aufklärerischen Schrift des Geheimrats Schubart von Kleefeld (1783).

Das Programm der Reformer: Abschaffung von Viehtrieb und Allmende

Auf dem Programm der Reformer stand eine Steigerung der Produktion, eine Vermehrung der Viehzucht wie der Getreideerträge. Der Getreidebau ließ sich nur dann intensivieren, wenn sich der Düngeranfall vermehrte: »Der Getreidebau ist ohne die Viehzucht nicht zu denken... Die Viehzucht ist nur über eine Vermehrung des Futteranfalls zu verbessern«, schreibt der Württemberger Reformpfarrer Johann Friedrich Mayer aus Kupferzell in seinen »Beiträgen und Abhandlungen zur Aufnahme der Land- und Hauswirtschaft« (1769). Man mußte also – auch zur Förderung des Ackerbaus – nach Mitteln und Wegen trachten, eine höhere Ausnutzung der Grünlanderträge, eine Steigerung der Flächenerträge oder besser noch beides zusammen zu erreichen. Und der gemeindliche Viehtrieb war – wenn man einmal von den Hemmnissen der spätfeudalen Ordnung oder der Unbeweglichkeit der staatlichen Bürokratie absieht – nach Überzeugung der Reformer das Hindernis schlechthin, das einer Verbesserung der Landwirtschaft im Wege stand: Einmal, weil die Weidegewohnheit jede Änderung der Bodennutzung behinderte; zweitens, weil das Vieh überall dort, wo es auftrat, nur Schaden stiftete. Das Vieh also war für die Öde und Wildheit der Landschaft verantwortlich – und die Institution der Allmende, der Gemeindeweide, auf der es unbeeinträchtigt von aller Kultur die alleinige Regentschaft führte. Zur Genüge zeige, apropos Allmende, »die allgemeine Erfahrung«, daß

»alle diejenigen Stücke von dem Erdreich eines Landes, die den Gemeinden ... zugehören, allemal ungleich weniger genutzet werden als diejenigen Grundstücke, welche in dem besonderen Eigenthum einer Privatperson sind« (Tiroler Reformschrift).

Viehtrieb und Gemeindeweide repräsentierten das »extensive« Moment der alten ländlichen Wirtschaftsweise, das es im Kampf um höhere Erträge zu eliminieren galt. Und so gehörten, um neuen Kulturen Platz zu machen, das Weidevieh ganzjährig in den Stall verwiesen und die »Gemeinheiten« zerschlagen. Erst dann ließen sich das Grünland verbessern und die leidige Brache (»Schwarzbrache«) endlich »besömmern«, für den Futterbau nützen, etwa – eine Lieblingsidee nicht nur des Pfarrers aus Kupferzell – durch die Einsaat von Klee. Welcher Aufschwung war dann nicht zu erwarten:

»*Durch die Menge des vortrefflichsten Kleefutters wird der Viehstand erweitert, der Acker wird reicher gedüngt, der Getreidebau nimmt zu, mit ihm wächst die Bevölkerung der Staaten, Fabriken und Manufakturen bestehen, der Absatz der Waren wird durch ihn wohlfeiler und erweitert, der Regent und der Untertan beglückter*« (Mayer, Beiträge).

Kultivation oder Enteignung

Auch wenn die Verheißungen und Erfolgsmeldungen der Reformer gern überzogen waren: in den großen Zügen war ihre Rezeptur weder unplausibel noch ohne Wirkung. Die unbesäte Brache bot sich tatsächlich für die Aussaat von Klee und anderen Futter- oder auch der menschlichen Ernährung dienenden Pflanzen an (Hackfrüchte und Leguminosen: vor allem Rüben, die neue Kartoffel, Klee, Luzerne, Esparsette, Linsen und Erbsen), sofern der zusätzliche Nährstoffentzug durch eine vermehrte Düngung und/oder eine sozusagen »intelligente Fruchtfolge« ausbalanciert werden konnte. Und auch bei den Grün- und Weideflächen gab es Ertragsreserven, die nach einer Vertreibung der Herden genutzt werden konnten. Daher gehörten neben der Besömmerung der Brache die Hebung des »Graswuchs« oder die »Wiesenmelioration« zu den zeitgenössischen Lieblingsideen: sei es die »Zweimähdigmachung« einschüriger Wiesen oder die Inangriffnahme der Gemeindeweiden, die zumindest überhaupt einmal »grasträchtig« gemacht werden sollten – wenn sie nicht für eine bessere Kultur geeignet erschienen. Maria Theresia etwa verordnete, 1769 »binnen Jahresfrist alle gemeinen Hutweiden« in den österreichischen Landen aufzuteilen. Die so zu Individualnutzung zwangsverteilten Allmende-Gründe sollte

»*jeder in den nächstfolgenden zwey Jahren durch gehörige Pflege nach Maaß seines Feldwirthschaft-Standes entweder in Aecker, sonderlich an feuchten Orten, in Wiesen oder aber durch Umreissen und Anbauen ... in Klee- und Grasfelder stückweise verwandeln; im übrigen aber [sollen] nach Verlauf dieser Frist und wenn dazu nicht werkthätig geschritten worden ... die Widerspenstigen und Nachläßigen ihres Antheils verlustig seyn*« –

Kultivation oder Enteignung!

Soweit es nicht nur auf dem Effekt beruhte, daß das Vieh nicht länger das Futter »zertreten« konnte, zielte nicht allein die Besömmerung der Brache, sondern auch das Projekt der Beförderung des »Graswuchses« auf eine nachhaltige Intensivierung in der Nutzung der Böden, eine Intensivierung, die, wie alle derartigen Maßnahmen, mit einer Veränderung des ökologischen Gefüges verbunden war: Feuchte Gründe sollten – um, wie es in einer bayerischen Reformschrift heißt, das Erdreich »süß« zu machen – trockengelegt werden, indem man Gräben zog oder ihr Niveau durch Aufschüttung erhöhte; Böden wurden – in der Hoffnung, sie würden diese Verwandlung schon mitmachen – umgepflügt und mit Klee oder anderen »Gräsern« eingesät; die Einbringung von Dünger wurde empfohlen, auch wenn man hier, aus Gründen der Knappheit, anfänglich nicht besonders weit gekommen sein dürfte. Damit wurde nun tatsächlich eine »Kultivation« auch des Grünlandes forciert, und zwar eine Kultivation, die, ganz im Sinne der Neuerer, intensive Bearbeitung, ja eine regelrechte »Anbau«-Tätigkeit bedeutete (»angebaut« hatte man bislang nur das Getreide), um an die

Stelle der verschiedensten, unter Fütterungs- und Ertragsgesichtspunkten unbefriedigenden, »halbnatürlichen« Vegetationsbestände der vormaligen Weiden eine – wenn man so will »künstliche« – Grasnarbe zu setzen, eine Einheitsbegrünung, wie sie heute unser Landschaftsbild dominiert.

Krieg den Disteln und Dornen – heroischer Fortschritt

Eine Steigerung der Erträge in Getreide- und Futterwirtschaft durch einen intensiveren Zugriff auf den Boden innerhalb des gesamten bäuerlichen Wirtschaftsraumes, das also waren Absicht und Ziel der »Landeskultur«-Bewegung des späteren 18./frühen 19. Jahrhunderts – Landschaftsumbau auf breiter Ebene, als flächendeckendes Programm.

»Erst müßt ihr die Erde mit ihren unendlichen Klimaten und eigentümlichen Lokalitäten in eine große gleichförmige Fläche ausgewalzt haben...«,

klagten romantische Kritiker wie Adam Müller schon zu Beginn des neuen Jahrhunderts (1812). Mit dem Gefühl, in einer Zeitenwende zu leben, waren die Verfechter der »Landeskultur«-Bewegung aufgebrochen, um ihren Beitrag zur Verwirklichung jenes heroischen Fortschrittsprojektes zu leisten, das am Beginn der Moderne stand. Allenthalben sollte nach dem Willen der Aufklärer eine wahrhaft vernunftgeleitete, Glück und Wohlstand verheißende Ordnung die traditionellen Verhältnisse ablösen: eine für schlecht befundene Wirklichkeit, von Tyrannei, Aberglauben und Unvernunft regiert – mehr oder weniger noch »finsteres Mittelalter«, »rohes Alterthum«. Es war ein Aufbruch zu neuen Ufern, ob im Geistesleben, der gesellschaftlichen Organisation, der Wirtschaft oder dem Erscheinungsbild der Natur, die so unordentlich, roh und finster war, wie die Gesellschaft selbst – gleichsam ihr Abbild. So waren die Agrarreformer, deren Ziel es war, »die Unterthanen reich und beglückt zu machen, somit den Staat in einen blühenden Zustand zu setzen«, Mitte des 18. Jahrhunderts angetreten, »den gehorsamen Erdboden aufzuwecken« und dem mißhandelten Land seine »Öde« und »Wildheit« zu nehmen.

»Wenn den Disteln und Dornen samt übrigen Unkraut der Krieg auf einmal angekündet, und aller bisher unfruchtbare Boden nach Erfordernis angebauet wird, so daß kein ödes Plätzlein mehr anzutreffen ist, welch erwünschliches Aussehen und wunderbare Gestalt solte nicht das Land hiervon gewinnen?« (Tiroler Reformschrift)

Spätestens gegen Ende des Jahrhunderts, in einer Zeit des beschleunigten Wandels, häufen sich erste Erfolgsmeldungen.

» Welche Staatsgeschichte hat je einen so schnellen Kulturaufschwung aufweisen können? Welche unzuberechnenden Vorteile schaffen nicht diese Unternehmungen dem Lande und der Menschheit, wenn nun schon 4 Jahre aus öden Strecken, nach Lust mißhandelten Waldungen und unübersehbaren Morästen bei 336.241 Tgw in blühende Fluren umgewandelt sind!« (Hazzi über die bayer. Agrarreform; 1804)

Verordnete Natürlichkeit und gehorsame Erde

Die Landschaft oder Natur, die die Reformer vorfanden, war in ihrer Perspektive – und da unterscheiden sie sich kaum von den Ödlandgewinnern des 17. Jahrhunderts – primär »Boden«, »Erde«, »Länderey«: ein mehr oder weniger einheitliches und gefügiges Substrat

– »gehorsame Erde« eben. Sie hatte keinen Zweck innerhalb eines größeren Ganzen zu erfüllen, sondern war allein zum Nutzen und Gebrauch des Menschen bestimmt, zu dem sie freilich durch dessen Tätigkeit, durch den richtigen kultivatorischen Gebrauch, erst »aufgeweckt« werden wollte. Es galt den Boden nach einem Plan zu gebrauchen, in einen Sollzustand zu überführen, den nicht die »liebe Natur« selbst gewährleistete, sondern der Hände Werk sein würde, so wie umgekehrt bestimmte Naturzustände ihrerseits zum Händewerk erklärt wurden. Die Wildheit der Natur war dann nicht das Ergebnis unterlassenen Eingriffes, sondern rührte her aus aktivem Tun, aus »Raub« und »Mißhandlung«. Die Landschaft, die man vorfand, war durchaus nicht »natürlich«, sondern eine solche Landschaft galt es erst herzustellen nach einem Plan, der auf menschlichem Denken, auf der Erkenntnis wahrer »Naturgesetze« und einer wahrhaft naturgewollten Ordnung basierte. Das Streben der Agrarreformer erschöpfte sich also nicht darin, diverse Wiesen und Äcker zu höheren Erträgen zu bringen, sondern sie nahmen für sich in Anspruch, die Unordnung, die sie in der Natur feststellten, zu beseitigen, und eine »natürliche Ordnung« zu installieren. Voll des Mißfallens stellte der Verfasser der Tiroler Denkschrift fest, daß nach den Vorstellungen und Gewohnheiten der Bauern »einerley Boden ... Holz zum unentbehrlichen Landesbedarf, zugleich Gras und Futter für das Vieh« hergeben soll – womit er ja eigentlich nur beschreibt, was die Wälder de facto seit Jahrhunderten taten.

Wald hatte Wald und Wiese Wiese zu sein – das Prinzip der Trennung

Doch genau dieses Miteinander durfte nicht länger sein, bedeutete es doch einen Verstoß gegen die Ordnung der Natur:

»Der Fehler liegt in der leidigen Unordnung, nach der man keine Sache in seiner Art allein, zufolge der weisen Vorschrift der Natur, recht nutzen will«!

Die »weise Vorschrift der Natur« bestand – obwohl in ihr nicht leicht vorzufinden – darin, eine »Sache« nur in »(s)einer Art« allein zu nutzen: Nicht Holz und Gras, sondern Holz oder Gras; ein Entweder-oder statt des Sowohl-als-auch. Der aufklärerische Umbau der Natur zum höheren Zweck des menschlichen Nutzens geschah unter dem Vorzeichen einer »ökologischen« Ratio, die auf die Beseitigung des Unbrauchbaren, die Trennung des Vermischten und die Homogenisierung des Getrennten abzielte. »Lebensgemeinschaften«, könnte man ironisch sagen, waren nicht im Sinne der Natur. Beseitigt wurden »öde Strecken« und »Moräste«. Zu trennen war das, was nutzbar ist, aber vermischt auftrat wie Gras und Holz, der bewaldete und der unbewaldete Raum: »Hingegen müssen alle Waldungen ... dick, eng und geschlossen aufwachsen«! Ein Wald war dazu da, aus Holz und nichts anderem zu bestehen. Und so ging man an der Wende vom 18. zum 19. Jahrhundert fast überall daran, eine Barriere zwischen den Wäldern und dem landwirtschaftlich genutzten Raum aufzurichten, Holz- und Bauernland, Forst- und Landwirtschaft strikt voneinander zu trennen (»Forstpurifikation«). Die Waldlandschaft konnte damit zu einer verdichteten, leistungsbetonten Monokultur umgestaltet werden. Umgekehrt hatten Bäume nichts mehr inmitten kultivierter Äcker und Wiesen zu suchen. Derselbe Absonderungsvorgang bei ungeregelten Bächen und Flußläufen. Hier war das Wasser auf ein klar definiertes Bett einzugrenzen, das ihm keine unbeabsichtigten Übergriffe auf sein Umland erlaubte. Oder die Dörfer: Behausung, Weg und Morast, all das war viel deutlicher, viel »reinlicher« voneinander zu scheiden, als es die Bauern bisher gewohnt waren. Gleitende Übergänge zwischen dem einen und dem anderen gehörten beseitigt. Und das Getrennte galt es schließlich – Logik fast aller Kultivation – in Gleichförmigkeit zu überführen. Wald hatte Wald und Wiese hatte Wiese zu sein, möglichst von einerlei Güte und Art. Was innerhalb dieser Monokultur nicht vorgesehen war, mußte konsequenterweise als Störung erscheinen wie die Lichtung im Wald, die es aufzuforsten, oder die Feuchtstelle im Gras, die es trockenzulegen und zu verfüllen galt. Erst in solchermaßen kultivierter Gestalt gelangte Natur zu ihrer Vollendung, zu einer »natürlichen« Ordnung und Harmonie, die dann auch als Schönheit dem Menschen entgegenleuchtet.

Das Schachbrett als ökologisch-ökonomisches und ästhetisches Ideal

Die Ordnung, die in der Natur wie auch den Dörfern einkehren sollte – eine künstliche, durch Kultivation bewirkte Anordnung –, war nicht nur ökologisch-ökonomisches, sondern zugleich ästhetisches Programm. Die Schönheit der vollendeten Natur beruhte auf der Sichtbarkeit und Unterstreichung der kultivatorischen Prinzipien – und man könnte hinzufügen: der kultivatorischen Moral –, die ihrer Gestaltung zugrunde lag. Nicht das Krumme, sondern das Gerade schien am besten geeignet, den Unterschied zwischen Gestaltetem und Gewachsenem zu betonen und so die Harmonie einer zweckmäßig ein-

Abbildung 3: »Ideal-Arrondierungs-Plan für das Dorf Freimann« (bei München). Aus: J. v. Hazzi, Gekrönte Preisschrift über Güter-Arrondierung..., München 1818

gerichteten Natur zu verkörpern. Nicht Dörfer, die wie Holzstöße aussehen, wollte Hazzi sehen, sondern solche, die »in Linie stehen«; nicht wild ineinander verschlungene Wiesen und Äcker, sondern am liebsten Gründe in Reih und Glied. Die Arrondierung = Bereinigung der Fluren, die – wenngleich häufig erst in unserem Jahrhundert durchgeführt – zu den Uranliegen der Reformer gehörte, sollte das Gemenge der einzelnen Grundstücke entwirren und auch hier für klare Ordnung und Abgrenzung sorgen. Überall war die Natur unregelmäßig und so war die Geometrie des Schachbretts – von Linie und Quadrat – des vollendetste Signet höherer Schönheit und Ordnung, ästhetisches Ideal der neuen Agrikultur. Gerade Grenzen, schnurgerade, sich im rechten Winkel schneidende Wege und Straßen, in Rechtecke aufgeteilte Gärten, Baumreihen entlang der Wege, gerade Gewässer, selbst der Kirchhof noch »im Viereck angelegt«, so sah der Idealplan aus, den Hazzi für die Umgestaltung des Dorfes und der Flur von Freimann in der Nähe von München entwarf: Modell und Abbild des neuen Geistes, der die Landwirtschaft und damit auch die Landschaft der kommenden Zeiten, des 19. und 20. Jahrhunderts prägen sollte.

Ein neuer Landmann wird verlangt

Wie gesagt: Nicht »Natur«, sondern die »Kultur« interessierte die Reformer; und zwar eine Kultur, die in letzter Instanz einer rein ökonomischen Logik gehorchte. Auf ihrem Programm stand eine nachhaltige Steigerung der landwirtschaftlichen Erträge durch eine optimale Einrichtung und Verwendung des »gehorsamen Erdreichs«, man könnte auch sagen: der »gehorsamen« Natur. Der Verwirklichung dieses Programms stand die Tradition entgegen: Der Feudalismus, bestimmte Strukturen der Staatsverwaltung, das herkömmliche Recht, die Verfassung der alten Landgemeinden und auch eine gewisse Mentalität auf seiten der Bauern (wie ihrer Herren). Was die Agrarreformer vorrangig beschäftigte, waren allerdings weniger die gesellschaftlichen Verhältnisse im ganzen, als vielmehr die Art und Weise, wie die Bauern ihre Flur und ihre Höfe zu bewirtschaften pflegten – und die Gesinnung, die sie dahinter erkennen zu können glaubten:

»Eigensinn, Aberglaube, Müßiggang und Unverstand sind bisher die stärksten Hindernisse gewesen, warum vieles in der Landwürthschaft vernachläßiget und nicht so der Nutzen davon recht heraus gesucht worden ist« (Churbayer. Intelligenzblatt; 1767),

lautete der stereotype Vorwurf. Die Durchsetzung einer neuen Landwirtschaft verlangte die Abschaffung der »vormodernen« ländlichen Wirtschaft und Kultur. Sie verlangte nach einem neuen Typus von Bauern, einem »Landmann«, der sich, statt »von einem Vorurtheil gegen alle Verbesserungen eingenommen« zu sein, die Grundsätze einer neuen »Vernunft« zu eigen machte – weshalb sich die Agrarreformer auch als Missionare der Sitten oder als Volkserzieher verstanden. Bis die Bauern ihren »Eigensinn«, »Aberglauben« und »Müßiggang« gänzlich aufgaben, sollten Jahrzehnte vergehen. Doch letzten Endes hatten die Reformer bekanntlich Erfolg.

Was man damals abzuschaffen begann, war eine Wirtschaftsweise, die mit fließenden Übergängen und einer bisweilen noch recht »wildwüchsigen« Natur zu leben verstand; die nicht auf Spezialisierung, sondern eher auf Vielfalt und integrierte Produktionsabläufe baute; war eine Wirtschaft, die kaum Wachstum, aber halbwegs stetige Erträge im Rahmen einer sich selbst tragenden Reproduktion erlaubte.

Der traditionelle Bauer paßte sich an

Die Fähigkeit der Bauern, sich auch mit einer relativ »wilden« Natur zu arrangieren, war Ergebnis jener von den Neuerern so heftig bekämpften Verquickung intensiver und extensiver Formen der Naturaneignung, die Kennzeichen allen vormodernen bäuerlichen Wirtschaftens war. Die Bauern von einst waren keine reinrassigen »Kultivatoren«. Sie bedienten sich der Natur sowohl kultivierend als auch auf eher aneignende, »extraktive« Weise, indem sie sich zum Teil mit dem beschieden, was die Natur von sich aus und ohne besonderes Zutun darbot. Aus beidem, der kultivierten wie der unkultivierten Natur, verstanden sie ihren Nutzen zu ziehen. Verglichen mit heute verfügten sie über eine hohe Elastizität im Umgang mit der Natur und hatten relativ anschmiegsame Formen der Bewirtschaftung unterschiedlicher und ineinander vermengter Naturräume entwickelt – daß sie bisweilen auch Böden überstrapazierten, soll damit nicht unterschlagen werden. Ihre Fähigkeit zu einer angepaßten Nutzung unterschiedlicher Ressourcen basierte auf einer gewissen Vielgestaltigkeit der bäuerlichen »Betriebe« – einer häufig sehr differenzierten Viehhaltung zum Beispiel, die von Pferden und Rindern über Schafe, Ziegen und Schweine bis zu Gänsen, Enten und Hühnern reichte. Jedes dieser Tiere verfügte über eigene Nahrungs- und Weidegewohnheiten. Und so konnten die Bauern das Nahrungsreservoire einer bunten Flora durch die Tiere selbst und unter geringem Ernte- und Fütterungsaufwand ausnützen zu lassen. Sie verzichteten auf einen optimalen Flächenertrag, hielten unterschiedliches Vieh, konnten aber auch einen Teil der Landschaft und Natur halbwegs belassen wie er war.

Fraglos läßt sich die Vielfalt und Komplexität, die die traditionelle ländliche Wirtschaft auszeichnete, zu einem Gutteil auf die spezifischen Bedingungen zurückführen, unter denen die Bauern der vorindustriellen Zeit operierten. Einige der Prinzipien ihres Wirtschaftens – etwa die Kombination von Ackerbau und Viehzucht – entsprangen immanenten Erfordernissen der agrarischen Produktion. Andere lassen sich als Dispositionen begreifen, die von den zeitgenössischen Umständen, den »Rahmenbedingungen« ihres Handelns, zumindest befördert wurden. Auch zu Beginn der Agrarreform galt noch, daß Getreidebau ohne Viehzucht »nicht zu denken« wäre. Nicht nur weil man Zugvieh, sondern mehr noch weil man animalischen Dünger brauchte, war Ackerbau nur im Verein mit der Viehhaltung möglich. Und die reine Viehwirtschaft unter Verzicht auf jegliches Getreide wurde in der Regel aus Kostengründen vermieden. Wo immer es ging, betrieb man, selbst in höheren Gebirgslagen, Getreidebau und Viehhaltung im Verbund. Korn und Vieh nährten sich gegenseitig. Das Vieh gab den Dünger für das Korn, aber das Korn nährte auch das Vieh – nicht allein durch das Gras auf den Brachfeldern, sondern weil die Bauern zusammen mit dem Heu große Mengen gehackten Getreidestrohs verfütterten.

Fast alles stammte aus dem eigenen Dorf oder der eigenen Erzeugung

Die natürlichen Nährstoffkreisläufe waren damit noch in sich geschlossen, und die agrarische Erzeugung war weitgehend unabhängig von irgendwelchen Inputs von außen. Gezwungenermaßen könnte man sagen. Denn zu den historischen Handlungsbedingungen in ökonomischer wie ökologischer Hinsicht gehörte, daß die Leute auf dem Land ziemlich auf sich gestellt waren. Sicher, kein Dorf kehrte der Welt nur den Rücken zu. Aber eine seiner nachhaltigsten Einbindungen in die »Außenwelt« war abschöpfender Art: Die Leute entrichteten Steuern und grundherrliche Abgaben – das Dorf selbst als Objekt der »Extraktion« – und sie tätigten kleinere Verkäufe auf dem städtischen Markt. Doch den umgekehrten Weg, den Weg in das Dorf, fanden nur wenige Dinge: Eisen für Geräte und Salz für Vieh oder Küche; als Konsumgüter einige Ballen besserer Stoffe und Bordüren, etliche Pfund Öl, Pfeffer oder Tabak, Güter eines gehobenen und sporadischen Bedarfs. Die Bauern bezogen keine Hilfsstoffe von außen, vor allem keinen Dünger, u.a. deswegen, weil vor Einführung des Mineraldüngers (in der zweiten Hälfte 19. Jahrhunderts) hier kaum Überschüsse zur Verfügung standen. Sie waren in der Energieversorgung auf sich selbst, auf Wasserkraft, ihr Holz und ihr Futtergetreide verwiesen. Und sie bezogen keine Grundbedarfsgüter wie Getreide von »außen«, keine Massengüter, die sie selbst erzeugen konnten, da der Landtransport schwerer oder sperriger Waren aufgrund hoher Energiekosten immens kostspielig war. (Erst die Ausbeutung fossiler Energiereserven sprengte die lokale oder regionale Koppelung von Bedarf und Produktionsausrichtung wirklich auf, ließ die Sorge um ein Niedrighalten von Transportkosten verblassen.) Kurzum: diese Bauern waren zur Deckung ihrer materiellen Bedürfnisse weitgehend auf den »eigenen« Naturraum und die Ausschöpfung all dessen angewiesen, was ihnen dieser Raum an Nutzungsmöglichkeiten bot.

Der traditionelle Bauer war dann auch kein »Landmann« oder »Landwirt« im modernen Sinn. Seine Tätigkeit war nicht auf die absatz- und gewinnorientierte Produktion spezialisierter Agrarerzeugnisse für den städtischen Verbraucher ausgerichtet, sondern diente zu einem Gutteil der eigenen Versorgung (»Subsistenzwirtschaft«). Jede Familie versuchte, einen möglichst großen Teil ihrer Primärbedürfnisse Behausen, Heizen, Nähren, Kleiden mit den Mitteln ihrer eigenen Wirtschaft abzudecken; die Dorfbewohner waren also nicht »bäuerlich«, sondern »hauswirtschaftlich« orientiert – womit der bäuerlichen Komponente eine wichtige, aber nicht die einzige Rolle zukam. So nimmt es auch nicht Wunder, daß fast alles, was in diesen Dörfern auf den Tisch kam, daß Mehl und Getreide, Kraut, Rüben, Salat und Dörrobst, Milch, Schmalz und Quark, Eier, Fleisch – und das Wasser, das man gewöhnlich zum Essen trank – aus der eigenen Wirtschaft stammten, daß das Leinen – Rohstoff für Bettzeug, Kleidung oder Getreidesäcke -, das Leder für Sättel und Riemen, Schuhe oder Hosen, die Federn für Kissen und Oberbetten, die verschiedenen Hölzer für Pflüge und Radspeichen, Schindeln und Fensterstöcke, Tragkörbe oder Heugabeln aus der eigenen Erzeugung bzw. dem eigenen dörflichen Wirtschaftsraum stammten – höchstens noch, daß manche dieser Stoffe vor dem Gebrauch eine Veredelung durch das städtische Gewerbe erfuhren.

Vormoderne Logik: Risikominimierung statt Ertragsoptimierung

Der vielfältige Bedarf der ländlichen Haushalte und die diversifizierte Aneignung und Erzeugung der vormodernen Bauernwirtschaft ergänzten und stützten sich wechselseitig. Die Notwendigkeit der Bauern, sich ihre Subsistenzmittel selbst zu erwirtschaften, hatte jedoch noch weitere Implikationen, die die Logik vormodernen Wirtschaftens überhaupt betrafen. Und auch diese »Logik« wirkte in Richtung Artenvielfalt – vor allem was den Getreidebau betrifft. Getreide reagierte ungemein empfindlich auf klimatische Schwankungen, und die Menschen, die auf den Ertrag ihrer Felder angewiesen waren, versuchten, die Risiken, die sich aus ihrer Naturabhängigkeit ergaben, gering zu halten. Dem kam ein gemischter Anbau entgegen. Es gab Jahre, da geriet das Sommer-, in anderen das Wintergetreide besser, oder der Winterroggen fiel gut, der Winterweizen dagegen schlecht aus. So war es ratsam, sich nicht auf eine Art allein zu verlassen, auch wenn die durchschnittlichen Erträge auf dieser Weise vielleicht unterhalb eines sortenspezifischen Optimums blieben. Statt auf Optimierung war das bäuerliche Denken auf Sicherung der Erträge gerichtet. Üblich war, daß die Bauern wenigstens viererlei Getreide kultivierten: Weizen oder Dinkel, Roggen, Gerste und Hafer. Und schon aus Gründen der Risikominimierung war es ratsam, bei dieser Gewohnheit zu bleiben.

Ein ausgeklügeltes ökologisches System und – erbärmliche Erträge

»Poly-« also statt »Monokultur« in fast allen Bereichen! Zur Ehrenrettung der vormodernen Bauern und ihrer Wirtschaftsführung sei hinzugefügt: Ginge man der Verzahnung und Vernetzung von Viehzucht, Ackerbau aber auch Waldwirtschaft nach, so würde man ein frappierend ausgeklügeltes ökologisches System feststellen, dessen Funktionstüchtigkeit auf der Logik endloser Feinabstimmung durch Diversifikation und Mehrfachnutzung beruhte, auf der vollständigen Ausschöpfung sämtlicher sich im Rahmen eines extensiven Systems bietenden Nutzungs- und Verwertungsmöglichkeiten: Weil sich Kühe nicht für alle Weiden und alles Futter eignen, hält man größere Mengen Schafe, die zugleich den Vorteil der Wollnutzung bieten. Schweine verwerten die Waldfrüchte oder die Mahlabfälle der Kornmühle, eignen sich aber auch zum Durchpflügen der Brachfelder. Hühner nähren sich aus den Misthaufen und von den Kornresten auf Straßen und Wegen. Die Kühe bekommen außer dem Heu auch das gehäckselte Stroh der Kornfelder untergemischt. Nichts wird weggeworfen in dieser Welt: selbst Kleie, Gemüseabfälle und Nachmehl, Leinbollen oder Molke, ja noch das Spülwasser eignen sich, um daraus dem Vieh ein nahrhaftes Futter aufzubrühen. Und diese fast restlose Verwertung kennzeichnete das gesamte dörfliche Wirtschaften. Die Bauern von einst wußten um den unterschiedlichen Nutzwert der Dinge. Sie hatten Verwendung für das Kleine wie das Große, die »ökologische Nische« und den Nebennutzen, hatten Sinn für das »Sowohl-Als-auch«. Und doch: Die Erträge, die sie erwirtschafteten, und der Lebensstandard, den sie erreichten, waren – aus heutiger Sicht – erbärmlich!

Die Übererfüllung des Solls

Um Europa seinen Aufschwung, sein Bevölkerungswachstum, die Verstädterung und Industrialisierung des 19. und frühen 20. Jahrhunderts zu erlauben, bedurfte es eines gewaltigen Anstiegs der agrarischen Produktion. Und die erste Maßnahme, die man ergriff, war die Ausdehnung der Kultivation: die großflächige Umgestaltung und Indienstnahme der »Landschaft« für die Zwecke einer effizienteren Agrikultur. Das Erzeugungsvolumen war zum entscheidenden Effizienzkriterium geworden. Während die ökonomische Rationalität des alten Systems auf Arbeitsersparnis durch Herdenhaltung und Weide beruhte – auf einem Stück unterlassener Kultivation –, schritt man nun unter erheblichem Aufwand zu einer möglichst intensiven Nutzung aller Böden. Man schritt zu Nutzungsformen, die die Landwirtschaft und Agrarlandschaft – verstärkt nochmals durch die

Industrialisierung – mehr und mehr aus natürlichen Kreisläufen auskoppelten und die mittlerweile längst negative Auswirkungen auf das Ökosystem und – unter gewandelten ästhetischen Vorzeichen – auch das Landschaftsbild zeigen.

Nachdem die Bauern ihr Erzeugungs-Soll längst übererfüllt haben und die Industrialisierung der Natur über ihr Ziel hinausgeschossen ist oder besser gesagt, manch falschen Weg einschlug, werden neue »Leitbilder« der Landschaftsnutzung verlangt. Und es scheint, daß im Zuge der Modernisierung Prinzipien über Bord geworfen wurden und Kompetenzen verkümmerten, die man heute – unter veränderten Bedingungen und in veränderter Form – wieder gebrauchen könnte.

Literatur

W. ABEL, Geschichte der deutschen Landwirtschaft vom frühen Mittelalter bis zum 19. Jahrhundert, Stuttgart 1962, 2., neubearbeitete Auflage Stuttgart 1967

R. BECK, Unterfinning. Ländliche Welt vor Anbruch der Moderne, München 1993

F.-J. BRÜGGEMEIER u. Th. ROMMELSPACHER, (Hg.), Besiegte Natur. Geschichte der Umwelt im 19. und 20. Jahrhundert, München 1989

J. W. COLE and E. R. WOLF, The Hidden Frontier. Ecology and Ethnicity in an Alpin Valley, New York 1974

F. KOHLBRENNER (Hg.), Der baierische und pfälzische Landmann in der verbessernden Landwirthschaft..., München 1769

D. GROH, Strategien, Zeit, Ressourcen. Risikominimierung, Unterproduktivität und Mußepräferenz – die zentralen Kategorien von Subsistenzökonomien, in: Strategien von Subsistenzökonomie (Schweizerische Gesellschaft für Wirtschafts- und Sozialgeschichte, Heft 5, 5. Jg.), Lausanne 1986, 1-37

J. v. HAZZI, Statistische Aufschlüsse über das Herzogtum Baiern, Bd. 2, Nürnberg 1802

J. v. HAZZI, Gekrönte Preisschrift über Güter-Arrondierung mit der Geschichte der Kultur und Landwirtschaft von Deutschland..., München 1818

W. KONOLD u. A. HACKEL, Beitrag zur Geschichte der Streuwiesen und der Streuwiesenkultur im Alpenvorland, in: Zs. f. Agrargeschichte u. Agrarsoziologie 38, 1990, 176-191

J. v. OBERNBERG, Reisen durch das Königreich Bayern, 5 Bde., München 1815-1820

A. RINGLER, Gefährdete Landschaft. Lebensräume auf der Roten Liste, München 1987

T. SHANIN, The nature and logic of the peasant economy, in: The Journal of Peasant Studies 1, 1973/74, 63-80 und 186-205

R. P. SIEFERLE, Fortschrittsfeinde? Opposition gegen Technik und Industrie von der Romantik bis zur Gegenwart, München 1984

Der Preis einer vielfältigen Kulturlandschaft

U. Hampicke

Der unbefriedigende Zustand der Landschaft

Daß sich weite Landschaften in Mitteleuropa in den vergangenen Jahrzehnten zu ihrem Nachteil verändert haben, wird nicht mehr allein von Minderheiten behauptet, welche vielleicht zu hohe Ansprüche besitzen. Auch beschränkt sich die Kritik an der Landschaftsentwicklung nicht darauf, daß die Verhältnisse nicht mehr so »wie früher« seien – eine solche Kritik müßte sich fragen lassen, ob die Konservierung des Gewohnten um seiner selbst willen ein berechtigtes Anliegen sein kann. Auch wer die Unvermeidlichkeit des Wandels in der Landnutzung anerkennt, erhebt mindestens zwei Einwände insbesondere gegen die Gestalt der modernen, hochproduktiven Agrarlandschaft, wie sie in Abbildung 1 aus ungewohnter Perspektive dargestellt ist:

– Sie bleibt ästhetische Erwartungen schuldig, welche von zahlreichen Menschen geteilt werden. Zeigt man Personen Abbildungen zweier Feldraine – den einen mit üppigen Kornblumen und Klatschmohn und den anderen ohne einen bunten Tupfer und mit

Abbildung 1: Hochproduktive, »geordnete« Agrarlandschaft in Niederbayern aus der Vogelperspektive: Es gibt nur Silomais, Gerste und eine befestigte Feldstraße.

schlagartigem Übergang zum geteerten Feldweg – so werden fast alle Personen den ersten, heute bedeutend selteneren, vorziehen.

– Der zweite Einwand bezieht sich auf die herbeigeführte Artenarmut nicht aus ästhetischem, sondern aus ökologischem und ethischem Motiv. Die ideale land- oder forstwirtschaftliche Produktionslandschaft bietet nur relativ wenigen Tier- und Pflanzenarten gesicherten Lebensraum. Artenrückgänge werden seit Jahrzehnten sogar in Landschaften beobachtet, die für das Auge durchaus noch viel zu bieten haben. Wer genauer hinsieht und die frühere Verbreitung von Acker- und Wiesenkräutern, Schmetterlingen, Käfern usw. kennt, ist auch hier erschrocken. Nicht nur Pessimisten befürchten, daß die sich zäh haltenden Reste vieler gefährdeter Arten wegen der zu klein gewordenen Populationen, ihrer Isolation und nicht abzustellenden weiteren Bedrängungen auf die Dauer abgeschrieben werden müssen, so daß zumindest der mit der heutigen Landwirtschaft verträgliche »Gleichgewichtszustand« im Artengefüge noch ärmer als der heutige ist (vgl. u.v.a. BLAB 1986, RINGLER 1987, KAULE 1991, PLACHTER 1991, KNAUER 1993, JEDICKE 1994).

Positive Ausnahmen hier und da sowie das Wissen, daß zahlreiche hier gefährdete Arten noch ein Auskommen in anderen Gegenden, wie etwa dem Mittelmeergebiet, haben, können die geschilderten Bedenken nicht zerstreuen. Es herrscht breiter Konsens darüber, daß es besser ist, in einer strukturell vielfältigen, blüten- und insektenreichen Landschaft leben zu können, daß es besser ist, wenn Kindern und Schülern Lebensvielfalt auch in der unmittelbaren Nachbarschaft nahegebracht werden kann, und daß es vor allem notwendig ist, Tier- und Pflanzenarten überhaupt vor der Ausrottung zu bewahren, sei es aus biozentrisch-ethischen Gründen, aus Ehrfurcht vor der Schöpfung oder aus Verantwortung gegenüber künftigen Generationen (HAMPICKE 1993). Wenn über diese Ziele so breiter Konsens herrscht, warum ist dann ihre Realisierung so fern?

Das Problem in ökonomischer Sichtweise

Ökonomie: Die Kunst des vernünftigen Umgangs mit knappen Ressourcen

Die spontane Antwort auf die gestellte Frage besteht zweifellos im Hinweis auf die Kosten. Es ist ein nur zu wahrer Gemeinplatz, daß für alles irgendwie bezahlt werden muß: früher oder später, von einem selbst oder von anderen. Die nächstliegende Hypothese zur Erklärung des bestehenden Zustands lautet, daß seine Verbesserung in Gestalt umfangreicher Verzichte auf land- und forstwirtschaftliche Produkte, auf Straßen und Kanäle usw. so kostspielig wäre, daß selbst diejenigen, welche diese Verbesserung jetzt fordern, nicht bereit wären, Kosten in dieser Höhe zu tragen, wenn sie ihnen in Mark und Pfennig unterbreitet würden.

Wenn derartige Argumente in der politischen Diskussion ausgetauscht werden, so wird oft zu wenig unterschieden, ob es sich bei ihnen um *prüfenswerte Hypothesen* oder um *feststehende Tatsachen* handelt. Der vorliegende Beitrag sieht seine Aufgabe darin, hier zu differenzieren und (wenn auch auf den ersten Blick plausible) Behauptungen von Fakten zu trennen. Dabei ist eine kurze methodologische Vorbemerkung bezüglich der Ökonomie als Wissenschaft erforderlich.

Zahlreiche Menschen bezweifeln, daß es sinnvoll sein kann, an die Probleme von Natur und Landschaft überhaupt mit ökonomischen Maßstäben heranzutreten. Besonders in Naturschutzkreisen herrscht die Meinung vor, daß die Natur ebenso wie andere erhabene Dinge, wie die Kunst oder gar die Würde des Menschen, von der Sphäre des Geldes und der Wirtschaft möglichst ferngehalten werden sollten. Diese Ablehnung ist zwar nachvollziehbar, sie beruht jedoch auf einer irrigen Vorstellung vom Wesen der Ökonomie und sollte korrigiert werden. Nur in sehr oberflächlicher Sicht ist Ökonomie identisch mit Bankenchinesisch oder mit Rezepten zur rentabelsten Geldanlage. Entsprechend ihrer Wurzeln in der Aufklärung des 17. und 18. Jahrhunderts ist sie vielmehr die Wissenschaft und Kunst des *vernünftigen Umgangs mit dem Phänomen der Knappheit*. Ökonomisch zu denken und zu handeln, heißt, mit knappen Ressourcen aller Art rationell umzugehen, um den Nutzen aus ihnen zu maximieren, Verschwendung zu vermeiden und um Entscheidungen nicht bereuen zu müssen. Nur im Schlaraffenland bedarf es keiner Ökonomie, weil nichts knapp ist. Sobald aber zwischen Alternativen gewählt werden muß, man nicht mehr alles gleichzeitig haben kann, bedarf es systematischer Entscheidungsregeln. Nach diesen sucht die Ökonomie, nicht allein aus der Sicht einzelner betroffener Wirtschaftssubjekte (in der Landschaft etwa der Landwirte, der Verkehrsplaner, der Erholungssuchenden usw.), sondern vor allem aus der Sicht der allgemeinen Wohlfahrt und unter Beachtung konsensfähiger ethischer Regeln.

Ein Beispiel möge dies verdeutlichen: Eine von vielen nachvollzogene und in der wissenschaftlichen Ethik fundierte Regel lautet, daß bei heutigen Entscheidungen auch Rücksicht auf die künftigen Generationen genommen werden muß (vgl. BIRNBACHER 1988). Wenn wir uns wohl auch nicht abverlangen müssen, uns ihnen gegenüber aufzuopfern, so dürfen wir jedoch nicht *nur* an uns denken, insbesondere Entscheidungen fällen, welche um *geringer* heutiger Vorteile willen vielleicht *schwere* Nachteile für die Späteren zeitigen werden. Oder wenn es umgekehrt möglich ist, mit *geringen* Opfern heute möglicherweise *schwere* künftige Verluste abzuwenden, so spricht alles dafür, diese geringen heutigen Opfer (ökonomisch: Kosten) zu leisten. Derartige Überlegungen sind besonders bei unwiederbringlichen Entscheidungen von Belang, etwa ob die Ausrottung einer Tier- oder Pflanzenart hingenommen werden soll oder nicht. Wie oft in solchen Fällen, kommt die hochentwickelte mathematisch-ökonomische Entscheidungstheorie zu einem ähnlichen Ergebnis wie die Vernunft im Alltag: daß unwiederbringliche Verluste besonders gut überlegt und im Zweifel vermieden werden sollten.

Die ökonomische Theorie, die sich neuerdings den Problemen der Erhaltung der Biodiversität auf der Erde intensiv zuwendet (einführend: HAMPICKE 1991, PEARCE 1993, PEARCE & MORAN 1994), unterstützt also die Anliegen der ökologischen Zukunftsverantwortung. Zum zweiten zeigt das Beispiel, daß keineswegs allein die im Alltagsverständnis dem Wirtschaftsleben zugeordneten Dinge Gegenstände der Ökonomie sind, wie Preise, Lohntarife, Steuern, Wechselkurse usw. Alles, ob es Preise trägt oder nicht, ist Gegenstand ökonomischen Denkens, wenn es *knapp* ist oder es werden kann, so daß es vernünftig bewirtschaftet werden muß. Die folgenden Ausführungen zeigen, daß die in den vergangenen Jahrzehnten eingetretene Knappheit an Landschaftsschönheit und ökologischer Vielfalt oftmals (wenn auch keineswegs in jedem Einzelfall) dadurch herbeigeführt wurde, daß diese wertvollen Ressourcen *ver*wirtschaftet worden sind. Ausdrücklich sei aber betont, daß in diesem Beitrag keine Schuldzuweisungen erhoben werden. Vielmehr soll gezeigt werden, daß die Akteure in der Landschaft unter Zwängen und Anreizen standen, die ihnen oft keine andere Wahl ließen, als aus der Sicht des Ganzen unökonomisch und unethisch zu handeln. Zu den wichtigsten praktischen Aufgaben der Wirtschaftswissenschaft gehört daher, die institutionellen Umstände so mitzugestalten und zu verbessern, daß *Anreize* in die richtige Richtung entstehen.

Unökonomische Rahmenbedingungen

Die Agrarmarktregelungen der Europäischen Union

Wegen des begrenzten Raumes konzentrieren wir uns, von kurzen Seitenblicken insbesondere auf den Forst abgesehen, im folgenden auf die Landwirtschaft als prägendes Element der Landschaft. Sie bewirtschaftet etwa 50% der Landesfläche, und es besteht kein Zweifel, daß ihre Intensität der wichtigste Einzelfaktor für die Belange von Landschaftsästhetik und Naturschutz ist.

Die Kritik an der Grundkonstruktion der EU-Agrarpolitik ist in Öffentlichkeit und Medien so geläufig, daß hier kurze Bemerkungen genügen (ausführlich: HENRICHSMEYER & WITZKE 1991, 1994, KOESTER 1992). Deren wesentliches Merkmal war in der Vergangenheit und ist es auch heute noch teilweise, daß die Einkommenssicherung der Landwirte über administrierte und gegen die Wirkung der Weltmärkte abgeschirmte, künstlich erhöhte Produktpreise erfolgt. Von allen sonstigen Für und Wider abgesehen, hätte dieses Instrument rein technisch und ohne die seit langem beobachteten Nebenwirkungen funktioniert, wenn die EU ein Nettoimporteur an Agrarprodukten geblieben wäre, wie sie es bei ihrer Gründung war und man es damals (entgegen manchen Warnungen) auch für die Zukunft erwartete. Die unerwartet hohen und langjährigen technischen Fortschritte in der Landwirtschaft haben aber dazu geführt, daß die EU schon seit langem mehr erzeugen kann, als sie verbraucht. Wenn nun die Landwirte ihr Einkommen aus den verkauften Produkten beziehen, wenn die Preise dafür hoch sind und der Staat im Prinzip verpflichtet ist, jede beliebige Menge abzunehmen, so braucht man sich nicht zu wundern, wenn als Folge

- erstens so viel und so intensiv, wie es überhaupt möglich ist, produziert und zum Schaden der landschaftlichen Schönheit und der Artenvielfalt das Maximale aus Flächen und Nutztieren herausgeholt wird, und

- sich zweitens Überschüsse ansammeln, die niemand, weder im In- noch im Ausland zu den geforderten Preisen kaufen will.

Wie in der Tabelle 1 zu erkennen, betragen die Ausgaben der EU für die Marktordnung in Deutschland gegenwärtig über 12 Milliarden DM pro Jahr. Mit diesen Mitteln werden Produkte gelagert, werden sie billiger, als es ihrem Aufkaufswert entspricht, an inländische Abnehmer weiterverkauft oder auf die Weltmärkte exportiert, wobei ebenfalls die Differenz zwischen hohem Einkaufs- und niedrigem Verkaufspreis zuzuschießen ist.

	Mio. DM
Getreide	2 703,0
Milch	1 607,3
Rindfleisch	1 752,0
Schweinefleisch	1 222,6
Zucker	1 058,6
Sonstiges, einschließlich Preisausgleichszahlungen	4 334,9
Zusammen	12 678,4

Tabelle 1: Marktordnungsausgaben der EU in Deutschland 1993. Quelle: Statistisches Jahrbuch über ELF 1994, Tabelle 203, S. 177.

Das geschilderte System ist in den letzten Jahren mehrfach und zuletzt 1992 grundlegend verändert worden. Im Jahre 1984 wurde für die Milcherzeugung das Quotensystem eingeführt; nur wer eine Quote (= einen Erlaubnisschein) besitzt, darf Milch abliefern, die zu einem akzeptablen Preis entgolten wird. Das System funktioniert rein technisch mehr oder weniger befriedigend, stellt jedoch einen äußerst systemwidrigen Fremdkörper in einer Marktwirtschaft dar, führt mit Sicherheit zu hohen, wenn auch geschickt versteckten Effizienzverlusten für die Gesamtwirtschaft und wird von Ökonomen dementsprechend wenig geschätzt. Anders verhält es sich mit der zweiten, schon erwähnten Reform im Jahre 1992, bei welcher mit voller Wirksamkeit ab 1996 der Preis von Getreide und einigen betriebswirtschaftlich ähnlich zu beurteilenden Erzeugnissen, wie Raps und Körnerleguminosen, schrittweise auf das Weltmarktniveau zurückgenommen wird und den Betrieben der dabei im Schnitt auftretende Verlust per Flächenprämie ausgeglichen wird.

Wie sich diese letztgenannte Umorientierung auch ökologisch auswirken wird, ist eine spannende Frage. Zunächst interessiert uns jedoch, wie es zu dem ökologisch beklagenswerten Zustand *gekommen ist*; wir blicken also retrospektiv. Hierfür seien zwei entscheidende Argumente festgehalten:

1. Die bisherige Übernutzung der Agrarlandschaft durch teilweise extrem intensivierte Erzeugung (mit Folgen für die Boden- und Grundwassergesundheit, die Artenvielfalt, die optische Erscheinung u.a.) erfolgte *gerade nicht* innerhalb von Rahmenbedingungen, die »rein ökonomisch«, d.h. unter Absehung von allen ökologischen Belangen, effizient oder rational genannt werden könnten. Vielmehr werden letztere von der Wirtschaftswissenschaft nun bald seit Jahrzehnten als das Gegenteil angesehen und dementsprechend – bis in die jüngste Vergangenheit freilich erfolglos – kritisiert. Daher besteht kein Grund, die eingetretenen ökologischen Verluste als notwendigen oder unvermeidlichen Preis des erreichten Lebensstandards anzusehen.

2. Trotz der 1992 eingeleiteten Reformen wird das Marktordnungsbudget der EU auf absehbare Zeit so hoch wie bisher bleiben. Die 12 Milliarden DM pro Jahr (und weitere Milliarden aus anderen Töpfen, vgl. unten) werden weiterhin in die Landwirtschaft fließen. Dabei bestehen kaum Zweifel, daß sie auf verschiedenen Gebieten so umfunktioniert werden könnten, daß sie zwar ihre Einkommensfunktion erfüllten, jedoch nicht mehr wie bisher zur bedingungslosen Intensivierung anreizten. Es besteht mit anderen Worten ein sehr großer Spielraum, mit bereits vorhandenen Mitteln ein Verhalten im Einklang mit ökologischen Zielen finanziell zu honorieren.

Intensivierungszwang durch mangelnde Flächenausstattung, das »Durchwursteln« zahlreicher Betriebe

Der nun angesprochene Punkt ist unter Naturliebhabern kontrovers, ja heikel. Eine verbreitete Meinung lautet, daß nur eine bäuerliche und möglichst kleinbetriebliche Landbewirtschaftung die Arten- und Strukturvielfalt und auch den ästhetischen Reiz der Agrarlandschaft gewährleisten könne. Die Größe eines Betriebes, in der Regel verstanden als Flächenausstattung, wird generell als ein ökologischen Zielen entgegenstehender Einfluß angesehen.

Diese Meinung hat anscheinend die historische Erfahrung für sich und ist intuitiv einleuchtend. Früher waren viele Betriebe klein, und die Qualität der Landschaft war besser als heute. Bei näherem Hinsehen muß jedoch differenziert werden. Zunächst sind die Begriffe »klein« und »groß« eine Frage des Maßstabs. Wirkliche »Agrarfabriken«, die diesen Namen verdienen, gibt es zwar, jedoch in geringerem Umfang, als von zahlreichen Laien an-

Der Preis einer vielfältigen Kulturlandschaft

genommen. Der Begriff paßt am ehesten für Großunternehmen der tierischen Erzeugung im nordwestdeutschen Raum, insbesondere der Schweine-, Geflügelfleisch- und Eierproduktion, deren ökologische Aspekte mit Recht kritisiert werden. Hier herrscht breiter Konsens über die Notwendigkeit von Reformen, insbesondere hinsichtlich des Umgangs mit der Gülle.

Betrachten wir dagegen bäuerliche Betriebe, so würden einfache betriebswirtschaftliche Kalkulationen zeigen, daß lebensfähige *Vollerwerbsbetriebe* (d.h. solche, die ganz oder fast allein aus der Landwirtschaft ihr Einkommen beziehen) Größenordnungen besitzen müssen, über die manche, an frühere Verhältnisse gewöhnte Beobachter staunen würden. Dies gilt *auch* für biologisch-organisch wirtschaftende Betriebe, die keineswegs zu den kleinsten gehören. In Grünlandregionen sind z.B. 40 bis 50 Milchkühe das Minimum für einen Vollerwerbsbetrieb mit Zukunftsaussichten. Wenn ein solcher Betrieb keine besondere Extensivierungsförderung erhält (näheres in den unteren Abschnitten), muß er intensiv wirtschaften, z.B. stark düngen und das Grünland mehrmals im Jahr schneiden. Er muß gewiß die Intensität nicht so hochtreiben, daß Gefahren für Boden und Grundwasser sowie andere, biotische Ressourcen entstehen, wie es bei den o.g. »Agrarfabriken« zu beobachten ist, aber besondere Beiträge zum Erhalt der Artenvielfalt sind von ihm ohne Extensivierungsförderung nicht zu erwarten. Sein Grünland wird in der Regel wie in Abbildung 2 aussehen, wie es für weite Teile des württembergischen Allgäus und auch des bayerischen Voralpenlandes charakteristisch ist.

Abbildung 2: Intensiv bewirtschaftetes, hochgedüngtes und oft geschnittenes Grünland für Milchkühe. Das hochverdauliche Futter ist unerläßlich für hohe Milchleistungen. Grünland wie dieses kann keine Beiträge zur Artenvielfalt liefern, bei Einhaltung vernünftiger Obergrenzen der Düngung ist es jedoch im Hinblick auf den Boden- sowie Grund- und Oberflächengewässerschutz Äckern oft vorzuziehen.

Der Preis einer vielfältigen Kulturlandschaft

Abbildung 3: Traditionelle Mähwiesen am Trauf der Schwäbischen Alb. Im Nebenerwerb werden sie insbesondere für den Heuverkauf vorteilhaft weiterbewirtschaftet. Man findet mehrere Dutzend Pflanzenarten pro Hektar und einen großen Blüten- und Insektenreichtum.

Vergleichen wir hiermit die extensive Wirtschaftsweise etwa eines 1000-ha-Grünlandbetriebes in den neuen Bundesländern, der auf weiten Flächen Fleischrinder hält, so wird sofort deutlich, daß die Betriebsgröße (gemessen am Flächenbestand) und die Intensität des Wirtschaftens und damit die Rücksichtnahme auf die Natur in genau umgekehrter Weise miteinander zusammenhängen können, als dies die Befürworter des Kleinbetriebes annehmen. Auch hier gibt es Gegenbeispiele – im Ackerbau und auf guten Böden wirtschaften auch Großbetriebe sehr intensiv -; im vorliegenden kann nur festgestellt werden, daß die Verhältnisse komplizierter sind als oft angenommen.

Wenn wir verstehen wollen, warum in den vergangenen Jahrzehnten in den alten Bundesländern mit überwiegend bäuerlicher Landwirtschaft die Intensivnutzung der Landschaft bis in viele entlegene Mittelgebirgstäler vorangetrieben wurde, wo entgegen verbreiteter Meinung durchaus keine ökologisch paradiesischen Zustände mehr herrschen, so müssen wir uns die Betriebe unterhalb der oben genannten Entwicklungsschwelle ansehen, die dort weitaus vorherrschen. In Hessen gibt es z.B. immer noch zahlreiche Betriebe mit weit weniger als 20, sogar weniger als 10 Milchkühen. Hier muß deutlich unterschieden werden zwischen *Voll-* und *Nebenerwerbsbetrieben*, wobei die letzteren weniger als 50% ihres Einkommens aus der Landwirtschaft erzielen, meist noch deutlich darunter.

Die bis heute zahlreichen zu kleinen Vollerwerbsbetriebe standen und stehen unter einem Intensivierungsdruck, der *mindestens* so stark ist wie bei den lebensfähigen bäuerlichen Betrieben. Sie waren und sind erst recht gezwungen, insbesondere ein Maximum an Futter von ihren Flächen zu gewinnen, um halbwegs »über die Runden zu kommen«. Es kann keine Rede davon sein, daß diese Betriebe, die eigentlich jeder Laie meint, wenn er von »kleinen bäuerlichen Betrieben« spricht, von sich aus Anreizen unterlegen hätten, welche auf Extensivierung und Schonung der Artenvielfalt hindeuteten. Anders verhält es sich bei den Nebenerwerbsbetrieben. Wer über ein zufriedenstellendes außerlandwirtschaftliches Einkommen verfügt, braucht nicht unter Inkaufnahme hohen, schlecht entlohnten Arbeitsaufwands den maximal möglichen Geldertrag aus seinem Betrieb herauszuholen, vielmehr besitzt er ein Interesse, in seinem Betrieb auf einen angemessenen Stundenverdienst zu kommen. Interessanterweise bieten extensive und ökologischen Zielen entgegenkommende Betriebszweige oft eine hohe Arbeitsproduktivität, vor allem wenn sie wegen der ökologischen Leistungen zusätzlich unterstützt werden. Ein treffendes Beispiel sind die in Süddeutschland, etwa am Trauf der Schwäbischen Alb, verbreiteten Kleinbetriebe, welche ihre überaus blütenbunten Wiesen (vgl. Abbildung 3) ohne Pestizid- und mit geringstem Düngereinsatz mähen, um das Heu an andere Viehhalter zu verkaufen.

Eine ökologischen Zielen entsprechende Betriebsstruktur muß also entweder aus großen, flächenstarken Betrieben bestehen, welche extensiven Vollerwerb zulassen, oder aus kleinen Nebenerwerbsbetrieben oder einer Kombination aus beiden. Es hat nichts mit einer technokratischen »Wachse-oder-weiche«-Ideologie zu tun, wenn von der Tatsache ausgegangen wird, daß zu kleine Vollerwerbsbetriebe auch für ökologische Zielsetzungen keine geeignete Grundlage darstellen; sie können im allgemeinen weder unter zusätzlicher Bezahlung ökologischer Leistungen noch unter Aufnahme eines biologisch-organischen Produktionsprogramms eine solide Zukunft bieten.

Daß sich diese Betriebe, welche dem vergeblichen Versuch nachjagten, durch ständige Steigerung der Flächenerträge ein zufriedenstellendes Einkommen zu erwirtschaften, in den alten Bundesländern so zahlreich und zäh gehalten haben, ist vor allem in Regionen mit Restbeständen hoher Biodiversität maßgeblich dafür verantwortlich, daß auch dort vor allem die Stickstoffwalze immer mehr Arten verdrängte. Zwei Umstände kamen noch hinzu, welche ihre Lebenszähigkeit über jedes vernünftige Maß hinaus verlängerten: Zum einen gaben sich ihre Leiter – oft notgedrungen, weil ohne Alternativen – mit einem chronisch schlechten Arbeitseinkommen zufrieden. Der amtlichen Statistik (vgl. Agrarbericht der Bundesregierung 1995) ist zu entnehmen, daß noch heute Betriebe mit einem sehr schwachen Gewinn pro Arbeitskraft Einkommen unterhalb von Sozialhilfesätzen erzielen. Weniger bekannt ist ein Zweites: Diese Betriebe haben jahrzehntelang aus der Substanz gelebt, indem sie fixe Kosten, wie insbesondere Abschreibungen, ignorierten. Korrekt gerechnet, kostet ein Milchkuhstallplatz im Jahr allein 400 DM Abschreibungen, hinzukommen 500 DM für Unterhalt, Reparaturen, Fremdkapitalzinsen und Zinsanspruch für das Eigenkapital. Die meisten Betriebe erwirtschaften dies nicht annähernd, insbesondere dann nicht, wenn sie nicht vorhaben, die bestehenden Gebäude jemals zu erneuern, sondern sie »kostenlos« nutzen. Da es in der Ökonomie wirklich »Kostenloses« nie gibt, ist dieser gewaltige Desinvestitionsprozeß schon rein ökonomisch ein Problem, obwohl den einzelnen Betrieben kein Vorwurf daraus gemacht werden kann, daß sie sich so verhalten haben. Für unseren Zusammenhang ist entscheidend, daß diese ökonomisch fragwürdige Kombination aus Niedrigverdienst plus Desinvestition – man könnte es das »Durchwursteln« nennen – über Jahrzehnte hinweg ein sowohl ökonomisch als auch ökologisch unangemessen hohes Intensitätsniveau gefördert hat – gerade in Regionen mit ursprünglich reichhaltiger ökologischer Ausstattung.

Tätigkeit der Landeskulturbehörden

Historisch war es ein großer Fortschritt, als sich die staatlichen Behörden im 18. und 19. Jahrhundert, teilweise auch schon zuvor, darauf besannen, daß die Ressourcen der Landschaft nicht, wie es dem Feudaladel selbstverständlich war, der Verschleuderung u.a. für die Finanzierung von Schlössern offenzustehen hatten (sofern sie nicht dem Jagdvergnügen dienten und aus diesem Grunde erhalten wurden, wie manche Wälder), sondern planmäßig zum Wohl aller zu entwickeln waren. Auch mußte die den heutigen Verhältnissen in Afrika, Asien und Lateinamerika nicht unähnliche Landschaftsübernutzung aus *Armut* (Auflichtung der Wälder durch Brennholzentnahme und Weidenutzung, Entfestigung von Lockerböden und Bildung von Wanderdünen und Flugsand) eingedämmt werden. Und schließlich hatten industrielle Aktivitäten, wie die Glas- und Stahlverhüttung auf der Grundlage der Holzkohle, die Salzgewinnung und der Bergbau regional zur Devastierung der Wälder geführt.

Die damaligen Kulturmaßnahmen, wie Flußregulierungen, Moor- und Sumpfkultivierungen, Aufforstungen und anderes legten den Grund für einen wirtschaftlichen Aufschwung. Friedrich dem Großen wird zugeschrieben, gesagt zu haben, er habe mit dem Oderbruch eine neue Provinz ohne Krieg hinzugewonnen. Obwohl den Werken schon Großlandschaften, wie die Oberrheinebene und später die nordwestdeutschen Moore zum Opfer fielen, waren sie ökonomisch gewiß richtig, solange sie insbesondere für die sehr arme Bevölkerung Knappheit an Kulturland auf Kosten der noch im Überfluß vorhandenen wilden Natur linderten.

Die heutigen Körperschaften mit Verantwortung in der Landschaft, wie etwa die Flurbereinigungs-, Staatsforst- und Wasserbaubehörden, blicken also bewußt auf eine stolze Tradition zurück. Noch nach dem zweiten Weltkrieg war die Arbeit der Flurbereinigung vor allem in Realteilungsgebieten mit starker Flurzersplitterung unverzichtbar. Vergleicht man aber den heutigen Zustand der Landschaft mit den Verhältnissen vor 200 Jahren, so ist mit Fug und Recht zu sagen, daß nicht nur von damaligen wilden Großlandschaften absolut nichts mehr vorhanden ist, sondern daß auch von der Kulisse der (damals als intensiv wirtschaftend geltenden!) bäuerlichen Kulturlandschaft, ihrer Kleinräumigkeit und ihrem anheimelnden Charme, oft nur noch inselartige Reste bestehen. In Nordwestdeutschland existiert kein einziges wachsendes Moor mehr, in ganz Deutschland gibt es keinen einzigen unregulierten Fluß selbst bescheidener Größe, der Anteil völlig unbewirtschafteter Bannwälder, in denen alte Bäume absterben und umfallen dürfen, um dem Heer der Holzzersetzer Nahrung zu liefern, liegt in den alten Ländern bei 0,3 % der Forstfläche (vgl. Naturwaldreservate 1989). Regionale Erhebungen bestätigen regelmäßig, daß Flächenumfang und Anzahl interessanter Biotope ebenso wie die Populationsumfänge zahlreicher gefährdeter Arten in den letzten drei Jahrzehnten auf wenige Prozent dessen zusammengeschrumpft sind, was noch in der ersten Hälfte des 20. Jahrhunderts als selbstverständliche Ausstattung der Landschaft empfunden wurde (vgl. beispielhaft für Biotope REICHEL 1989; zur Abnahme vieler besonders gut beobachteter Vogelpopulationen vgl. BAUER & THIELCKE 1982 sowie HÖLZINGER 1987).

Das Pendel hat also radikal in die andere Richtung ausgeschlagen. Anders als im 18. Jahrhundert gibt es heute einen *Überfluß* an Nutzlandschaft. Die Feldflur erzeugt soviel Getreide, wie gar nicht konsumiert werden kann, im Wald wächst trotz der Immissionsschäden mehr Holz an als jemals, und Flüsse und Kanäle bieten Transportkapazität an, die nur teilweise genutzt wird. Von Naturlandschaften sind dagegen oft nicht einmal winzige, exemplarische Reste übrig, die man wenigstens zur Erinnerung hätte bestehen lassen können.

Es besteht kein Zweifel, daß sich in den letzten Jahren auch die betroffenen Behörden ökologischen Zielen zugewandt haben und dies in Zukunft gewiß noch verstärken werden. Die Frage bleibt aber, warum der Prozeß der Naturverdrängung durch Landeskultur in so extremer Weise – man muß sagen, fast bis zum »bitteren Ende« – vorangetrieben wurde, warum er, obwohl ihm schon lange keine gesamtwirtschaftliche Notwendigkeit mehr entsprach, nicht schon früher abgebremst wurde. Wie konnte es dazu kommen, daß die aufziehende Knappheit an Natur nicht rechtzeitig in das Blickfeld der Verantwortlichen trat?

Dies hatte selbstverständlich keine persönlichen, sondern strukturelle Gründe. Nicht unterschätzt werden darf die hohe psychische Identifikation mit dem Ziel der Landeskultur. Aus Sümpfen Brot erzeugende Felder zu machen, galt jahrhundertelang als Inbegriff der Wohltat, die jemand seinem Lande überhaupt erweisen kann. Die bedeutendste Darstellung findet sich am Schluß von Goethes Faust II, wo der Held durch Taten dieser Art endlich Befreiung von der Schuld erfährt, die er im Leben angehäuft hat. Auf seiner Reise nach Brobdingnag erfährt der Erzähler von »Gullivers Reisen« die Auffassung des dortigen Königs: »Und er gab es als seine Meinung aus, daß jeder, der zwei Kornähren oder zwei Grashalme auf einem Flecken wachsen lassen könne, wo vorher nur eines wuchs, sich mehr um die Menschheit verdient mache und seinem Land einen wesentlicheren Dienst leiste als die ganze Sippe von Politikern zusammen« (SWIFT 1987:177).

Dies sind wichtige psychologische Zusatzargumente, dennoch haben wir den Kern des Problems in der ökonomischen Sphäre zu suchen. Die Flurbereinigungs-, Staatsforst-, Wasserbau- und vergleichbaren Behörden besitzen einen gesetzlichen Auftrag und werden personell und finanziell in der Regel gut ausgestattet. Der Tabelle 2 ist zu entnehmen, daß Bund und Länder die ländliche Strukturpolitik im Rahmen der Gemeinschaftsaufgabe »Verbesserung der Agrarstruktur und des Küstenschutzes« mit rund 3 Milliarden DM pro Jahr finanzieren, wovon ein erheblicher Teil für die ländliche Infrastruktur verwendet wird. Nur der Staatsforst bietet mit dem Holz direkt eine Ware am Markt an. Wie die Berichterstattung über seinen Wirtschaftserfolg ausweist (Agrarbericht der Bundesregierung 1995, Statistisches Jahrbuch über ELF 1994), wäre er als privates Unternehmen in vielen Fällen früher oder später illiquide und würde seine Tätigkeit einstellen. Seine Verluste werden aber von der Öffentlichkeit getragen. Die Flurbereinigungsbehörde wiederum bietet keine Leistung am Markt an, sie »verkauft« sie vielmehr zwangsweise, da Landwirte an einem eröffneten Verfahren teilnehmen müssen. Jene empfinden jedoch den Zwang in der Regel nicht als negativ, da sie die Leistungen zu günstigen Konditionen erhalten; im allgemeinen brauchen sie nur 20% der Verfahrenskosten einer Flurbereinigung (im Weinbau 40%) selbst zu tragen, und auch dafür gibt es Hilfen. Es trifft also den Kern des Problems, wenn man sagt, daß die Flurbereinigungsbehörde ihre Leistung »zwangsweise verschenkt« und sich aus dem Staatshaushalt refinanziert. Ähnliches trifft auch für den Wasserbau zu.

Diese Konstruktion ist gut gemeint, besitzt jedoch den entscheidenden Nachteil, daß niemand auf ökonomische Aspekte Rücksicht zu nehmen braucht. Die Landwirte nehmen die Leistun-

Tabelle 2: Ausgaben für die ländliche Strukturpolitik 1993 bzw. 1994 in Deutschland

a) Statistisches Jahrbuch über ELF 1994, Tabelle 203, S. 177.
b) einschließlich Agrarstrukturelle Vorplanung und freiwilliger Landtausch.
c) Schätzung: 50% des Ansatzes für überwiegend landwirtschaftliche Verwendungen, Rest für Abwasserwesen usw.
d) Agrarbericht der Bundesregierung 1995, Übersichten 76-77, S. 116-117, 1/6 der Gesamtfördersumme 1994-1999, 1 ECU = 1,95 DM. LEADER: Programm zur Finanzierung von in den Regionen selbst entwickelter Projekte.
e) Strukturschwache ländliche Gebiete in den alten Ländern, Karte im Agrarbericht 1995, S. 115.
f) Neue Länder.

	Mio. DM
Bund und Länder im Rahmen der Gemeinschaftsaufgabe 1993[a]	
Flurbereinigung[b]	337,8
Dorferneuerung	385,5
Einzelbetriebliches Investitionsförderungsprogramm	390,2
Ausgleichszulage	1 041,5
Wiedereinrichtung und Modernisierung in den neuen Ländern	397,5
Ländlicher Wegebau	85,2
Wasserwirtschaftliche und kulturbautechnische Maßnahmen, 50%[c]	403,9
Zusammen	3 041,6
Strukturfonds der EG 1994 einschließlich LEADER II[d]	
Ziel-5b-Gebiete[e]	429,0
Ziel-1-Gebiet[f]	1 075,2

gen gern an, da sie sie fast umsonst erhalten. Kein Verfahren würde durchgeführt, wenn die Begünstigten eine Flurneuordnung voll bezahlen müßten, wie es in einer Marktwirtschaft eigentlich der Fall sein sollte. Solange öffentliches Geld fließt, wird melioriert, werden Wege gebaut, Vorfluter effektiviert usw. Der einzige Einfluß, welcher hier bremsen könnte, wäre ein Stocken der Finanzierung; man beobachtet jedoch, daß selbst bei den heutigen dramatischen Engpässen im öffentlichen Finanzwesen eher woanders gespart wird als hier.

Es ist gern zuzugeben, daß bei heutigen Flurbereinigungen und Meliorierungen mehr ökologische Rücksicht als früher genommen wird, zunehmend werden sogar ökologische Ziele, wie Gewässerrückbau und Extensivierung, auf dem Wege einer Flurbereinigung realisiert. Auch ist auf außerlandwirtschaftliche Notwendigkeiten, wie Trassenlegungen und andere (nicht selten ökologisch kritisierte) Infrastrukturvorhaben hinzuweisen, welche Flurbereinigungen erfordern. Flächenumlegungen allein zu diesen Zwecken können jedoch kaum die hohen Kosten verursachen, welche nach wie vor zu beobachten sind. Nach wie vor geht es auch um die Verbesserungen der landwirtschaftlichen Produktionsbedingungen.

So sehr dem einzelnen Landwirt natürlich eine solche Verbesserung gegönnt werden muß, ist hier doch eine grundsätzliche volkswirtschaftliche Kritik erforderlich. Im Durchschnitt aller Verfahren beliefen sich die Ausführungskosten in den vergangenen Jahren auf etwa 6 000 DM pro Hektar, gemeinsam mit den Unterhaltskosten der Behörde kann man 10 000 DM pro Hektar veranschlagen (berechnet aus Daten der jährlichen Berichterstattung in HAMPICKE 1991). Dies ist eine Investition mit öffentlichen Mitteln, welche, wenn sie ökonomisch motiviert ist (und das ist sie), eine Rendite verlangt. Bei einem Kalkulationszinsfuß von z.B. 6% pro Jahr und einer Laufzeit von 25 Jahren müßte diese über 700 DM pro Jahr betragen. Da eine solche volkswirtschaftliche Rendite nirgendwo zu beobachten und andererseits viel Kapital für vordringliche Infrastrukturprojekte (u.a. für den Umweltschutz in den neuen Ländern) benötigt wird, kann ökonomisch nur der Schluß

Der Preis einer vielfältigen Kulturlandschaft

Abbildung 4: Ein Extrembeispiel der Flurbereinigung. Rebflur-Umgestaltungen im Kaiserstuhl aus den 70er Jahren. Derartig radikale Maßnahmen werden heute nicht mehr durchgeführt. Die Kosten betrugen bis zu 180 000 DM pro Hektar. Glücklicherweise waren die Auswirkungen auf die Pflanzen- und Tierwelt nicht immer so negativ wie befürchtet, da sich die Arten auf die neu entstandenen Großböschungen zurückziehen konnten. Das einmalige, historisch gewachsene Landschaftsbild einschließlich der berühmten Hohlwege ist jedoch örtlich völlig verschwunden.

gezogen werden, daß öffentliche Investitionen in die landwirtschaftliche Infrastruktur *schon von allen ökologischen Belangen abgesehen* kaum mehr zu rechtfertigen sind. Ein Markt oder ein anderer Mechanismus, welcher effektiv zur Berücksichtigung von Knappheit zwingen würde, würde von selbst dafür sorgen, daß sie unterlassen werden.

Auf anderen Gebieten sind ähnliche Schlüsse zu ziehen, leider sind die Verhältnisse u.a. im öffentlichen Gewässerausbau, wo es um Milliarden geht, viel zu wenig untersucht. Medienwirksame Einzelfälle, wie die mangelnde Rentabilität des Rhein-Main-Donau-Kanals, dürfen nicht vergessen lassen, daß die Summe aller kleinen Baumaßnahmen an Gewässern, die täglich vorgenommen werden, ökologisch nicht weniger nachteilig wirksam ist. Es ist nicht zu akzeptieren, daß für derartige Maßnahmen häufig nicht einmal ein Nachweis ihrer ökonomischen Notwendigkeit in Gestalt einer methodisch korrekten Kosten-Nutzen-Analyse verlangt wird. Maßnahmen werden ausgeführt, weil sie irgendwann jemand geplant hat, weil sie irgendwem, oft nur wenigen Personen, nützen und weil Mittel für sie verfügbar sind.

Naturschützer und Ökologen beklagen, daß in den vergangenen Jahrzehnten umfangreiche Offenland-Flächen in Mittelgebirgen auf Silikat- und Kalkgestein aufgeforstet wurden, die wegen ihrer Flora und Fauna (z.B. Arnikawiesen, Borstgrasheiden, Kalkmagerrasen) erhaltenswert gewesen wären. Wie im Abschnitt »Kosten der Erhaltung extensiver Nutzung«

(siehe S. 63) deutlich werden wird, sind sie zwar in ihrer früheren Gestalt als Magerweiden meist auch nicht kostenlos zu erhalten. Ebenfalls wird dort jedoch erkennbar werden, daß die Aufforstung armer Standorte aus »rein ökonomischer« Sicht (wiederum von allen ökologischen Belangen abgesehen) alles andere als rentabel ist. Auch das Argument, es sei wirtschaftlich untragbar, einen größeren Teil des Staatswaldes als die bisherigen Bruchteile eines Prozents ganz aus der Nutzung zu nehmen, hält keiner Nachprüfung auf der Basis von Fakten und Zahlen stand. Wenn schon der effizient bewirtschaftete Privatwald mit Fichten auf besten Standorten nur eine Rendite des investierten Kapitals von selten mehr als 1 bis 2% pro Jahr erbringt, so wäre es für angespannte öffentliche Kassen eher eine Wohltat als eine Belastung, beim Staatswald auf manchen schlechten Standorten auf Erträge zu verzichten, wenn die viel höheren Kosten dadurch eingespart werden könnten.

Die Leserin und der Leser brauchen nicht jedem einzelnen der dargelegten Punkte zu folgen (deren Beweise zum Teil detaillierte Rechnungen erforderten), um dennoch das Hauptargument dieses Abschnitts, auf das es allein ankommt, zu akzeptieren: Bei der vom fachlichen Standpunkt des Ingenieurs selbstverständlich hochqualifizierten Arbeit der Behörden in Feldflur, Wald und Wasserbau fehlt es an einem klaren Indikator für *Knappheiten*, an einem Mechanismus, welcher zu ökonomischem Verhalten zwingt. An die Stelle »harter« ökonomischer Rechnung treten der Augenschein und die Intuition. Es genügt zu behaupten, die jeweiligen Tätigkeiten seien erforderlich. Diese Abwesenheit eines objektiven ökonomischen Begründungszwanges für die vorgenommenen Arbeiten ist in Verbindung mit historisch bedingt oft zu üppiger finanzieller Ausstattung die Ursache dafür, daß bis in die jüngste Vergangenheit über die schon lange bestehende Knappheit ökologischer Ressourcen hinweggesehen werden konnte.

Für den vorliegenden Zweck ist nicht nur zu bedauern, daß es kein effektives Frühwarnsystem gab, welches die vielfach unwiederbringliche Vernichtung landschaftlicher Schönheit rechtzeitig aufgehalten hätte (beeindruckendes Bildmaterial in RINGLER 1987). Als Positivum ist vielmehr analog zum voranstehenden Abschnitt über die Agrarmarktpolitik hervorzuheben, daß allein durch eine Umlenkung der Staatsausgaben, welche bisher, etwa im Rahmen der Gemeinschaftsaufgabe »Verbesserung der Agrarstruktur und des Küstenschutzes« oder als Defizitdeckung für die Staatsforstbetriebe, in die beschriebenen Tätigkeiten flossen und *ohne zusätzliche Mittel* Bedeutendes für die Wiederherstellung der Landschaft geleistet werden könnte (soweit die Schäden reversibel sind). Um auf den Titel dieses Beitrags zurückzukommen: Wenn man sich politisch dazu durchringen könnte, die Aufgaben der Landeskulturbehörden zugunsten ökologischer Ziele radikal umzudefinieren, so betrügen die volkswirtschaftlichen Kosten bedeutender Gewinne an Landschaftsqualität Null.

Das tiefere Problem: Defizite bei der Bewirtschaftung von Kollektivgütern

Die meisten der bis hierher behandelten Probleme sind allgemein bekannt, unter anderem formen sie die politische Arbeit von Naturschutzverbänden zu einem erheblichen Teil. Viel weniger diskutiert, jedoch in wissenschaftlicher Sicht fundamentaler, ist ein anderes Problem. In der ökonomischen Fachsprache handelt es sich bei den Produktionsleistungen, welche die Landschaft erbringt, wie Getreide, Holz usw. um *Privatgüter*. Weil sie individuell besessen werden können, werden sie auf Märkten ge- und verkauft. Jeder Anbieter weiß, daß er sie zu einem bestimmten Preis veräußern kann, was in der Marktwirtschaft genau den Anreiz erzeugt, sie auch zu produzieren und anzubieten.

Der Preis einer vielfältigen Kulturlandschaft

Viel zu lange ist in der Wirtschaftswissenschaft übersehen worden, daß private und damit leicht handelbare Güter und Dienstleistungen keineswegs die einzigen wertvollen Dinge auf der Welt sind. Für jeden Nicht-Ökonomen ist intuitiv klar, daß Dinge, die man *nicht* kaufen kann, viel wichtiger sein können: menschliche Beziehungen, Anerkennung, Frieden, gemeinsam mit nicht so fundamentalen Dingen, die jedoch in der Summe ebenfalls wichtig sind, wie schönes Wetter, angenehme Nachbarn und anderes mehr. Zwar soll nach weithin akzeptierter Wertvorstellung ein Teil diese Dinge nicht käuflich und handelbar sein (wie z.B. menschliche Beziehungen), jedoch gilt dies keineswegs für alle. Schon die Redewendung, daß man »etwas dafür geben« würde, wenn endlich einmal wieder ein Winter mit viel Schnee und strahlender Sonne einträte, verrät, wie unterschwellig oft doch ökonomisch gedacht wird.

In der Fachsprache bezeichnen wir Güter, für die kein Markt organisiert ist, so daß sie nicht individuell gekauft werden können, als *Kollektivgüter* oder *Öffentliche Güter*. Die Landschaftsqualität fällt ebenso wie andere ökologische und Umweltgüter (z.B. der erwähnte Schnee) ganz klar in diese Kategorie. Diese Güter sind *ökonomisch,* weil sie knapp sind. Sie werden geschätzt, d.h. es besteht eine zahlungsbereite Nachfrage nach ihnen, deren Höhe jedoch schwierig zu bestimmen ist, weil sie sich auf keinem Markt zeigt. Weil sie sich nicht artikulieren kann, entfaltet sie nicht den für die Marktwirtschaft typischen Sog, sie erzeugt nicht das Signal an die potentiellen Produzenten, das Gut auch bereitzustellen. In der Regel ist nämlich die Bereitstellung eines Öffentlichen Gutes ebenso mit Kosten verbunden wie die eines Privatgutes. Wenn aber die Nachfrager nicht kaufen und bezahlen können, besteht für keinen potentiellen Anbieter ein Anlaß, das Gut zu schaffen, da er nicht auf seine Kosten kommt.

Solange der Staat nicht (wie alle Erfahrung zeigt, immer unzureichend und voller Nebenwirkungen) eingreift, muß es unter den geschilderten Umständen zu einer systematischen Unterversorgung mit öffentlichen Gütern kommen. Auf diesen Zusammenhang, der einen der Forschungsschwerpunkte der modernen Ökonomie darstellt, lassen sich nahezu sämtliche ökologischen Probleme der Landschaft zurückführen – die in den oberen Abschnitten diskutierten Aspekte sind eher seine äußerlichen Symptome an der politischen Oberfläche. Am besten zeigt dies ein konkretes Beispiel:

Jeder Landwirt hat, langfristig gedacht, die technischen Alternativen, entweder Getreide-Höchsterträge zu realisieren, wobei auf den Schmuck von Kornblumen, anderen Kräutern, Feldrainen usw. verzichtet werden muß, oder extensiver zu wirtschaften, also eine Kombination von mäßigen Erträgen plus Landschaftsqualität zu erzeugen. Er wählt die für ihn optimale Kombination nach Maßgabe der Preise, die ihm gezahlt werden. Bei hohen Getreide- und niedrigen Kornblumenpreisen tendiert seine Entscheidung zur intensiven, bei umgekehrtem Preisverhältnis zur extensiven Produktion. Da in der Vergangenheit die Landschaftsqualität als Kollektivgut bekanntlich *überhaupt keinen* Preis erzielte, verwundert nicht, daß es über Jahrzehnte zu einer systematischen und extrem starken Verzerrung des Angebotsgefüges hin zu den privaten und weg von den öffentlichen Gütern kam. Der beste Beweis für diese These ist, daß in dem Augenblick, in welchem der Staat als Nachfrager nach Landschaftsqualität auftritt, also für ökologische Leistungen zahlt, sofort ein Angebot erscheint. Dies ist z.B. schon seit vielen Jahren bei den in Nordrhein-Westfalen sehr erfolgreichen, aber auch in anderen Ländern praktizierten Ackerrandstreifen-Programmen der Fall, in denen Landwirte dafür bezahlt werden, daß sie die Ackerränder oder ganze Felder von Herbizid-Spritzungen freihalten, um den Kräutern Lebensraum zu gewähren (zuerst SCHUMACHER 1984). Nicht wenige gefährdete Arten konnten auf diese Weise ihre Populationen wieder stabilisieren. Das Prinzip ist inzwischen auf andere

Der Preis einer vielfältigen Kulturlandschaft

Abbildung 5: Die Schönheit der Natur ist ein Kollektiv- oder Öffentliches Gut. Zwar kann man sie nicht wie eine Ware kaufen, dennoch besitzt sie einen ökonomischen Wert, weil sie *knapp*, regional sogar extrem knapp geworden ist. Sie muß wie alles Knappe sorgsam bewirtschaftet, d.h. bewahrt und wieder vermehrt werden.

Aufgaben der Landschaftsentwicklung übertragen worden und Grundlage des von der EU durch die Verordnung 2078/92 mit erheblichen Mitteln unterstützten und in den Bundesländern in unterschiedliche Programme gefaßten »Vertragsnaturschutzes« geworden (Überblick in PLANKL 1995, Analyse einiger Programme in WILHELM 1994).

Der Schlüssel für die ökonomischen Probleme der Landschaft liegt in der Frage der Kollektivgüter. *Die latente, zurückgestaute Nachfrage nach Landschaftsqualität ist zu ermitteln, muß aktiviert werden und bei den potentiellen Anbietern Anreize erzeugen, daß sie dieses wertvolle Gut im eigenen Interesse »produzieren«* (zur Anreizwirkung vgl. FREY & BLÖCHLIGER 1991, WHITBY 1994). Dies wird dazu führen, daß die verfälschte Angebotsstruktur (zu viele Privat- und zu wenige Kollektivgüter) entzerrt und korrigiert wird. Die Landwirte werden im Idealfall die Kombination von Getreide und Kornblumen erzeugen, welche die Nachfrager auf Grund ihrer physischen und ästhetischen Bedürfnisse sowie ihrer ethischen Überzeugungen (u.a. im Hinblick auf künftige Generationen) wirklich wünschen. Was für den Landwirt Getreide und Kornblumen sind, sind für den Forstwirt Holz und Hirschkäfer.

Auch wenn der dargelegte Grundgedanke als Programm akzeptiert wird, werden natürlich Einwände erhoben bezüglich seiner Realisierbarkeit. Wie soll man jemals die wirkliche Nachfrage nach Landschaftsschönheit korrekt messen? Wenn man Personen befragt, wieviel sie zahlen würden, können sie dann nicht antworten, was sie wollen? Die Methoden

Tabelle 3: Ergebnisse von Zahlungsbereitschaftsanalysen mit der Contingent Valuation Method

Autoren	Gegenstand	Zahlungsbereitschaft (Mittelwert und Hochrechnung Σ◊, gerundet)
HOLM-MÜLLER et al. 1991	Erhalt von Tier- und Pflanzenarten in Deutschland	DM 16 pro Haushalt und Monat. Σ DM 5,16 Mrd. pro Jahr
HAMPICKE et al. 1991	Erhalt von Tier- und Pflanzenarten in Deutschland	DM 20 pro Haushalt und Monat. Σ DM 3-7 Mrd. pro Jahr
V.D.LINDEN & OOSTERHUIS 1988, zit. in KUIK et al. 1991	Schutz der niederländischen Wälder und Heiden	HFl 23 pro Haushalt und Monat. Σ HFl 1,45 Mrd. pro Jahr
DRAKE 1992	Erhalt der bäuerlichen Kulturlandschaft in Schweden	SKR 540 pro Person und Jahr
PRUCKNER 1994	Erhalt der bäuerlichen Kulturlandschaft in Österreich, insbes. im Gebirge	ÖS 9 pro Urlauber und Urlaubstag. Σ ÖS 700 Mio. pro Jahr
V. ALVENSLEBEN & SCHLEYERBACH 1994	Biotopvernetzung in Schleswig-Holstein	DM 16-25 pro Haushalt und Monat
CORELL 1994	Landschaftspflege im Lahn-Dill-Bergland	DM 17 pro Haushalt und Monat
KÄMMERER 1994	Landschaftspflege im Lahn-Dill-Bergland	DM 49 pro Haushalt und Jahr
ZIMMER 1994	Landschaftspflegegebühr durch Gemeinde	DM 14 pro Haushalt und Monat
JUNG 1994	Schutz bedrohter Arten im Allgäu und Kraichgau	DM 100 pro Haushalt und Jahr

zur Messung des Wertes von Kollektivgütern u.a. auf dem Wege von Befragungen – in der Fachsprache die »Contingent Valuation« – befinden sich in stürmischer Entwicklung (kritische Darstellungen in MITCHELL & CARSON 1989, BATEMAN & TURNER 1993, Zusammenstellungen von Ergebnissen in BARDE & PEARCE 1991 sowie NAVRUD 1992). Die Tabelle 3 zeigt einige jüngere Ergebnisse aus dem In- und Ausland. Obwohl die Ähnlichkeit der gewonnenen Werte auffällt, ist dies zweifellos keine Garantie für ihre Korrektheit. In der Tat werden erhebliche Bedenken gegen die Validität der Contingent Valuation erhoben, soweit Zahlungsbereitschaften erfragt werden, welche sicherlich zum Teil altruistisch motiviert sind. Auf Grund umfangreicher Erfahrungen unterstellt man zwar sehr viel weniger als früher, daß die Befragten absichtlich die Unwahrheit angeben, aber es ist möglich, daß sie »schwimmen« und sich der Tragweite ihrer Antworten, die ja naturgemäß hypothetisch sind, nicht voll im klaren sind. Wer, wie zahlreiche Menschen, einen finanziellen Beitrag zum Erhalt der Artenvielfalt als eine »gute Tat« ansieht und sich zu einer Zahlung bereiterklärt, müßte sich vergegenwärtigen, wieviele andere Gelegenheiten für »gute Taten« noch an ihn herangetragen werden könnten. Er oder sie könnte nicht jedesmal zahlungsbereit sein.

Dieser Kritikpunkt und andere können nur zu der Konsequenz führen, die Methode der Contingent Valuation zu verbessern, da es schlechthin keine Alternative gibt. Die Kenntnis grober, jedoch nicht irreführender Werte über die Zahlungsbereitschaft für Kollektivgütern ist der völligen Unkenntnis bei weitem vorzuziehen. Gesichert dürfte zum mindesten sein, daß die Zahlungsbereitschaft für schöne Landschaften und Artenvielfalt nicht bei Null liegt – im übrigen werden unter anderem durch die Anreise in schöne Landschaften erhebliche Zahlungen de facto geleistet (hier setzt eine andere Methode der Analyse, die »Reisekostenmethode« an). Selbst unterstellt, daß die »wahre« Zahlungsbereitschaft nur bei einem Viertel oder einem Drittel der in der Tabelle 3 ermittelten Werte läge, so würden sich bezogen auf die gesamte Bevölkerung dennoch Beträge aufsummieren, welche, sachgerecht eingesetzt, Bedeutendes für den Naturschutz leisten könnten. Bei allem ist nicht zu vergessen, daß es sich hier um eine *zusätzliche* latente Nachfrage nach Artenvielfalt handelt – mehrfach ist oben schon auf den großen Finanzspielraum hingewiesen worden, der sich aus der Umwidmung bisheriger Agrarfördermittel ergeben würde, ohne die Allgemeinheit zusätzlich zu belasten. Die durch die Contingent Valuation ermittelte Zahlungsbereitschaft kann insoweit als ein »Reservepolster« angesehen werden, welches gar nicht unbedingt mobilisiert zu werden brauchte.

Der Preis einer vielfältigen Kulturlandschaft

Die bisherigen Betrachtungen ergaben als wichtigstes Zwischenergebnis, daß die Nutzung der Landschaft in systematischer Weise verzerrt ist. Schon ganz abgesehen von allen ökologischen Erwägungen und »vordergründig-ökonomisch« gedacht, wird die Landschaft für die Erzeugung von Produkten stärker in Anspruch genommen, als es sinnvoll ist. Es würde die Wohlfahrt in Deutschland und in anderen Ländern heben, wenn bei uns weniger Agrarprodukte erzeugt würden, wobei die *Option,* im Bedarfsfalle auch wieder mehr erzeugen zu können (etwa bei drastischen Verschiebungen auf Weltmärkten) durchaus offengehalten werden sollte (BREITSCHUH et al. 1995).

Schon die Korrektur dieses Fehlers würde die Landschaft entlasten und ihre ökologische Qualität heben. Es kommt jedoch noch hinzu, daß die Nachfrage nach ökologischer und ästhetischer Qualität der Landschaft, nach Artenreichtum usw. ungenügend gedeckt ist. Als fundamentaler Grund dieser Verzerrung wurde herausgestellt, daß Produkte als Privatgüter einen Preis am Markt besitzen, der ihre Produktionskosten mehr oder weniger deckt, während dies für die ökologische Qualität als Kollektivgut nicht zutrifft; ein potentieller Anbieter dieser »Ware« mithin im allgemeinen nicht monetär belohnt wird. Zusätzlich verstärkt wird dieses fundamentale System von Fehlanreizen dann durch die institutionellen Umstände, wie sie im Abschnitt »Die Tätigkeit der Landeskulturbehörden« (siehe S. 53) beschrieben wurden.

Wir haben mit diesen Überlegungen die *Richtung* festgelegt, in welche eine ökonomisch und ökologisch sinnvolle Umorientierung weisen würde. Im Grundsatz ist dies unter informierten Beobachtern des Problems kaum noch strittig. Steht die Richtung fest, so stellt sich als nächstes die Frage nach dem *»wieviel«*. Hier ist ebenfalls deutlich geworden, daß hohe Mittel vorhanden sind, welche zur Honorierung ökologischer Leistungen umgewidmet werden könnten; sie sind in der Tabelle 4 noch einmal zusammengefaßt und mit der Ausnahme der EU-Strukturfördermittel, welche auf bestimmte Regionen konzentriert sind, in Durchschnittswerte pro Hektar und Jahr landwirtschaftlicher Fläche umgerechnet worden.

Der Preis einer vielfältigen Kulturlandschaft

Die Tabelle 4 enthält nicht einmal die gesamte Agrarförderung, da es viele weitere, teils versteckte Hilfen gibt – insbesondere auf steuerlichem Gebiet – und da ein Teil der Mittel der Länder nicht erfaßt ist. Es ist also eher noch eine Unterschätzung, wenn von einer durchschnittlichen Gesamtförderung von etwa 1 500 DM pro Hektar und Jahr ausgegangen wird, bei allerdings großen betrieblichen und regionalen Unterschieden. Schließlich zeigten die obigen Abschnitte, daß über diese Umverteilungsmasse hinaus mit einer zusätzlichen Nachfrage (=Zahlungsbereitschaft) in der Bevölkerung nach ästhetischer und ökologischer Landschaftsqualität in Milliardenhöhe zu rechnen ist, wenn auch die Methoden der Quantifizierung noch stark zu verbessern sind.

Um grobe Anhaltspunkte dafür zu erhalten, welcher Umfang ökologischer Umorientierungen insbesondere kurz- und mittelfristig realisierbar wäre, ist ein Blick auf die Kostenseite unerläßlich. Diesem Problem wenden wir uns nun zu. Es treten zwei Arten von Kosten auf: Verdrängungskosten und Landschaftspflegekosten.

Tabelle 4: Fördermittel für die Landwirtschaft durch Bund, Länder und EU 1993

	Mio. DM	DM/ha
EG-Marktordnung[a]	12 678,4	739
Gemeinschaftsaufgabe (Bund und Länder)[b]	3 041,6	177
EG-Strukturfonds (1994)[c]	1 504,2	
Nationale Agrarpolitik, insbesondere Sozialpolitik[d]	9 771,2	569
Zusammen	26 995,4	1 485

a) lt. Tabelle 1. b) lt. Tabelle 2. c) lt. Tabelle 2; wegen Konzentration auf bestimmte Räume keine Angabe in DM/ha. d) Statistisches Jahrbuch über ELF 1994, Tabelle 199, S. 174.

Kosten der Verdrängung der Intensivnutzung

Besitzt ein Landwirt auf einem Standort sowohl die Möglichkeit als auch das Recht, intensiv zu wirtschaften, so muß ihm in einem Extensivierungsprogramm die Differenz zwischen dem höheren Einkommen bei Intensivwirtschaft und dem niedrigeren bei Extensivwirtschaft ausgeglichen werden. Man kann dies die Kosten der *Verdrängung* der ökologisch unerwünschten Intensivnutzung nennen. Werden hiermit Überschüsse vermieden oder auf andere Weise Marktordnungskosten eingespart, so sind natürlich die »echten« volkswirtschaftlichen Kosten dieser Maßnahme geringer als die fiskalischen Ausgaben, da woanders Kosten vermieden werden. Es gibt sogar Grund zu der Annahme, daß bis zu einer gewissen Schwelle durch diese Verdrängung überhaupt keine »echten« volkswirtschaftlichen Kosten entstehen; unabhängig davon müssen die Mittel für die Zahlungen an die Landwirte jedoch vorhanden sein – für die die Extensivierung nachfragende Instanz (Behörde, Naturschutzverband, Gemeinde o.a.) entstehen Ausgaben.

Auf guten Standorten sind diese Ausgaben hoch (vgl. MÄHRLEIN 1990, 1993). Hinzu kommt, daß dort oft eine Atmosphäre und Infrastruktur vorherrschen, die der Extensivierung wenig gesonnen sind. Auch sind gute Agrarstandorte seit Jahrzehnten mit Pflanzennährstoffen angereichert, so daß sichtbare Erfolge lange auf sich warten lassen und

Geduld verlangen. Eine Fettwiese auszuhagern, dauert dort mindestens fünf bis zehn Jahre, oft tut sich selbst in diesem Zeitraum wenig. Gibt es dort hochleistungsfähige Tiere, so können Futterwertverschlechterungen im Aufwuchs, wie sie Extensivierungen mit sich bringen können, nicht toleriert werden. Allerdings müssen diese bei sorgfältigem und geduldigem Vorgehen nicht in dem oft behaupteten und gelegentlich beobachteten Ausmaß auftreten (vgl. BRIEMLE et al. 1991, SCHUMACHER et al. 1994).

In einigen Regionen sind gleichwohl umfangreiche Ausgaben für die Zurückdrängung der Intensität aus Naturschutzgesichtspunkten getätigt worden, wie etwa am Niederrhein auf Grünland, welches ziehende Gänse als Rastplätze nutzen. Die Ausgleichszahlungen belaufen sich auf deutlich über 1000 DM pro Hektar und Jahr. Hier ist im Einzelfall zu prüfen, ob die ökologischen Zielsetzungen Ausgaben in dieser Höhe rechtfertigen. Dies wäre gewiß der Fall in anderen, intensiv bewirtschafteten Grünlandregionen, wie dem württembergischen und bayerischen Allgäu, wo die zwischen hochgedüngten Flächen immer noch zu findenden, interessanten und artenreichen, meist feuchten Restflächen durch Pufferflächen besser gegen die Düngereindrift abgeschirmt werden sollten.

Der gegenwärtige Tenor der Diskussion geht allerdings dahin, in hochproduktiven Regionen, insbesondere im Ackerbau, Rücknahmen teilweise überhöhter Intensität aus Gründen der Schonung *abiotischer Ressourcen*, wie des Bodens, des Grund- und Oberflächenwassers und der Atmosphäre zu fordern, diese Rücknahmen zur »guten fachlichen Praxis« bzw. zur »ordnungsgemäßen Landwirtschaft« zu erklären (vgl. hierzu BRUNNER et al. 1995) und damit *unentgeltlich* zu verlangen. Dies setzt voraus, daß zwischen unentgeltlich zu fordernden (an Art. 14(2) GG (Sozialpflichtigkeit) anknüpfenden) und entgeltwürdigen ökologischen Leistungen eine klare und von allen anerkannte Grenze gezogen werden kann.

Den Zielen der Landschaftsästhetik und der Biodiversität dürfte in diesen Landschaften wirksamer durch planerische Maßnahmen zu dienen sein, etwa der Anlage von Strukturelementen, wie Hecken, Feldrainen usw., sowie von Pufferzonen, welche empfindliche Kleinbiotope von den Produktionsflächen abschirmen. Ein geeignetes Mittel wäre, die von der heutigen Marktordnung geforderten Flächenstillegungen teilweise in Dauerbrache umzuwandeln, um die o.g. Biotope und Pufferzonen zu ermöglichen (vgl. auch MÜLLER 1995).

Kosten der Erhaltung einer extensiven Nutzung

Auf großen Flächen der alten und noch mehr der neuen Bundesländer besteht aus Gründen der natürlichen Beschaffenheit, der betrieblichen Strukturen oder der Marktferne nur noch ein geringer oder gar kein Intensivierungsanreiz mehr. Allerdings reichen die Erlöse aus Extensivnutzungen selten aus, um auf die Dauer eine volle Kostendeckung und ein befriedigendes Arbeitseinkommen zu erwirtschaften. Fehlt es hier an öffentlicher Unterstützung, so entsteht die Gefahr, daß die Flächen brachfallen, um sich in mehr oder weniger schneller Sukzession in Gebüsch, Vorwald und schließlich Wald zu verwandeln. Dies muß keineswegs immer eine ökologisch unerwünschte Entwicklung sein, wenn sie auch dem herkömmlichen Landschaftsverständnis in Mitteleuropa widerspricht (vgl. zu dieser Diskussion OBERMANN 1992). Hier und da sind selbst größere Sukzessionsflächen zu tolerieren oder gar wünschenswert; ökonomisch bedeutet diese Alternative, daß geringe Kosten, jedoch auch keine Arbeitsplätze anfallen.

Vielfach sprechen jedoch Argumente des Artenerhalts sowie auch der Bewirtschaftung abiotischer Ressourcen eindeutig dafür, Flächen offenzuhalten, d.h. extensiv landwirtschaftlich

Der Preis einer vielfältigen Kulturlandschaft

Abbildung 6: Die sehr extensiv genutzte historische Kulturlandschaft der Langen Rhön ist ein Vorbild für eine großräumige Region mit Naturschutz-Vorrangfunktion. Wie eine schöne Stadt ist auch eine schöne Landschaft im Prinzip nicht umsonst zu haben; das Gut »Naturschönheit und Artenvielfalt« muß bezahlt werden. Sehr viel könnte jedoch schon durch die Umwidmung bisheriger Agrarsubventionen in *Honorierungen ökologischer Leistungen* erreicht werden, womit ebenfalls Einkommen in die Landwirtschaft fließen würde.

zu nutzen. Es können überzeugende Gründe dafür geltend gemacht werden, die traditionelle mitteleuropäische Kulturlandschaft mit ihrer unendlichen Variation von Äckern, Wiesen, Weiden, Streuobstflächen, Gärten, Gehölzen, Kleingewässern sowie ihre vielen Übergangs- und Randstrukturen (Gradienten) nicht zu vernachlässigen. Nicht nur fühlen sich viele Menschen in ihr einfach wohl, auch sehr viele Tier- und Pflanzenarten, zum Teil mit dem Ackerbau oder auf andere Weise vom Menschen vor Jahrtausenden erst hierhergebracht, sind auf sie angewiesen und würden ohne sie aus Mitteleuropa verschwinden. Überblickt man das Naturschutzwesen in ihren Herkunftsländern, z.B. im Mittelmeergebiet, so ist man nicht überzeugt, daß ihre Existenz dort in jedem Fall gesichert ist. Allein aus Artenschutzgründen läßt sich somit stark für die Erhaltung und Wiederentwicklung der historischen Landschaft auf hinreichend großen Flächen argumentieren.

Vor allem betrifft dies Flächen der überaus artenreichen und ästhetisch attraktiven »Halbkulturlandschaft« (WILMANNS 1989), der Hutungen und Heiden auf Kalk- oder Silikatstandorten, auf Sand, sowie unterschiedliche Formen des Feuchtgrünlandes, oft im Kontakt zu Mooren. Dies sind Gebiete, auf denen künftig Entleerungstendenzen um sich greifen könnten, so daß das Leitbild nicht gegen die Intensivproduktion, sondern gegen die Alternative, überhaupt nicht zu wirtschaften (oder auch großflächig aufzuforsten) verteidigt werden muß (vgl. SUCCOW 1993). Hier muß mindestens die Differenz zwischen dem in der

Regel niedrigen, allein auf dem Produktverkauf beruhenden Betriebsertrag und der vollen Kostendeckung dazugeschossen werden. Es ist etwas unmodern geworden, hier von »Landschaftspflegekosten« zu sprechen – zahlreiche Polemiken um die Extensivlandschaft als »Pflegefall« machen die Runde, auch wird hier Künstlichkeit und Musealität unterstellt. Diese derzeit gern nachgesprochenen Einwände sind zumindest übertrieben, wenn nicht ganz substanzlos. Wenn die Landschaftsentwicklung auf der Basis sinnvoller Konzepte erfolgt, so ist der Begriff »Landschaftspflege« durchaus nicht abzulehnen.

Wie die Tabelle 5 ausweist, halten sich Landschaftspflegekosten auf extensivem Grünland oft in einem mäßigen Rahmen, wenn sie mit den Zurückdrängungskosten der Intensivwirtschaft oder mit den herkömmlichen Agrarsubventionen (vgl. Tabelle 4) verglichen werden. Eingedenk dessen, daß mit 300 bis 500 DM pro Hektar und Jahr bedeutende ökologische Beiträge geleistet werden, verfügen diese Maßnahmen über ein sehr günstiges Kosten-Nutzen-Verhältnis und sollten noch stark ausgeweitet und verbessert werden. Etwas aufwendiger erscheint die Aufrechterhaltung extensiven Ackerbaus. Kleinflächig ist er auf Kalkstandorten mit wertvoller und attraktiver Segetalflora ohne Zweifel den Aufwand wert. Es gibt jedoch auch großflächige Probleme, welche künftig Sorgen bereiten werden. Nach einer Untersuchung des Zentrums für Agrarlandschafts- und Landnutzungsforschung in Müncheberg bei Berlin (ZALF, vgl. WERNER & DABBERT 1993) wäre bei einer Abschaffung der herkömmlichen Agrarsubventionen, die langfristig niemand mehr ganz ausschließt, der Ackerbau auf 85% aller Flächen im Lande Brandenburg nicht mehr kostendeckend. Ähnliches stellte MENRAD 1992 für Baden-Württemberg fest. Im trockenen, sandigen Brandenburg könnte eine großflächige Aufforstung mit Kiefern – von allen anderen Problemen, wie der Wirkung auf das Landschaftsbild sowie der ebenfalls außerordentlichen Unrentabilität dieser Flächennutzung (vgl. Tabelle 5, unten) ganz abgesehen – zu erheblichen Problemen der Wasserversorgung für den Ballungsraum Berlin führen, weil die Bäume erheblich mehr Wasser verdunsten als der Ackerbau. Vorstellbar ist also, daß auf für Grünland ungeeigneten, aber unbewaldet zu haltenden Flächen Landschaftspflegekosten für den Erhalt des Ackerbaus oder einer ackerbauähnlichen Nutzung anfallen, nicht weil seine Produkte so wertvoll wären, sondern um der Offenheit der Landschaft willen.

Tabelle 5: Kostenunterdeckung bei ausgewählten Extensiv-Betriebszweigen mit hoher Landschaftsqualität

Betriebszweige	Kostenunterdeckung DM/ha und Jahr
Mahd extensiver Wiesen mit Heuverkauf	300 bis –400
Mutterkuhhaltung mit anspruchsvollen Rassen (Winterfutter- und Stallbedarf)	–300 bis –500
Mulchmahd ohne Nutzung a)	–300 bis –500
Sehr extensiver Getreidebau mit Förderung der Wildkräuter	–500 bis –700
Hüteschafhaltung	bis –1 000
Zum Vergleich: Kiefern-Aufforstung auf Magerrasen ohne ökologischem Wert b)	–200 bis –600

a) Ökologisch nur vorübergehend zu akzeptieren. b) Abhängig vor allem vom Kalkulationszinssatz.
Quelle: BLÖCHLIGER et al. 1995, dort nach Daten aus HAMPICKE & TAMPE 1994, HAMPICKE 1995a. Vgl. auch ROTH et al. 1995 sowie ausführlich BERGER & ROTH 1994.

Der Preis einer vielfältigen Kulturlandschaft

Es gibt jedoch einige bemerkenswerte Ausnahmen zu der Regel, wonach die Landschaftspflegekosten im allgemeinen mäßig sind. Wie die Tabelle 5 ausweist, ist das nachgerade Urbild einer extensiven Landschaftspflege, das Hüten von Herdenschafen, keineswegs billig. Diese Nutzungsform, welche allein geeignet ist, Landschaftsbild und Artenspektrum in weiten Teilen der Schwäbischen und Fränkischen Alb, der thüringischen Rhön und anderer Regionen zuverlässig zu erhalten, ist teuer. Ein Grund dafür besteht in der hohen Arbeitsbelastung; mit etwa 30 Arbeitskraftstunden pro Hektar Magerrasen und Jahr fällt etwa viermal so viel Arbeit an wie im chemieintensiven Getreideanbau mit Spitzenerträgen, den intuitiv niemand hinsichtlich des Arbeitseinsatzes als durchaus »extensiv« ansehen würde. Bezüglich der weiteren Kostenstruktur, auch für Stallbauten, Winterfutter, Entholzung der Weideflächen nach z.T. jahrzehntelanger Vernachlässigung usw. sei auf HAMPICKE & TAMPE (1994) verwiesen.

Bereits durchgeführte Maßnahmen und weiterer Bedarf

Nach Meldung des Bundesministeriums für Ernährung, Landwirtschaft und Forsten (BMELF-Informationen Nr. 24/1995) wurden im Wirtschaftsjahr 1993/94 in Deutschland auf rund 4,4 Mio. Hektar landwirtschaftlich genutzter Fläche umweltgerechte landwirtschaftliche Produktionsverfahren mit insgesamt 451 Mio. DM gefördert. Das entspricht etwa einem Viertel der gesamten landwirtschaftlich genutzten Fläche.

Es bedürfte einer eigenen, recht umfangreichen Arbeit, um diese schon bestehende Förderung zu evaluieren. Der Förderdschungel wird nicht nur für die Wissenschaft, sondern vor allem auch für die Landwirte, Berater und Agrarberater vor Ort immer schwieriger zu durchschauen. Im Rahmen der EG-Maßnahmen zur Förderung umweltgerechter Produktionsverfahren erhält Deutschland für den Zeitraum von 1992 bis 1997 insgesamt 2,05 Mrd. DM, das sind im Schnitt 342 Mio. DM pro Jahr. In den letzten beiden Jahren sind in einigen Bundesländern auch die Landesmittel erheblich angewachsen (vgl. WILHELM 1994), so daß eine jährliche Gesamtförderung in Höhe von einer Milliarde DM nicht mehr fern ist.

Bei aller Kritik an Einzelmaßnahmen muß damit anerkannt werden: Ein Anfang ist gemacht. Noch im Jahre 1990 lagen die Haushaltsansätze für Landschaftspflege und Extensivierung in den alten Bundesländern bei weniger als 200 Mio. DM (ROHLF 1991). Hinsichtlich des ökologischen Erfolges darf man jedoch auch heute nicht zuviel erwarten, ganz davon abgesehen, daß er sich in vielen Situationen ohnehin erst nach langjährigen, geduldigen Bemühungen einstellt. Dividiert man die für 1993/94 oben angegebene Fördersumme durch die Fläche, so ergibt sich eine mittlere Förderung von etwa 100 DM pro Hektar und Jahr. Obwohl es starke Abweichungen von diesem Mittel auch nach oben gibt und auch Förderungen anderer Art noch hinzukommen, wie etwa die Ausgleichszulage für benachteiligte Regionen, ist der Betrag – pauschal gesprochen – als noch zu gering anzusehen, jedenfalls für eine Fläche des angegebenen Umfangs. Wer sich aber in bestimmten Regionen auskennt und Einzelfälle studieren kann, registriert, daß heutige Förderungen durchaus schon positive Wirkungen zeigen, etwa bei den oben erwähnten traditionellen Heuwiesen in Süddeutschland (Abbildung 3). Meist werden damit jedoch erwünschte Nutzungsweisen entgegen der Tendenz, die Flächen brachfallen zu lassen, aufrechterhalten, weshalb die Bezeichnung »Extensivierungshilfe« fragwürdig ist. Wie oben festgestellt, sind die Zahlungen für eine wirksame Zurückdrängung profitabler intensiverer Alternativen (wofür die Bezeichnung treffender wäre), zu niedrig.

Der Preis einer vielfältigen Kulturlandschaft

In Deutschland und einigen anderen Ländern, wie der Schweiz, sind Zusammenstellungen über den aus ökologischer Sicht erforderlichen Mindestflächenbedarf für extensive, teils historische Nutzungsweisen erarbeitet worden (BROGGI & SCHLEGEL 1989, HORLITZ & KIEMSTEDT 1991, HORLITZ 1994). Hier spielen natürlich auch subjektive Auffassungen eine große Rolle, dennoch konvergieren zahlreiche Schätzungen um eine Größenordnung von 10-15% der Landesfläche. Das hängt auch damit zusammen, daß sich der noch vorhandene Flächenumfang einschließlich der erforderlichen Pufferzonen in dieser Größenordnung bewegt. Wichtig ist, daß sich unter den extensivierten Bereichen auch zusammenhängende, integrierte Großlandschaften befinden, die nicht von Randeffekten beeinträchtigt werden (Abbildungen 6 und 7).

Setzen wir von der landwirtschaftlichen Fläche Deutschlands von etwa 17 Mio. Hektar etwa 2 Mio. Hektar als radikal extensivierungswürdig an, so daß diese Gebiete als Vorrangflächen für den Naturschutz anzusehen sind, und kalkulieren mit notwendigen Zuschüssen zur Kostenunterdeckung von im Mittel 750 DM pro Hektar und Jahr, so resultiert eine erforderliche Summe von 1,5 Mrd. DM pro Jahr. Diese Schätzung kann keinen Anspruch auf Genauigkeit stellen, trifft aber zweifelsfrei die Größenordnung der

Abbildung 7: Gefährdete Arten wie diese (hier ein Feuchtwiesen-Perlmutterfalter *Clossiana selene* auf Fieberklee) sind auf die Dauer nur zu halten, wenn ein hinreichender Teil der Landschaft – nach Meinung von Experten 10 bis 15% – eine Vorrangfunktion für den Naturschutz erhält. Empfindliche kleine Biotope müssen durch extensiv bewirtschaftete Großlandschaften abgeschirmt werden.

Bedürfnisse. Der Wert von Zahlen wie dieser zeigt sich im Vergleich mit anderen: Man erkennt, daß der Ansatz von 1,5 Mrd. DM pro Jahr zwar höher liegt als gegenwärtige Förderungen für diese Zwecke, jedoch ist der Unterschied nicht dramatisch. Würden heute verwendete Extensivierungsmittel zielgerichteter eingesetzt, als es oft der Fall ist, so könnte ein erheblicher Anteil der ökologischen Aufgaben damit finanziert werden. Ein Vergleich mit der Tabelle 1 erweist ferner, daß die hier geforderte Summe nur etwa 12% derjenigen beträgt, welche heute für die Marktordnungen für landwirtschaftliche Produkte und dabei immer noch teilweise für die Überschußverwaltung ausgegeben wird.

Wird wie hier mit der »10%-Regel« operiert, um den Bedarf an ökologischen Vorrangflächen abzuschätzen, so dürfen zwei Aspekte nicht vergessen werden: Keinesfalls wird damit ausgesagt, daß bei der landwirtschaftlichen Nutzung der übrigen 90% der Fläche nicht auch ökologische Anforderungen zu erheben wären. Wie schon oben erwähnt, handelt es sich jedoch vielfach um solche, die im Rahmen der »guten fachlichen Praxis« eingefordert werden können und keine Honorierung verlangen. Zweitens sei an das Problem der schwach leistungsfähigen Standorte insbesondere in den neuen Bundesländern erinnert, auf denen die künftige Vollkostendeckung fraglich ist. Sie umfassen erheblich mehr als 10% der landwirtschaftlichen Fläche, und es kann die Situation eintreten, daß für diese Flächen nicht allein wegen der Artenvielfalt, sondern auch um andere Landschaftsressourcen zu schützen, extensive Nutzungen finanziert werden müssen.

Ausblick auf eine kurz- bis mittelfristige Strategie

Blicken wir auf die theoretischen Aspekte dieses Beitrags, vor allem des Abschnitts »Das tiefere Problem: Defizite bei der Bewirtschaftung von Kollektivgütern« (siehe S. 57) zurück, so bestünde die Ideallösung für unser Problem darin, sowohl für die landwirtschaftliche Produkterzeugung als auch die ökologischen Werte der Artenfülle und der Landschaftsschönheit *funktionierende Märkte* einzurichten, auf denen Leistungen entsprechend der zahlungsbereiten Nachfrage und der jeweiligen tatsächlichen Knappheit entlohnt würden. Diese Ideallösung liegt in weiter Ferne, sollte jedoch stets als Landmarke, auf die Kurs zu halten ist, wahrgenommen werden. Eine praktische Reform, welche derzeit stark im Gespräch ist, durchaus Realisationschancen besitzt, ja im kleinen schon hier und da umgesetzt wird, besteht demgegenüber darin, möglichst große Teile der bisherigen staatlichen Unterstützung des Agrarsektors, welche allein der Einkommensstützung dient und dabei nicht nur leistungsfremd ist, sondern kostspielige Fehlanreize setzt, in eine gezielte *Entlohnung ökologischer Leistungen* umzuwidmen und auf die schon bestehenden, im vorigen Kapitel beschriebenen Fonds für Extensivierungen und ökologische Entwicklungen aufzustocken.

Die Vorteile einer solchen praktischen Reform liegen so offenkundig auf der Hand, daß man sich fragt, weshalb sie nicht schon längst Platz gegriffen hat. Durch die herbeigeführte Extensivierung würde das Produktionsvolumen sinken und würden Überschüsse vermieden. Soweit dadurch nicht schon Ausgaben der Allgemeinheit sänken, entstünde zumindest kein zusätzlicher Finanzbedarf gegenüber dem Status quo; da die verfügbaren Mittel, wie wiederholt festgestellt, sehr groß sind. Und es entstünde kein Einkommensnachteil für die Landwirtschaft als ganze, wenn auch die Umverteilungen innerhalb des Sektors und die durch sie hervorgerufenen Widerstände nicht unterschätzt werden dürfen. Davon abgesehen wäre aber zweifellos durch die Umwandlung der derzeit gesellschaftlich immer weniger akzeptierten reinen Subventionen in Einkommen, denen eine klar definierte ökologische

Gegenleistung entspricht, der Zukunftssicherheit der landwirtschaftlichen Einkommen gedient.

Die Landwirtschaft würde Weitsicht zeigen, wenn sie diese Chance der Konsolidierung nutzte. In praktischer Hinsicht ist ihre Skepsis allerdings zum Teil verständlich, da sich alle bisherigen praktischen Umsetzungen durch hohen bürokratischen Aufwand und geringe Vertrauenswürdigkeit in langfristiger Hinsicht auszeichnen. Wie oben dargestellt, werden im Rahmen der EU-Verordnung 2078/92 und umgesetzt in den Bundesländern unter verschiedenen Namen, wie MEKA in Baden-Württemberg, KULAP in Bayern usw., ökologische Leistungen zwar in beträchtlichem Umfang honoriert, jedoch können sich die zahlenden Behörden nicht langfristig binden. In Zukunft wird gezahlt, »wenn es die Haushaltslage zuläßt«. Da ökologische Entscheidungen immer langfristig gefällt werden müssen und bindende Konsequenzen für Betriebe haben können, ist dies unakzeptabel. Es zeigt, daß sich die ökologische Reform, wenn auch nicht einmal so sehr vom Finanzvolumen her, so doch aber hinsichtlich der organisatorischen Reife, noch stark in einem vorläufigen Versuchsstadium befindet.

In der Wissenschaft wird intensiv darüber diskutiert, wie das derzeitige Honorierungssystem für ökologische Leistungen unter Verwendung der bisherigen, Fehlanreize setzenden Einkommenshilfen schnell, pragmatisch und dennoch wissenschaftlich fundiert ausgebaut werden kann (WERNER et al. 1995). Einen wesentlichen Impuls hierfür gab das Umweltgutachten 1994 des Rates von Sachverständigen für Umweltfragen. Abschließend sei kurz auf die Fortschritte bei der Honorierung ökologischer Leistungen hingewiesen, welche nach Meinung zahlreicher Diskussionsteilnehmer vorrangig erzielt werden müssen, um das Instrument wirkungsvoll zu machen (vgl. auch HAMPICKE 1995):

- Wie erwähnt, müssen *Bürokratie* und Umständlichkeit *abgebaut* werden. Dies nicht allein, um die Effizienz zu erhöhen, vielmehr geht es auch darum, vielen Teilnehmern die Seriosität des Anliegens stärker zu verdeutlichen. Noch immer meint ein großer Teil der Landwirte, daß ihr »eigentliches« Einkommen nur aus dem Verkauf von Produkten resultieren könne, während die Extensivierungsprämien eine Art Zubrot darstellten. Oft wird noch abwertend von »Antragsgeld« gesprochen, was man möglichst geschickt »abgreifen« sollte, bevor es wieder versiegt. Auch meinen Landwirte, sich zu sehr in staatliche Abhängigkeit zu begeben, wenn ein erheblicher Teil ihres Einkommens aus der Abgeltung ökologischer Leistungen resultiert, wobei sie übersehen, daß die Abhängigkeit beim Einkommen aus dem Produktverkauf nicht kleiner ist, wenn die Preise der Produkte Ergebnisse politischer Entscheidungen sind. Angesichts der mangelhaften (insbesondere zu kurzfristigen, s.u.) Organisation der bisherigen ökologischen Leistungsentgelte kann man diese Reserven verstehen, sie müssen jedoch überwunden werden. Die Landwirtschaft müßte auch erkennen, daß in der gesamten Gesellschaft der bei weitem größte Teil aller Einkommen aus Dienstleistungen resultiert, ohne daß sich deren Anbieter im Vergleich zu denen, welche Produkte verkaufen, die sich auf die Waage legen lassen, benachteiligt fühlten. Hier wird einfach die Zeit einen Umdenkprozeß bewirken.

- Sicherheit, Ansehen und Seriosität der Entgelte für ökologische Leistungen wird es nicht ohne *Langfristigkeit* der getroffenen Abmachungen geben. Aus ökologischer Sicht ist dieser Punkt fast banal, so daß sich weitere Erläuterungen erübrigen. Nicht nur die Wiederherstellung von Ökosystemen mit langer Ausreifungszeit, wie strukturreiche Wälder, benötigt viel Zeit, dasselbe gilt für die Wiederentwicklung artenreichen, von übermäßigen Nährstoffkonzentrationen befreiten Grünlandes. Die Langfristigkeit ist jedoch auch aus betriebswirtschaftlicher Sicht unabdingbar, da, inbesondere auf dem Gebiet der

Der Preis einer vielfältigen Kulturlandschaft

Investitionen, unumkehrbare Entscheidungen getroffen werden müssen. Von keinem Betrieb kann verlangt werden, sich hier ohne klare Zukunftsperspektive festzulegen, etwa fünf Jahre extensiv zu wirtschaften, um dann wieder alles zu revidieren. Eine sehr treffende Illustration liefert eine Pressenotiz (Süddeutsche Zeitung vom 29.6.1995). Erstmals gelang es im bayerischen Voralpenland, Vereinbarungen mit Betrieben zu schließen, bei denen sich jene verpflichten, ihren Stall nicht auf Güllebasis, sondern wie früher unter Verwendung von Einstreu aus Streuwiesen zu betreiben. Damit können Streuwiesen, die zu den ökologisch wertvollsten extensiven Kulturbiotopen der Region gehören, wieder entwickelt und erhalten werden (vgl. den Beitrag von KAPFER & KONOLD im vorl. Band). Die damit verbundenen Arbeitserschwernisse und Zusatzkosten werden den Betrieben erstattet. Die Vereinbarung wurde dadurch ermöglicht, daß sich der Freistaat Bayern verpflichtete, dies für einen Zeitraum von 20 Jahren zu tun. Sehr viel mehr Verträge würden zum beiderseitigen Vorteil und zum Nutzen der Natur geschlossen, wenn dieses Beispiel Schule machte. Das Beispiel zeigt ferner, daß Zahlungen für ökologische Leistungen nicht wie bisher rein flächenbezogen erfolgen sollten (z.B. 400 DM pro ha und Jahr unter bestimmten Auflagen), sondern das Betriebsganze berücksichtigen müssen.

– Die revolutionärste Neuerung, welche sich mit der Zeit durchsetzen muß, heute oft nicht einmal von Naturschutzvertretern akzeptiert wird, aber gleichwohl die volle Internalisierung der Naturschutzleistungen in den ökonomischen Marktzusammenhang erst herstellen würde, wäre eine Bezahlung der Leistungen *nicht nach dem erforderten Aufwand, sondern nach ihrem Wert!* Auch in den obigen Abschnitten dieses Beitrags wurde zunächst davon ausgegangen, daß sich Zahlungen an die landwirtschaftlichen Betriebe an den durch die Rücksichtnahme auf ökologische Belange zusätzlich entstehenden Kosten orientieren sollten. Also: Wer auf einer extensivierten Wiese 30% weniger Futter als früher bei Intensivwirtschaft erntet, erhält den Ausfall erstattet. Diese Konstruktion hat den Vorteil, daß die erforderlichen Summen leicht errechnet werden können. Auch leuchtet sie intuitiv ein: Wer ein Opfer bringt durch Verzicht auf Ertrag, soll dafür entschädigt werden (Nebenbei: Die Frontstellung zwischen Landwirtschaft und Naturschutz hat sich in der Vergangenheit größtenteils deshalb aufgebaut, weil insbesondere von Naturschutzbehörden an die Landwirte ständig Forderungen herangetragen wurden, *ohne* dafür einen Ausgleich anzubieten).

So sehr das geschilderte Verfahren intuitiv zunächst einleuchtet, erweist doch ein zweiter Blick, daß es dem marktwirtschaftlichen Prinzip, welches sonst als so erfolgreich bei der Linderung von Knappheiten angesehen wird, gerade nicht folgt. Alle am Markt tätigen Parteien werden für ihr *Ergebnis*, nicht aber für ihren *Aufwand* bezahlt. Das gilt keineswegs nur für gewöhnliche Produkte, sondern auch für subtilere Sphären, welche mit einem künftigen Naturschutz-Markt durchaus gewisse Ähnlichkeiten besitzen. So wird ein Künstler für die Qualität seiner Bilder bezahlt, nicht jedoch entsprechend den Kosten der verbrauchten Farbe.

Auch im Naturschutz würde erst eine ergebnisorientierte Bezahlung die vollen Stärken des Marktes wecken. Erst dann wirkten die *Anreize* voll. Die Anbieter entwickelten erstmals ein *Interesse* daran, daß sich die gewünschten ökologischen Ergebnisse auch einstellen, anstatt nur korrekt die Auflagen zu erfüllen. Sie würden dazu angespornt, bestimmte ökologische Ergebnisse mit minimalen Kosten herbeizuführen. Auch würden sie Erfolgshindernissen aktiv begegnen. Wenn heute ein Landwirt dafür bezahlt wird, daß seine Kühe einen Abstand vom Bach halten, damit er nicht belastet wird, er aber beobachtet, daß sein Nachbar sich nicht an diese Maßnahme hält, womit der Erfolg unterlaufen wird, so nimmt er das hin. Würde er jedoch für den Erfolg bezahlt, so würde er auf den Nachbarn einwirken; vermut-

Abbildung 8: Prachtlibellen, wie *Calopteryx splendens*, zeigen gute Wasserqualität und Strukturreichtum an Bächen und sind leicht zu beobachten. Sie sind gute Indikatoren für eine extensive Landnutzung. Warum sollen Landwirte nur Einkommen danach beziehen, wieviele Kilogramm Milch sie abliefern, warum nicht auch durch Nachweise guter Populationen von Prachtlibellen an ihren Wiesen?

lich würden sich alle Bachanlieger kooperativ zusammentun, um einen klaren Bach zu entwickeln, wenn es dafür eine finanzielle Belohnung gäbe. Schließlich ist der ökologische Erfolg wenn auch nicht immer, so doch oft leichter zu kontrollieren als die ständige Einhaltung von Auflagen. Fliegen an einem schönen Sommertag Prachtlibellen (*Calopteryx spec.*) am Wiesenbach, so haben die Extensivierungsmaßnahmen offensichtlich gewirkt, und man braucht nicht die Kühe rund um die Uhr zu kontrollieren.

Wenn auch die erfolgsorientierte Honorierung der marktwirtschaftlichen Logik so voll entspricht, daß darüber keine Diskussion geführt zu werden braucht, so sind andererseits Hindernisse bei ihrer Einführung nicht zu übersehen. Soweit sie eher *praktischer* Natur sind, dürften sie geschickten Arrangements im Einzelfall zugänglich sein. Wie schon erwähnt, stellt sich der ökologische Erfolg oft sehr langsam ein, seine Honorierung kann jedoch nicht jahrelang aufgeschoben werden. Hier sind Kompromisse mit einer aufwandsorientierten Honorierung zu finden. Auch kann, wie oben im Fall der Prachtlibellen, eine ausschließlich an Indikatorarten orientierte Honorierung zu Ungerechtigkeiten führen, wenn deren Erscheinen im Einzelfall ausbleibt, obwohl die ökologische Qualität, welche sie normalerweise indizieren, durchaus erreicht ist.

Ein bedeutend schwierigeres Problem stellt die *Bewertung* des Erfolges dar. Wer entscheidet darüber, wie hoch die Honorierung für das Wiederauftreten von Prachtlibellen sein soll?

Soll man für Prachtlibellen an Wiesenbächen mehr erhalten als für Schachbrettfalter *(Melanargia galathea)* auf Extensivgrünland oder umgekehrt? Tier- und Pflanzenarten kann kein voller monetärer Wert zugeschrieben werden; die Höhe der Honorierung beruht immer auf Konsens. Verschiedene Vorschläge in der Literatur für eine erfolgsorientierte Honorierung auf der Basis von »Ökopunkten« (schon früher STREIT et al. 1989, heute KNAUER 1993) bieten jedoch pragmatische Wege. Aus ökonomischer Sicht ist unbedingt zu empfehlen, diese Vorschläge in regionalen Pilotprojekten auszutesten.

Das größte Hindernis einer erfolgsorientierten Honorierung dürfte einmal mehr auf dem Gebiet der Akzeptanz liegen – alle, auch Naturschutzvertreter müßten umdenken. Eine konsequent *nicht* am Aufwand orientierte Bezahlung für ökologische Leistungen führt nämlich zur Entstehung von Renteneinkommen. Wer eine Orchideenwiese mit sehr seltenen, »hochbezahlten« Arten besitzt, verdient an ihr, auch wenn er keinen oder nur einen geringen Aufwand für ihren Erhalt betreiben muß. Das werden Naturschützer zunächst schwer akzeptieren. Wem diese Verdienstaussicht geradezu unmoralisch anmutet, muß sich jedoch umsehen und feststellen, daß in der Marktwirtschaft *überall* auf diese Weise Einkommen entstehen. Wer ein wertvolles Stadtgrundstück geerbt hat, erzielt auch aufwandslose Renten. Auch in der Landwirtschaft ist es so: Wer einen Zuckerrübenacker besitzt, erzielt eine hohe Rente, obwohl das Produkt so überschüssig ist, daß es mit Milliardenbeträgen entsorgt werden muß. Wer heute eine Orchideenwiese besitzt, besitzt etwas extrem Knappes und gesellschaftlich Hochgeschätztes, erhält jedoch nichts dafür.

Oben wurde an einer Stelle schon einmal angemerkt, daß die Leserinnen und Leser dieses Beitrages nicht jede Einzelheit zu akzeptieren brauchen, wenn sie nur manchen Grundgedanken folgen möchten. So soll der Beitrag in typischer Ökonomenmanier mit einer provokanten These geschlossen werden: Wären doch Zuckerrübenäcker billig und wären doch Orchideenwiesen teuer! Könnte man doch für letztere hohe Kaufpreise und Pachten erzielen! Dann brauchte es gar keinen administrativen und so oft konfliktträchtigen und unwirksamen Naturschutz zu geben. Ihr Eigentümer würde dann ebenso wie der Eigentümer eines wertvollen Bildes von selbst darauf achten, daß ihre Pracht erhalten bleibt.

Literatur

Agrarbericht 1995 der Bundesregierung mit Materialband (einschließlich Buchführungsergebnisse): Bonn 1995, Bundestags-Drucksachen 13/400 und 13/401, 168 und 314 S.

ALVENSLEBEN, R.v. & K. SCHLEYERBACH (1994): Präferenzen und Zahlungsbereitschaft der Bevölkerung für Naturschutz und Landschaftspflegeleistungen der Landwirtschaft. Berichte über Landwirtschaft **72**: 524-532.

BARDE, J.-P. & D.W. PEARCE (Eds.) (1991): Valuing the Environment. Six Case Studies. London (Earthscan), 271 S.

BATEMAN, I.J. & R.K. TURNER (1993): Valuation of the Environment, Methods and Techniques: The Contingent Valuation Method. In R.K. TURNER (Ed.): Sustainable Environmental Economics and Mangement, Principles and Practice, London, New York (Belhaven Press), S. 120-191.

BAUER, S. & G. THIELCKE (1982): Gefährdete Brutvogelarten in der Bundesrepublik Deutschland und im Land Berlin: Bestandsentwicklung, Gefährdungsursachen und Schutzmaßnahmen. Die Vogelwarte **3**: 183-391.

BERGER, W. & D. ROTH (1994): Kosten- und Preiskatalog für ökologische und landeskulturelle Leistungen im Agrarraum. Landwirtschaft und Landschaftspflege in Thüringen (Schr.-Reihe der Thüringer Landesanstalt für Landwirtschaft, Sonderheft). Jena, 258 S.

BIRNBACHER, D. (1988): Verantwortung für zukünftige Generationen. Stuttgart (Reclam), 297 S.

BLAB, J. (1986): Grundlagen des Biotopschutzes für Tiere. Greven, Bonn-Bad Godesberg (Kilda), 2. Aufl., 257 S.

BLÖCHLIGER, H., U. HAMPICKE & G. LANGER (1995): Schöne Landschaften: Was sind sie uns wert, was kostet ihre Erhaltung? In G. ALTNER et al. (Hrsg.): Jahrbuch Ökologie 1996. München (Beck), S. 136-150.

BMELF-Informationen Nr. 24 vom 12.6.1995, S. 2: Umweltgerechte Landwirtschaft auf 4,4 Millionen Hektar (Bundesministerium für Ernährung, Landwirtschaft und Forsten).

BREITSCHUH, G., H. ECKERT & D. ROTH (1995): Vorstellungen zur Optimierung von Förderstrategien. In W. WERNER et al. (Hrsg.): Ökologische Leistungen der Landwirtschaft. Definition, Beurteilung und ökonomische Bewertung. Frankfurt a.M. (Verlagsunion Agrar), Schriftenreihe agrarsprectrum, Band **24**, S. 171-180.

BRIEMLE, G., D. EICKHOFF & R. WOLF (1991): Mindestpflege und Mindestnutzung unterschiedlicher Grünlandtypen aus landschaftsökologischer und landeskultureller Sicht. Beihefte Veröff. Naturschutz Landschaftspflege Baden-Württemberg **60**. Karlsruhe, 160 S.

BROGGI, M.F. & H. SCHLEGEL (1989): Mindestbedarf an naturnahen Flächen in der Kulturlandschaft: Dargestellt am Beispiel des schweizerischen Mittelandes. Zürich (Büro für Siedlungs- und Umweltplanung), 180 S.

BRUNNER, H., F.-X. MAIDL, M. KÖBLER & A. HEISSENHUBER (1995): Untersuchungen zur Konkretisierung des Begriffs »ordnungsgemäße Landwirtschaft« im Sinne des Gewässerschutzes. Berichte über Landwirtschaft **73**: 242-257.

CORELL, G. (1994): Der Wert der »bäuerlichen Kulturlandschaft« aus der Sicht der Bevölkerung. Ergebnisse einer Befragung. Frankfurt a.M. (DLG-Verlag), 269 S.

DRAKE, L. (1992): The Non-Market Value of the Swedish Agricultural Landscape. European Review of Agricultural Economics **19**: 351-364.

FREY, R.L. & H. BLÖCHLIGER (1991): Schützen oder Nutzen. Ausgleichszahlungen im Natur- und Landschaftsschutz. Chur, Zürich (Rüegger), 168 S.

HAMPICKE, U. (1991): Naturschutz-Ökonomie. Stuttgart (Ulmer), 342 S.

HAMPICKE, U. (1993): Naturschutz und Ethik – Rückblick auf eine 20jährige Diskussion, 1973-1993, und politische Folgerungen. Zeitschrift für Ökologie und Naturschutz **2**: 73-86.

HAMPICKE, U. (1995): Theorie und Praxis in der Ökonomie des Naturschutzes. In W. WERNER et al. (Hrsg.): Ökologische Leistungen der Landwirtschaft. Definition, Beurteilung und ökonomische Bewertung. Frankfurt a.M. (Verlagsunion Agrar), Schriftenreihe agrarspectrum, Band **24**, S. 109-129.

HAMPICKE, U. (1995a): Wirtschaftliche Aspekte der Extensivierung und Naturschutzstrategien der Zukunft. Symposium Schloß Steinenhausen bei Kulmbach 1994. Bayerisches Landesamt für Umweltschutz (Hrsg.): Beiträge zum Artenschutz, im Druck.

HAMPICKE U., T. HORLITZ, H. KIEMSTEDT, K. TAMPE, D. TIMP & M. WALTERS (1991): Kosten und Wertschätzung des Arten- und Biotopschutzes. Berlin (Erich Schmidt), 629 S. + Anhang. Umweltbundesamt Berichte 3/91.

HAMPICKE, U. & K. TAMPE (1994): Die Kalkmagerrasen (Mesobrometen) des Regierungsbezirks Tübingen als Modell für eine naturschutzkonforme Landschaftsentwicklung und Pflege. Teil C. Abschlußbericht für das Ministerium für Umwelt, Stuttgart. Kassel, Reutlingen, unveröff. 114 S. + Anhang.

HENRICHSMEYER, W. & H.P. WITZKE (1991): Agrarpolitik, Band 1: Agrarökonomische Grundlagen. Stuttgart (Ulmer), 463 S.

HENRICHSMEYER, W. & H.P. WITZKE (1994): Agrarpolitik, Band 2: Bewertung und Willensbildung. Stuttgart (Ulmer), 639 S.

HOLM-MÜLLER, K., H. HANSEN, M. KLOCKMANN & P. LUTHER (1991): Die Nachfrage nach Umweltqualität in der Bundesrepublik Deutschland. Berlin (Erich Schmidt), 228 S. + Anhang. Umweltbundesamt Berichte 4/91.

HÖLZINGER, J. (1987): Die Vögel Baden-Württembergs. Band I: Gefährdung und Schutz. Karlsruhe, Stuttgart (Landesanstalt für Umweltschutz Baden-Württemberg und Ulmer), 3 Teilbände, zus. 1800 S.

HORLITZ, T. (1994): Flächenansprüche des Arten- und Biotopschutzes. Eching (IHW-Verlag), 209 S. Libri Botanici, Band 12.

HORLITZ, T. & H. KIEMSTEDT (1991): Flächenansprüche des Arten- und Biotopschutzes. Naturschutz und Landschaftsplanung 23: 243-254.

JEDICKE, E. (1994): Biotopverbund. Stuttgart (Ulmer), 2. Aufl., 287 S.

JUNG, M (1994): Die monetäre Bewertung einer umweltgerechten Nutzung von Agrarlandschaften. Referat 35. Jahrestagung der Gesellschaft für Wirtsch.- u. Sozialwiss. des Landbaues, Stuttgart-Hohenheim.

KÄMMERER, S. (1994): Die Contingent-Valuation-Methode zur monetären Bewertung von Umweltqualität. Referat 35. Jahrestagung der Gesellschaft für Wirtsch.- u. Sozialwiss. des Landbaues, Stuttgart-Hohenheim.

KAPFER, A. & W. KONOLD (1996): Streuwiesen. Relikte vergangener Landbewirtschaftung mit hohem ökologischen Wert. Vorl. Band.

KAULE, G. (1991): Arten- und Biotopschutz. Stuttgart (Ulmer), 2. Aufl., 519 S.

KNAUER, N. (1993): Ökologie und Landwirtschaft. Stuttgart (Ulmer), 280 S.

KOESTER, U. (1992): Grundzüge der landwirtschaftlichen Marktlehre. München (Vahlen), 2. Aufl., 338 S.

KUIK, O., H. JANSEN & J. OPSCHOOR (1991): The Netherlands. In J.-P. BARDE & D.W. PEARCE (Eds): Valuing the Environment. Six Case Studies. London (Earthscan), S. 106-140.

MÄHRLEIN, A. (1990): Einzelwirtschaftliche Auswirkungen von Naturschutzauflagen. Kiel (Vauk), 339 S. + Anhang.

MÄHRLEIN, A. (1993): Kalkulationsdaten für die Grünlandbewirtschaftung unter Naturschutzauflagen. KTBL-Arbeitspapier 179. Münster-Hiltrup (Landwirtschaftsverlag), 115 S.

MENRAD, K. (1992): Landwirtschaftliche Grenzertragsstandorte in Baden-Württemberg. Frankfurt a.M. (Lang), 316 S.

MITCHELL, R.C. u. R.T. CARSON (1989): Using Surveys to Value Public Goods: The Contingent Valuation Method. Washington, D.C. (Resources for the Future), 463 S.

MÜLLER, P. (1995): Stillegung für den Naturschutz nutzen. DLG-Mitteilungen **6/95**: 26-30.

Naturwaldreservate (1989): Kolloquium über Naturwaldreservate in der Bundesrepublik Deutschland und benachbarten Ländern in der BFANL. Natur und Landschaft **64/12** (gesamtes Heft).

NAVRUD, S. (Ed.)(1992): Pricing the European Environment. Oslo (Scandinavian University Press), 287 S.

OBERMANN, H. (1992): Eingreifen oder laufen lassen – was soll der Naturschutz wollen? NNA Berichte **5/1**: 34-36. Norddeutsche Naturschutzakademie Schneverdingen.

PEARCE, D.W. (1993): Economic Values and the Natural World. London (Earthscan), 129 S.

PEARCE, D.W. & D. MORAN (1994): The Economic Value of Biodiversity. London (Earthscan), 172 S.

PLACHTER, H. (1991): Naturschutz. Stuttgart (Gustav Fischer), 463 S.

PLANKL, R. (1995): Synopse zu den umweltgerechten und den natürlichen Lebensraum schützenden landwirtschaftlichen Produktionsverfahren als flankierende Maßnahmen zur Agrarreform. Tabellarische Übersicht über die einzelnen Umweltprogramme gemäß VO(EWG) 2078/92. Arbeitsbericht 1/1995 aus dem Institut für Strukturforschung der Bundesanstalt für Landwirtschaft (FAL). Braunschweig, 2. Aufl., 129 S.

PRUCKNER, G.J. (1994): Die ökonomische Quantifizierung natürlicher Ressourcen. Eine Bewertung überbetrieblicher Leistungen der österreichischen Land- und Forstwirtschaft. Frankfurt a.M. (Lang), 191 S.

Rat von Sachverständigen für Umweltfragen (RSU)(1994): Umweltgutachten 1994 »Für eine dauerhaft-umweltgerechte Entwicklung«. Stuttgart (Metzler-Poeschel), 380 S.

REICHEL, D. (1989): Bestand und Verluste an Feuchtgebieten in Oberfranken. Schriftenreihe Bayerisches Landesamt für Umweltschutz, H. **95**: 19-24.

RINGLER, A. (1987): Gefährdete Landschaft. Lebensräume auf der Roten Liste, eine Dokumentation in Bildvergleichen. München (BLV), 195 S.

ROHLF, D. (1991): Finanzierung des Naturschutzes. Natur + Recht **10**: 473-478.

ROTH, D., G. BREITSCHUH & W. BERGER (1995): Kosten, Preise und Finanzierungsmöglichkeiten für ökologische Leistungen im Agrarraum. Zeitschrift für Kulturtechnik und Landentwicklung **36**, im Druck.

SCHUMACHER, W. (1984): Gefährdete Ackerwildkräuter können auf ungespritzten Feldrändern erhalten werden. LÖLF-Mitteilungen **9**: 14-20.

SCHUMACHER, W., H. HANSEN & M. SAAKEL (1994): Schutz langfristig extensiv genutzter Grünlandflächen durch Integration in landwirtschaftliche Nutzung. In: Forschungsberichte **15**. 8. Wissenschaftliche Fachtagung: Integrative Extensivierungs- und Naturschutzstrategien. Bonn (Landwirtsch. Fak. der Rhein. Friedr.-Wilh.-Universität), S. 27-35.

Statistisches Jahrbuch über Ernährung, Landwirtschaft und Forsten 1994 (Herausgg. v. Bundesministerium für Ernährung, Landwirtschaft und Forsten). Münster-Hiltrup (Landwirtschaftsverlag), 509 S.

STREIT, M.E., R. WILDENMANN & J. JESINGHAUS (Hrsg.) (1989): Landwirtschaft und Umwelt. Wege aus der Krise. Baden-Baden (Nomos), 202 S.

Süddeutsche Zeitung Nr. 147 vom 29.6.1995: Mist ist für den Landwirt Gold wert. S. 28.

SUCCOW, M. (1993): Neuorientierung der Landnutzung. In A. KOHLER & R. BÖCKER (Hrsg.): Die Zukunft der Kulturlandschaft. Weikersheim (Margraf)(Hohenheimer Umwelttagung 25), S. 25-35.

SWIFT, J. (1987, Erstveröffentlichung 1726): Gullivers Reisen. Stuttgart (Reclam), 487 S.

WERNER, A. & S. DABBERT (Hrsg.)(1993): Bewertung von Standortpotentialen im ländlichen Raum des Landes Brandenburg. Band 1: Ergebnisse und Grundlagen, 115 S., Band 2: Anhang, 73 S. ZALF-Berichte **4/1** und **4/2**. Zentrum für Agrarlandschafts- und Landnutzungsforschung e.V. Müncheberg.

WERNER, W., H.-G. FREDE, F. ISERMEYER, H.-J. LANGHOLZ & W. SCHUMACHER (Hrsg.): Ökologische Leistungen der Landwirtschaft. Definition, Beurteilung und ökonomische Bewertung. Frankfurt a.M. (Verlagsunion Agrar), Schriftenreihe agrarspectrum, Band **24**, 187 S.

WHITBY, M. (Ed.)(1994): Incentives for Countryside Management. Wallingford, U.K. (CAB International), 286 S.

WILHELM, J. (1994): Die flankierende Maßnahme »Umweltgerechte Produktionsverfahren« zur Umsetzung der VO(EWG) 2078/92. Eine vergleichende Analyse der Programmentwürfe aus Niedersachsen, Hessen und Sachsen. Diplomarbeit Göttingen. 102 S. + Anhang.

WILMANNS, O. (1989): Ökologische Pflanzensoziologie. Heidelberg, Wiesbaden (Quelle & Meyer), 4. Aufl., 382 S.

ZIMMER, Y. (1994): Naturschutz und Landschaftspflege – Allokationsmechanismen, Präferenzanalyse, Entwicklungspotentiale. Kiel (Vauk), 238 S.

Die Landwirtschaft zwischen Natur und Markt

C. Ganzert

Gefragt sind Lösungsansätze, die den alten Konflikt zwischen Ökonomie und Ökologie überwinden

Der Naturschutz steckt derzeit in einer grundlegenden Krise. Die Ziele des Naturschutzes und der Zustand von Natur und Landschaft klaffen immer weiter auseinander (Rat von Sachverständigen für Umweltfragen SRU 1987). Daher wachsen auch die Zweifel an der bisherigen Grundausrichtung des Naturschutzes. Von verschiedenen Autoren (v. Haaren 1988, Pfadenhauer u. Ganzert 1992, Ganzert 1988, 1993, Messerli 1989, Bätzing 1987, Ellenberg 1991, Brahms et al. 1988 u.a.) wird kritisiert, daß er

- sich darauf beschränkt, vergangene Zustände der Landschaft zu konservieren, statt auch zukünftige Perspektiven aufzuzeigen,
- nur kleine abgegrenzte Bereiche der Landschaft berücksichtigt,
- die abiotischen Wirkungszusammenhänge der Landschaft vernachlässigt und
- das sozioökonomische System zu wenig integriert.

Besonders bei europäischer oder globaler Perspektive wird deutlich, daß heute die Erfolgsaussichten sektoraler Naturschutzkonzepte gering sind. Denn alle Erfahrungen zeigen, daß sich das Naturpotential nur dann erhalten läßt, wenn gleichzeitig auch die wirtschaftliche Entwicklung berücksichtigt wird (Gore 1992).

In der Politik wächst aus diesen Gründen der Bedarf nach ursachenbezogenen Naturschutzkonzepten, die die Nutzung und den Schutz der Natur integrieren (Bätzing 1990). Gefragt sind Lösungsansätze, die den alten Konflikt zwischen Ökonomie und Ökologie überwinden und die Naturschutzbelange stärker in die unterschiedlichen Landnutzungspolitiken integrieren.

Auf programmatischer Ebene ist dieser integrierte Blickwinkel bereits in vielen Bereichen erkennbar, wie beispielsweise im 5. Umweltaktionsprogramm der Europäischen Gemeinschaften (Kommission der Europäischen Gemeinschaften 1992), im Biosphärenreservatskonzept der UNESCO (Erdmann & Nauber 1990) oder in den Diskussionen um eine Neuorientierung der Agrarpolitik (Weinschenck 1992). Unklar bleibt bisher jedoch meist, wie diese Integration von Nutzung und Schutz aussehen soll bzw. welche Anforderungen an eine nachhaltige Landbewirtschaftung sich aus der Sicht des Naturschutzes ergeben.

In dem vorliegenden Beitrag wird versucht, anhand der geschichtlichen Analyse der Wechselbeziehungen zwischen Landwirtschaft und Landschaft erste skizzenhafte Antworten auf die Frage zu finden. Denn in der geschichtlichen Entwicklung stimmen ökologisches und ökonomisches Optimum über weite Strecken überein (Weinschenck 1991). Zunächst werden die Bodennutzungs- und Vegetationsveränderungen dargestellt und anschließend die agrarstrukturellen Ursachen näher beleuchtet. Als Ausblick werden zwei grundlegende Interpretationen von nachhaltiger Landbewirtschaftung dargestellt und Vorschläge für ihre Integration gemacht.

Arbeiten am Beispiel

Die dargestellten agrarstrukturellen Einflüsse auf die Umwelt und die daraus gezogenen Schlußfolgerungen basieren auf den Ergebnissen eines Forschungsprojektes zur Geschichte von Landwirtschaft und Umwelt in zwei Regionen Deutschlands (Loisach-Kochelsee-Moore, etwa 70 km südlich von München; Dümmerniederung, ca. 35 km nordöstlich von Osnabrück; siehe GANZERT 1993). In jeder Region wurden zwei Gemeinden mit unterschiedlichen Agrarstrukturen betrachtet (Bichl und Benediktbeuern in den Loisach-Kochelsee-Mooren; Damme und Marl in der Dümmerniederung).

Die Veränderungen der Bodennutzung werden am Beispiel von Benediktbeuern, die der Grünlandvegetation infolge der besseren Datengrundlage (GANZERT & PFADENHAUER 1988) für einen Teil der Dümmerniederung dargestellt. Diese ähneln jedoch sehr den Vegetationsveränderungen in den Loisach-Kochelsee-Mooren. Lediglich das Ausmaß variiert (siehe GANZERT 1993). Die Bodennutzungen zu den verschiedenen Zeitpunkten seit 1811 sind nur eingeschränkt miteinander vergleichbar, da unterschiedliches Quellenmaterial verwendet wurde und sich die Bedeutung der Nutzungsbegriffe im Verlauf der Jahrhunderte etwas veränderte.

Die Rohdaten zum Wandel der betrieblichen Strukturen wurden der unveröffentlichten Diplomarbeit von G. HASTREITER entnommen, die am Lehrstuhl Geobotanik der TU München-Weihenstephan angefertigt wurde.

Bodennutzung im Wandel

Die Grundlage für den Wandel der Landschaften in geschichtlicher Zeit bildet ihre Nutzung. Ein Blick auf die Bodennutzung ist daher entscheidend, um das Aussehen einer Landschaft in den verschiedenen Zeiträumen zu begreifen. Abbildung 1 zeigt die Veränderung der Bodennutzung in einem Teil der Loisach-Kochelsee-Moore bei Benediktbeuern:

Vor der menschlichen Besiedelung dominierten auf den Mineralböden Wälder. Baumfrei waren nur die flächigen Vernässungen der Hangquellen, die Hochmoorbereiche westlich der Loisach, sowie möglicherweise die Niedermoore östlich der Loisach. Die etwas trockeneren Stellen der Niedermoore wie auch die Übergangsmoore der Anger- und Hoffilze wiesen eher lichte Baumbestände auf (PAUL und RUOFF 1932, KRAEMER 1957).

Kurz nach der Säkularisation des Klosters Benediktbeuern zu Beginn des 19. Jahrhunderts wurde die gesamte Gebietsfläche genutzt. Da die Selbstversorgung dominierte, stand der Ackerbau im Zentrum des Wirtschaftens. Die hohen Niederschlagsmengen am Alpenrand verursachten hohe Nährstoffauswaschungen. Sie zwangen wegen der nur begrenzt vorhandenen Verfügbarkeit an Wirtschaftsdünger zu einem Wechselgrünland, der »Egartwirtschaft« (vgl. BOBERFELD 1987). Fast die gesamten Auenböden der Schwemmkegel wurden als Wechselgrünland genutzt.

Den begrenzenden Faktor für den Umfang des Ackerbaus stellte das Vieh in seiner Funktion als Düngerlieferant dar. Die Anzahl an Vieh wiederum war abhängig von der Futterfläche.

Aus diesem Grund wurde fast das gesamte Gebiet auch zu Futterzwecken genutzt. Die dorffern gelegenen Mineralbodenstandorte an der Loisach und ihren Zuflüssen dienten als (ein-) zweischürige Wiesen. Aber auch der Wald und die unproduktiven Moor- und Quellstandorte wurden beweidet und teilweise zur Futtergewinnung gemäht. Dies läßt sich an den Flurnamen erkennen. Beispielsweise wurden Flächen, die heute eine Hochmoorvegetation mit dominanten Zwergsträuchern aufweisen, als ›moorige Wiesen‹ bezeichnet. Noch bis 1900 wurde das Jungvieh auf die nassen Sauermoosfilzen westlich der Loisach getrieben (SINDELHAUSER 1989). Die Vegetation der besonders nassen Standorte wurde als Einstreu genutzt. So berichtet der Abt von Benediktbeuern bereits 1788 von der Streumahd am Rohrsee (LUGAUER 1935).

Die Nutzungsweisen sind gekennzeichnet durch zeitliche und räumliche Überlagerung, was einen Vergleich mit heutigen Bedingungen erschwert. In der Egartwirtschaft wechselte das Grünland mit den Ackerfrüchten. Der Wald stellte Holz und Einstreu zur Verfügung und wurde zusätzlich beweidet. Dadurch lichtete er sich zum Teil stark auf. So waren alle Übergänge zwischen Wald und Weide anzutreffen. Selbst der Aufwuchs der unproduktivsten Moorstandorte wurde als Futter oder als Einstreumaterial genutzt (über das vielfältige Nutzungsgeflecht zum Ende des 18. Jahrhunderts vgl. BECK 1986 und 1992 und KÖHLE-HEZINGER 1992).

Diese Art der Bodennutzung differenzierte im Laufe der Zeit die Standorte der Naturlandschaft. Ein Großteil der Fläche verarmte, da ständig Biomasse entzogen wurde, ohne die darin enthaltenen Nährstoffe durch Düngung wieder zu ersetzen. Pflanzen- und Tierarten, die an nährstoffarme Standorte gebunden sind, breiteten sich dadurch aus. Die mit Dünger versorgten Ackerflächen wiesen dagegen infolge der starken Regenfälle am Alpenrand vermutlich hohe Nährstoffemissionen auf.

Die Wiesenkultur breitet sich aus

Mit dem Bau der Bahnlinie von Penzberg nach Kochel 1898 ging die Selbstversorgung und damit der aufwandsintensive Ackerbau zurück (»Vergrünlandung«). Die Arbeitsenergie und der wirtschaftseigene Dünger konnten für die Wiesenkultur eingesetzt werden. Es erhöhten sich dadurch die Futtergrundlage, der Viehbesatz und die Menge an wirtschaftseigenem Dünger. Wald und Weide konnten getrennt werden. Allerdings entstanden Engpässe in der Verfügbarkeit von Einstreumaterialien (höherer Viehbesatz und fehlendes Stroh). Dies führte zur Entwicklung der Streuwiesenkultur, die etwa zu Beginn dieses Jahrhunderts ihren Höhepunkt erreichte (vgl. KONOLD & HACKEL 1990). In Benediktbeuern und den südlich angrenzenden Gemeinden war um die Jahrhundertwende der Mangel an Einstreu so groß, daß die Bauern eine Tieferlegung der Loisach forderten, um Streuwiesenflächen im Rohrseegebiet zu gewinnen.

Indem die Bauern den Ackerbau aufgaben und sich auf die Grünlandwirtschaft spezialisierten, konnten sie ein wesentlich höheres Produktionsniveau erzielen (BÄTZING 1985). Gleichzeitig verringerten sich die Nährstoffverluste sowie die Degradation vieler Standorte.

In der ersten Hälfte dieses Jahrhunderts führten Fortschritte im Wasserbau und der Moorkultur zu weiteren Veränderungen der Bodennutzung. Die Loisach wurde begradigt und vertieft. Dadurch konnten die Angerfilzen (im nördlichen Teil von Abbildung 1) und die dorfnahen Niedermoorflächen westlich des Klosters entwässert werden.

Die Landwirtschaft zwischen Natur und Markt

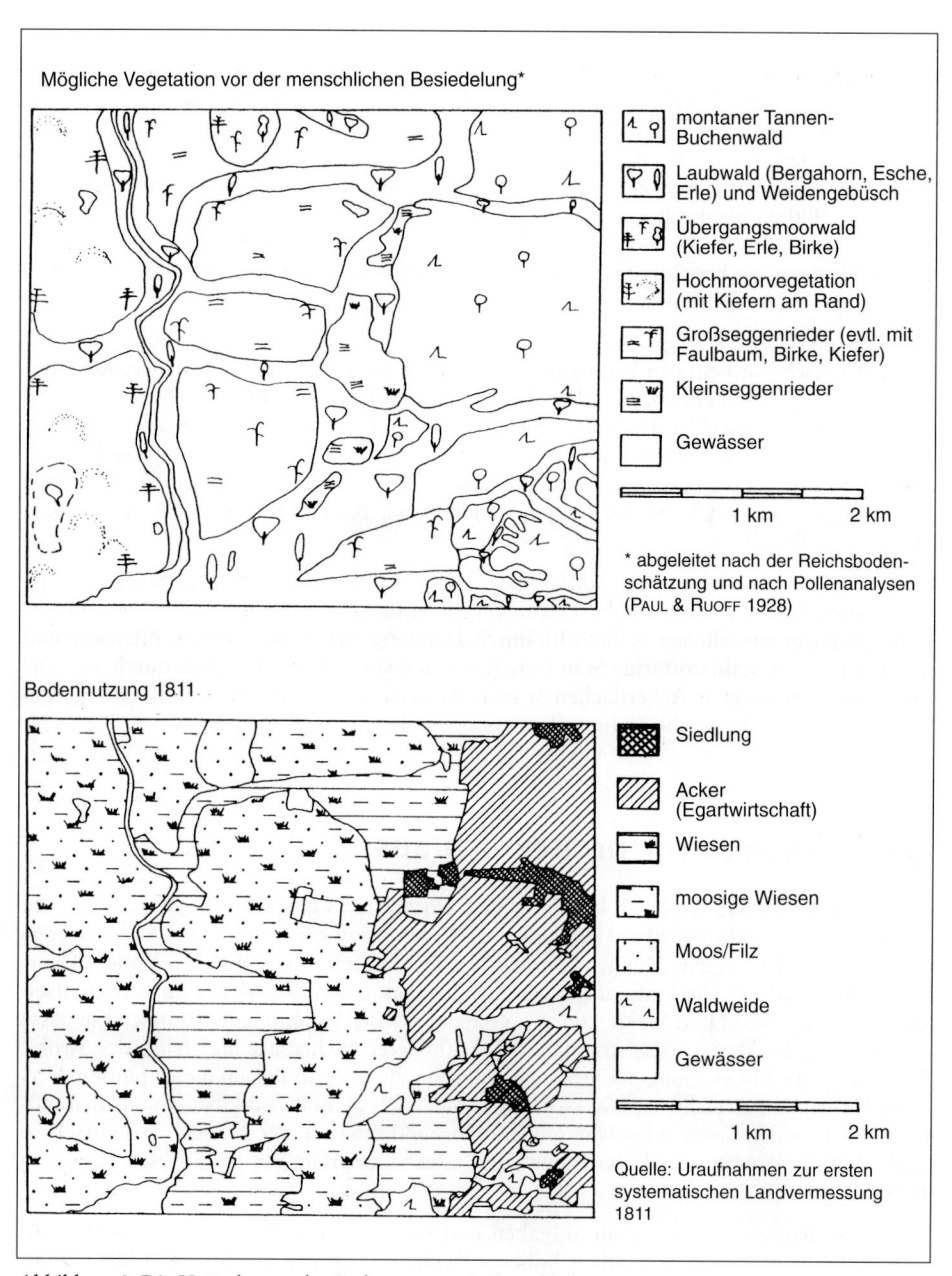

Abbildung 1: Die Veränderung der Bodennutzung in Benediktbeuern

Die Landwirtschaft zwischen Natur und Markt

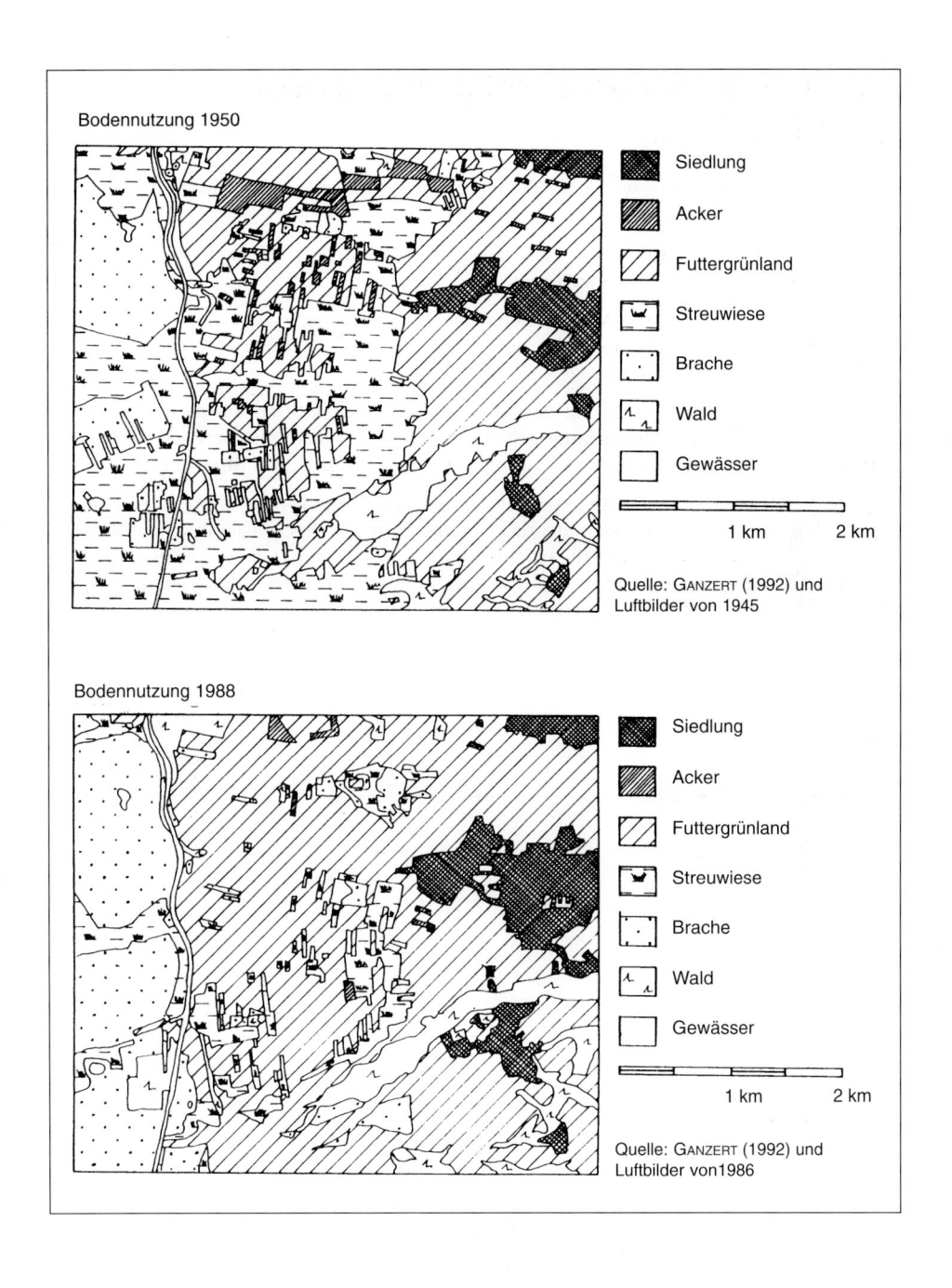

Bodennutzung 1950

	Siedlung
	Acker
	Futtergrünland
	Streuwiese
	Brache
	Wald
	Gewässer

1 km   2 km

Quelle: GANZERT (1992) und Luftbilder von 1945

Bodennutzung 1988

	Siedlung
	Acker
	Futtergrünland
	Streuwiese
	Brache
	Wald
	Gewässer

1 km   2 km

Quelle: GANZERT (1992) und Luftbilder von 1986

Zunehmende Spezialisierung, Intensivierung und Nivellierung

Kurz nach dem 2. Weltkrieg wurde die Bodennutzungsstruktur von drei Einflußfaktoren bestimmt:

a) die Art der Bewirtschaftung war abhängig von der Bodenart und dem Wasserhaushalt (Einfluß der Standortbedingungen);

b) die dorfnahen Bereiche des Moorgebietes von Benediktbeuern wie auch von der Nachbargemeinde Bichl wurden intensiver genutzt als die dorffernen Bereiche an der Loisach (Einfluß der Dorfentfernung);

c) infolge der besseren Ausstattung des Klosters mit Arbeitskräften wurde das Moor im nördlichen Teil des Untersuchungsgebiets viel großflächiger kultiviert als die Moorflächen der Bauern im mittleren und südlichen Teil (Einfluß der Agrarstruktur).

Vergleicht man diese Nutzungsstruktur mit der Selbstversorgungswirtschaft zu Beginn des 19. Jahrhunderts, so zeigen sich deutliche Tendenzen der Spezialisierung: die Niedermoorflächen wurden intensiviert, die Hochmoorstandorte fielen brach und die Nutzung von Wald und Weide sowie die Streu- und Futtergewinnung wurden räumlich getrennt. Dies führte zu einer weiteren Differenzierung der Standortbedingungen.

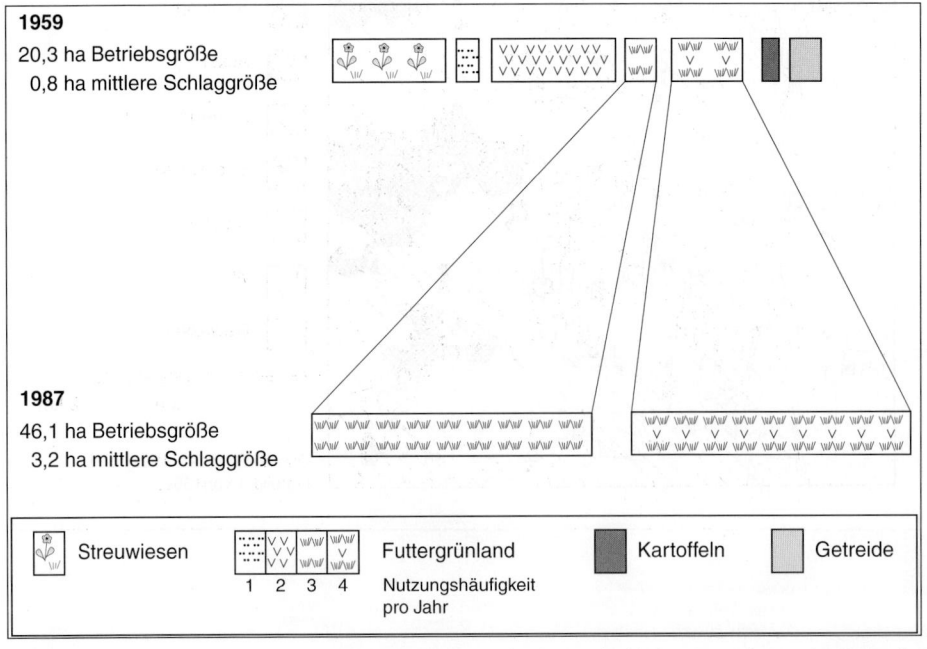

Abbildung 2: Die Veränderung der Bodennutzung eines landwirtschaftlichen Betriebes in den Loisach-Kochelsee-Mooren

Die Landwirtschaft zwischen Natur und Markt

Innerhalb der letzten 40 Jahre haben sich die Siedlungsfläche, das Futtergrünland, die Brachfläche sowie die Waldfläche ausgeweitet. Die Acker- und Streuwiesenflächen sind weitgehend verschwunden. Die Bodennutzung hat sich nicht nur weiter spezialisiert, sondern zusätzlich räumlich vereinheitlicht. Aber auch das Futtergrünland selbst wird heute einheitlicher genutzt (Abbildung 2). Von den 1959 vorhandenen vier verschiedenen Nutzungstypen sind heute lediglich die zwei intensiveren Typen noch anzutreffen. Außerdem erhöhte sich die Schlaggröße, wodurch sich die räumliche und zeitliche Nutzungsdiversität zusätzlich verminderte. Viele Rand- und Übergangszonen verschwanden.

Vergleicht man diese Bodennutzungsveränderungen mit denjenigen der Nachbargemeinde Bichl (GANZERT 1993) oder anderen Gebieten des Voralpenlandes, so zeigt sich, daß das Moorgebiet von Benediktbeuern bis zum Zweiten Weltkrieg infolge der klösterlichen Kultivierungsarbeiten intensiver genutzt wurde. Heute wird das Gebiet dagegen extensiver und vielfältiger bewirtschaftet. Dies zeigt sich zum Beispiel an dem Zeitpunkt der ersten Wiesenmahd (Abbildung 3). In Bichl sind die Mahdzeitpunkte durch die dominierenden modernen Milchviehbetriebe und die entsprechend höheren Anforderungen an die Futterqualität wesentlich stärker synchronisiert.

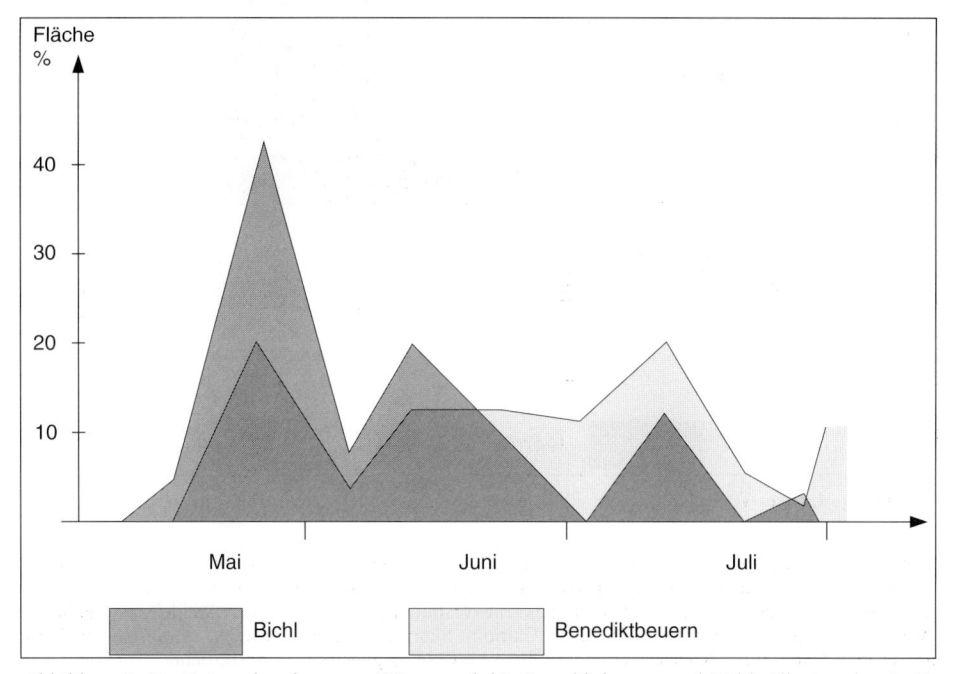

Abbildung 3: Die Zeitpunkte der ersten Wiesenmahd in Benediktbeuern und Bichl. Alle Angaben in % der gesamten Wiesenfläche

Die Landwirtschaft zwischen Natur und Markt

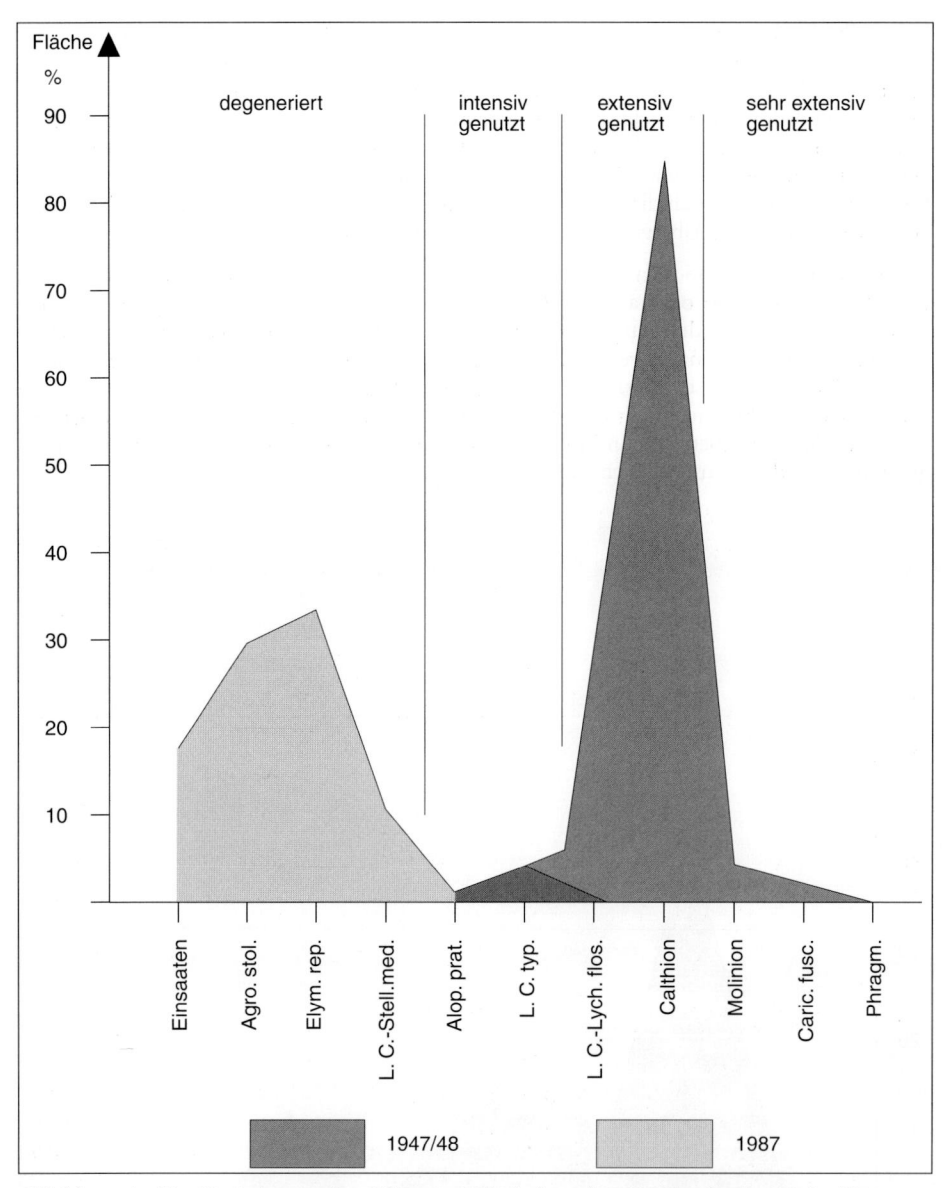

Abbildung 4: Die Veränderung der Pflanzengesellschaften des Grünlandes in Hüde (Dümmerniederung);

Agro. stol.: Knickfuchsschwanzrasen; Elym. rep.: Queckenrasen; L.C.-Stell. med.: Weidelgras-Weißklee-Weiden, Ausbildung mit Störzeigern; Alop. prat.: Wiesenfuchsschwanzwiesen; L.C. typ.: Weidelgras-Weißklee-Weiden, Wiesenschaumkraut-Ausbildung; L.C.-Lych. flos.: Weidelgras-Weißklee-Weiden, Kuckuckslichtnelken-Ausbildung; Caltion: Sumpfdotterblumenwiesen; Molinion: Pfeifengraswiesen; Caric. fusc.: Kleinseggenrieder; Phragm.: Großseggenrieder und Röhrichte

Wachsende Instabilitäten der Grünlandvegetation

Mit der Nutzung veränderte sich in den letzten 40 Jahren auch die Vegetation des Futtergrünlandes grundlegend (Abbildung 4). Zwei Phasen lassen sich unterscheiden:

a) Bis in die 70er Jahre wurde auf großer Fläche der nährstoffreiche frische Einheitsstandort geschaffen (HAMPICKE 1977). Das ertragreiche Grünland mit hoher Futterqualität verdrängte das artenreiche extensiv genutzte Grünland (GANZERT & PFADENHAUER 1988).

b) Ab den 70er Jahren verbreiteten sich im intensiv genutzten Grünland rasch Arten mit geringerer Futterqualität und sehr kurzem Generationswechsel und/oder ausgeprägten Rhizomsystemen. Sie können offene Bodenflächen sehr rasch besiedeln (Störungszeiger) und spiegeln die wachsende Instabilität der Grünlandnarbe wider (RIEDER 1978, HEINEMANN et al. 1986, HÜLBUSCH 1987, WASSHAUSEN 1988, GANZERT 1990 und 1991, GANZERT & PFADENHAUER 1988 u.a.).

Gleiches zeigt sich bei der Artenzusammensetzung. Im Grünland der Dümmerniederung ist beispielsweise fast die Hälfte der Arten rückläufig oder verschwunden (GANZERT & PFADENHAUER 1988). Die neu hinzu gekommenen Pflanzen sind Arten, die Konkurrenzvorteile in einfachen, sich schnell verändernden Ökosystemen genießen (Ruderalstrategen i.S. von GRIME 1979).

Der Energieeinsatz steigt mit dem Abstand von der Naturlandschaft

Der beschriebene Wandel der Bodennutzung und der Grünlandvegetation wurde durch Veränderungen der landwirtschaftlichen Produktionsbedingungen hervorgerufen. In Abbildung 5 ist für die Bundesrepublik Deutschland dargestellt, wie sich einige Indikatoren dieser Produktionsbedingungen verändert haben. Von entscheidendem Einfluß auf die Bodennutzungsstruktur und daher auf die Landschaft war der Arbeits- und in neuerer Zeit der fossile Energieeinsatz (ausgedrückt in PS pro Flächeneinheit) in der Landwirtschaft. In diesem Zusammenhang ist nicht nur der Aufwand für die unmittelbare Nutzung, sondern auch der für die Erhaltung der Nutzungsfähigkeit (Regeneration bzw. Pflege) zu berücksichtigen (vgl. BÄTZING 1985). Allgemein gilt, daß mit immer größerem Abstand der Bodennutzung von der Naturlandschaft ein immer höherer Energieaufwand erforderlich ist, um die Bodennutzung aufrecht zu erhalten (HABER 1980, BÄTZING 1985). Dies bedeutet, daß der Energieeinsatz für die Erhaltung des Systems von der Streuwiese über die einschürige und mehrschürige Futterwiese und den Acker bis zum Bauerngarten ansteigt. Nutzung und Pflege sind dabei unmittelbar voneinander abhängig, um das Nutzungssystem stabil zu halten.

Bis etwa zur Mitte der zweiten Hälfte des 19. Jahrhunderts stieg der Arbeitseinsatz proportional zur gesamten Bodenproduktion. Für die Kultivierung von neuem Land wurden in entsprechendem Umfang zusätzliche Arbeitskräfte eingesetzt. Erst gegen Ende des letzten Jahrhunderts bis zum Zweiten Weltkrieg (unterbrochen vom Ersten Weltkrieg) wuchs die gesamte Bodenproduktion infolge höherer Erträge pro Hektar stärker an als der Arbeitskrafteinsatz. Anfangs wurde dies erreicht durch eine bessere Ausnutzung der vor-

Die Landwirtschaft zwischen Natur und Markt

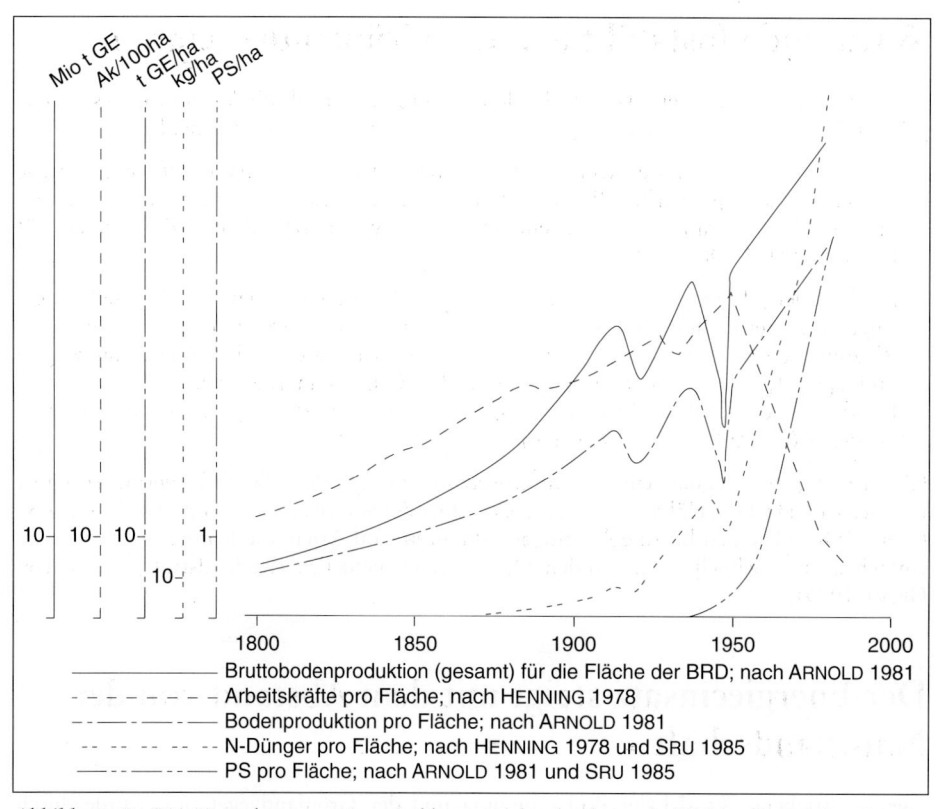

Abbildung 5: Die Veränderung einiger Indikatoren der landwirtschaftlichen Produktion in der Bundesrepublik Deutschland

handenen Ressourcen, wie beispielsweise in Form von verbesserten Fruchtfolgesystemen, der Wässerwiesenwirtschaft und der Grünlandwirtschaft im Voralpenland. Zwischen den beiden Weltkriegen wurden dann auch immer häufiger Stickstoffdünger verwendet. Zusammen mit der beginnenden Technikentwicklung und dem Abbau vorheriger Überbeschäftigung hatte dies zur Folge, daß zwischen 1924 und 1932 der Arbeitskräfteeinsatz in der Landwirtschaft zurückging (HENNING 1978).

In Benediktbeuern wurde das Produktionsniveau bis zum Bau der Bahnlinie nach Kochel 1898 durch den Zwang zur Selbstversorgung begrenzt (s.o.). Erst die »Vergrünlandung« verminderte die Nährstoffauswaschungen und ermöglichte mit der Trennung von Wald und Weide, der Streuwiesenkultur und der Düngung des Grünlandes einen Rückgang der Standortdegradierung. Das Produktionsniveau konnte dadurch wesentlich erhöht werden. Gleichzeitig wurden Arbeitskapazitäten für Entwässerungen frei (vgl. GANZERT & PFADENHAUER 1994). Die ersten bäuerlichen Entwässerungsgenossenschaften bildeten sich wesentlich deshalb auch erst in den ersten Jahrzehnten dieses Jahrhunderts, obwohl die Moormelioration technisch schon lange entwickelt war. Die mineralischen Stickstoffdünger kamen in Benediktbeuern erst nach dem zweiten Weltkrieg zum Einsatz.

Noch im Jahr 1950 prägte der begrenzte Energieeinsatz die Struktur der Bodennutzung in folgender Weise:

- Jede Entwässerung war mit einem hohen Arbeitsaufwand verbunden. Kurz nach dem Zweiten Weltkrieg benötigte man für die Verlegung von 1 m Dränstrang etwa 1 Stunde, sofern es sich um reine Torfböden handelte und keine Baumstümpfe die Arbeit behinderten. Aus diesem Grund wurden als erstes die Torfböden im Hangmoorbereich entwässert. Mit dem geringsten Aufwand erreichte man dort den höchsten Entwässerungserfolg.
- Infolge des hohen Arbeitsaufwandes für die Kultivierung des Moores war die Arbeitskraftausstattung für die Bodennutzung entscheidend. Die Klosterflächen im nördlichen Teil konnten nur deshalb großflächig kultiviert werden, weil im Ersten Weltkrieg die Arbeitskraft von Kriegsgefangenen verfügbar war, die den Bauern fehlte.
- Auch mußte viel Zeit dafür aufgewendet werden, um Distanzen zu überwinden, denn der erste Schlepper wurde in Benediktbeuern erst 1949 angeschafft. Die Entfernung der Flächen vom Hof hatte deshalb hohen Einfluß auf die Arbeitsintensität der Nutzung. Aus diesem Grund lassen sich Gradienten der Nutzungsintensität in Abhängigkeit von der Hof- bzw. Dorfentfernung erkennen. Auch die vielen kleinen Holzhütten auf den Futterwiesen im Moor sind Anzeichen dafür, daß die Bauern die Arbeitszeit optimierten: Da im Sommer und Herbst viel Arbeit anstand und der Transport des Heus mit dem Viehgespann viel Zeit kostete, lagerten die Bauern das Heu bis zum Winter in den Hütten. Dort konnte es außerdem nachtrocknen.

Die Steigerung der Nutzungsintensität und ihre Folgen

Die Begrenzung des Energieeinsatzes wurde erst nach dem 2. Weltkrieg mit der Verwendung von fossiler Energie aufgehoben (Abbildung 5). Innerhalb der landwirtschaftlichen Betriebe hatte dies nicht nur zur Folge, daß die menschliche Arbeit zunehmend ersetzt wurde, sondern auch, daß sich die intensiven Nutzungen weitgehend unabhängig von der Hofentfernung und den Standortbedingungen fast auf die gesamte Fläche ausdehnten. Entsprechende kulturtechnische Fortschritte halfen dabei (z.B. erhöhte sich die Entwässerungsgeschwindigkeit von 1 m/Std. auf bis zu 4 000 m/Std. heute; vgl. GANZERT & PFADENHAUER 1994). Die Nutzungen lassen sich jedoch nur durch einen entsprechend hohen Pflegeaufwand stabil halten. Bis in die 70er Jahre konnte dieser eher aufgebracht werden, da die Preise für landwirtschaftliche Produkte sich auf hohem Niveau hielten. Seit Mitte der 70er Jahre sanken jedoch die landwirtschaftlichen Einkommen gemessen am gewerblichen Vergleichseinkommen. Dies hat die Landwirte dazu geführt, den arbeitssparenden technischen Fortschritt in verstärktem Maße auszunutzen (URFF 1989). Gleichzeitig wurde das Verhältnis von Nutzungsintensität zu Pflegeaufwand immer ungünstiger.

Die Steigerung der Nutzungsintensität wurde erreicht durch

- die Umstellung von der Festmist- auf die Gülledüngung (damit fehlte der Streubedarf und die Streuwiesen fielen brach),
- die Anhebung des Viehbesatzes unabhängig von den Standortbedingungen (mit der Folge unausgewogener Nährstoffbilanzen) und
- die erhöhten Geschwindigkeiten der Erntemaschinen (Kreiselmäher).

Die Anwendung dieser Nutzungstechniken führte in höherem Umfang zu Narbenverletzungen. Gleichzeitig wurde die arbeitsaufwendige Narbenpflege zunehmend vernachlässigt.

Diese Entwicklung setzte einen Prozeß in Gang, der mit einer wachsenden Instabilisierung des Grünlandes verbunden ist: Zunächst breiten sich Arten mit geringerer Futterqualität (Unkräuter) im Grünland rasch aus. Um diese negativen Auswirkungen zu begrenzen wird in der Folge die Nutzungsintensität weiter gesteigert. Die Grünlandnarbe wird immer häufiger umgebrochen, mit Herbiziden behandelt und neu eingesät. Dadurch wird die Degradation des Grünlandes weiter beschleunigt. Im ungünstigsten Fall (z.B. auf Moorböden) schreitet sie dann solange fort, bis die Nutzung mangels Rentabilität ganz aufgegeben wird und die vernutzten Standorte zurückgelassen werden.

Mit dem fossilen Energieeinsatz und der zunehmenden räumlichen Spezialisierung ging die Artenvielfalt zurück

Betrachtet man die geschichtliche Entwicklung des Energieeinsatzes in der Landbewirtschaftung (Abbildung 5), so zeigt sich eine sehr charakteristische Beziehung zur Artenvielfalt der Kulturlandschaft: Diese stieg bis zum Ende des letzten Jahrhunderts, blieb anschließend bis zum Ersten Weltkrieg etwa konstant und fiel dann besonders seit etwa drei Jahrzehnten stark ab (HAEUPLER 1976). Bis zum Ende des letzten Jahrhunderts wuchs die Artenvielfalt parallel mit dem Produktionsniveau. Der Anstieg flachte ab zu der Zeit, als das Eisenbahnnetz stark ausgebaut wurde. Mit der verkehrsmäßigen Erschließung wurde die Selbstversorgung und damit die nährstoffverarmende Bewirtschaftung vieler Standorte, die die Artenvielfalt gefördert hatte, immer stärker aufgegeben. Dabei hat weniger die Produktionsmenge als vielmehr die Produktionsvielfalt (d.h. das Ausmaß der räumlichen Spezialisierung) die Entwicklung der Artenvielfalt in entscheidender Weise beeinflußt.

Neben den unmittelbaren Folgen für die Bodennutzung veränderte der entgrenzte Energieeinsatz die Agrarstrukturen zusätzlich indirekt über den Markt: die Möglichkeit zum immer kostengünstigeren Transport von Waren erhöhte den Konkurrenzdruck zwischen den Bauern in Europa und zwang sie zu wachsender Spezialisierung. Einerseits konkurrierten die Bauern in günstigen landwirtschaftlichen Produktionsgebieten verstärkt mit Bauern aus benachteiligten Gebieten. Diese wurden immer stärker gezwungen, die Nutzung, sofern möglich, ebenfalls zu intensivieren oder ganz aufzugeben. Es erhöhten sich die Brachflächen. Andererseits wurden vielfältige Produktionsstrukturen immer unwirtschaftlicher. Sie wurden deshalb durch einfache Produktionssysteme mit hohem Umsatz ersetzt (Abbildung 6). Mit diesem Verlust an Komplexität veränderten sich aber auch die Wechselbeziehungen zwischen der Natur, der Landwirtschaft und den Märkten.

Die Landwirtschaft zwischen Natur und Markt

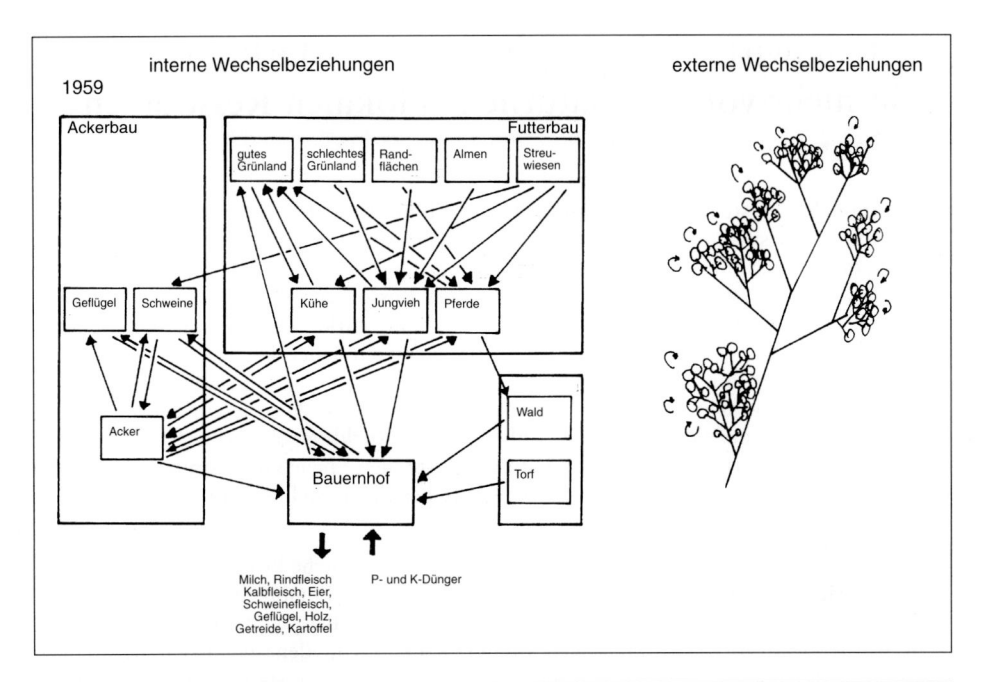

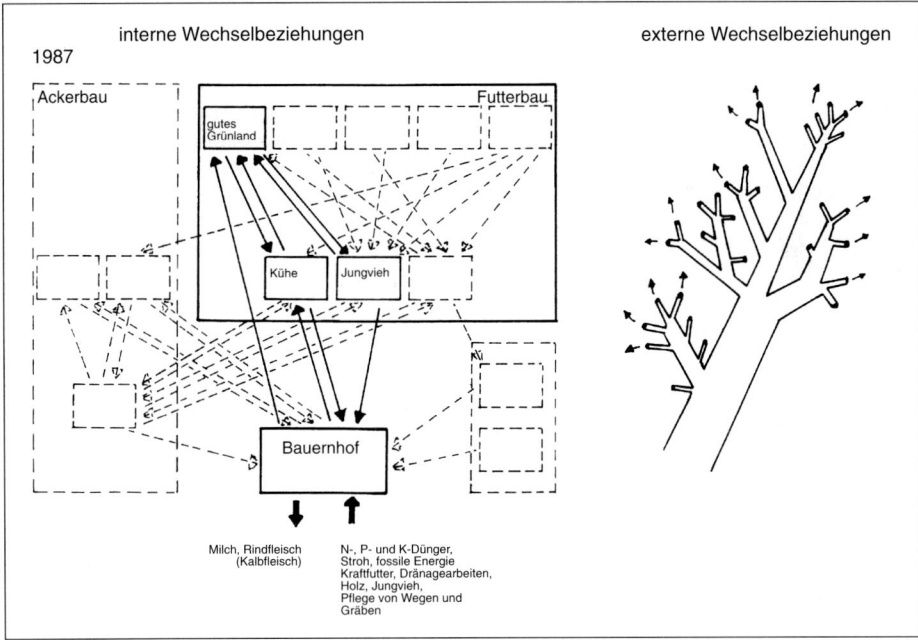

Abbildung 6: Die Veränderung eines betrieblichen Systems in den Loisach-Kochelsee-Mooren

Die Landwirtschaft wird heute vom Markt, nicht mehr von den natürlichen lokalen Ressourcen bestimmt

In traditionellen Systemen mit geringen Marktzufuhren dienten die natürlichen lokalen Ressourcen als Basis und begrenzender Faktor für die landwirtschaftliche Produktion. Aus diesen Gründen war ihre andauernde Regeneration durch Pflege die Voraussetzung für den Erfolg des Gesamtsystems. Die lokalen natürlichen Ressourcen als begrenzende Faktoren bedingten eine Diversifizierung ihrer Nutzung und eine starke Kooperation zwischen den verschiedenen Systemen auf der regionalen Ebene. Wenn ein Bauer den begrenzenden Faktor ignorierte, wurde er unmittelbar selbst bzw. bei Gemeinschaftsnutzungen die gesamte lokale Gemeinschaft von den negativen Auswirkungen beeinflußt. Aus diesem Grund war die Systementwicklung auf der betrieblichen Ebene durch Rückkoppelungsmechanismen nach dem »Versuch und Irrtums«-Prinzip und auf der dörflichen Ebene durch strenge Dorfregeln gesteuert (vgl. KÖHLE-HEZINGER 1992). Ökonomischer Erfolg stellte sich nur bei Beachtung der lokalen natürlichen Grenzen ein.

Heute dagegen sind die Marktzufuhren für die landwirtschaftliche Produktion und den ökonomischen Erfolg viel wichtiger als die natürliche Umwelt. Entsprechend verlor auch die Regeneration dieser Ressourcen an Bedeutung, wie oben am Beispiel des Grünlandes dargestellt wurde. Die scheinbar wachsende Unabhängigkeit von den regionalen natürlichen Ressourcen ist ein Kennzeichen des Wandels von der bäuerlichen, standortgerechten zur industrialisierten Landwirtschaft. In der Massentierhaltung von Schweinen und Hühnern ist dieser Prozeß am weitesten fortgeschritten. Infolge dieser veränderten Abhängigkeiten für den ökonomischen Erfolg der Betriebe ist auch ihre zukünftige Entwicklung viel stärker von den Konkurrenzkräften immer größerer Märkte bzw. von der EU-Bürokratie bestimmt. Gleichzeitig werden anstelle der regionalen die globalen Ressourcen immer stärker belastet. Die negativen Folgen bekommt dabei weniger der einzelne Betrieb als die Gesamtgesellschaft zu spüren – wenn auch häufig erst mit zeitlicher Verzögerung.

Die Auswirkungen der veränderten Rolle des landwirtschaftlichen Betriebs zwischen der Umwelt und den Märkten auf die Kulturlandschaft läßt sich modellhaft am Beispiel der Nährstoffflüsse veranschaulichen (Abbildung 7).

Die Nährstoffzufuhren über den Markt in das System Landwirtschaft/Umwelt sind im Verhältnis zu den Ausfuhren überproportional angewachsen. Das System wechselte seine Funktion von einer Senke zu einer Quelle von Nährstoffen im Landschaftshaushalt. Auf der landschaftlichen Seite ergab sich dadurch eine abnehmende Nutzung der regional vorhandenen Nährstoffe (z.B. durch die Zunahme der Brache oder durch den Rückgang des Grünlandes zugunsten des Ackerbaus). In der Folge wuchsen auch die Probleme mit der Nutzung der Biomasse, die bei der Pflege der biologischen Vielfalt anfällt. In den Loisach-Kochelsee-Mooren zum Beispiel verrottet das Mähgut der Streuwiesen häufig als Haufen in der Landschaft, da es in den Betrieben keine Verwendung mehr findet. In Bichl kann der Aufwuchs der Grabenränder von den spezialisierten hochproduktiven Grünlandbetrieben nicht mehr genutzt werden. Er wird daher verbrannt, was jedoch die selteneren Arten der Grabenränder verdrängt (vgl. GANZERT et al. 1991).

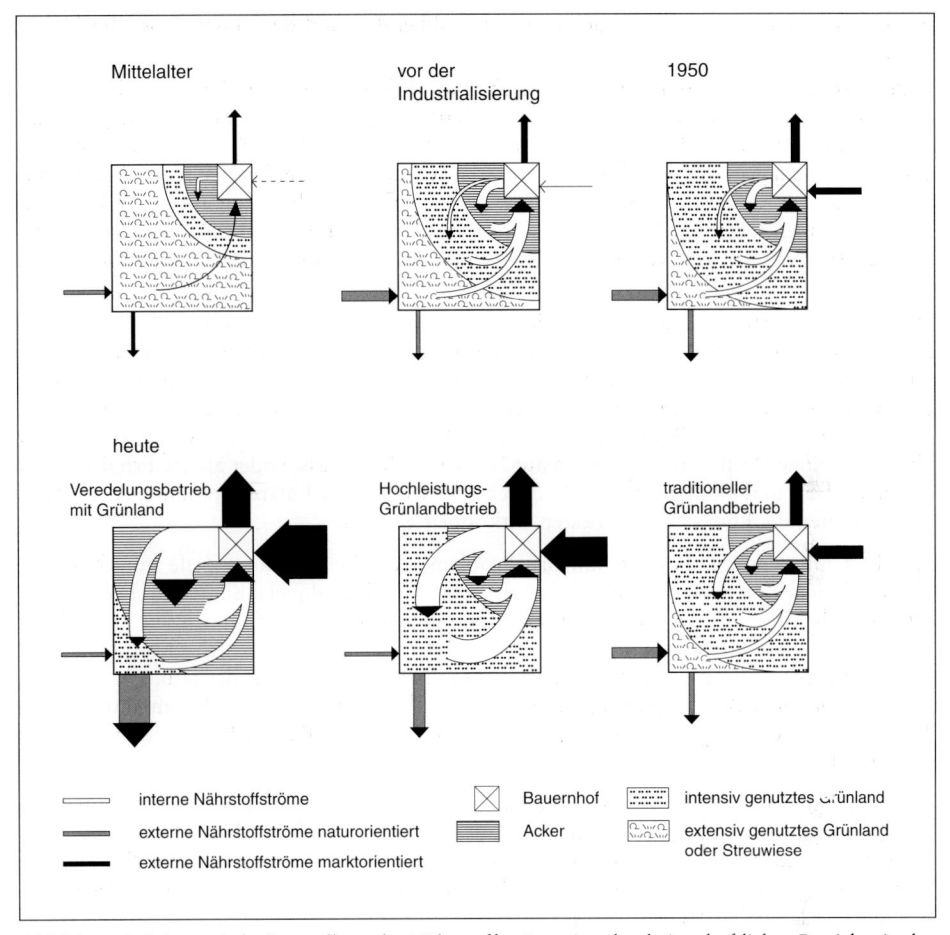

Abbildung 7: Schematische Darstellung der Nährstoffströme eines landwirtschaftlichen Betriebes in der geschichtlichen Entwicklung (aus GANZERT 1993)

Die entstandenen Umweltprobleme erfordern eine Neuorientierung der Landwirtschaft

Bis zum Ende des letzten Jahrhunderts haben sich, wie dargestellt, die landwirtschaftlichen Erträge und die Artenvielfalt gemeinsam entwickelt – gesteuert von der Belastbarkeit des ökologischen Systems. Erst seit einigen Jahrzehnten klaffen das ökologische und ökonomische Optimum der Landbewirtschaftung immer weiter auseinander. Die entstandenen Umweltprobleme erfordern heute eine Neuorientierung der Agrarpolitik. Mit dem Konzept der Nachhaltigkeit scheint ein breiter Konsens vorhanden, die Naturschutzziele in die Landbewirtschaftung zu integrieren. Allerdings bleibt dieses Konzept bisher so abstrakt, daß ganz unterschiedliche Interpretationen anzutreffen sind. Grundsätzlich lassen sich zwei

Ansätze unterscheiden, nämlich der »wirtschaftsliberale« und der »kulturlandschaftliche« Ansatz.

In der Agrarökonomie dominiert der wirtschaftsliberale Ansatz. Er mißt der Landwirtschaft keine Sonderrolle innerhalb der Gesamtwirtschaft zu, sondern betrachtet sie wie jeden anderen Wirtschaftszweig. Eine Vergrößerung der Märkte bewirkt nach diesem Ansatz einen gesamtgesellschaftlichen Wohlfahrtsgewinn, da sich dadurch die Arbeitsteilung besser nutzen läßt. In der Raumordnung wäre beispielsweise eine Spezialisierung auf den Schutz von Arten in den Mittelgebirgen und auf die Produktion von Nahrungsmitteln in den fruchtbaren Gebieten viel kostengünstiger als Artenschutz und Nahrungsmittelproduktion in allen Regionen.

Hinzu kommt, daß nach dieser Theorie die einzelnen agrar(umwelt)politischen Ziele nur dann ökonomisch effizient erreicht werden, wenn sie mit jeweils spezifischen Instrumenten umgesetzt werden (vgl. z.B. ISERMEYER 1993, SCHEELE et al. 1992). So wird argumentiert, daß beispielsweise eine Reduktion des Methanausstoßes in der Landwirtschaft ganz andere Instrumente erfordert (z.B. die Besteuerung der Rindviehhaltung) als die Verminderung der Nitratemissionen (z.B. durch Abgaben auf Nährstoffüberschüsse) oder als die Erhaltung der einzelnen Tier- und Pflanzenarten (z.B. durch spezielle Artenschutzprogramme). Aus diesem Grund sollten die Einzelziele am besten entkoppelt werden.

Für die Umweltpolitik besteht nun das Problem, daß die einzelnen Ziele innerhalb der ökonomischen Kategorie der Nachfrage nur sehr unvollständig erfaßbar sind. Daher ist es erforderlich, sie in einem politischen Abstimmungsprozeß zu konkretisieren und z.B. in Form von Standards vorzugeben. Biologen (mit großen Bauchschmerzen) und Landschaftsplaner (mit etwas weniger Bauchschmerzen) versuchen deshalb, die optimale Dichte, Höhe und Breite von Hecken, die maximale Schlaggröße, die Minimalareale von Tierpopulationen oder die erforderliche unbewaldete Landschaftsfläche zu bestimmen (z.B. KNAUER 1989).

Sind die einzelnen Ziele konkretisiert, so lassen sie sich nach der wirtschaftsliberalen Theorie am kostengünstigsten durch den Einsatz marktwirtschaftlicher Instrumente erreichen. Denn dadurch können die Produktionsfaktoren (Boden bzw. natürliche Ressourcen, Kapital und Arbeit) nach ökonomischen Rationalitätskriterien »optimal« eingesetzt werden. Sie werden dabei als gegenseitig beliebig austauschbar angesehen.

Auch im Arten- und Biotopschutz wird der Einsatz marktwirtschaftlicher Instrumente diskutiert (STREIT et al. 1989). Dabei würde der Staat spezielle Naturqualitäten »nachfragen«, die die Landwirte als Dienstleistung für die Gesamtgesellschaft erbringen könnten. Wie oben dargestellt würden diese am kostengünstigsten erreicht, wenn für jede Art ein extra Markt aufgebaut würde. Denn jede Art erfordert für ihre optimale Förderung ganz unterschiedliche Maßnahmen. Dies ist in der Praxis natürlich schwer zu erreichen. Man behilft sich daher entweder mit dem Zielartenkonzept (MÜHLENBERG 1989) und impliziert, daß alle anderen Arten damit auch geschützt werden, und/oder mit einem Ökopunktekonzept (STREIT et al. 1989), bei dem die unterschiedlichen Naturschutzziele verkoppelt und in einen Maßstab gepreßt werden. Vorausgesetzt wird dabei allerdings die Austauschbarkeit der Ziele.

Im Gegensatz dazu geht der »kulturlandschaftliche« Ansatz von biotischen, abiotischen und sozioökonomischen Landschaftsstrukturen aus, die in der Landschaft nicht beliebig austauschbar sind, sondern sich koevolutiv entwickelt haben und miteinander in bestimmten naturalen Beziehungen stehen. So sind z.B. für viele Heckenbewohner nicht nur die Heckenstruktur, -dichte und -nutzung selbst, sondern auch die Nutzung der umgebenden landwirtschaftlichen Flächen und indirekt die gesamten Agrarstrukturen der jeweiligen

Region entscheidend. Diese vielfältigen Beziehungen und Strukturen bilden ein komplexes funktionales Netz, das die (ökologische) Integrität der Kulturlandschaft ausmacht.

Ähnlich wie in der Natur entstanden auch in der kulturellen Evolution die regionalen Funktionsnetze dadurch, daß die verschiedenen Ziele und Bedürfnisse des Menschen aufeinander abgestimmt, sowie mit den jeweils vorhandenen Möglichkeiten der Landschaft in Einklang gebracht werden mußten. Diese gegenseitige Anpassung führte zur jahrhundertealten »Kunst der Vernetzung zwischen Mensch und Natur« (MICHEL-KIM 1986) und im Laufe der Kulturlandschaftsentwicklung zu immer spezialisierteren und komplexeren Arten der Ressourcennutzung (vgl. beispielsweise viele traditionelle Nutzungssysteme wie die der spanischen ›dehesas‹ (VACHER et al. 1985) oder die Wässerwiesen (SEHORZ 1964)). Die treibende Kraft waren die unterschiedlichen Ziele und Bedürfnisse, die innerhalb gewisser Spielräume gleichzeitig und am gleichen Ort erfüllt werden mußten – sieht man von den periodischen Wanderungsbewegungen als Anpassung an die jahreszeitliche Verfügbarkeit der Ressourcen einmal ab. Die jeweils vorhandenen naturräumlichen Unterschiede und die landschaftsgeschichtlichen Eigenarten brachten regional unterschiedliche, aber immer integrierte Lösungen hervor. Aus diesem Grund sind zum Beispiel Landschaftsstrukturen wie Hecken, Gewässerränder oder Schlaggrößen je nach Entstehungs-, Nutzungs- und Standortbedingungen regionsspezifisch ganz unterschiedlich ausgeprägt.

Neben dieser Ortsgebundenheit stellt auch der Zeitfaktor eine entscheidende Voraussetzung für die Entwicklung komplexer Systeme dar. Einerseits entstehen dauerhafte Beziehungen zwischen den Strukturen der Landschaft nur sehr langsam, da sie nach dem »Versuch und Irrtums-Prinzip« ausprobiert werden müssen. Andererseits kann sich die Komplexität der Systeme nur dann erhöhen, wenn das Gesamtsystem vergleichsweise konstant bleibt.

Der kulturlandschaftliche Ansatz versucht daher auf der Basis der ortsspezifischen ökologischen und sozioökonomischen Strukturen und naturalen Funktionsnetze die Naturschutzziele wieder stärker in die zukünftige Landbewirtschaftung zu integrieren.

Beide Ansätze stehen hinsichtlich ihrer landschaftlichen Konsequenzen quer zueinander. Im kulturlandschaftlichen Ansatz werden die unterschiedlichen Ziele gleichzeitig erfüllt und unterstützen sich daher gegenseitig. Es entstehen »Sowohl-als-auch«-Lösungen. Beispielsweise wurden bis zum Ende des letzten Jahrhunderts sowohl die Standort- und Artenvielfalt als auch die Erträge der Landwirtschaft dauerhaft erhöht. Diese Lösungen führen zu einer Spezialisierung innerhalb des Systems und dadurch zu einer landschaftlichen Diversifizierung. Allerdings entwickeln sich die Systeme nur sehr langsam. Dies vermindert kurzfristig die ökonomische Konkurrenzkraft dieses Ansatzes und damit seine Nachhaltigkeit.

Der »wirtschaftsliberale« Ansatz bewirkt regionale Spezialisierungen und die Vereinheitlichung der Landschaft. Da die Orte austauschbar werden, erhöht sich die Mobilität. Die immer größeren Märkte beschleunigen die Entwicklung. Einfache Beziehungen werden dadurch gefördert (WEIZSÄCKER 1992). Da die unterschiedlichen Funktionen entkoppelt werden, wird die Vernetzung zerstört. Es entstehen zunehmend häufiger Situationen, die nur »Entweder-oder«-Entscheidungen zulassen. Sie weisen auf die wachsende Störungsanfälligkeit der Systeme hin. Der Rückgang der Biodiversität ist ein unmittelbares Zeichen dafür. Ökologische Defizite vermindern somit die Nachhaltigkeit des wirtschaftsliberalen Ansatzes.

Im weltweiten Kontext zeigt sich immer deutlicher, daß der »wirtschaftsliberale« Ansatz, der die naturalen Beziehungen negiert, die Einführung einer nachhaltigen Landbewirtschaftung und Entwicklung sehr begrenzt (GOODLAND et al. 1992, KOMMISSION DER EUROPÄISCHEN GEMEINSCHAFTEN 1992, SIMON 1993). Er scheint weder geeignet zu sein, die Bevölkerung mit Nahrungsmitteln in ausreichender Menge zu versorgen, noch die Umwelt zu schonen (BROWN 1994). Für eine nachhaltige Landbewirtschaftung müssen neben der Ökonomie gleichzeitig auch ökologische, gesundheitliche und soziale Aspekte berücksichtigt werden (ABT 1986). Die hohe Bedeutung der sozialen Dimension zeigt sich z.B. daran, daß immer weniger Frauen bereit sind, die Doppelbelastung der bäuerlichen Wirtschaftsweise auf sich zu nehmen.

Um sowohl die ökonomischen als auch die sozialen und ökologischen Aspekte der Landbewirtschaftung gleichzeitig zu erfüllen, und dadurch den Naturschutz in die Landbewirtschaftung dauerhaft zu integrieren, erscheint es notwendig, daß sich beide Ansätze ergänzen. Auf der Basis des kulturlandschaftlichen Ansatzes müssen geeignete Rahmenbedingungen gefunden werden, innerhalb derer sich die ökonomische Logik entfalten kann (vgl. WEINSCHENCK 1991). Auf der Grundlage der geschichtlichen Analyse und der Wechselbeziehungen zwischen Natur, Landwirtschaft und Gesellschaft erscheinen folgende Rahmenbedingungen notwendig:

1. Das Verursacherprinzip (im naturalen Sinne) muß in allen gesellschaftlichen Bereichen konsequent umgesetzt werden. Für die Landwirtschaft bedeutet dies, daß Bewirtschaftungsweisen, die die regionalen Ressourcen unmittelbar belasten oder indirekt auf die Zukunft oder die globale Umwelt verlagern, unrentabler und jene Nutzungsformen, welche die Umwelt schonen, belohnt werden müssen. Dies geschieht dann, wenn die lokalen bzw. regionalen natürlichen Ressourcen auf Kosten der Marktzufuhren wieder stärker die Grundlage der landwirtschaftlichen Produktion bilden (GANZERT 1993). Dadurch würden die Pflege und die Regeneration der Ressourcen wieder stärker auf die Nutzungsintensität abgestimmt, Schädigungen der regionalen Ökosysteme wären wieder unmittelbarer zum Bewirtschafter rückgekoppelt und würden damit durch Selbstorganisation vermieden. Eine höhere Bedeutung der regionalen Ressourcen für eine flächendeckende Landbewirtschaftung erscheint jedoch nur möglich, wenn nicht nur die Zufuhren an ertragssteigernden Betriebsmitteln verteuert werden, sondern sich die regional unterschiedlichen Ressourcenkosten auch in den Preisen entsprechend niederschlagen.

   Für die Gesamtgesellschaft hätte eine strenge Anwendung des Verursacherprinzips zur Konsequenz, daß die Landwirtschaft im Vergleich zur industriellen Produktion wieder aufgewertet würde. Denn nur die Pflanzenproduktion baut letztlich durch die Nutzung der Sonnenenergie Syntropie auf. Alle anderen Produktionssektoren (incl. der Viehhaltung) vergrößern dagegen die Entropie. Daran gekoppelt ist eine völlig unterschiedliche Funktion der einzelnen Wirtschaftsbereiche in den globalen Stoffströmen: Lediglich in der Landbewirtschaftung können Kohlenstoff und Nährstoffe produktiv verwendet werden. Da aber der begrenzende Faktor für die zukünftige Entwicklung der Industriegesellschaften nicht die Verfügbarkeit der Ressourcen, sondern die Assimilationsfähigkeit für Stoffe darstellt, wird die Landwirtschaft gegenüber dem städtisch-industriellen Komplex an Bedeutung gewinnen. Es würde sich wieder ein stärkeres Gleichgewicht zwischen Stadt und Land entwickeln und die bisher parasitäre Beziehung könnte in eine symbiontische überführt werden.

2. Die Störungsanfälligkeit der landwirtschaftlichen Nutzung (z.B. bei Klimaschwankungen) ist durch eine Strategie der Diversifizierung zu vermindern. Dafür erscheint es wichtig, daß z.B. die Regionen wieder mehr Möglichkeiten erhalten, unterschiedliche Lösungsansätze zur optimalen Nutzung der Umwelt auszuprobieren. Nur da-

durch lassen sich wieder die erforderlichen Spielräume gewinnen, die notwendig sind, um die vielfältigen ökonomischen, ökologischen, agrarstrukturellen und sozialen Besonderheiten im Sinne einer nachhaltigen Entwicklung zu berücksichtigen.

Sowohl die Förderung unterschiedlicher, regional angepaßter Lösungen wie auch die strenge Anwendung des Verursacherprinzips und die Anrechnung entsprechender Ressourcenkosten weist in die Richtung einer stärkeren Einbindung der Märkte in den räumlichen funktionalen Kontext. Erst auf dieser Grundlage können wieder neue Nutzungsformen entstehen, die sowohl über die traditionellen, umweltfreundlichen aber vergleichsweise unproduktiven Nutzungsformen, als auch über die industriellen, weltmarktorientierten Systeme, die die Umwelt belasten und die Vielfalt zerstören, hinausführen.

Zusammenfassung

Auf der Grundlage der geschichtlichen Veränderung der Wechselbeziehungen zwischen Agrarstruktur, Landbewirtschaftung und Landschaft in zwei Gebieten Deutschlands wird konkretisiert, welche Anforderungen an eine nachhaltige Landbewirtschaftung sich aus der Sicht des Naturschutzes ergeben. Die Analyse zeigt, daß sich Nutzung und Schutz nur dann dauerhaft integrieren lassen, wenn die jeweils vorhandenen regionalen Ressourcen wieder zu begrenzenden Faktoren der Produktion werden. Dies erscheint nur dann möglich, wenn die ökonomische Logik wieder stärker in den räumlichen funktionalen Kontext eingebunden wird und die Märkte stärker regionalisiert werden.

Literatur

ABT, 1986: Der Landwirt zwischen Bauerntum und Leistungszwang. – Schweizerische Landwirtschaftliche Monatshefte, **64**, 57-76.

BÄTZING, W., 1985: Die Alpen – Naturbearbeitung und Umweltzerstörung. – 2.Aufl., Sendler, Frankfurt, 180 S.

BÄTZING, W., 1987: Vom verhindernden zum gestaltenden Umweltschutz. Perspektiven für eine integrale Umweltschutzpolitik im Alpenraum der neunziger Jahre. – Geographica Helvetica, **3**, 105-112.

BECK, R., 1986: Naturale Ökonomie. Unterfinning: Bäuerliche Wirtschaft in einem oberbayerischen Dorf des frühen 18. Jahrhunderts. – Deutscher Kunstverlag, München.

BECK, R., 1992: 'Natur-' contra 'Sozialverträglichkeit'? Landschaft und Ökologie in der traditionellen dörflichen Wirtschaftsweise. – in: GANZERT, C., (Hrsg.): Lebensräume – Vielfalt der Natur durch Agrikultur.- Beiheft zum Naturschutzforum, Kornwestheim, 11-18.

BOBERFELD, OPITZ VON W., 1987: Wechselgrünland. – in: VOIGTLÄNDER, G. & H. JACOB (Hrsg.): Grünlandwirtschaft und Futterbau. – Ulmer, Stuttgart.

BRAHMS, M., HAAREN, C. v. & SCHOMERUS, T., 1988: Vollzugsdefizite im Naturschutz und Strategien zur Durchsetzung von Naturschutzansprüchen. – Landschaft + Stadt, **20**, 145-150.

BROWN, L., H. KANE & D.M. ROODMAN, 1994: Vital Signs. – Norton, New York

ELLENBERG, H., 1991: Ökologische Veränderungen in Biozönosen durch Stickstoffeintrag. – Berichte aus der ökologischen Forschung, **4**, 75-90.

ERDMANN, K.-H. und J. NAUBER, 1990: Biosphärenreservate – Ein zentrales Element des UNESCO-Programms »Der Mensch und die Biosphäre« (MAB). – Natur und Landschaft, **65**, 479-483.

GANZERT, C., 1988: Gedanken zur Wirkung staatlicher Naturschutzmaßnahmen auf das Verhältnis von Landwirtschaft und Natur. – Öko-Institut (Hrsg.), Werkstattreihe, **48**, 144-158.

GANZERT, C., 1990: Die Vegetation des Grünlandes in den Loisach-Kochelsee-Mooren (Teil 1). – Ber. Bayer. Bot. Ges., **61**, 283-302.

GANZERT, C., 1991: Die Vegetation des Grünlandes in den Loisach-Kochelsee-Mooren (Teil 2). – Ber. Bayer. Bot. Ges., **62**, 127-144.

GANZERT, C., 1993: Der Einfluß der Agrarstruktur auf die Umweltentwicklung in Feuchtgebieten – Konflikte, agrarpolitische Ursachen und Lösungsansätze. – Urbs et regio, **59**.

GANZERT, C. & J. PFADENHAUER, 1986: Seasonal dynamics of shoot nutrients in Schoenus ferrugineus (Cyperaceae). – Holarctic Ecology, **9**, 137-142.

GANZERT, C. & J. PFADENHAUER, 1988: Vegetation und Nutzung des Grünlandes am Dümmer. – Naturschutz und Landschaftspflege in Niedersachsen, **16**, 64 S.

GANZERT, C., U. SCHWAB & J. PFADENHAUER, 1991: Auswirkungen der Agrarstruktur auf die Vegetation der Gräben am Beispiel der Loisach-Kochelsee-Moore. – Z. f. Kulturtechnik und Landentwicklung, **32**, 157-166.

GANZERT, C. & J. PFADENHAUER, 1994: Zur Nachhaltigkeit landwirtschaftlicher Entwässerungen am Beispiel der Entwässerungsgeschichte der Loisach-Kochelsee-Moore. – in: DEUTSCHER VERBAND FÜR WASSERWIRTSCHAFT UND KULTURBAU (Hrsg.): Historische Wasserwirtschaft im Alpenraum und an der Donau.– Wittwer, Stuttgart, 271-289.

GOODLAND, R., DALY H., EL SERAFY, S. & B. von DROSTE, (Hrsg.), 1992: Nach dem Brundtlandbericht: Umweltverträgliche wirtschaftliche Entwicklung. – Deutsches Nationalkomitee für das Programm der UNESCO »Der Mensch und die Biosphäre« (MAB), Bonn.

GORE, Al, 1992: Wege zum Gleichgewicht. Ein Marshallplan für die Erde. – S. Fischer, Frankfurt/M.

GRIME, J.P., 1979: Plant strategies and vegetation processes. – Wiley, Chichester/New York.

HAAREN, C. von, 1988: Beitrag zu einer normativen Grundlage für praktische Zielentscheidungen im Arten- und Biotopschutz. Landschaft und Stadt, **20**, S. 97 – 106

HABER, W., 1980: Entwicklung und Probleme der Kulturlandschaft im Spiegel ihrer Ökosysteme. – Forstarchiv, **51**, 245-250.

HAEUPLER, H., 1976: Die verschollenen und gefährdeten Gefäßpflanzen Niedersachsens – Ursachen ihres Rückgangs und zeitliche Fluktuation der Flora. – Schriftenr. f. Veg.kunde, **10**.

HAMPICKE, U., 1977: Landwirtschaft und Umwelt. – Urbs et Regio, **5**.

HEINEMANN, G., K.H. HÜLBUSCH & P. KUTTELWASCHER, 1986: Naturschutz durch Landnutzung. Die Pflanzengesellschaften in der Wümme-Niederung im Leher Feld am nördlichen Stadtrand Bremens. – Urbs et Regio, 40.

HENNING, F.-W., 1978: Landwirtschaft und ländliche Gesellschaft in Deutschland. – Schöningh, Paderborn.

HÜLBUSCH, K.-H., 1987: Nachhaltige Grünlandnutzung statt Umbruch und Neueinsaat. – In: ARBEITSGEMEINSCHAFT BÄUERLICHE LANDWIRTSCHAFT (Hrsg.): Naturschutz durch staatliche Pflege oder bäuerliche Landwirtschaft. – Rheda-Wiedenbrück, 93-125.

ISERMEYER, F., 1993: Stellungnahme der Sachverständigen zu dem Fragenkatalog (KDrs. 12/17) für die öffentliche Anhörung am 5.7.1993 in Bonn zum Thema »Maßnahme und Handlungsempfehlungen zur Reduktion klimawirksamer Spurengasemissionen im Landwirtschaftsbereich (Landwirtschaft III). – Deutscher Bundestag, Enquete-Kommission Schutz der Erdatmosphäre, K.Drs 12/17a vom 18. Juni 1993.

KÖHLE-HEZINGER, C., 1992: Die Ordnung der Dinge und des Lebens. Anmerkungen zu Dorfalltag und Dorfordnung. – in: Ganzert, C. (Hrsg.): Lebensräume – Vielfalt der Natur durch Agrikultur. – Beiheft zum Naturschutzforum, Kornwestheim, 19-28.

KOMMISSION DER EUROPÄISCHEN GEMEINSCHAFTEN, 1992: Für eine dauerhafte Entwicklung. – KOM(92) endg. Vol.II. vom 3. April 1992.

KONOLD, W. & A. HACKEL, 1990: Beitrag zur Geschichte der Streuwiesen und der Streuwiesenkultur im Alpenvorland. – Z.f. Agrargeschichte und Agrarsoziologie, 38(2), 176-191.

KNAUER, N., 1989: Katalog zur Bewertung und Honorierung ökologischer Leistungen der Landwirtschaft. – in: STREIT, M.E., R. WILDENMANN & J. JESINGHAUS, (Hrsg.): Landwirtschaft und Umwelt, Wege aus der Krise. – Nomos, Baden-Baden, 179-202.

KRAEMER, O., 1957: Untersuchungen an einigen bayerischen Mooren als Beitrag zum Problem der Moorsackung. – Mitt. f. Moor- u. Torfwirtsch., 4, 1-28.

LUGAUER, F.K., 1935: Der Floßkanal im Benediktbeurer Moos. – Lech-Isar-Land, 11(1), 4-8.

MESSERLI, P., 1989: Mensch und Natur im alpinen Lebensraum: Risiken, Chancen, Perspektiven. – Haupt, Bern/Stuttgart.

MICHEL-KIM, H., 1986: Im Spiegel der Agrarkulturen. – in: GLAESER, B., (Hrsg.): Die Krise der Landwirtschaft. Zur Renaissance von Agrarkulturen, 71-82.

MÜHLENBERG, M., 1989: Freilandökologie. – 2. Aufl., UTB, Quelle & Meyer, Heidelberg/Wiesbaden.

PAUL, H. & S. RUOFF, 1932: Pollenanalytische und stratigraphische Mooruntersuchungen im südlichen Bayern. II. Teil. – Ber. Bayer. Bot. Ges., 20, 1-264.

PFADENHAUER, J., 1989: Gedanken zur Pflege und Bewirtschaftung voralpiner Streuwiesen aus vegetationskundlicher Sicht. – Schriftenr. Bayer. Landesamt f. Umweltsch., 95, 25-42.

PFADENHAUER, J. & C. GANZERT, 1992: Konzept einer integrierten Naturschutzstrategie im Agrarraum. – Umwelt & Entwicklung Bayern, Materialien, 5-50;

RAT VON SACHVERSTÄNDIGEN FÜR UMWELTFRAGEN, 1987: Umweltgutachten 1987 – Kohlhammer, Stuttgart.

Rieder, J.B., 1978: Ein Beitrag zum Problem der Sekundärverunkrautung von Grünlandbeständen. – Bayer. Landw. Jb., **55**, 550-598.

Scheele, M., F. Isermeyer & G. Schmitt, 1992: Umweltpolitische Strategien zur Lösung der Stickstoffproblematik in der Landwirtschaft. – Arb.ber. **6/92** aus dem Inst. f. Betriebswirtschaft der FAL.

Sehorz, E.H., 1964: Die Wiesenbewässerung im bayerischen Wald. – Mitt. Geogr. Ges. München, **49**, 43-153.

Simon, G., 1993: Wenn Deutschland ein Entwicklungsland wäre. – Die Zeit, **22** vom 28.5.1993

Sindelhauser, P., 1989: Der Bauernstand unserer Heimat im Wandel der Zeit. – in: Gemeinde Benediktbeuern und Salesianer Don Boscos Kloster Benediktbeuern (Hrsg.): 1250 Jahre Benediktbeuern 739-1989. – Benediktbeuern, 93-100.

Streit, M.E., R. Wildemann & J. Jesinghaus, (Hrsg.): Landwirtschaft und Umwelt, Wege aus der Krise. – Nomos, Baden-Baden.

Urff, W. von, 1989: EG-Rahmenbedingungen und EG-Agrarpolitik. – in: Streit, M.E., R. Wildenmann & J. Jesinghaus, (Hrsg.): Landwirtschaft und Umwelt, Wege aus der Krise. – Nomos, Baden-Baden,153-178.

Vacher, J., R. Joffre, F. Ortega, F. Fernandez Ales & A.M. Vicente, 1985: L'organisation de l'espace dans la Sierra Norte de Séville (Sierra Morena) et les problemés actuels des dehesas. – Revue Geographique des Pyrenées et du Sud-Ouest, **56(2)**, 179-201.

Wasshausen, W., 1988: Veränderung der Weidenarbe bei intensiver landwirtschaftlicher Nutzung dargestellt am Beispiel der Quecke (Elymus repens L.). – Z. f. Kulturtechnik und Flurber., **29**, 262-267.

Weinschenck, G., 1991: Ethik und Ökonomie des sorgsamen Umgangs mit natürlichem Leben in der landwirtschaftlichen Produktion. – Hohenheimer Umwelttagung, **23**, 135-154.

Weinschenck, G., 1992: GAP, GATT und die Folgen für die Agrarstruktur und die Agrarpolitik in Deutschland. – Schr.R. für ländl. Sozialfragen, **116**, 30-46.

Weizsäcker, C. von, 1992: Vielfalt als evolutionäre Strategie. – in: Ganzert, C., (Hrsg.): Vielfalt der Natur durch Agrikultur. – Beih. zum Naturschutzforum, Kornwestheim, 45-52.

Traditionelle Kulturlandschaften

Elemente und Bedeutung

K. C. Ewald

Einleitung

Ist es sinnvoll, alte Formen und ehemalige Strukturen der traditionellen Kulturlandschaft ans Licht zu zerren, wo doch die meisten dieser Formen und Formationen in Mitteleuropa zerstört oder nur noch rudimentär vorhanden sind? Mehrere Gründe sprechen für einen kurzen Überblick.

Der jahrhundertelange Umgang des Menschen mit der Landschaft ist ein Spiegelbild von gesellschaftlichen Verhältnissen und Technologien. Diese prägen die Fluren im Grundriß und Aufriß. Die Entwicklungen innerhalb von unterschiedlichen Gesellschaften haben zu verschiedenen Flursystemen, Nutzungen, Erbgängen, Brauchtum usw. geführt. Dementsprechend läßt sich die von der jeweiligen Gesellschaft geprägte Landschaft wie ein Geschichtsbuch lesen. Dieses Lesen ist Aufgabe der Flurgeschichtsforschung. Daher spielen auch die im folgenden zu besprechenden Elemente der traditionellen Kulturlandschaft eine unentbehrliche Rolle für die Geschichtsschreibung über die Landschaft – noch ist diese Geschichte nicht zu Ende geschrieben!

Des weiteren ist zu bedenken, daß die zum Teil sehr alten Strukturen der traditionellen Kulturlandschaft wichtige Lebensräume und Lebensstätten für freilebende Tiere und wildwachsende Pflanzen bilden. Die Reichhaltigkeit der landschaftlichen Strukturen spielt eine wichtige Rolle für die Reichhaltigkeit des außermenschlichen Lebens. Die Lebensräume der meisten Arten und Lebensgemeinschaften sind ursprünglich vom Menschen unbeeinflußt. Im Laufe der Zeit haben sich aber sehr viele an die traditionelle Kulturlandschaft und deren Bewirtschaftungsweise angepaßt, einige sind auch stark zurückgegangen oder verschwunden. Da sich Mitteleuropa seit Jahrhunderten aus Kulturlandschaften zusammensetzt – Naturlandschaft ist nur noch in Resten vorhanden – ist diesen hier das Augenmerk zu schenken.

Biodiversität ist eine Antwort auf die naturräumliche Ausstattung der Landschaft. In der traditionellen Kulturlandschaft ist vielfältiges außermenschliches Leben somit eine Folge reichhaltiger vom Menschen geschaffener Strukturen. Deshalb wird im vorliegenden Artikel der agrarmorphologische Formenschatz besonders beleuchtet. In der Bewahrung auch dieser Strukturen liegt eine kulturelle Aufgabe von Naturschutz, Landschaftsschutz und Landschaftspflege.

Sodann ist es im Zeitalter der Exzesse der Landwirtschaft, die – allen gegenteiligen Beteuerungen zum Trotz – Überschüsse produziert, die Böden verdichtet, Bodenerosion in großem Umfang zuläßt, das Grundwasser kontaminiert, Wildpflanzen und -tiere weiterhin dezimiert und Energie verschleißt notwendig, sich zu besinnen, wie man nachhaltig mit Landschaft und Energie umgehen könnte. Der Landbau vergangener Jahrhunderte kann wichtige Hinweise für den Umgang mit Ressourcen geben.

Landschaft: Raum und Zeit

Die Landschaft hat nicht immer so ausgesehen, wie wir sie heute kennen: mit Mais- und Getreideäckern, Niederstammplantagen, Industriebauten, Straßen und dergleichen. Die Landschaft wird seit langem vom Menschen und seinen Nutzungsbedürfnissen geprägt, überprägt oder umgestaltet. Wie vielfältig die Betrachtungsweise der Landschaft und deren Beanspruchung durch die Gesellschaft sein kann, belegen schon die in diesem Band wiedergegebenen Artikel.

Der Begriff Kulturlandschaft bringt das »Kultivierende« zum Ausdruck, nämlich das Urbarisieren der ehemaligen Naturlandschaft. Die Landschaft und deren unterschiedliche Zustände sind Forschungsgegenstände der Geographie und deren verschiedenen Unterdisziplinen, sei es die Landschaftsökologie, die Siedlungsgeographie usw. Landeskunde ist ein klassisches geographisches Arbeitsfeld, wie das beispielsweise die Geographische Landeskunde von Baden-Württemberg von BORCHERDT (1993) belegt.

Raum und Zeit sind die beiden wichtigen Dimensionen in der Auseinandersetzung mit der Landschaft. Im Titel ist von der traditionellen Kulturlandschaft die Rede. Darunter sind frühere Landschaftszustände zu verstehen, die vor dem Schlepper- oder Traktorzeitalter nicht mit Hunderten von Pferdestärken, sondern mit ein bis zwei Pferdestärken oder von Hand gestaltet und genutzt worden sind. Damit ist lediglich ein Antequem gegeben, das heißt die Ausgestaltung der Kulturlandschaft mit traditionellen Elementen bis zum Zeitpunkt der Modernisierungsmaßnahmen, welche die Landschaft umgestalteten. Daher ist heute das Vorhandensein traditioneller Kulturlandschaften von Zufällen abhängig, vom Stand der Flurbereinigung, von Baulandausweisungen usw.

Traditionelle Kulturlandschaften: von Hand und mit einfachen Geräten gestaltet

Wie haben aber solche über Jahrhunderte dominante Strukturen der Kulturlandschaften ausgesehen? In der heutigen Zeit ist es sehr schwierig, sich vorstellen zu können – und das ist das Entscheidendste –, daß die Landschaft von Hand oder mit einfachen Geräten gestaltet und genutzt wurde. Natürlich war der Mensch zumindest lokal zu ganz erheblichen Landschaftsveränderungen fähig, wenn man an die Errichtung der Pyramiden oder an frühe Gewässerumlenkungen denkt. Das Mannwerk oder das Tagewerk dürfen als humane Masse angesehen werden, auch wenn schon seit langem Zugtiere und Ackerbaugeräte zum Einsatz gelangen. Mit Handarbeit und einfachen Geräten blieb dem Menschen gar nichts anderes übrig, als sich den Landschaftsformen an- und einzupassen. Humane Masse hat sich als humane Struktur in der Landschaft widergespiegelt. Im bewegten Gelände sind Stufenraine oder Terrassen (Abbildung 5) geschaffen worden oder je nach Untergrund entstanden. Die langandauernde Pflugarbeit hat ein agrarmorphologisches Kleinrelief entstehen lassen. Die Lockersteine im Acker- und im Grünland wurden aufgesammelt und zu Lesesteinhaufen, Lesesteinreihen (Abbildung 6) oder als Mauern (Abbildung 7) aufgeschichtet. Das Vieh war früher – mangels Möglichkeiten der Stallfütterung – sehr viel länger auf dem Weidgang, mußte aber von den Äckern und anderen Flächen durch Zäune, Weidgräben, Weidgassen (Abbildung 9), Hecken und anderes ferngehalten werden. Die Parzellen waren zum Teil kleinflächige Streifen oder Blöcke (= annähernd rechteckige Form mit einem Längen-Breitenverhältnis von 2,5:1, UHLIG 1967, 38).

Der Anbau erfolgte in großen Gebieten Mitteleuropas mit einer meist dreijährigen Rotationswirtschaft, bekannt unter dem Begriff Dreifelderwirtschaft. Vielerorts war diese Wirtschaftsweise mit dem zelgengebundenen Anbau gekoppelt, in der Regel mit Flurzwang verbunden (vgl. dazu BRONHOFER 1955/56, HEROLD 1965).

Aus heutiger Anschauung und Gepflogenheit fast unverständlich ist die frühere Nutzung der Wälder. Mit Ausnahme weniger, für Bauholz und andere Zwecke reservierter Flächen diente der Wald mehreren Nutzungen gleichzeitig oder im Jahresverlauf: Weide, Brennholzgewinn, Sammeln von Laubstreu, Schneiteln, Köhlerei, Erzabbau bzw. Erzverhüttung usw. Das sich Zurückversetzen in frühere Jahrhunderte macht klar, daß die Selbstversorgung das Lebens- bzw. das Überlebensprinzip war. Daher verwundert es nicht, eine große Palette von Kultur- und Nutzpflanzen zu finden. Aber auch Medizinalpflanzen spielten eine wichtige Rolle in Gesellschaften mit autarker Lebensweise.

Anstelle des Begriffes der traditionellen Kulturlandschaft verwendet man heute häufiger jenen der historischen Kulturlandschaft. Literatur hierzu ist von WEBER (1992) aufgearbeitet worden. BRINK und WÖBSE (1989) vermitteln einen guten Überblick über den Stand in den alten Bundesländern der BRD. WÖBSE legt eine übersichtliche Tabelle der Bestandteile und Merkmalsträger historischer Kulturlandschaften vor (1991, 401). EWALD beschreibt die traditionelle Kulturlandschaft und erläutert deren Elemente sowie deren Funktion, Bedeutung und Zerstörung mittels drei Tabellen (1978, 73 ff.).

Elemente der traditionellen Kulturlandschaft

Der Begriff des Elementes hat verschiedene Bedeutungen zum Inhalt. Hier meint das Element einerseits größere Teile oder Bestandteile der Kulturlandschaft, wie zum Beispiel einen Rebberg oder einen Niederwald. Andererseits sollen auch die Kleinformen als Elemente angesprochen werden. Es gibt verschiedene Möglichkeiten, Elemente der traditionellen Kulturlandschaft zu gliedern oder zu typisieren. Es folgt eine Einteilung unter dem Gesichtspunkt der räumlichen Ausdehnung eines Elementes, nämlich ob es flächenhaft, linienhaft oder in punktueller Form in Erscheinung tritt. Jedes dieser Elemente dient bestimmten Nutzungen und Funktionen.

Flächenhafte Elemente:
Waldweidetypen: vom beweideten Wald über Hudewälder, Hutungen zu Weiden mit Einzelbäumen
Reutberge, Hauberge
Niederwald, Mittelwald, Kastanienselven
Bünten
Allmende
Wässerwiesen
Mit Trockensteinmauern kleinterrassierte Rebberge
Obstwiesen, Streuobstwiesen, Baumgärten
Niedermoore, Streuewiesen
Teiche
Streifenparzellen, Kleinblockfluren
agrarmorphologische Elemente

Traditionelle Kulturlandschaften

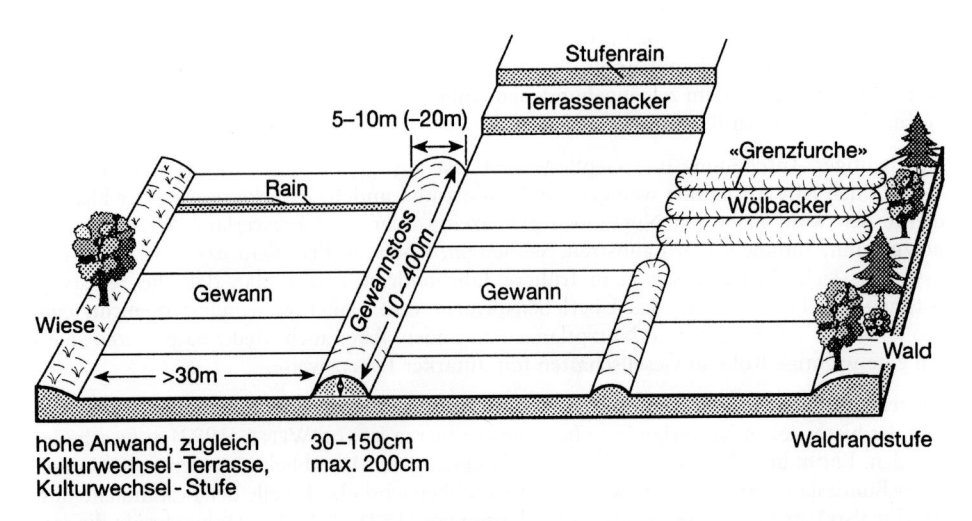

Abbildung 1: Schematische Darstellung (in Anlehnung an SCHAEFER 1954, 118) einiger Elemente des agrarmorphologischen Formenschatzes (aus EWALD 1969, 138).

Linienhafte, linienförmige Elemente:
Wege, Viehtriebe, Weidgassen
Bewässerungskanäle
Hecken, Ufergehölze
Zäune, Flechtzäune
Alleen
agrarmorphologische Elemente und besondere Formen

Punktuelle Elemente:
Feldgehölz
Kopfweiden
agrarmorphologisches Element (Lesesteinhaufen)

Die flächenhaften Elemente – eher schon Kulturlandschaftsteile – stellen Frühformen der Landschaftsnutzung im weitesten Sinne des Wortes dar, denn der Mensch mußte ja die Landschaft standortgemäß nutzen. Die unterschiedlichen Weidetypen belegen dies wie auch die Intensität der Nutzung durch das Vieh. Die genannten flächigen Elemente sind vom Menschen geschaffene Kulturformationen, bei deren Entwicklung der Mensch gelernt hat, Natur zu beeinflussen oder zu steuern. Die linienhaften Elemente stehen in enger Verzahnung mit der ersten Gruppe, das heißt ihre Funktion ist ohne die erste Gruppe nicht verständlich.

Die heutige maschinenbefahrbare Landschaft läßt vergessen, daß die oben genannten Elemente in der Regel verschwunden sind.

Der agrarmorphologische Formenschatz

Besonders einschneidend ist der Verlust eines großen Teils des sogenannten agrarmorphologischen Formenschatzes. Darunter sind die Oberflächenformen zu verstehen, die durch die landwirtschaftlichen Tätigkeiten entstanden sind. Es sind konvexe und konkave Formen, welche die Kulturlandschaft zusätzlich strukturieren. Als Auswahl wären folgende in alphabetischer Reihenfolge zu nennen: Anwand, Bifang, Gewannstoß, Hohlweg, Kulturwechselstufe (Wiesen- und Waldrandstufen), Lesesteine, Rain, Stufenrain, Terrassenacker bzw. Ackerterrasse, Waldrandstufe und Wölbacker. Diesen Formen ist gemeinsam, daß sie durch landwirtschaftliche Geräte, nämlich das Fuhrwerk (Hohlweg) und die Hacke bzw. den Pflug (alle anderen Formen) entstanden sind. Der Autor ist sich bewußt, daß diese Formen vor allem jungen Menschen unbekannt sein dürften!

Im folgenden sollen deshalb die wichtigsten Elemente der ackerbaulich bewirtschafteten Landschaft beschrieben und einige mittels Zeichnungen dargestellt werden. Damit soll zum Beobachten angeregt werden, denn wer offenen Auges unterwegs ist, kann trotz großer Zerstörung da und dort alte Strukturen entdecken oder aber danach fragen, warum vormalige Strukturen nur noch rudimentär erhalten sind.

Die räumliche und funktionale Einordnung zeigt das Schema in Abbildung 1. Die Abbildung 2 gibt das eindrückliche Beispiel einer Gewannflur wieder, in welcher außer dem

Abbildung 2: Ein typisches Beispiel der ehemaligen südwestdeutschen Gewannflur (vgl. HUTTENLOCHER 1963), einer Flur mit eindrücklicher Streifenparzellierung, die sich dem aus fossilen Schwammriffen vorgegebenen Kuppenrelief anschmiegt. (Nach einer Photographie von A. BRUGGER in »Die Natur«, naturwissenschaftliche Monatsschrift des Deutschen Naturkundevereins, Jahrgang 70, Heft 3/4, 1962.)

Traditionelle Kulturlandschaften

Abbildung 3: Gewannflur mit schmalen Parzellen (Oktober 1968). Der Flurweg dient als Anwand. Die Hecke im Hintergrund bildet die Abgrenzung zur oberhalb liegenden Allmende, die sich früher in den Wald hinein fortsetzte und als Weide genutzt wurde. Die Pflanzgärten im Vordergrund bereichern das Nutzungsmuster.

Wölbacker (s.u.) alle in Abbildung 1 dargestellten Formen vorkommen können. Nach UHLIG kann man ein Gewann »*... lediglich neutral definieren als einen »Verband gleichlaufender streifenförmiger gebündelter Besitzparzellen, deren Besitzer ihr Land im Gemenge* [zerstreut, Anm. Verfasser] *liegen haben.*« (1967, 63).

Wölbacker

Der Wölbacker (Abbildung 4), oft auch Hochacker (selten Hochbeet) genannt, ist ein meist rechteckiges oder parallelogrammförmiges, selten ein trapezförmiges Stück Land, das auf beiden Längsseiten durch Furchen oder Gräben begrenzt wird. Dieses im Grundriß längliche (wenige bis mehrere hundert Meter lange) und etwa drei bis zwanzig Meter breite Grundstück zeigt im Querschnitt eine deutliche Wölbung, deren höchste Stelle meist in der Mitte der Parzelle liegt. Von den seitlichen Grenzfurchen steigt die Oberfläche meist gewölbt oder selten auch dachförmig bis zu einem mehr oder weniger markanten Scheitel an, der bei frisch auseinandergepflügten Äckern oft durch eine Doppelfurche markiert wird. Meist liegen mehrere solcher Äcker parallel zueinander in einem Verbande. Die beiden Längsfurchen und die Wölbung sind die typischen Merkmale eines Wölbackers (EWALD 1969, 14). Der Wölbacker ist meistens durch spiraliges Pflügen mit dem einseitswendenden – also festen –

Streichbrett-Beetpflug aufgepflügt worden. KITTLER (1963 b) sieht die Genese des Wölbackers im Beetpflug begründet. Über den Zweck einer solchen Anlage finden sich in der Literatur widersprechende Angaben: Dränage, Humus- und Mineralanreicherung, Streichbrettpflug, Furchen wegen fehlender Grenzsteine, Brauchtum (EWALD 1969, 96 ff., wo 66 Publikationen über Wölbäcker aufgearbeitet sind).

Die Scheitelhöhe des Wölbackers hat vielerorts fast hundert Zentimeter erreicht. Am ehesten sind die Wölbäcker im Wald erhalten geblieben, das heißt dort, wo sich der Wald auf ehemaligem Kulturland ausgebreitet hat. Teilweise sind die Wölbäcker auch dort zu erkennen, wo sie eingesät und zu Dauergrünland wurden, wie das TRÄCHSEL (1962) vor 30 Jahren für die Nordostschweiz nachgewiesen hat. Besonders gut erhalten sind sie dort, wo im Bereich des Scheitels Hochstammobstbäume gepflanzt worden sind. Aus all dem wird auch klar, daß die Wölbäcker für die Wüstungsforschung (RATHJENS 1979, 33 ff.) von Bedeutung sind (siehe dazu auch HUTTENLOCHER 1963, 7). Der Wölbacker – zumal der »fossile« – spielt in der Flurformenforschung eine wichtige Rolle (BORN 1979).

Bifang

Der Bifang ist ein schmaler, 60 bis 120 Zentimeter breiter, zwei- oder vierfurchiger (selten sechsfurchiger), gewölbter, bis 35 Zentimeter hoher Ackerstreifen (SCHAEFER 1958, 179 ff.). Im Gegensatz zum Wölbacker haben die Bifänge Wechselfurchen, das heißt, dort wo in einem Jahr der Rücken eines Bifangs liegt, befindet sich im nächsten Jahr die Furche zwischen zwei Bifängen. SCHAEFER nennt den Bifang eine »... echte, selbständige, physiognomisch wie genetisch eigene Ackerbauform ...«. Ebenfalls nach SCHAEFER stellte der Bifang eine Acker-

Abbildung 4: Wölbacker durch Grünland und Streuobst konserviert. Die optische Verkürzung macht die Wölbung gut sichtbar. Die Scheitelhöhe beträgt hier etwa 80 Zentimeter.

Maßeinheit dar; die Besitzgröße ließ sich anhand der Anzahl der Bifänge feststellen. Für das Getreide diente der vierfurchige und für die Kartoffeln und Rüben der zweifurchige Bifangbau (SCHAEFER 1958, 189).

Ehemals waren die Bifänge in Süddeutschland, Thüringen und Böhmen verbreitet (UHLIG 1967, 108). SCHAEFER (1958, 189) berichtet, die Bifänge hätten bis zu Beginn unseres Jahrhunderts »... in großen Teilen Süddeutschlands uneingeschränkt vorgeherrscht«.

Rain

Als Rain oder Ackerrain (Abbildung 1) kann jede Begrenzung einer Ackerfläche bezeichnet werden (UHLIG 1967, 110); und bei streifenförmigen Parzellen meint der Rain die Längsgrenze. SCHAEFER (1954, 123 f.) versteht unter Rain ausschließlich den Längsrain, zudem betont er, daß es sich beim Rain immer um einen erhöhten Grenzstreifen handelt, der aber in sich eben ist. Ein Querrain ist in der Regel eine Anwand (siehe unten).

Genetisch ist der Rain als Resultat der Pflugarbeit zu interpretieren. Ursächlich ist er durch Parzellierung (Besitz- und Arbeitsparzellen) des Ackerlandes entstanden. Der Rain ist eine der wenigen Formen, die auch in der modernen Kulturlandschaft (vgl. EWALD 1978, 127) noch zu beobachten sind. Da und dort taucht er – wie andere Elemente der traditionellen Kulturlandschaft – in einem Flurnamen auf.

Anwand

Die Anwand stellt die Acker-Quergrenze dar (Abbildung 1). Dort wird der Pflug – der Wendepflug – gewendet (SCHAEFER 1954, 124). Bei Feldern, die seit langer Zeit immer in der gleichen Richtung gepflügt werden, sind oft im Lauf der Zeit an beiden Ackerenden sogenannte Ackerberge quer zur Richtung des Pflügens entstanden; denn der Pflug wirft die Schollen nicht nur zur Seite, sondern zieht sie noch ein Stück weit in Zugrichtung, und beim Wenden des Pfluges fällt Erde vom Pflug. Zudem werden auf diesen Ackerenden ausgepflügte Wurzeln und Steine abgelagert. Die dadurch entstehenden Ackerberge werden nach SCHAEFER im Gegensatz zur flachen Anwand hohe Anwand genannt (1954, 126). »Unter den vielen in Deutschland vorkommenden regionalen Varianten wie Anewende, Anwende, Vörende, Vörrat, Vörwete, Anhaupt, Vorhaupt, Vorkopf, Vorteil, Vorling, Angewann, Abgewann, Schleeperweg, Wechsel, Anstoß usw. ist Anwand am besten in die wissenschaftliche Literatur eingeführt...« (UHLIG 1967, 109 f.).

Die Anwand war also durch Besitzgrenzen vorgegeben, ist aber durch Pflugarbeit entstanden bzw. erhöht worden. Die Funktion der Anwand in der ehemals fast weglosen Gewannflur hat heute zumeist der Güterweg übernommen. Die Anwand selbst diente als Weg. SCHAEFER gibt die Höhe mit 30 bis 90 Zentimeter (auch höher), die Breite mit fünf bis zehn Metern (auch breiter) und die Länge mit zwanzig bis mehrere hundert Meter an (1954, 118). Die frühere Funktion als Gewanngrenze ist in der Regel durch Flurbereinigungen aufgehoben worden.

Gewannstoß

Wo zwei Gewanne mit den Querseiten aufeinanderstoßen (siehe Abbildung 1), kann eine von beiden Seiten benutzte Anwand entstehen. Diese Sonderform der Anwand beschreibt

SCHAEFER (1954) ausführlich als Gewannstoß. KOHL wendet diesen Begriff aufgrund der Bauernaussage, die Ackerberge seien Gewannstöße, und definiert ihn als »... an dem Zusammenstoß alter Besitz- und Flurgrenzen durch die ackerbauliche Tätigkeit des Menschen künstlich aufgehäuft ...« (1952, 156). Die Abbildung 2 zeigt, wo solche Gewannstöße zu suchen sind.

Schematisch lassen sich Anwand und Gewannstoß folgendermaßen gliedern (EWALD 1969, 138; siehe Abbildung 1):

- (flache) Anwand: Pflugwendestreifen ohne dritte Dimension, an verschiedenen Flur- oder Parzellengrenzen möglich.
- hohe Anwand (Ackerberg): Selbständig oder an bzw. unter Flurwegen, zugleich Grenze zwischen Ackerland und Wiesland oder Ackerland und Wald usw. Von einer Seite her entstanden.
- Gewannstoß: Von zwei Seiten her an den Stirnseiten zweier Gewanne entstanden.

Was eine weitergehende Nutzung der Anwand, des Gewannstoßes und ähnliches sowie die Masse usw. anbetrifft, sei auf die wichtigen Untersuchungen von JÄNICHEN verwiesen (1962, 1970).

Die Genese des Gewannstoßes ist dieselbe wie bei der Anwand. Der Zweck war eindeutig: das Wenden des Pfluges, wobei zu bedenken ist, daß gebietsweise mehr als zweispännig gepflügt werden mußte. Gewannstoß und Anwand sind selten geworden, der Gewannstoß sogar sehr selten. In den flurbereinigten Gebieten sind durch die Neueinteilung der Flur auch diese Formen und Funktionsträger obsolet geworden, denn in den flurbereinigten Gebieten wendet der Pflug auf den neu erstellten Güterstraßen. Daher entstehen heute normalerweise keine hohen Anwande mehr, und die alten werden im Rahmen der Flurbereinigung geschleift.

Ein geschärfter Blick kann hie und da einen ehemaligen Gewannstoß unter frisch gepflügten bzw. bearbeiteten Äckern erkennen. Diese Wölbung verrät die ehemalige Stirnseite von Gewannen. Vorsicht ist bei der Interpretation auf jeden Fall geboten: ehemalige Wege sehen ziemlich ähnlich aus!

Stufenrain

Durch die Bodenbearbeitung auf wenig bis steil geneigtem Gelände sind getreppte Ackerflächen entstanden, oder sie wurden absichtlich geschaffen. Ein mehr oder weniger hangparallel verlaufender Acker wird daher nach unten hin durch einen stufenartigen Rand oder Saum begrenzt. Diese Stufen, ob vereinzelt oder im Verband, werden Stufenraine (Abbildung 1, 5) oder Hochraine genannt (SCHARLAU 1956/57, 450; UHLIG 1967, 110). Genetisch gesehen gibt es verschiedene Entstehungsgründe. Es gibt Stufenraine aus Erdreich, mit Steinpackungen oder Steinkernen oder Übergangsformen zur Mauer (zum Beispiel RATHJENS 1979, 35 ff.). Oft sind die Stufenraine mit Gebüsch oder Hecken bewachsen. Diese Form, die auch mit Steinwällen kombiniert sein kann, beschreibt zum Beispiel RICHTER (1960) sehr anschaulich. Die Entstehung von Böschungen im Sinne von Stufenrainen durch die Terrassierung der Hänge wie auch die Bedeutung der Hecken als sekundäre Erscheinung auf Lesesteinrainen hat KUHN (1953, 38 ff.) ausführlich beschrieben. Der Stufenrain hat als Besitz- oder Nutzungsgrenze gedient. Die Wirkung gegen Bodenerosion ist plausibel, insbesondere wenn die Bodenbearbeitung oberhalb des

Traditionelle Kulturlandschaften

Abbildung 5: Stufenraine und Terrassenäcker bzw. Ackerterrassen. Im Vorder- und Mittelgrund sind die hanggliedernden, erosionsverhindernden Stufenraine zu erkennen. Die beiden hangabwärts verlaufenden Wälle können Kanäle früherer Bewässerungsanlagen gewesen sein. Im Hintergrund ermöglicht ein Verband von Terrassenäckern die ackerbauliche Nutzung im natürlicherweise steilen und daher ackerunfähigen Gelände. Auf einzelnen Terrassenäckern sind Gewannstöße zu erkennen. In genialer Art paßt sich der uralte, diagonal durchs Bild verlaufende Weg dem Gelände an, und zwar bis in die Terrassenflur hinauf. Die unzähligen Böschungen stellen ein großes Potential von Saumbiotopen dar. Die aufgelockerte Buschsukzession im Vordergrund bietet wichtige Habitate an.

Stufenrains darauf Bedacht nahm. Gering mächtige Stufenraine sind im Rahmen der Flurbereinigung abgetragen worden. Vereinzelte und größere Stufenraine sind immer wieder zu entdecken. Ihre Wirkung gegen Bodenerosion ist heute noch höher zu veranschlagen, weil viel tiefer gepflügt wird als noch vor etwa 50 Jahren.

Terrassenacker bzw. Ackerterrasse

Der Stufenrain bildet am Hangfuß die talseitige Begrenzung einer Terrasse. Diese mehr oder weniger hangparallele, relativ flache oder schwach geneigte Fläche wird hangaufwärts durch einen weiteren Stufenrain begrenzt. Ganze Hänge können dergestalt terrassiert und damit einer Nutzung zugänglich gemacht worden sein unter gleichzeitiger Verhütung der Bodenerosion. Terrassenacker oder Ackerterrasse nennt man die einzelne Fläche, Terrassenflur (UHLIG 1967, 101) einen ganzen Verband (Abbildung 1, 5): Die Terrassenböschungen können aus Erdreich bestehen, mit Steinen durchsetzt sein, aus geschichteten Steinen bestehen, können mit Heckenpflanzen bewachsen sein und dergleichen. Schmale Terrassen mit Stufen aus Stein erinnern an die terrassierten Rebberge. Die Terrassenfluren sind sowohl in Lößgebieten als auch in Berggebieten – besonders schön im Engadin und im Oberwallis (Schweiz) – ausgeprägt. Doch sind sie auch zum Beispiel in Schaffhausen (ZIMMERMANN 1974), in der Nordostschweiz (TRÄCHSEL 1962) oder im Kraichgau (SCHOTTMÜLLER 1961) zu finden. Terrassenfluren sind allerdings ein weltweites Phänomen. Man findet sie im Mittelmeerraum, in den Anden, im Himalaya, als Reisterrassen in Ostasien usw.

Die Auswertung von vierzehn bis 1968 erschienenen Publikationen zu dieser Thematik (EWALD 1969, 155 ff.) hat begreiflicherweise heterogene Ergebnisse bezüglich der Genese und der Besitzabgrenzung erbracht: Bodenabtrag, Bodenbewegung, Pflügen und auch händische Bodenbearbeitungen haben die Terrassenfluren gestaltet (vgl. dazu zum Beispiel KITTLER 1963 a, 15 ff.; SCHOTTMÜLLER 1961, 48 ff.). Die Vielfalt der Terrassen ist photographisch und zeichnerisch hervorragend dargestellt im Bildband von AMBROISE et al. (1989). Auf das Jahr 1815 hat die Königliche Societät der Wissenschaften in Göttingen eine Preisfrage aufgegeben, die da lautete:»Welches sind in gebirgigen Gegenden die zweckmäßigsten Vorrichtungen, das Abfließen der Äcker bey Regengüssen zu verhüten, ohne in den Grabenbetten, bey starkem Falle der Graben, das Ausreißen des Bodens zu sehr zu befördern?« (HEMPEL 1954, 114). Das war eine Epoche, in der Überschwemmungen verheerende Folgen zeitigten. HEUSINGER nahm sich der Preisfrage an und publizierte 1826 seine Anleitung, wie Berge zu terrassieren seien. Mit Akribie beschreibt und verteidigt er die Anlage von Terrassen und die im Titel der Arbeit genannten Anliegen.

Terrassenfluren sind also anthropogene Elemente der traditionellen Kulturlandschaft. Sie sind allmählich entstanden oder bewußt geschaffen und als Terrassenackerfluren oder als terrassierte Weinberge genutzt worden.

Terrassenfluren mit schmalen Terrassenäckern werden vielerorts nicht mehr als Äcker genutzt, da sie für heutige Schlepper zu schmal und für große Maschinen schlecht zugänglich sind. Grasnutzung und Kleinviehweide ist häufig zu beobachten. Mit minimaler Nutzung und etwas Gehölz auf den Stufenrainen sind Terrassenfluren sehr wertvolle Lebensräume aus der Sicht von Naturschutz und Landschaftspflege geworden. Die Bedeutung von Terrassenfluren für die Pflanzen- und Tierwelt dokumentieren beispielsweise BRETTFELD und BOCK (1994, 34 ff.). Die Reichhaltigkeit der landschaftlichen Strukturen bildet die Voraussetzung für eine hohe Biodiversität, wie das die Abbildung 5 erahnen läßt.

Kulturwechselstufe: Wiesen- und Waldrandstufen

Kulturwechselstufen oder Kulturwechselterrassen (Abbildung 1) sind dort entstanden, wo Ackerland an eine andere Kultur – in der Regel Wiesen, aber auch Wald – angrenzt. Entsprechend heißen sie Wiesenrandstufe oder Waldrandstufe (SCHAEFER 1957, 198). Gebietsweise hatten sie die Funktion der Anwand. Aber die Pflugarbeit und die Ackernutzung haben gegenüber der bodenschützenden Vegetationsdecke des Dauergrünlandes einen Niveauunterschied geschaffen. Daß die Wiesenrandstufe heute sehr selten geworden ist, hängt vor allem von der Motorisierung bzw. der Energiebeschaffung für die Traktoren und Schlepper ab. Bis zum Zweiten Weltkrieg war die Motorisierung in der Landwirtschaft sehr gering. Daher mußten die Zugtiere wie Ochsen und Pferde mit Energie vor Ort, also aus der Flur der jeweiligen Gemeinde, versorgt werden. Daher stellte das

Traditionelle Kulturlandschaften

Abbildung 6: Die von Lesesteinzeilen dominierte Hufenlandschaft. Vorne rechts ein typischer Lesesteinhaufen. Von vorne nach hinten verlaufend Lesesteinreihen, auf denen Hecken gewachsen sind. Die parallel laufenden Parzellen sind Besitzstreifen einer Waldhufenflur, in welcher jeder Besitzer (Ende 13. Jahrhundert) einen hofanstoßenden Streifen zur Urbarisierung erhielt. Im Hintergrund vor dem Wald liegt die Allmende. Auffallend sind das ursprüngliche Kleinrelief, Saumstrukturen und die artenreichen Hecken.

Dauergrünland – als Energiequelle – eine ansehnlich große Fläche dar, an deren Grenzen zum Ackerland hin Kulturwechselstufen entstehen konnten. 1948 betrug die Zugtierfutterfläche in der Bundesrepublik Deutschland noch etwa 25 Prozent der Landnutzungsfläche (EISENKRÄMER 1987, 83). Mit der Abnahme des Dauergrünlandes sind also auch die Kulturwechselstufen verschwunden.

Zur Waldrandstufe (Abbildung 1) führt SCHOTTMÜLLER (1961, 35) aus: »Auf dem Waldboden findet keine flächenhafte Abtragung statt. Auf dem Kulturland hingegen wird die Abtragung durch verschiedene Faktoren begünstigt, oft sogar vom Menschen noch unmittelbar unterstützt. Diese verschieden starke Abtragung auf benachbarten Wald- und Ackerflächen führt im Laufe der Jahrzehnte oder gar Jahrhunderte zu einem Niveauunterschied, der am Waldrand in Form einer Stufe in Erscheinung tritt. Diese Stufen sind in jedem Fall durch den Menschen bedingt; er hat die scharfe Grenze von waldbedeckten gegen waldfreie Flächen erst geschaffen.«

Die Waldrandstufe ist im Löß besonders schön ausgeprägt, aber sie ist nicht etwa nur auf das Verbreitungsgebiet von Löß und Lößlehm beschränkt, wie das zum Beispiel WAGNER für das Taubertal belegt (1961, 135 ff.).

Traditionelle Kulturlandschaften

Abbildung 7: Die aus Lesesteinen errichtete Trockensteinmauer. Die als Mauer aufgeschichteten Lesesteine sind die platzsparendste Möglichkeit der Entsteinung von Kulturland und Weiden. So ging ein Minimum an Boden der Produktion verloren. In Gebieten wie hier, erfüllt die Lesesteinmauer eine weitere Funktion, nämlich jene des Viehhüters. Das Vieh mußte in der Obstwiese oder im Hudewald bleiben. Der Flechtenbewuchs der Steine bildet spezielle Kleinlebensräume in ungefugten Mauern.

Lesesteine

Der Lesestein (Abbildung 6) spielt in vielen Naturräumen eine wichtige Rolle. Er wurde in der Kulturfläche (Acker, Weide, Wiese) aufgesammelt und in der Nähe deponiert. Einzelne Haufen, Reihen oder Zeilen, Wälle, Mauern (Abbildung 7) usw. sind die häufig zu beobachtenden Formen. WAGNER beschreibt das Phänomen für das Taubertal (1961, 126 ff.). Die Steine wurden zum Teil auf den Parzellengrenzen aufgeschichtet, was sich bei streifenförmigen Parzellen sehr landschaftsprägend ausgewirkt hat. STRUNK gibt einen guten Überblick über den Lesestein in der Europäischen Kulturlandschaft (1985). Was mit Lesesteinen im Rahmen der Flurbereinigung geschehen kann, illustriert HAHN (1985).

Besondere Strukturen

Hohlwege und Weidgassen sind besondere Strukturen der traditionellen Kulturlandschaft: Sie verbinden und trennen!

Traditionelle Kulturlandschaften

Abbildung 8: Der Hohlweg im Löß mit unbefestigter Sohle und dem Ochsenkarren, der zur weiteren Eintiefung maßgeblich beiträgt.

Hohlwege, besonders eindrücklich am Kaiserstuhl

Hohlwege (Abbildung 8) entstehen grundsätzlich in Gebieten mit weichem oder lockersteinlosem Untergrund. Besonders weit verbreitet sind sie in Lößgebieten. Der Löß ist ein äolisches Sediment, das heißt durch den Wind verfrachteter Gesteinsstaub, der während und nach der Eiszeit aus dem Gletschervorland ausgeblasen wurde. Daher ist er ohne Steine. SCHOTTMÜLLER (1961, 55) formuliert die Entstehung der Hohlwege so: »Ein besonders hohes Maß von Abtragung findet auf unbefestigten hangaufwärts ziehenden Wegen statt. Mensch, Tier und Wagenrad zerstören laufend das Lößgefüge, und das abfließende Niederschlagswasser nimmt den zu Mehl gemahlenen Löß spielend mit.« Im folgenden gibt

Abbildung 9: Weidgasse. Durch die Weidgasse gelangte das Vieh vom Dorf auf die Weide. Der Holzzaun, aber auch Flechtzäune, Hecken oder Mauern hindern das Vieh am Ausbrechen in die Mähwiesen und Äcker. Nebst diesen Funktionen ist auf die Bedeutung des modernden Holzes oder auf die Ruderal- und Trittvegetation am und auf dem unbefestigten Weg hinzuweisen.

SCHOTTMÜLLER (1961, 55) die jährliche Eintiefung der unbefestigten »... Wege mit größerer Neigung bei starkem Wagenverkehr ...« mit acht bis zehn Zentimetern an und nennt das Beispiel eines Hohlweges, der in 80 Jahren um acht Meter eingetieft wurde. WAGNER hat im Taubertal sechs Zentimeter Eintiefung pro Jahr errechnet (1961, 140).

Im Kaiserstuhl – dem berühmten Lößgebiet – nennt die Bevölkerung die Hohlwege »Gassen« (WILMANNS, 1991, 92). FISCHER (1982) beschreibt die Hohlwege am Kaiserstuhl und weist für 1978 knapp 100 Hohlwege mit einer Gesamtlänge von etwa 26 Kilometern nach, von denen er allerdings nur wenige Prozente als von guter Qualität bezeichnen kann. »Die Hohlwege am Kaiserstuhl bilden ein wahres Labyrinth, in dem sich nur der Ortskundige nicht verirrt. Von den Hauptgassen, die unter ständigen Krümmungen und Windungen an den Hängen hinaufstreben, zweigen nach allen Seiten die ebenso gewundenen Seitengassen ab. Jedes System von Hohlwegen hat den Grundriß eines viel verästelten, im Dorfe wurzelnden Baumes« (SCHREPFER 1933 in WILMANNS 1991, 92).

Der Hohlweg, der mehrere Meter tief eingesenkt sein kann, bietet an den senkrechten Wänden wichtige Lebensräume an: beschattete, besonnte, vegetationslose usw. Es sei hier lediglich auf die Hohlweg-Vegetation (KRAUSE 1979; WILMANNS et al. 1989, 101 ff.) und die tierischen Lößwandbewohner (MIOTK 1979) verwiesen.

Allerdings sind von den einstigen Hohlwegen nur noch klägliche Reste geblieben. Im Zuge der Rebflurbereinigung im Kaiserstuhl wurde nicht nur der größte Teil der Hohlwege, sondern auch die alten schmalen Terrassen zerstört. Die feinziselierte Kaiserstuhllandschaft wurde bereits vor mehr als zwanzig Jahren tiefgreifend umgebaut, indem Berge versetzt wurden, was bis dahin dem Glauben vorbehalten war. Nämlich: »... daß bei den innerhalb der letzten sieben Jahre gestalteten Großterrassengebieten ... auf einer Gesamtfläche von rund 18 Quadratkilometern Lößmassen in der Größenordnung von insgesamt 60 bis 70 Millionen Tonnen bewegt worden sind. Das entspricht immerhin der natürlichen Materialtransportleistung des Rheins innerhalb eines Zeitraums von 15 bis 17 Jahren ...« (HASERODT 1971, 335).

Weidgasse

Die Weidgasse (Abbildung 9) führt vom Dorf oder Weiler in das Weidegebiet. In den subalpinen Gebieten sind Weidgassen zum Teil heute noch vorhanden. Die beidseitigen Zäune, Hecken oder Trockensteinmauern hindern das Vieh am Ausbrechen in die Mähwiesen und das Ackerland. Die Funktion der Weidgassen erinnert daran, daß früher das Vieh nur auf der Allmende und im Wald gehalten wurde. In der oben genannten Dreifelderwirtschaft mit Flurzwang gab es verschiedene Zäune, feste und jahreszeitlich erstellte, welche das Dorf und die Fluren vor dem Vieh und teils vor dem Wild zu schützen hatten. Die Weidgasse ist gebietsweise von landschaftlicher Schönheit. Wenig bekannt ist die Bedeutung im Sinne der Vernetzung.

Von der traditionellen Kulturlandschaft zur maschinenbefahrbaren Produktionsstätte oder die Zerstörung kulturhistorischen Erbes durch die Flurbereinigung

Die aufgezählten Elemente sollen den Blick auf das Integrale der traditionellen Kulturlandschaft mit ihrer immensen Vielfalt an Formen, Strukturen und Nutzungen nicht verstellen. Die Abbildung 10 illustriert das Dorf, wie es wohl seit dem Mittelalter bestanden haben mag. Der Obstbaum im Dorfbereich war bis nach dem Zweiten Weltkrieg so dominant, daß im Luftbild das Dorf als in einem Baumgarten eingebettet erscheint (dazu WELLER, in diesem Band). Der kleine Ausschnitt aus der traditionellen Kulturlandschaft (Abbildung 2) dokumentiert die Feinheit der Streifengewanne. Daß und wie die traditionelle Kulturlandschaft gestaltet und bearbeitet wurde, belegen zum Beispiel der Geräteführer des Schwarzwälder Freilichtmuseums Vogtsbauernhof (HAEGELE 1990) oder SPERBER mit seiner Schrift »Pflüge, Eggen, Ackerwalzen« (1980). Die Vielfalt der Gerätschaften spiegelt sich wider in der Struktur der traditionellen Kulturlandschaft. Für weitere Formen, die zum kulturhistorischen Inventar traditioneller Kulturlandschaften gehören, sei auf GUNZELMANN (1987) verwiesen.

Auch wenn früher schon Flurbereinigungen durchgeführt wurden, so unterstanden auch diese dem Diktat der einfachen Geräte, mit denen nur im Ausnahmefall Berge versetzt werden konnten. Erst seit der Mitte unseres Jahrhunderts gelangten schwere Raupenfahrzeuge und Maschinen mit ungezählten Pferdestärken in Mitteleuropa zum Einsatz, und seit den sechziger Jahren werden sie in der Landschaft eingesetzt. Seit dieser Zeit – also über Jahrzehnte hinweg – war es das Ziel der Flurbereinigung, große Teile der Landschaft zu maschinen-

Traditionelle Kulturlandschaften

Abbildung 10: Dieses geschlossene Dorf, in unserer Zeit gezeichnet, kann als Ganzes ebenfalls als Element der traditionellen Kulturlandschaft gelten. Es könnte in einer typischen Rodungsinsel liegen mit der Allmendweide im Vordergrund. Nach links lag vielleicht die Zelge im Sommergetreide.

befahrbaren Produktionsstätten umzugestalten. Daher sind überall dort, wo neuzeitliche Flurbereinigungen durchgeführt worden sind, die Elemente der traditionellen Kulturlandschaft – vor allem die der dritten Dimension – abgetragen bzw. aufgefüllt worden.

Zu spät und erst in unseren Tagen realisiert man, daß mit der rigorosen Planierung, Entwässerung und Erschließung eine noch längst nicht erforschte traditionelle Kulturlandschaft unwiederbringlich zerstört wurde. Interessanterweise gibt es – mit wenigen Ausnahmen – seit den siebziger Jahren unseres Jahrhunderts keine agrarmorphologischen und flurgenetischen Forschungsarbeiten mehr. Das liegt nicht nur an neuen Arbeitsrichtungen der Anthropogeographie, sondern an der barbarischen Devastation des Forschungsgegenstandes, nämlich den Strukturen der traditionellen Kulturlandschaft als kulturhistorisches Erbe durch die Flurbereinigung.

Sind alle ehemaligen Formen zerstört worden? Im flurbereinigten Kulturland ist dies weitgehend der Fall. Nur selten sind Reste wie Andeutungen von Wällen ehemaliger Gewannstöße oder von Kanälen vormaliger Wiesenbewässerung zu erkennen. Hie und da sind wegen der Steilheit einzelne Stufenraine verblieben. Die Terrassenfluren sind wegen der Stabilisierung der Hänge und aus Gründen des Erosionsschutzes erhalten geblieben. Der Wölbacker ist – wie oben erwähnt – »fossil« oder im von Wald überwachsenen Wölbackerfluren erhalten geblieben. Viele der aufgeführten Elemente sind dort erhalten geblieben, wo der Wald verlassene Fluren (nach Pestzügen, Kriegswirren u.ä.) überwachsen und konserviert hat. Dort wo die forstliche Nutzung das agrarmorphologische Relief nicht durch Dränage, Straßenbau, Rückearbeiten usw. zerstört hat, findet die Wüstungsforschung wichtige Zeugen zur Untersuchung von Flurformen und Flurgenese, um – wie oben angemerkt – die Geschichte der Kulturlandschaft weiter zu dokumentieren.

Bereits eine aufmerksame Begehung von spurenverdächtigen Wäldern vor dem Laubausbruch kann einem faszinierende Augenblicke bescheren. Wie wichtig ein erster Augenschein in Wäldern für ehemalige Kulturformen sein kann, belegen beispielsweise die Arbeiten über die historischen Verkehrswege der Schweiz bezüglich der Hohlwege und Hohlwegbündel in Wäldern (vgl. AERNI 1993).

Ausblick

Entstehung, Zweck und Bedeutung wichtiger Elemente der traditionellen Kulturlandschaft werden vorstehend genannt. Es ist davon auszugehen, daß es Funktionen gab, die nicht überliefert wurden, die wir also gar nicht kennen können. Wo die Elemente eingeebnet wurden, ist es obsolet, nach Funktionen zu fragen, da dies spekulativ wäre. Jedoch gibt es meßbare Folgen dort, wo etwa der Erosionsschutz der traditionellen Kulturlandschaft entfernt wurde (z.B. der jährlich erodierte Humus). Die oben eingeführte Gliederung der Elemente nach deren Ausdehnung im Raum – flächenhaft, linienförmig und punktuell – ist zunächst eine formale oder gar typisierende. Darüber hinaus kann anhand dieser Gliederung jeder Gruppe von Elementen auch eine Bedeutung im ökologisch-natur-haushaltlichen Sinne zugeordnet werden, wie das bereits früher dargelegt worden ist (EWALD 1978, 80 ff.). So sind aus der Sicht des Naturschutzes, der einen landschaftsbezogenen Arten- und Biotopschutz betreibt, die Lebensraumeigenschaften der unterschiedlichen Elemente analysierbar. Verallgemeinernd ist festzuhalten, daß die Elemente der traditionellen Kulturlandschaft, insbesondere das agrarmorphologische Relief, die landschaftliche Strukturvielfalt erhöht und gebietsweise geschaffen haben. In Verbindung mit einer händischen Bewirtschaftung in kleinräumigen Nutzungsmustern ist jene Biodiversität geschaffen oder ermöglicht worden, die heute die Roten Listen füllt.

Auch wenn die Elemente der traditionellen Kulturlandschaft anthropogenen Ursprungs sind, so haben sie, wo sie noch vorhanden sind, – quasi als Kulturbiotope – wichtige Funktionen für Naturschutz und Landschaftspflege zu übernehmen. Daher sind alle nicht stützenden, regenerierenden und pflegenden Maßnahmen diversitätsmindernd oder noch klarer: alle baulichen Eingriffe in der traditionellen Kulturlandschaft sind auch Eingriffe in ihre Elemente, die in Kombination eben diese Kulturlandschaft bilden. Das Planieren und Nivellieren der Elemente der traditionellen Kulturlandschaft sind daher destruktiv: Es resultieren immer Verluste der landschaftlichen Diversität, Minderung der Lebensräume, Aufhebung der Vernetzung, Fragmentierung von Populationen usw. Aus diesem Grund ist es zu verstehen, daß sich Naturschutz und Landschaftspflege sehr engagiert für die Elemente dieser Kulturlandschaft einsetzen, wenn diese durch Flurbereinigung und andere Maßnahmen bedroht sind.

Literatur

AERNI, K: Ziele und Ergebnisse des Inventars historischer Verkehrswege der Schweiz (IVS). In: Siedlungsforschung, Archäologie-Geschichte-Geographie (Bonn) **11**, 1993, 313-334.

AMBROISE, R; FRAPA, P; GIORGIS, S: Paysage de terrasses. Edisud, La Calade, Aix-en-Provence 1989, 189 S.

BOGENRIEDER, A; FIEDLER, M; KERSTING, G; SCHWABE, A; WILMANNS, O; LUCKE, R: Reichtum Natur, Bilder einer Kulturlandschaft, Breisgau-Hochschwarzwald. Hrsg. Landkreis Breisgau-Hochschwarzwald, Freiburg 1991, 128 S.

BORCHERDT, C (Hrsg.): Geographische Landeskunde von Baden-Württemberg. Schriften zur politischen Landeskunde Baden-Württemberg, **Band 8**, Stuttgart 1993[3], 408 S.

BORN, M: Acker- und Flurformen des Mittelalters nach Untersuchungen von Flurwüstungen. In: Abhandlungen der Akademien der Wissenschaft in Göttingen. Phil.-hist. Klasse, III. Folge **Nr. 115**, 1979, 310-337.

BRETTFELD, R; BOCK, K: Terrassenfluren im Naturpark Thüringer Wald – bedrohte historische Kulturlandschaften. In: Landschaftspflege und Naturschutz in Thüringen, **Jg. 31, Heft 2**, 1994, 31-41.

BRINK, A; WÖBSE, HH: Die Erhaltung historischer Kulturlandschaften in der Bundesrepublik Deutschland. Untersuchung im Auftrag des Bundesministers für Umwelt, Naturschutz und Reaktorsicherheit. Bonn 1989, 121 S.

BRONHOFER, M: Die ausgehende Dreizelgenwirtschaft in der Nordost-Schweiz unter besonderer Berücksichtigung des Kantons Schaffhausen. In: Mitt. d. naturf. Ges. Schaffhausen **XXVI**, 1955/56, SA, 169 S.

EISENKRÄMER, K: Die Produktion nachwachsender Rohstoffe auf bisherigen landwirtschaftlichen Flächen aus der Sicht von Forst- und Holzwirtschaft. In: Forstarchiv **58. Heft 3**, 1987, 83-85.

EWALD, K C: Agrarmorphologische Untersuchungen im Sundgau (Oberelsaß) unter besonderer Berücksichtigung der Wölbäcker. In: Tätigkeitsber. d. naturf. Ges. Baselland, **Bd. 27**, 1969, 7-178.

EWALD, KC: Der Landschaftswandel – Zur Veränderung schweizerischer Kulturlandschaften im 20. Jahrhundert. In: Tätigkeitsber. d. naturf. Ges. Baselland, **Bd. 30**, 1978, 55-308 und Eidg. Anstalt für das forstliche Versuchswes. Berichte Nr. 191.

FISCHER, A: Hohlwege im Kaiserstuhl, Bestandsaufnahmen, Bewertung, ökologische Bedeutung. In: Natur und Landschaft, **Jg. 57, Heft 4**, 1982, 115-119.

GUNZELMANN, T: Die Erhaltung der historischen Kulturlandschaft. Angewandte Historische Geographie des ländlichen Raumes mit Beispielen aus Franken. Bamberger Wirtschaftsgeographische Arbeiten, **Heft 4**, 1987, 319 S.

HAEGELE, P: Geräteführer Schwarzwälder Freilichtmuseum Vogtsbauernhof. Offenburg/Gutach 1990[2], 131 S.

HAHN, R: Anordnung und Verteilung der Lesesteinriegel der nördlichen Frankenalb – am Beispiel der Großgemeinde Heiligenstadt in Oberfranken. In: Berichte ANL **9**, 1985, 93-98.

HASERODT, K: Reliefveränderungen durch Großterrassen in den Lößlandschaften des südlichen Oberrheingebietes – Ein Beitrag zur anthropogenen Geomorphologie. In: Regio Basiliensis, **Jg. 12, Heft 2**, 1971, 330-351.

HEMPEL, L: Flurzerstörungen durch Bodenerosion in früheren Jahrhunderten. In: Zeitschrift für Agrargeschichte und Agrarsoziologie **Jg. 2**, 1954, 114-122.

HEROLD, A: Der zelgengebundene Anbau im Randgebiet des Fränkischen Gäulandes und seine besondere Stellung innerhalb der südwestdeutschen Agrarlandschaften. Würzburger Geogr. Arbeiten, **Heft 15**, 1965, 211 S.

HEUSINGER, F: Die Verwandlung der Bergseiten in ebene Beete, und der Gießbäche in Abzugsgräben; oder die Terrassierung der Berge mit der Wasserleitung, als die beste und wohlfeilste Art, Berge zu benutzen, sie vor Veröden zu schützen und Überschwemmungen zu verhüten; auf eigene Erfahrung gegründet, und mit Benutzung einer von der Königl. Societät der Wissenschaften zu Göttingen gekrönten Preisschrift desselben Verfassers. Leipzig, 1826, 275 S.

HUTTENLOCHER, F: Das Problem der Gewannfluren in südwestdeutscher Sicht. In: Erdkunde **Bd. 17, Heft 1/2,** 1963, 1-15.

JÄNICHEN, H: Über den mittelalterlichen und neuzeitlichen Ackerbau im westlichen Schwaben, Beiträge zur Geschichte der Gewannflur. In: Jahrbücher für Statistik Landeskunde von Baden-Württemberg, **Jg. 7, 1. Heft,** 1962, 40-71.

JÄNICHEN, H: Beiträge zur Wirtschaftsgeographie des schwäbischen Dorfes. Veröff. der Kommission für geschichtliche Landeskunde in Baden-Württemberg, Reihe B, **60. Bd.,** 1970, 222 S.

KITTLER, GA: Bodenfluß. Eine von der Agrarmorphologie vernachlässigte Erscheinung. Forschungen zur Deutschen Landeskunde, **Bd. 143,** 1963 a, 80 S.

KITTLER, GA: Das Problem der Hochäcker. In: Zeitschrift für Agrargeschichte und Agrarsoziologie **11,** 1963 b, 141-159.

KOHL, F: Ackerberge auf diluvialen Terrassen. In: Geologica Bavarica, München Nr. **14,** 1952, 156-165.

KRAUSE, A: Lößhohlwege – schutzwürdige Biotope im Bonner Stadtgebiet. In: Natur und Landschaft, **Jg. 54, Heft 1,** 1979, 14-16.

KUHN, W: Hecken, Terrassen und Bodenzerstörung im hohen Vogelsberg. Rhein-Mainische Forschungen, **Heft 39,** 1953, 54 S.

MIOTK, P: Das Lößwandökosystem im Kaiserstuhl. In: Veröff. Naturschutz Landschaftspflege Bad.-Württ., **49/50,** 1979, 159-198.

RATHJENS, C: Die Formung der Erdoberfläche unter dem Einfluß des Menschen: Grundzüge der Anthropogenetischen Geomorphologie. Teubner Studienbücher Geographie, Stuttgart 1979, 160 S.

RICHTER, H: Hochraine, Steinrücken und Feldhecken im Erzgebirge. In: Wiss. Veröff. des Deutschen Instituts für Länderkunde N.F. **17/18,** 1960, 283-321.

SCHAEFER, I: Über Anwande und Gewannstöße. In: Mitteilungen der Geographischen Gesellschaft München **Bd. 39,** 1954, 117-145.

SCHAEFER, I: Über Strangen und Bifänge. In: Petermanns Geographische Mitteilungen Bd. **102,** 1958, 179-189.

SCHARLAU, K: Ackerlagen und Ackergrenzen. Flurgeographische Begriffsbestimmungen. In: Geographisches Taschenbuch, 1956/57, 449-452.

SCHOTTMÜLLER, H: Der Löß als gestaltender Faktor in der Kulturlandschaft des Kraichgaus. Forschungen zur Deutschen Landeskunde, **Bd. 130,** 1961, 96 S.

SPERBER, H: Pflüge, Eggen, Ackerwalzen, Schwere Ackergeräte aus Bayern und den Ostalpen. Begleitheft zu der gleichnamigen Ausstellung im Freilichtmuseum des Bezirks Oberbayern an der Glentleiten 1980/1981. Großweil bei Murnau 1980, 85 S.

STRUNK, H: Lesesteine in der Europäischen Kulturlandschaft. In: Regensburger Geographische Schriften, **Heft 19/20**, 1985, 477-508.

TRÄCHSEL, M: Die Hochäcker der Nordostschweiz. Diss. Univ. Zürich, 1962, 113 S.

UHLIG, H (Hrsg.): Flur und Flurformen. Materialien zur Terminologie der Agrarlandschaft **1**. W. Schmitz, Gießen 1967, 237 S.

WAGNER, G: Die historische Entwicklung von Bodenabtrag und Kleinformenschatz im Gebiet des Taubertals. In: Mitt. d. Geogr. Ges. in München, **46. Bd.**, 1961, 99-149.

WEBER, H: Historische Kulturlandschaften, historische Landschaftsteile, Kulturlandschaftsentwicklung. Auswahlbibliographie. BFANL Bibliographie **Nr. 65**, 1992, 72 S.

WILMANNS, O: Über die Löß-Hohlwege im Kaiserstuhl. In: BOGENRIEDER et al. 1991, 92-105.

WILMANNS, O; WIMMENAUER, W; FUCHS, G: Der Kaiserstuhl, Gesteine und Pflanzenwelt. Stuttgart 1989³, 244 S.

WÖBSE, HH: »Kulturlandschaftsschutzgebiet« – eine neue Schutzkategorie bei der Novellierung des Bundesnaturschutzgesetzes? In: Natur und Landschaft, **66. Jg. Heft 7/8**, 1991, 400-402.

ZIMMERMANN, W: Die Flurwüstungen im Kanton Schaffhausen, ein Beitrag zur Schaffhauser Kulturlandschaftsgeschichte. Diss. Univ. Zürich, 1974, 141 S.

Dank

Die Abbildungen 2 bis 10 verdanke ich Frau Verena Fataar, Publikationen, Eidg. Forschungsanst. für Wald, Schnee und Landschaft (WSL), CH-8903 Birmensdorf. Herrn Diplom-Forstwirt Bernd Wippel, Freiburg i. Br., danke ich für die Aufbereitung von Literatur.

Von der Dynamik einer Kulturlandschaft

Das Allgäu als Beispiel

W. Konold

Was ist Kulturlandschaft?

Unser Wort »Kultur« ist ein positiv belegter Betriff. Ein kultivierter Mensch ist gepflegt, von angenehmem Äußeren, umgänglich, gesittet, geistreich, kurz, ein harmonisches Gefüge von Bild und Bildung. Kultur, lat. cultura, ist mehrschichtig. Das Stammwort colere bedeutet bebauen, bestellen, pflegen und auch ehren, verehren. Darin steckt also körperliche Arbeit, Gestaltung, Zuwendung und ehrfürchtiger Umgang mit dem Ergebnis seiner Arbeit – alles in einem Wort.

Ist alles, was der Mensch tut und macht, Kultur? Sicher nicht! Wo haben wir die Grenzen zu ziehen zwischen Kultur, Ausbeutung, Zerstörung, Barbarei? Die Grenzen sind fließend, und sie verschieben sich im Laufe der Zeit.

Die Kulturtechnik ist hierfür ein gutes Beispiel (was für eine brisante Wortkombination!) Bis weit in unser Jahrhundert hinein, ja, in manchen Köpfen bis in die Gegenwart, war die Kulturtechnik – also Entwässerung, Urbarmachung, Melioration – etwas durchweg Positives, was man im nachhinein in die jeweilige Zeit projiziert auch nachvollziehen kann. Heute empfinden wir praktizierte Kulturtechnik als mindestens unangebracht, oft sogar als Barbarei. – Wie ordnen wir das Straßenwesen ein, wie die Rohstoffgewinnung, wie Energieerzeugung, wie die Entsorgungswirtschaft?

Auch der Begriff Kulturlandschaft ist positiv belegt: Das kulturelle Wesen Mensch formte die Natur, und zwar jeweils orientiert an seinen Bedürfnissen und an existentiellen Notwendigkeiten, nach seinen gestalterischen und technischen Möglichkeiten und sich auch zwangsläufig und mehr oder minder widerwillig den natürlichen Gegebenheiten unterordnend.

Gerade diese natürlichen Gegebenheiten sind es, die in der jeweiligen Landschaft ganz eigene – eigentümliche – kulturelle Elemente nach sich ziehen. Also: Die Eigenarten einer Kulturlandschaft lassen immer auch das Wesen der Naturlandschaft erkennen. Zu diesem Wesen gehören zum Beispiel das anstehende Gestein, die Oberflächenformen, die Temperaturverhältnisse, die Niederschläge, die Gewässerdichte, das Abflußregime der Flüsse usw. Eine Kulturlandschaft ist also immer Artefakt und Wirtschaftsgut und Natur. Sie besitzt jeweils einen kulturellen Formenschatz sowie »unfunktionale Zufälligkeiten« (Ewald 1978, S. 89), quasi Neben- oder Abfallprodukte des menschlichen Wirtschaftens – wie Gebüsche oder kleine Brachflächen, Rinnen, Klingen, Böschungen, gliedernde Strukturen und darüber hinaus auch technische Elemente. Reste »natürlicher Natur« finden wir dort, wo sich Kultur nicht lohnte, wo es zu naß, zu steil, zu kalt, zu trocken, zu steinig war. – Man nannte dieses Land »Unland« (siehe Ewald 1978, S. 72 ff.). – Kulturlandschaften spiegeln auch alte politisch-gesellschaftliche, territoriale, soziale und religiöse Verhältnisse, die Siedlungsgeschichte, Erbsitten und vieles andere mehr wider.

Von der Dynamik einer Kulturlandschaft

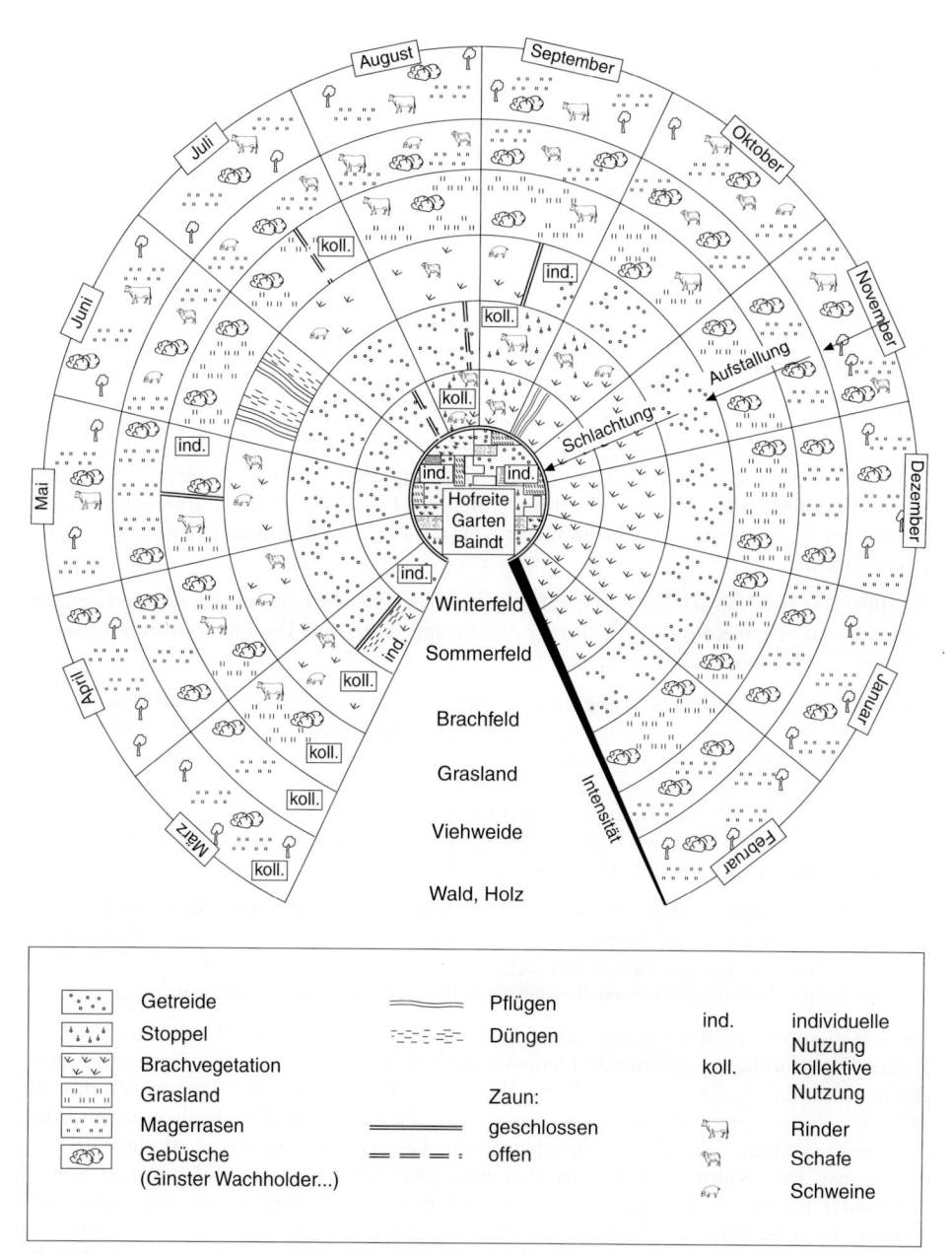

	Getreide	═══	Pflügen	ind.	individuelle Nutzung
	Stoppel	═·═·═	Düngen		
	Brachvegetation			koll.	kollektive Nutzung
	Grasland		Zaun:		
	Magerrasen	═══	geschlossen	🐄	Rinder
	Gebüsche (Ginster Wachholder...)	═ ═ ═	offen	🐑	Schafe
				🐖	Schweine

Abbildung 1: Eine Dorfgemarkung mit Dreifelderwirtschaft. Alle Flächen waren in unterschiedlicher Intensität in den dörflichen Wirtschaftsprozeß einbezogen.

Alles zusammen summiert sich zu einem jeweils unverwechselbaren Bild oder – nüchtern ausgedrückt – zum Wiedererkennungswert einer Landschaft. Kulturlandschaft ist also nicht irgendeine austauschbare, beliebig zu be- oder zerplanende Landoberfläche, der man dieses oder jenes Gesicht geben kann.

Kulturelle Wesenselemente, die dem Gesicht einer Landschaft Ausdruckskraft verleihen, gab es früher meist sehr viel häufiger, oder sie waren zumindest deutlicher sichtbar. Wir können das heute noch sehen in traditionellen Kulturlandschaften. Die Nutzung reichte fast bis in den letzten Zipfel der Gemarkung, jedoch in sehr unterschiedlicher Intensität. Manche Fläche war doch noch nicht zu steil zum Mähen oder zu naß für die Streugewinnung.

Hüten sollten wir uns, diese alten Zustände nostalgisch zu verklären, etwa in der Art, die Menschen hätten in vollkommener Harmonie mit der Natur gelebt und hätten diese ausschließlich nach dem Prinzip der Nachhaltigkeit genutzt, und die Veränderungen in der Landschaft seien allenfalls marginal gewesen. Damit interpretierten wir in die Landschaft eine Statik hinein, die nie vorhanden war. Wir würden mit einer solchen Betrachtungsweise auch Probleme zudecken, die objektiv vorhanden waren und die der Mensch durch sein Wirtschaften provoziert hat. Denken wir dabei nur an großflächige Abholzungen, die Erosion und Hochwässer hervorgerufen haben.

Alle Kulturlandschaften, auch die heute »altmodischen«, waren und sind einer Dynamik unterworfen, sozusagen einer »kultürlichen Evolution« (HABER 1984). Dieser Wandel ist ein dauerhafter Prozeß, in dem es verzögerte, fast stillstehende und beschleunigte Phasen gibt. Diese Prozesse laufen meist räumlich differenziert ab: hier Schübe des Wandels, dort weitgehende Stagnation. Manche prägnante Gesichtszüge einer Landschaft bleiben erhalten, andere ändern sich zeitlich gestreckt und räumlich verschoben. Die emotionale Zuneigung zu einer Landschaft und die Orientierung in der Landschaft bleiben so erhalten. Nur dann ist auch die Voraussetzung gegeben, daß man sich – etwa für ein Wiesental oder eine Heckenlandschaft – glaubwürdig einsetzen kann, wenn Gefahren drohen.

Die Aneignung von Landschaft

Welches sind denn überhaupt die Voraussetzungen, damit wir uns mit einer Landschaft identifizieren (SPIEGEL 1987)?

Eine solche Landschaft muß ein Lebensraum sein – im weitesten Sinne – mit ganz bestimmten Eigenschaften, die ihn von anderen Lebensräumen unterscheiden, etwa mit bestimmten Gebräuchen, einem Dialekt, kunsthistorischen Eigenheiten, Symbolen wie einem Berg, einem Fluß, einer historischen Figur oder einer Legende. Darüber hinaus benötigt ein solcher Raum nach Möglichkeit kollektive Erinnerungsstücke, über die man sich mit anderen Leuten noch nach Jahrzehnten und auch immer wieder unterhalten kann. Dies können Naturereignisse sein wie ein Bergrutsch oder ein außergewöhnliches Hochwasser oder ein extrem heißer Sommer, aber auch historische Gebäude (Rathaus, Stadtmauer); dies kann die Einweihung eines neuen Gebäudes (das Vereinsheim) oder die Eröffnung einer neuen Autobahn sein. Die Erinnerungsstücke müssen nicht positiver Art sein.

Zur Identifizierung gehören außerdem soziale Kontakte, wirtschaftliche Sicherheit, Anerkennung, eine politische Einbindung und eine spezielle politische Kultur (GREIFFENHAGEN 1988, WEHLING 1991).

Von der Dynamik einer Kulturlandschaft

Abbildung 2: Wunderschön sind die barocken Formen der Allgäuer Moränenhügel.

Und schließlich – ganz wichtig –: dieser Lebensraum braucht auch einen physischen Rahmen, einen Horizont, innerhalb dem man gegebenenfalls – wenn man dort ansässig ist – auch mitbestimmen und gestalten kann. Dieser Raum sollte ausgestattet sein mit Vertrautem (Wiedererkennungswert!), aber auch mit Komplexem, mit Überraschungen, mit Vielfalt. Alle diese Bindungen ergeben dann das, was wir Heimat nennen, wenn wir längere Zeit oder immer wieder dort sind.

Außerordentlich vielfältig sind die Wege der sinnlichen Aneignung einer Landschaft, sei es, daß man sich selber bewegt und Reize aktiv aufnimmt oder aber nur Reize auf sich einwirken läßt. Es gibt sicherlich nichts, was auf so vielen Wegen auf die menschlichen Empfindungen einwirkt wie eine reich strukturierte Kulturlandschaft (dazu auch WÖBSE 1981 und 1984):

Wir sehen Bilder, empfinden optische Reize, sehen Farben in unzähligen Variationen, erleben Licht-, Schatteneffekte, wir ertasten Dinge, wir gehen auf Erde, Moos, Schotter, Asphalt; wir schmecken Beeren, Nüsse, Käse.

Wir setzen Hörbilder einer Landschaft zusammen aus Schellen, Läuten, Singen, Rätschen, Muhen, Blöken, Sirren, Zirpen, Rauschen, Brausen, Murmeln, Tosen, Säuseln...

Am Geruchsbild beteiligen sich Blüten, Heu, Moos, Moder, Gülle und auch Abgase.

Von ausgedehnten Wanderungen bleiben Temperaturbilder (Schlucht, Südhang, Gipfel) und Erinnerungen an körperliche Anstrengungen zurück.

Aus alledem entsteht Identifizierung, Zuneigung, heimatliches Gefühl, eine ganz persönliche, subjektive Erfahrung und schließlich auch Problembewußtsein.

Von der Dynamik einer Kulturlandschaft

Assoziationen und Klischees zum »Allgäu«

Diese sinnlichen Empfindungen werden ausgelöst durch materielle und immaterielle Dinge. Und davon hat das Allgäu – unsere Beispielslandschaft – doch noch eine ganze Menge zu bieten. Welche Assoziation hat man denn bei dem Namen Allgäu? Welches sind also die Wesensmerkmale des Allgäus – ganz subjektiv betrachtet?

Man denkt an die bizarren, schroffen alpinen Berge, die sanften und die steilen Flyschberge, an weiche Molasserücken, barocke Moränenlandschaft (Abbildung 2) und langgezogene Deckenschotter-Riedel. Man denkt auch an Schwitzen, vielleicht Schwindel, Erhabenheit, Fernsicht, Überraschungsmomente.

Zum Bild gehören die wenigen natürlichen und die meist begradigten und verbauten Bäche, Wasserfälle, Klammen, Tobel, viele Gräben und gebändigte, aufgestaute, auch wegen Ausleitungen trockengefallene Flüsse, dann Seen, Weiher, Röhrichte, Moore und vielleicht auch Streuwiesen. Das Allgäu ist grün, im Mai sattgelb, auch güllegrau. Auf den Weiden stehen braune, glückliche Kühe (Anmerkung: Alle Rinder sind Kühe und alle Kühe sind glücklich), und auf den Wiesen liegt schwadenweise Heu oder Öhmd. Zum Allgäu gehören auch: immer früheres Einheimsen von Silagegras, intensiv behandelte Futtermais-Äcker, High-Tech-Landwirtschaft mit monströsen Maschinen, Elektrozäune, penetrante »Landluft«.

Was fällt uns noch ein?

Schwarze Fichtenschöpfe, aufgeforstete Moore, Einzelhöfe mit Hocheinfahrten, kleine Weiler, barocke Kirchen, Feldkreuze und Bildstöcke, flache Dächer..., überfüllte Städtchen, Autoverkehr, Werbung, Kitsch, Souvenirs, überquellende Blumenkästen, Folklorismus (was

Abbildung 3: Ganz typisch für das Allgäu sind die dunklen Fichtenschöpfe auf den Moränenrücken und -hügeln.

ist schon bajuwarisch, was noch allgäuisch?). Dem Skifahrer mag noch einfallen, vielleicht auch genügen: Hangneigung, Abfahrt, Skizirkus, Berge als Kulisse.

Was natürlich auch noch zum Allgäu gehört, das sind einige Siedlungs- und Flurnamen auf -ried, -berg und -tal und vor allem auch die -bolz-, -warz-, -harz-, -ers-, -els-, -lings-Namen. Man könnte das noch weiter treiben. Uns mag es genügen.

Die meisten der genannten Dinge will man im Allgäu sehen und spüren, und zwar immer wieder. Das Bild der Allgäuer Landschaft bzw. das Bild, das man sich vom Allgäu macht, ist ahistorisch, sehr statisch, fast erstarrt. Dieses Bild wird auch kultiviert und vermarktet. Eine Landschaftsdynamik – sei sie positiv oder negativ zu werten – findet subjektiv und auch »offiziell« nicht statt. Doch sie war natürlich vorhanden und sie ist vorhanden.

Wie sah das Allgäu früher aus?

Werfen wir ein paar Blicke in die Vergangenheit und versuchen damit zu erfahren, welche Assoziationen unsere Vorfahren beim Namen Allgäu wohl gehabt haben bzw. gehabt hätten, wenn sie sich Gedanken darüber gemacht hätten.

Manche Wesensmerkmale sind geblieben, manche treten in den Hintergrund, einige sind verschwunden. Wie bereits angedeutet, wurde die alte Kulturlandschaft sehr arbeitskraftintensiv genutzt. Geringe Produktivität und die beschränkten Möglichkeiten, außerhalb der Land- und Forstwirtschaft ein Einkommen zu erzielen, führten zwangsläufig zu einer Nutzung fast aller Flächen. Der Produktionsmitteleinsatz war allerdings gering.

Der »Wald«

Neben dem Zweck, einfach nur Brenn- und Bauholz zu liefern, wurde der »Wald« (einen Wald nach unseren heutigen Maßstäben gab es nicht) ausgenutzt für die Köhlerei, die Waldweide und die Schweinemast; man sammelte Laub-, Nadel- und Bodenstreu und harzte; vielfach wurde Futterlaub geschnitten. Allein für die Adelegg und das Wengener Tal sind für das 17. Jahrhundert elf Glashütten nachgewiesen (FÖRDERREUTHER 1931), vier stiftkemptische, vier trauchburgische und drei isnysche, deren Holzbedarf für die Pottasche-Herstellung und das Erhitzen der Quarz- und Kalksteine enorm hoch war. Diese Steine sammelte man übrigens in den Bächen und Flüssen.

Ganz generell kann man sagen: Es gab früher – bis vor nicht einmal 150 Jahren – weniger Wald, lichteren Wald, viele heruntergekommene Wälder, viele Gebüsche, sehr viel Wacholder (!) auf den Weiden und Wechselfeldern, auch Niederwälder mit Hasel, Hainbuche und anderen, aus dem Stock ausschlagenden Gehölzen. Kurz: Die landschaftlichen Eindrücke bezogen auf den Wald waren ganz andere.

Die Äcker

Diese Nutzungsform paßt überhaupt nicht mehr ins heutige Allgäu-Bild. Doch bis über die erste Hälfte des letzten Jahrhunderts war der Acker die dominierende Art der Agrikultur. Im Oberamt Wangen beispielsweise gab es doppelt soviele Äcker bzw. Wechselfelder wie Wiesen (KONOLD & EISELE 1990). Angebaut wurden hauptsächlich Hafer als Sommerfrucht und Dinkel (»Veesen«) als Winterfrucht, aber auch Flachs. Manche sprechen daher etwas romantisierend rückblickend vom »blauen Allgäu« (ZELLER 1976).

Die Äcker besaßen eine außerordentlich reichhaltige Unkrautflora (KONOLD & EISELE 1980). Zwischen den Ackerparzellen gab es Raine, in Hanglagen Terrassen und Stufenraine. – Relikte davon sind heute noch zu finden (Abbildung 4).

Wiesen und Weiden

Wiesenbau wurde hauptsächlich dort betrieben, wo Ackerbau nicht möglich war, also insbesondere in den feuchten Senken und Überschwemmungsbereichen der Bäche und Flüsse. Nur wenige Wiesen waren zweischürig, die meisten waren ertragsschwach, und viele lieferten eine nach heutigen Maßstäben schlechte Futterqualität (KONOLD & EISELE 1990). Gemäht wurde frühestens in der zweiten Juni-Hälfte. Alle Wiesen wurden in einem regelmäßigen Turnus auch beweidet (siehe Abbildung 1) – Hier und da gab es Streuwiesen, die man im Oktober mähte (KAPFER & KONOLD, in diesem Buch). Diese Einstreu brauchte man dringend, da das Getreidestroh zum größten Teil verfüttert wurde. – Mit zunehmender Viehhaltung und zurückgehendem Ackerbau benötigte man immer mehr dieser Streuflächen. Die Streuwiesenkultur fand daher ihren Höhepunkt erst in den zwanziger und dreißiger Jahren unseres Jahrhunderts (KONOLD & HACKEL 1990), also bevor die Schwemmentmistung Einzug hielt.

Vom optischen Bild beeindruckend waren die trockenen Mähder und Schafweiden, die es an sonnenexponierten, flachgründigen Hängen und auf den flußbegleitenden Schotterflächen gab und die eine Flora beherbergten, die man heute kaum noch irgendwo findet (KONOLD & EISELE 1990).

Ein ganz besonderes Element in der Nutzlandschaft waren die Wässerwiesen. Da man den Dünger, den das aufgestallte Vieh lieferte, für die Gärten und die Äcker brauchte, wurden Wiesen in entsprechender Lage mit Nährstoffen versorgt, indem man sie mit Bach- und Grabenwasser beschickte. Die Wiesen waren durchzogen mit einem filigranen Netz von Zuleitungs-, Verteilungs- und Entwässerungsgräben. Eine besonders große und auch technisch komplizierte Anlage gab es im Isnyer Moos (KONOLD 1991). Sie geht zurück bis ins hohe Mittelalter. Einen definitiven schriftlichen Nachweis erhalten wir 1290 aus einem Vertrag zwischen dem Benediktinerkloster und der Stadt. Von diesen Wässerwiesen, die einige Landstriche bis in unser Jahrhundert hinein geprägt haben, gibt es im Allgäu keine einzige mehr.

Die fließenden und die stehenden Gewässer

Soweit es irgend möglich war, versuchte man, Holz auf dem Wasserweg in Form der Flößerei oder der Trift zu transportieren. Bekannt ist die Flößerei auf der Wurzacher Ach und der Iller (BÄRTLE 1933), der Rauns, einem künstlichen Kanal, der Leutkirch umgeht, oder auch auf kleineren Bächen im Altdorfer Wald. Für die Schussen ist die Flößerei schon im 13. Jahrhundert belegt (dazu KONOLD 1987). Um die Bäche und Flüsse floßbar zu machen und als Floßstraße zu erhalten, mußten Steine, Bäume und Sträucher entfernt, die Ufer befestigt und ganze Schlingen durchstochen werden. Die Fließgewässer wurden also recht intensiv wasserbaulich behandelt.

Von der Dynamik einer Kulturlandschaft

Abbildung 4: Die ackerbauliche Tradition läßt sich an den mancherorts noch vorhandenen Stufenrainen ablesen.

Im Allgäu – im württembergischen wie im bayerischen – gab es unvergleichlich viel mehr Weiher als heute, also stehende Gewässer, die meist schon im Mittelalter künstlich angelegt worden waren (siehe Abbildung 5). Sie waren in hohem Maße landschaftsprägend. Weihernamen sagen uns etwas über die Besitzverhältnisse, über Form, Nutzung, Zustand und vieles andere mehr: Bleicheweiher, Brandweiher, Frohnmühleweiher, Pfaffweiher, Schloßweiher, Froschweiher usw. (KONOLD 1987). Das Hochstift in Kempten nannte im 17. Jahrhundert etwa 60 Weiher sein eigen. Der Wagegger Weiher zwischen Betzigau und Wilpoltsried war um die 360 ha groß; der 1684 angelegte Waltenhofer Weiher war etwa so groß wie der Niedersonthofener See. Ihm waren beim Bau Weiden, Moore, ja ganze Güter zum Opfer gefallen (GEIGER 1926). Der Häusler See und Weiher unweit von Wolpertswende hatte eine Fläche von 235 ha. Er war 1318 durch Eberhard von Königsegg angelegt worden.

Hunderte von Weihern wurden gegen Ende des 18. Jahrhunderts und vor allem dann auch nach der Säkularisierung der Klöster trockengelegt, weil sich andere Nutzungen einfach mehr lohnten. Nur Flurnamen – im übrigen auch zum Schatz einer Landschaft gehörend – und hier und da ein durchstochener Damm verraten manchmal noch ihre ehemalige Lage. Man machte Futterwiesen – das waren artenreiche Feucht- und Naßwiesen – aus den Weihergründen, später auch Streuwiesen, und beutete in ungezählten Stichen die Torflagerstätten aus, wenn der Weiher, was häufig der Fall war, in einem Moor angelegt worden war. Einmal angelegte Entwässerungsgräben verfielen wieder, manche Wiese fiel brach und verbuschte, der eine Weiherboden wurde aufgeforstet, der andere wieder aufgestaut. Alle diese Vorgänge liefen zeitlich und räumlich verschoben ab, so daß eine landschaftliche Vielfalt erhalten blieb.

Eine Weiher-Bilanz für den Raum Wangen sieht so aus: Von circa 230 Weihern sind heute noch 63 da; mehrere hundert Hektar Wasserfläche gingen verloren und sind heute überwiegend als Intensivgrünland genutzt (KONOLD 1987). Die Verluste an Zahl und Fläche sehen in anderen Gegenden ganz ähnlich aus.

Die Vereinödung hat das Gesicht verändert

Die Vereinödung war eine Art Flurbereinigung, im Rahmen derer die Feldflur umstrukturiert und viele Höfe aus den Dörfern »hinausgebaut«, also ausgesiedelt wurden. Sie hat im württembergischen Allgäu ab der Mitte des 18. Jahrhunderts unübersehbare Spuren hinterlassen. Die Vereinödung ist ein ganz klassisches Beispiel für den nachhaltigen Wandel und die Dynamik einer Kulturlandschaft (DORN 1904, NOWOTNY 1984). Betrachten wir einmal einige Punkte der Vereinödung, die landschaftlich wirksam waren:

Vor der Vereinödung gab es auf den Gemarkungen große, z.T. wenig genutzte Gemeinschaftsweiden, »lauter schmale Stücklein Feld, viele Überfahrten, Viehtriebe über Äcker, zahlreiche Häge, weitläufige Triebgassen zu den Weiden, Dornboschen, erratische Blöcke, Baumgruppen usw.« – dies aus einem Beschrieb von 1782, bezogen auf Ellhofen bei Lindau (LOCHBRUNNER 1984). Außerdem gab es natürlich viele Raine, Böschungen, Gewannstöße und Anwande, die zusätzlich die Nutzbarkeit der kleinen Flächen herabsetzten. Die Vereinödung kam einer Radikalkur gleich (s. LOCHBRUNNER 1984):

Abbildung 5: Im Mittelalter als Staubecken gebaut, prägt der Mühlweiher bei Wolferazhofen das Landschaftsbild.

Von der Dynamik einer Kulturlandschaft

- Der Grad der Zusammenlegung betrug im Durchschnitt etwa 1:20, d.h. aus 20 alten Parzellen wurde eine gemacht. Dabei wurden natürlich zahllose Zäune und Feldraine überflüssig und beseitigt.
- Die bislang in der Regel eher extensiv genutzten Allmendflächen wurden aufgeteilt und intensiviert.
- Wiesen, Moore, Sümpfe, auch ehemalige Weiherflächen, wurden durch Gräben entwässert und später weiter melioriert.
- Sogenannte Ödungen (Moore, verbuschte Weiden...) wurden kultiviert.
- Wege wurden begradigt und abgeflacht, indem man sie an Hangkanten in Einschnitte verlegte.
- Aus einschürigen Wiesen wurden zweischürige gemacht.

Der Ökonom von Hazzi schrieb 1818 in einer preisgekrönten Schrift: »...statt seines saueren Mooshéus lachten ihm jetzt die Wiesen im buntesten Gewande entgegen und überschütteten ihn mit fettestem Grase, so, daß er es kaum unterzubringen wußte...« (zit. nach LOCHBRUNNER 1984). Die bunten Wiesen, die wir im heutigen Allgäu so vermissen, waren also Folge der Intensivierung!

Doch weiter mit den Erfolgen der Vereinödung:

- Die Viehbestände wurden gesteigert.
- Das Vieh wurde ganzjährig aufgestallt.
- Beides führte zu erheblich mehr Dünger für die Äcker.
- Die Kornerträge verdoppelten sich.
- Die Wechselfelder wurden intensiviert.

Nebenbei: Beseitigt wurden damals viele der traditionellen Flurnamen in der Feldflur und ersetzt durch Pflanzen-, Tier- und Heiligennamen.

Aber man hat die Landschaft strukturell nicht nur vereinfacht, sondern man hat auch neue Elemente eingebracht:

- Es wurden bei den ausgesiedelten Höfen viele kleine Feuerlösch- und Tränkeweiher gebaut (KONOLD 1987, KONOLD & WOLF 1987; Abbildung 6).
- Entlang der Wege wurden Triften, also Triebwege ausgewiesen.
- Viehweiden wurden bepflanzt.
- Auf »Öden« und entlang von Straßen pflanzte man Obst- und Laubbäume.

Sehr interessant ist, daß – je größer der Holzmangel im 18. Jahrhundert wurde – immer stärker darauf gedrungen wurde, die Einöden mit lebenden Laubholzhecken einzufrieden, um das Holz für das Zäunen zu sparen. In einer Verordnung der österreichischen Landvogtei aus dem Jahr 1783, also aus der Zeit Maria Theresias, heißt es, »...daß die Untertanen anstatt der hölzernen Planken, und Verzäunungen um die Felder, Gärten und Hofplätze zu Pflanzungen lebendiger Zäune und Hecken angehalten werden sollen, in der besten Absicht nämlich, damit der schädliche unnütze Holzverbrauch gehemmt...« werde (Hauptstaatsarchiv Stuttgart B 61, Bü 45). In welchem Umfang dies zunächst geschehen ist, läßt sich nicht rekonstruieren. Wären damals die behördlichen Anweisungen befolgt worden

Von der Dynamik einer Kulturlandschaft

Abbildung 6: Im Zuge der Vereinödung wurden bei zahlreichen ausgesiedelten Höfen kleine Weiher für die Brauchwasserversorgung und als Feuerlöschteiche neu angelegt.

bzw. wären die schon gepflanzten Hecken erhalten geblieben, dann würden wir heute wahrscheinlich das Allgäu als Heckenlandschaft lieben, vergleichbar mit Gebieten in Niedersachsen und Schleswig-Holstein.

Die unmittelbaren Ergebnisse der Vereinödungsverfahren und die Folgen daraus – Grünland-, Milch- und Käsereiwirtschaft – sind wesentlicher Bestandteil unseres heutigen Allgäubildes. Die Vereinödung gehört zur kulturlandschaftlichen Tradition und hat selbst vieles ausgelöscht.

Beschleunigung der Veränderung

Kaum jemand hat diese großen agrarstrukturellen Veränderungen damals als negativ empfunden, weil sie ganz im Geist der Zeit lagen und allein ökonomische Werte im Vordergrund standen. Diese Wertung der Dinge hat sich bis in die jüngste Vergangenheit gehalten. Zum anderen werden wohl ganz generell dynamische Prozesse dann nicht als störend oder belastend empfunden, wenn sie sich über längere Zeiträume hinziehen, also über Generationen, und wenn sie aus dem jeweiligen landschaftlichen Kontext heraus geschehen, das heißt nicht übergestülpt werden. Viele Wandlungsprozesse gehen heute so schnell vonstatten, daß weder der Mensch noch die Natur bzw. die Kulturlandschaft mithalten und sich anpassen können. Von einer »kultürlichen Evolution« der Landschaft kann man kaum noch sprechen, sondern eher von unregelmäßigen Sprüngen.

Von der Dynamik einer Kulturlandschaft

Abbildung 7: Viele der Gewässer sind heute nur noch Wasserabzugs-Gerinne innerhalb der landwirtschaftlichen Flächen. Als aquatischer Lebensraum sind sie kaum noch funktionsfähig.

Es sollen nun ein paar Beispiele genannt werden, wo einerseits die Grenzen zwischen Nutzung und Zerstörung verwischt oder überschritten sind, und wo andererseits bedenkliche kulturlandschaftliche Entwicklungen ablaufen, mit denen ein Identitätsverlust des Allgäus einhergeht.

Der Schwund von Mooren und Trockenstandorten

Objektiv betrachtet ist jede Entwässerung und Intensivierung oder auch nur die land- und forstwirtschaftliche Nutzung von Mooren ganz generell äußerst problematisch, da das Moor zusammensackt, der Torf zersetzt, das heißt mineralisiert wird und hohe Nährstoffmengen ausgetragen werden, die Grund- und Oberflächenwasser belasten. Einige Seen und Weiher im Allgäu leiden ganz extrem unter diesen Einträgen. Manche sind am Kippen (SEIFFERT et al. 1993).

Ganz drastisch abgenommen haben die Trockenstandorte an Hangkanten, Steilhängen oder ebenen Flußschottern, die als Mähder, also einschürige Wiesen, oder als extensive Weide genutzt wurden (KONOLD & EISELE 1990). Diese Entwicklung ist deshalb ganz besonders besorgniserregend, weil solche Lebensräume im Alpenvorland ohnehin Mangelbiotope sind. Sind solche Magerrasen auf halbwegs ebenem Gelände, so können sie ohne großen meliorativen Aufwand fast von heute auf morgen umgewandelt werden. Eine einmalige, kräftige Düngung genügt oft schon.

Degradierte Lebensadern

Insgesamt sehr schlecht sieht es auch aus mit den meisten Flüssen und Bächen. Durch Ausbau, Begradigung, Verrohrung, Querbauwerke und Ausleitungen, Ausräumung und stoffliche Belastung sind sie ihrer landschaftstypischen Wesensmerkmale und ihrer Funktion als Lebensadern der Landschaft beraubt. Sie sind oft genug degradiert zu Wasserabzugsrinnen (Abbildung 7). Eine natürliche Dynamik – Geschiebetrieb, Erosion, Sedimentation, Entstehen und Vergehen von Lebensräumen – ist praktisch nicht mehr vorhanden. Ansätze von Dynamik, etwa in Form von Uferanrissen nach einem Hochwasser, werden als Schaden angesehen und durch massive Verbauungen sofort wieder beseitigt.

Ein Beispiel aus dem Raum Kißlegg (SCHWINEKÖPER & SEIFFERT 1993, SEIFFERT et al. 1994): In der ehemaligen Herrschaft Kißlegg gab es um das Jahr 1720 54 Wasserläufe mit einer Gesamtlänge von rund 79 km. Davon sind heute mehr als 23 km, also fast 30% (!), verrohrt, 2 km verfüllt, 10,3 km verlegt. Nur 1,8 % der Gewässerverläufe sind gegenüber damals in ihrem Verlauf unverändert geblieben!

Auch der kommerzielle Kiesabbau ist sicherlich ein Problem, da er in großen Dimensionen die Oberflächenformen der Landschaft verändert. Beste Kiese finden wir in den Feldern der Niederterrassenschotter, die gleichzeitig unsere ergiebigsten und besten Grundwasservorräte beherbergen. Doch jedes Grundwasserfenster ist potentiell eine Gefahr für das Grundwasser. Es wird häufig gesagt, Kiesgruben seien doch Ersatzlebensräume für die verlorengegangenen Schotterflächen entlang der Flüsse (»Naturparadiese aus zweiter Hand«). Dies ist in dieser undifferenzierten Aussage falsch, da diesen Standorten die durch die fließende Welle hervorgerufene Dynamik fehlt.

Einheits-Grün

Ein paar Worte zum Grünland, dessen Wert nur sehr vordergründig darin besteht, einfach nur grün und gelegentlich auch einmal gelb zu sein, sowie um Erträge zu liefern und das Auge des Touristen zu erfreuen. Es hat in den letzten Jahrzehnten eine ungeheure Intensivierung und damit auch eine Vereinheitlichung stattgefunden. Natürliche Standortunterschiede wurden durch Entwässerung und Düngung nivelliert. Ergebnis davon sind die im Mai einheitlich gelben Löwenzahnwiesen, die vielleicht ästhetisch ansprechend sind – kein Fremdenverkehrsprospekt kommt ohne sie aus –, die aber Ausdruck einer starken floristischen Verarmung sind (Abbildung 8). Im württembergischen Allgäu waren in den vierziger Jahren gerade etwa 2 % der Wiesen drei- und mehrschürig, heute sind 95 % der Wiesen vier- bis sechsschürig. Pauschal kann man davon ausgehen, daß damit ein Artenrückgang im Grünland von etwa 75 auf etwa 20 verbunden ist (KOHLER et al. 1989). – Also auch das noch junge »grüne Allgäu« hat sich schon sehr verändert.

Abbildung 8: Die großflächigen Einheits-Löwenzahn-Wiesen sind überdüngt und sehr arm an Pflanzen- und Tierarten.

Einen extremen Flächenverlust gab es bei den Streuwiesen, also bei den einschürigen, mageren Feucht- und Naßwiesen, die sich durch einen besonderen Artenreichtum und etliche besondere Arten auszeichnen. Eine Auswertung in einigen Gemeinden des württembergischen Allgäus ergab, daß die Verluste seit den dreißiger und vierziger Jahren durchweg zwischen 80 und 90 % lagen. Das meiste wurde intensiviert, einige fielen brach (was nicht prinzipiell ein Negativum ist), andere wurden mit Fichte aufgeforstet oder wieder überstaut (ZELESNY et al. 1991, KAPFER & KONOLD, in diesem Buch).

Schleichender Identitätsverlust

Ein ganz großes Problem ist die schleichende, die scheibchenweise, die alltägliche Veränderung der Kulturlandschaft. Von kaum jemand registriert, kartographisch kaum dokumentierbar und erst in der Summe landschaftswirksam, wird dort eine Delle aufgefüllt, eine Kante oder ein Rain abgehobelt, eine feuchte Stelle dräniert, ein solitärer Baum gefällt, verdorbenes Heu an einer Böschung abgelagert, ein Weg massiv befestigt, ein Bachufer mit Steinen verbaut. Auch dadurch verliert eine Landschaft ihr Gesicht.

Wenn etwas planerisch abgesichert zerstört wird, ist immer die Rede von Ausgleichen, Ersetzen, Wiederherstellen. Eigentlich sind die Begriffe alle falsch. Man mag zwar finanziell und auch rechtlich einen Lebensraum ersetzen können. Faktisch ist dies jedoch nicht möglich, weil es keine identischen Lebensräume gibt, weil jeder Lebensraum ein Individuum mit eigenen Gesichtszügen ist. Man wird auch in Zukunft natürlich nicht um Baumaßnahmen herumkommen. Wir sollten uns aber nicht in die Tasche lügen, wenn es bei den Eingriffsverfahren um »Ersatzbeschaffung« geht.

Wir haben uns bisher mit Kultur, mit Merkmalen der Kulturlandschaft beschäftigt, damit, wie wir solche Merkmale aufnehmen und als Bilder behalten – daß wir darin auch sehr konservativ sind -, auch damit, wie sich Merkmale früher über längere Zeiträume geändert haben, und mit der Rasanz heutiger Veränderungen und einigen damit zusammenhängenden Problemen. Vieles ist dem Kulturlandschaftswandel zum Opfer gefallen, vieles ist beschädigt, vieles vereinheitlicht, gleichgeschaltet. Doch es ist auch noch vieles da aus den älteren Kulturschichten des Allgäus, und es steckt trotz aller Probleme ein ganz großes Potential in der Allgäuer Landschaft (siehe dazu KONOLD et al., in diesem Buch). Dieses gilt es noch deutlicher zu erkennen und gleichsam herauszupräparieren und behutsam zu entwickeln. Wir dürfen die Eigenheiten nicht nivellieren, sondern müssen sie kultivieren – kultivieren im umfassenden Sinn des Wortes (s.o). Nur so kann man Identität, Wiedererkennungswert, Heimatverbundenheit – je nach Standpunkt als Einheimischer, Zugezogener oder Gast – wahren (= konservierendes Element), wiederherstellen (= restaurierendes Element) oder auch neu schaffen (= gestaltendes Element), ganz bewußt neu schaffen, weil wir nicht in einem Museum leben und auch nicht leben könnten. Vielmehr geht es darum, unter Einbeziehung von Bewahren und Wiederherstellen immer wieder eine angemessene moderne Kulturlandschaft zu formen.

Im behutsamen Wandel, in der sorgsamen Pflege – als »cultura« im umfassenden Sinn – , aber auch im gezielten Sich-selbst-überlassen (»Finger-weg-Strategie«) erhalten wir auch die viel zitierten und politisch-verbal arg strapazierten »natürlichen Lebensgrundlagen« und ein gutes Lebensgefühl für uns.

Literatur

BÄRTLE, J., 1933: Die Illerflößerei. Ein Beitrag zur Heimatgeschichte und Volkskunde des Illertales (Illertissen)

DORN, H., 1904: Die Vereinödung in Oberschwaben (Kempten und München)

EWALD, K.C., 1978: Der Landschaftswandel. Zur Veränderung schweizerischer Kulturlandschaften im 20. Jahrhundert. – Tätigkeitsberichte der Naturforschenden Gesellschaft Baselland 30: 55-308

FÖRDERREUTHER, M., 1931: Über Allgäuer Glashütten. – Allgäuer Geschichtsfreund N.F. 32: 1-34

GEIGER, O., 1926: Beiträge zur Kenntnis der Fischwaid und Weiherpflege im Stiftslande Kempten im 17. und 18. Jahrhundert. – Allgäuer Geschichtsfreund N.F. 25: 30-45

GREIFFENHAGEN, S., 1988: Politische Kultur Isnys im Allgäu. – Tübinger Studien zur Landespolitik und politischen Landeskunde 2 (Kehl)

HABER, W., 1984: Über Landschaftspflege. – Landschaft + Stadt **16** (4): 193-199

KOHLER, A., K. ABT & H. ZELESNY, 1989: Das Grünlandgebiet des württembergischen Allgäus aus der Sicht der Landschaftsökologie. – Informationen für die Landwirtschaftsberatung in Baden-Württemberg **Nr. 6**/1989: 49-69 (Ostfildern)

KONOLD, W. & A. HACKEL, 1990: Beitrag zur Geschichte der Streuwiesen und der

Streuwiesenkultur im Alpenvorland. – Zeitschr. f. Agrargeschichte und Agrarsoziologie **38**(2): 176-191

KONOLD, W. & K.F. EISELE, 1990: Dr. Johann Nepomuk Zengerles »Verzeichniß aller bisher im Oberamtsbezirk Wangen aufgefundenen Pflanzen« aus dem Jahr 1838. – Jh. Ges. Naturkde. Württ. **145**: 109-148

KONOLD, W. & R. WOLF, 1987: Kulturhistorische und landschaftsökologische Untersuchungen als Grundlage für die Feuchtgebiets-Planung am Beispiel der Gemarkung Bad Wurzach – Seibranz (Lkrs. Ravensburg). – Natur und Landschaft **62** (10): 424-429

KONOLD, W., 1987: Oberschwäbische Weiher und Seen. Geschichte, Kultur, Vegetation, Limnologie, Naturschutz. – Beih. Veröff. Naturschutz Landschaftspflege Bad.-Württ. **52** (1+2): 634 S.

KONOLD, W., 1991: Wasser, Wiesen und Wiesenwässerung in Isny im Allgäu. Ein Beitrag zur Agrar- und Stadtgeschichte. – Schriften des Vereins für Geschichte des Bodensees und seiner Umgebung **109**: 161-213

LOCHBRUNNER, W., 1984: 1550-1880. Ländliche Neuordnung durch Vereinödung. – Berichte aus der Flurbereinigung 51 (München)

NOWOTNY, P., 1984: Vereinödung im Allgäu und in den angrenzenden Gebieten (Kempten)

SCHWINEKÖPER, K. & P. SEIFFERT, 1993: Veränderungen im Gewässersystem der Wolfegger Ach. – Ber. Inst. Landschafts- Pflanzenökologie Univ. Hohenheim **2**: 221-230

SEIFFERT, P., K. SCHWINEKÖPER & W. KONOLD, 1994: Analyse und Entwicklung von Kulturlandschaften. Das Beispiel Allgäuer Hügelland (Landsberg)

SEIFFERT, P., K. SCHWINEKÖPER, K. WURM & W. KONOLD, 1993: Integrierte gewässerentwicklungsplanung am Beispiel der Kißlegger Ach (Landkreis Ravensburg). – Verh. Ges. Ökologie **22**: 289-294

SPIEGEL, E., 1987: Identität und Identifikation. – In: Stadt, Kultur, Natur. Chancen zukünftiger Lebensgestaltung; hrsg. v. Staatsministerium Baden-Württemberg: 166-170 (Stuttgart)

WEHLING, H.-G., 1991: Die Genese der politischen Kultur Baden-Württembergs. – In: Der Weg zum Südweststaat, hrsg. v. der Landeszentrale für politische Bildung: 324-340 (Karlsruhe)

WÖBSE, H.H., 1981: Landschaftsästhetik – Gedanken zu einem zu einseitig verwendeten Begriff. – Landschaft + Stadt **13** (4): 152-160

WÖBSE, H.H., 1984: Erlebniswirksamkeit der Landschaft und Flurbereinigung – Untersuchungen zur Landschaftsästhetik. – Landschaft + Stadt **16** (1/2): 33-54

ZELESNY, H., K. ABT & W. KONOLD, 1991: Veränderungen von Feuchtbiozönosen im württembergischen Alpenvorland. – Naturschutz und Landschaftsplanung **1/91**: 9-14

ZELLER, K., 1976: So war's einmal im Allgäu. – Allgäuer Heimatbücher 78 (Kempten)

Streuobstwiesen

Herkunft, heutige Bedeutung und Möglichkeiten der Erhaltung

F. Weller

Obstbäume in der Landschaft

Hochstämmige Obstbäume gehören zum altvertrauten Bild unserer Kulturlandschaften. Sei es, daß sie als grüner Kranz die Ortschaften umgeben, als Alleen Straßen und Wege säumen, als markante Einzelbäume in der Feldflur stehen oder in Form regelrechter »Obstbaumwälder« ganze Talhänge bedecken – immer stellen sie ein die verschiedenen Landschaften wesentlich prägendes Element dar. Da sie mehr oder weniger locker über die Landschaft »gestreut« erscheinen, hat sich für diese traditionelle Form des Obstbaus im Unterschied zu den geschlossenen Blöcken moderner Niederstamm-Dichtpflanzungen die Bezeichnung »Streuobstbau« eingebürgert. Davon leitet sich auch der in letzter Zeit häufig gebrauchte Begriff »Streuobstwiesen« ab. Er hat also nichts mit den für Obstbäume meist viel zu feuchten »Streuwiesen« zu tun, für welche die Streu, die man von dort in die Ställe holte, namengebend war im Unterschied zu den »Futterwiesen«, zu denen auch die Streuobstwiesen zählen.

Solche Streuobstwiesen erreichten in Südwestdeutschland eine besonders weite Verbreitung und tragen in vielen Landesteilen ganz wesentlich zu deren landschaftlicher Anmut bei. Deshalb konnte der seit etwa Mitte der fünfziger Jahre einsetzende, wirtschaftlich bedingte Rückgang dieser traditionellen Nutzungsform die Öffentlichkeit nicht gleichgültig lassen. Von vielen Seiten, insbesondere von Vertretern des Naturschutzes und der Landschaftspflege, wird seitdem der Schutz von Streuobstwiesen gefordert, wobei nicht nur landschaftsästhetische, sondern auch landeskulturelle, ökologisch-biologische und sozialökonomische Gesichtspunkte angeführt werden. Neben Naturschutzverbänden haben inzwischen auch Länder, Landkreise und Gemeinden verschiedenste Fördermaßnahmen zum Erhalt oder zur Neuanlage von Streuobstwiesen unternommen, die vielerorts Erfolge zeigen. Trotzdem ist der Rückgang der Gesamtfläche an Streuobstwiesen nicht aufgehalten, sondern nur verlangsamt worden. Die Antwort auf die Frage, ob und wenn ja, in welchen Landesteilen und in welchem Umfang Streuobstwiesen auch künftig das Landschaftsbild prägen werden, hängt von vielen Faktoren ab. Sich mit ihnen zu beschäftigen, liegt zweifellos im öffentlichen Interesse. In diesem Sinne sollen nachstehend zunächst die historische Entwicklung, danach die heutige Bedeutung und schließlich die sich aus beiden ergebenden Möglichkeiten zur Erhaltung der Streuobstwiesen aufgezeigt werden. Die Ausführungen stützen sich, soweit nichts anderes vermerkt, im wesentlichen auf eine im Auftrag des Ministeriums für Ländlichen Raum, Ernährung, Landwirtschaft und Forsten Baden-Württemberg erstellte Studie der Fachhochschule Nürtingen (Weller et al. 1986) bzw. eine darauf aufbauende spätere Publikation (Weller 1992), wo sich jeweils auch weiterführende Literaturangaben finden.

Historische Entwicklung der Streuobstwiesen

Der Betrachter alter Streuobstwiesen mit ihren knorrigen Baumveteranen kann leicht den Eindruck gewinnen, eine besonders ursprüngliche Form von *Kulturlandschaft* vor sich zu haben. Er könnte versucht sein, in Erinnerung an die Geschichte vom Paradies in unseren Streuobstwiesen das Urbild für Kulturlandschaft schlechthin zu sehen. Dies trifft jedoch zumindest für Mitteleuropa nicht zu. Hier hatten sich nach der letzten Eiszeit bekanntlich mehr oder weniger dichte Wälder entwickelt und diese mußten von den Menschen der Jungsteinzeit zur Schaffung einer Kulturlandschaft erst gerodet werden. Diese Kulturlandschaft war dann aber nicht vom Obstbau, sondern vom Ackerbau geprägt, und bis zur Entwicklung der uns heute so ursprünglich erscheinenden Streuobstwiesen sollten noch Jahrtausende vergehen.

Zwar finden sich schon in jungsteinzeitlichen Siedlungsresten (teilweise seit ca. 4500 v. Chr.) zahlreiche Beweise für eine Nutzung von Apfel, Birne, Süßkirsche, Pflaume und Walnuß, doch dürften ihre Früchte – wenn nicht ausschließlich, so doch größtenteils – von spontan in den Wäldern gewachsenen Bäumen gesammelt worden sein. Ob daneben auch schon Bäume bewußt in Hausnähe gepflanzt wurden, ist zweifelhaft. Aber auch in diesen Fällen müßte es sich um Wildformen gehandelt haben, denn Kulturformen lassen sich erst seit der römischen Kaiserzeit (etwa ab Christi Geburt) nachweisen (WILLERDING 1984).

Auch die Römer hatten den Obstbau nicht »erfunden«, denn schon lange vor der Existenz Roms wurde Obstbau in Ägypten, Indien und Persien betrieben. Wie so viele Kulturgüter gelangte auch der Obstbau über Griechenland nach Rom. Von dort verbreiteten die Römer nicht nur die Kulturformen, sondern auch das Wissen um ihre Vermehrung einschließlich der Kunst des Veredelns in die von ihnen besetzten Gebiete, so auch in den rd. 200 Jahre unter römischer Verwaltung stehenden Teil Südwestdeutschlands, das Dekumatenland. Doch war es bis zu den uns vertrauten landschaftsprägenden Streuobstwiesen immer noch ein weiter Weg. Denn die Römer betrieben den Anbau der von ihnen nach Südwestdeutschland importierten Obstarten vorwiegend in Gärten in der Nähe ihrer Villen. Und auch die in den späteren Jahrhunderten nach dem Vorbild der karolingischen Kammergüter und Meierhöfe sowie der Klostergärten entstandenen Obstgärten beschränkten sich im wesentlichen auf die nähere Umgebung der Siedlungen, wo sie sich nun allerdings mehr und mehr ausbreiteten.

Doch erst im 15. und 16. Jahrhundert drang dann der Obstbau, gefördert von den jeweiligen Landesherren (in Württemberg ist hier insbesondere Herzog Christoph 1550 – 1568 zu nennen) etwas mehr in die freie Landschaft vor, insbesondere in den klimatisch begünstigten Gebieten entlang der Talsysteme von Rhein, Neckar und Main sowie in den Randbereichen der Mittelgebirge. Jedoch wurden diese Landschaften weithin mehr vom Weinbau als vom Obstbau geprägt, wie aus vielen zeitgenössischen Darstellungen zu ersehen ist, beispielsweise auch noch auf den erst 1680 – 1687 entstandenen Ortsansichten und Landkarten von ANDREAS KIESER (Abbildung 1).

Einen schweren Rückschlag für die Entwicklung des Wein- und Obstbaues hatte der 30jährige Krieg gebracht, in dessen Verlauf nicht nur zahlreiche Pflanzungen zerstört worden waren, sondern auch wegen mangelnder Pflege als Folge der furchtbaren Dezimierung der Bevölkerung verkamen. Danach wurden große Anstrengungen zum Neuaufbau des Obst- und Weinbaues unternommen, die schließlich im 18. und 19. Jahrhundert trotz zeitweiliger empfindlicher Einbußen, insbesondere durch verheerende Winterfrostschäden, auch zu einer starken Ausdehnung der Obstbaumbestände in die freie Landschaft führten. Hinter dieser

Streuobstwiesen

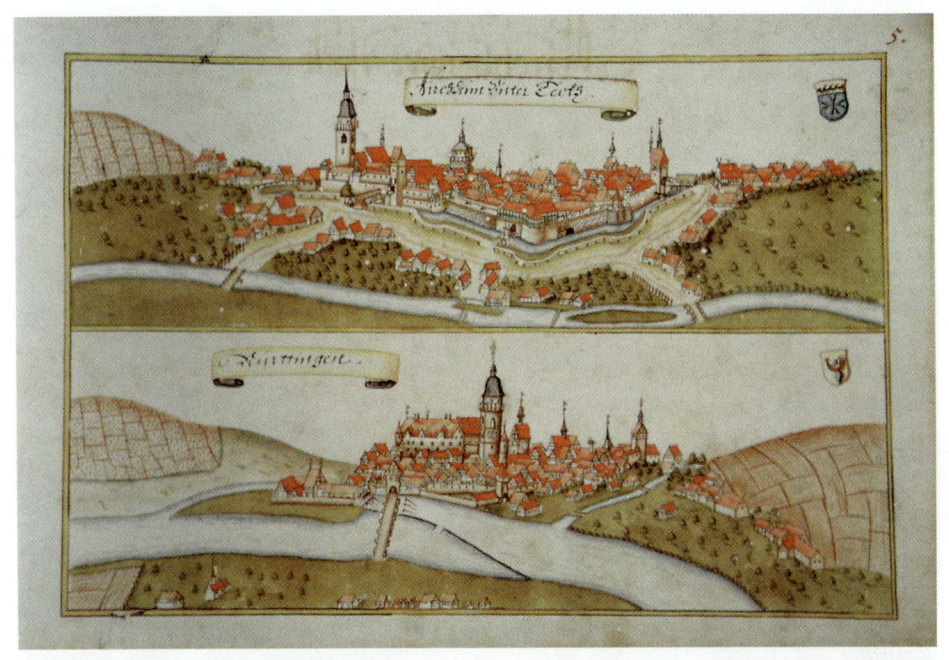

Abbildung 1: Die »typischen Streuobsthänge« von heute waren in früheren Jahrhunderten überwiegend wein- oder ackerbaulich genutzt, während sich größere Obstbaumbestände auf einen ortsnahen Grüngürtel beschränkten, wie dies am Beispiel der Städte Kirchheim/Teck und Nürtingen deutlich wird (KIESER 1680-1687).

Entwicklung stand ein starker Wille der Obrigkeit, die in sogenannten *Generalreskripten* bindend vorschrieb, wieviel Obstbäume jeder ansässige Bürger und jeder heiratende Bürgersohn auf die Allmendflächen oder entlang von Landstraßen und Wegen zu pflanzen hatte. Diese Bäume mußten vom jeweiligen Pflanzer auch gepflegt und nach dem Absterben durch neue ersetzt werden. Wer seinem Pflegeauftrag nicht nachkam, mußte mit schweren Strafen rechnen, desgleichen wer Obstbäume mutwillig vernichtete oder auch nur beschädigte. Von den vielen Landesherren, die sich die Förderung des heimischen Obstbaues angelegen sein ließen, sind besonders zu nennen: Herzog Karl Eugen von Württemberg (1737 – 1793), Markgraf Karl Friedrich von Baden (1746 – 1811) und König Wilhelm I. von Württemberg (1816 – 1864).

Erst in diesen Zeiten begannen sich die Strukturen zu entwickeln, welche den südwestdeutschen Streuobstlandschaften bis heute ihren anmutigen Reiz verleihen. Man muß sich allerdings vor Augen halten, daß für diese Entwicklung nicht landschaftsästhetische Gesichtspunkte, sondern vorrangig *wirtschaftliche Überlegungen* ausschlaggebend waren. Die Einschätzung des Obstbaues als eines »sehr bedeutenden und einträglichen Zweiges der Landwirtschaft« geht nicht nur aus den bereits erwähnten Generalreskripten hervor, sondern begegnet uns auch in dem früher weitverbreiteten Slogan: »Auf jeden Raum pflanz einen Baum und pflege sein, er trägt Dir's ein.« Abgesehen davon, daß dieser Satz natürlich auch damals schon nur in den Gebieten Gültigkeit hatte, in denen Boden und Klima geeignete Standortsbedingungen boten, bleibt doch festzuhalten, daß die ob ihrer Schönheit viel-

Streuobstwiesen

Abbildung 2: Im Unterschied zu einheitlichen modernen Niederstamm-Dichtpflanzungen (Vordergrund) vermitteln Streuobstwiesen ein vielfältiges Landschaftsbild. Oft sind sie aus ehemaligen Weinbergen hervorgegangen, was hier an einigen Parzellen noch gut zu erkennen ist.

gerühmten Streuobstlandschaften ihre Entstehung in erster Linie wirtschaftlichen Beweggründen verdanken.

Die Baumpflanzungen wurden jetzt über die bereits früher erwähnten Allmenden und Straßenränder hinaus in größerem Umfang auch auf landbaulich wertvolle private und öffentliche Grundstücke, einschließlich der Äcker, ausgedehnt. Eine besondere Massierung erfolgte im Bereich ehemaliger Weinberge (Abbildung 2), deren Nutzung aus verschiedenen Gründen (zu kühles Klima, zu hohe Frostgefährdung, starker Befall durch pilzliche und tierische Schädlinge, insbesondere die Reblaus) in weiten Teilen des Landes wieder aufgegeben wurde. In der Regel führte die Umstellung nicht direkt zu den uns heute geläufigen Streuobstwiesen, sondern zunächst zu *Baumäckern* mit wechselnden Unterkulturen. Erst später wurde das durch Hanglage und Bäume doppelt erschwerte »Bauen« des Landes durch die einfacher zu handhabende Grünlandnutzung ersetzt (JÄHRLING 1983, SCHÄFER 1984). Für diese Entwicklung, die zwischen 1910 und 1930 verstärkt einsetzte, waren neben den bereits erwähnten Arbeitserleichterungen wiederum *Rentabilitätsgesichtspunkte* entscheidend, indem sich die Wirtschaftlichkeit der auf der Grünlandnutzung aufbauenden Milchviehhaltung durch die inzwischen erfolgte Verbesserung des Molkerei- und Transportwesens günstig entwickelt hatte.

Nun erst hatten die *Streuobstwiesen* in den ehemaligen Ländern Baden, Württemberg und Hohenzollern ihre größte Ausdehnung erreicht und waren zur vorherrschenden Form des Obstbaues schlechthin geworden. Daneben gab es aber auch noch viele Bestände mit acker-

oder gartenbaulicher Unterkultur. Charakteristisch für nahezu alle war der Hochstamm. Zwar waren niederstämmige Baum- oder Buschformen schon seit langem bekannt. Zum einen zeigten manche Wildobstarten ohne entsprechende Erziehung eher einen strauch- als einen baumförmigen Wuchs, zum anderen hatte man in den Gärten der zahlreichen fürstlichen Residenzen schon seit Jahrhunderten niederwüchsige Baumformen auf schwach wachsenden Unterlagen in vielerlei Spielarten kultiviert. Von dort hatten sie allmählich auch Eingang in die Hausgärten und in die nun im Bereich größerer Städte entstehenden Kleingartenkolonien gefunden. In der Feldflur jedoch herrschte der *Hochstamm* vor, denn nur unter hochstämmigen Bäumen konnte eine ganzflächige Unterkultur betrieben werden, und diese war nicht nur für den Selbstversorger, sondern auch für die Erwerbsobstbauern selbstverständlich, sei es nun Futtergras, Getreide, Hackfrucht, Gemüse oder Beerenobst. An dieser Form hielten die überwiegend kleinbäuerlichen Betriebe Südwestdeutschlands besonders lange fest. Während einige Spezialbetriebe die Ablösung des Hochstammes durch niedrige Baumformen im Rheinland schon ab 1900, im Magdeburger, Berliner und Dresdner Raum nach dem 1. Weltkrieg einleiteten (LUCKE et al. 1992), sind entsprechende Ansätze in Südwestdeutschland erst in den 30er Jahren festzustellen. Aber selbst nach dem 2. Weltkrieg wurde der kriegsbedingte Rückgang der Baumzahlen noch vorwiegend durch die Nachpflanzung von Hochstämmen ausgeglichen. Dabei spielte das Verlangen der Bevölkerung nach einer Selbstversorgung mit Obst in den unmittelbaren Nachkriegsjahren eine nicht unwesentliche Rolle.

Mit der Verbesserung der wirtschaftlichen Situation in der Bundesrepublik Deutschland ging das Interesse am Selbstversorger-Obstbau jedoch wieder deutlich zurück. Gleichzeitig wurde die Bundesrepublik als Markt für ausländisches Importobst interessant. Gegen diese Konkurrenz konnte sich der einheimische Erwerbsobstbau nur behaupten, wenn er die marktgängigen Sorten in ansprechender Qualität kostengünstig produzierte. Ihn in diese Lage zu versetzen, war das erklärte Ziel des 1957 verabschiedeten »Generalplans für die Neuordnung des Obstbaus in Baden-Württemberg«. Er versuchte insbesondere die Umstellung von den überalterten und schwer zu bewirtschaftenden Hochstamm-Beständen im Streuanbau zu einheitlichen, mit modernen Maschinen rationell zu bewirtschaftenden *Niederstamm-Dichtpflanzungen* zu unterstützen.

Zu diesem Zweck wurde sowohl die Neupflanzung moderner Intensivanlagen als auch die *Rodung* unwirtschaftlicher Altbestände finanziell und organisatorisch gefördert. Der Plan sah innerhalb von zwölf Jahren die Rodung von 60 000 der insgesamt 130 000 ha Streuobstflächen des Landes vor. Tatsächlich wurden von 1957 bis 1974 nur rund 14 000 ha Streuobstbau gerodet (STADLER 1983). Auf weiteren 1 700 ha fielen die Bäume bei einer späteren EWG-Rodungsaktion. Doch auch außerhalb dieser gezielten Rodungsaktionen verlief ein starker Rückgang des Streuobstbaues, am augenfälligsten im Verlauf von *Flurbereinigungsverfahren* sowie als Folge der gesteigerten *Bautätigkeit*. Nach Schätzungen des Statistischen Landesamtes ist der Gesamtbestand ertragsfähiger Obstbäume im Streu- und Gartenobstbau von 1965 bis 1982 insgesamt um ungefähr 20% auf 17,2 Millionen zurückgegangen. Dabei war der Rückgang bei Apfelbäumen mit 28%, im Streuobstbau allein (ohne die Apfelbäume in Haus- und Kleingärten) sogar mit 35% am stärksten und hat sich seitdem weiter fortgesetzt.

Wie in der Vergangenheit ökonomische Gesichtspunkte zur Ausbreitung des Streuobstbaues geführt hatten, so waren es nun erneut wirtschaftliche Überlegungen, die in Anpassung an die veränderten produktionstechnischen und marktwirtschaftlichen Verhältnisse umgekehrt zu seiner drastischen Reduzierung führten. Doch erfolgte keine totale Umstellung des Obstbaus. Vielmehr hat sich im Unterschied zu früher eine viel stärkere Differenzierung

Abbildung 3: Die vielfach überalterten heutigen Baumbestände werden auch ohne besondere Rodungsaktionen allein durch altersbedingte Abgänge in wenigen Jahrzehnten weitgehend verschwinden, sofern keine ausreichenden Nachpflanzungen erfolgen.

herausgebildet zwischen dem heute von Niederstamm-Dichtpflanzungen geprägten intensiv wirtschaftenden *Erwerbsobstbau*, bei dem der Obstbau häufig den Hauptbetriebszweig und damit die Existenzgrundlage der Familie darstellt, und dem vielfach an alten Baum- und Anbauformen festhaltenden *Nebenerwerbs- und Selbstversorger-Obstbau*.

Noch wesentlich mehr als diese betriebliche Eingrenzung des Streuobstbaues fällt dem Betrachter die räumliche Konzentrierung auf *bestimmte Standorte innerhalb der Landschaft* auf: Die großen Rodungen erfolgten namentlich dort, wo Relief-, Klima- und Bodenverhältnisse entweder eine Umstellung auf moderne Intensivobstanlagen ermöglichten oder wo intensive Acker- oder Grünlandnutzung einen besseren wirtschaftlichen Erfolg als der Obstbau erwarten ließen. Dagegen blieben Streuobstwiesen auf Standorten, die solche Alternativen nicht boten, in fast unverändertem Umfang erhalten. Das trifft besonders für Landschaften mit ausgedehnten *Hanglagen* zu, wie beispielsweise den Westrand und die tieferen Talhänge von Schwarzwald und Odenwald, die Muschelkalktäler der Gäulandschaften, den Keuperstufenrand und den Albtrauf (Abbildung 2). Hier überwiegen nach wie vor die Streuobstwiesen mit ihren weiträumigen, nach Alter, Art und Sorte vielfältig wechselnden Hochstammbeständen und verleihen diesen Landschaften ihren parkartigen Charakter. Aber auch in den übrigen Gebieten prägen vielfach heute noch Streuobstbäume im Einzelstand, in kleinen Gruppen, als Baumreihen oder Grüngürtel um die Ortschaften – letztere allerdings von Neubaugebieten häufig durchbrochen – das Landschaftsbild. Tatsächlich gibt es in Baden-Württemberg nur wenige Landschaften, in denen der Streuobstbau praktisch überhaupt nicht in Erscheinung tritt. Dabei handelt es sich fast ausschließlich um große zusammenhängende Wald- oder Riedgebiete (WELLER et al. 1986).

Im Unterschied zu den Intensivobstanlagen überwiegen im Streuobstbau *überalterte Bestände*. Das ist zweifellos eine Folge des mangelnden Interesses der Bewirtschafter. Auffallend ist allerdings, daß in den letzten Jahren wieder mehr Jungbäume in Streuobstwiesen gepflanzt wurden als in den Jahrzehnten nahezu völliger Stagnation zuvor. Ob es sich dabei nur um eine vorübergehende Erscheinung oder um eine längerfristige Trendwende handelt, ist derzeit noch nicht zu erkennen. Sicher ist jedoch, daß ohne eine solche Trendwende die Streuobstbestände in wenigen Jahrzehnten auch ohne forcierte Rodungsaktionen allein durch ersatzlose altersbedingte Abgänge (Abbildung 3) stärker dezimiert würden, als dies seit der Verabschiedung des »Generalplans zur Neuordnung des Obstbaus« der Fall war.

Ein weiteres Indiz für das vielfach geringe Interesse an der Bewirtschaftung der Streuobstwiesen ist deren weit verbreiteter *schlechter Pflegezustand*. Zwar gibt es durchaus Baumbestände, die einen Vergleich mit intensiv bewirtschafteten Niederstamm-Anlagen nicht zu scheuen brauchen, doch überwiegen schlecht gepflegte Bestände bei weitem. Das deutlichste Zeichen dafür ist der Zustand der Baumkronen, die infolge des fehlenden Auslichtungsschnittes vielfach zu dicht und überbaut sind und zu wenig junges Fruchtholz aufweisen (Abbildung 3). Ein weiteres gut sichtbares Kriterium ist der Zustand des Unterwuchses, der bei mangelnder Pflege oft überständig wird. Unterbleibt die Mahd ganz, setzt sogar rasch Verbuschung ein.

Heutige Bedeutung der Streuobstwiesen

Wie der Blick in die Geschichte gezeigt hat, waren es vor allem *wirtschaftliche Überlegungen*, die zur Entwicklung und Ausdehung von Streuobstwiesen geführt haben. Wenn heute deren Erhaltung gefordert wird, so stehen dabei jedoch *andere Gesichtspunkte* im Vordergrund; Gesichtspunkte, die allerdings auch den Förderern des Obstbaus in früheren Epochen nicht unbekannt waren. Sehr eindeutig hat dies beispielsweise Friedrich Schillers Vater, Johann Kaspar Schiller, der Schöpfer und langjährige Leiter der herzoglichen Baumschule auf der Solitude, in seinen »Betrachtungen über landwirtschaftliche Dinge im Herzogtum Wirtemberg« 1767/68 zum Ausdruck gebracht:

»Die Baumzucht verschafft denenjenigen, die sich damit bemühen, einen angenehmen Teil ihrer Nahrung. Sie gereicht zur Zierde eines Landes, zur Reinigung der Luft, zum Schutz und Schatten und hat überhaupt in vielen anderen Dingen ihren trefflichen Nutzen, zur Nothdurft, Lust und Bequemlichkeit des Lebens für Menschen und Thiere.«

Eine solch umfassende, neben der Obstproduktion auch landschaftsästhetische, ökologische und psychische Wirkungen einbeziehende Betrachtungsweise wirkt aus heutiger landespflegerischer Sicht ausgesprochen modern. Sie war in den letzten Jahrzehnten zugunsten einer einseitig produktionsorientierten Sicht in den Hintergrund getreten. Erst seit etwa 1980 wird den »Nebenwirkungen« des Streuobstbaues wieder erhöhte öffentliche Aufmerksamkeit zuteil, wobei umgekehrt von mancher Seite die Bedürfnisse der Produktion zu wenig beachtet werden. Was für die weitere Entwicklung not tut, ist eine ausgewogene Beachtung der verschiedensten *Funktionen der Streuobstwiesen*.

Unter diesen spielt die *Obstproduktion* nach wie vor eine entscheidende Rolle. Trotz der Umstellung des hauptbetrieblichen Erwerbsobstbaues auf Niederstamm-Dichtpflanzungen wird immer noch der größte Teil des einheimischen Obstes im Streu- und Gartenobstbau

Streuobstwiesen

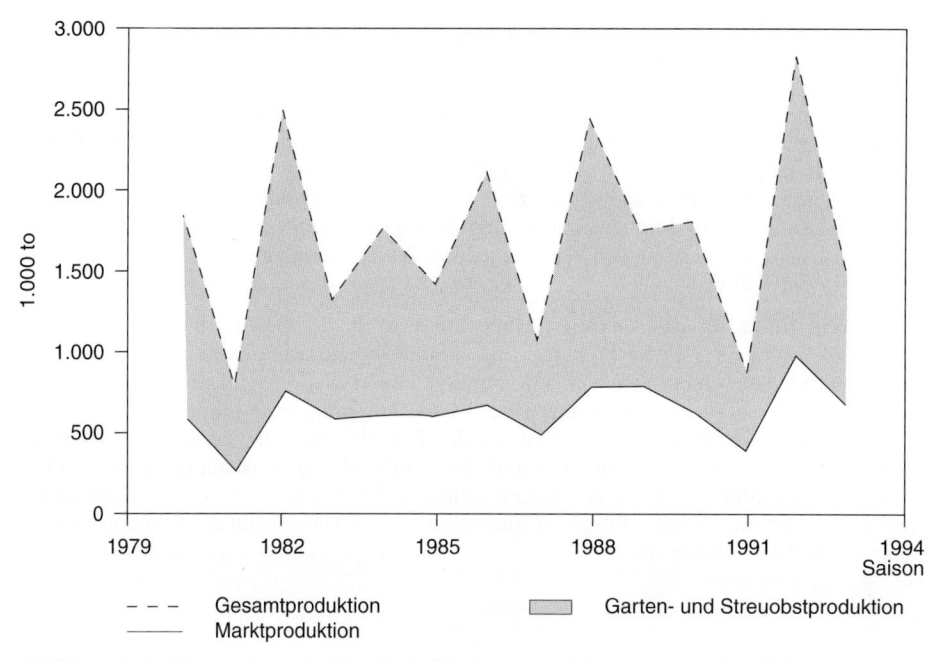

Abbildung 4: Apfelerntemengen in Westdeutschland von 1980 bis 1993. Der Anteil des Garten- und Streuobstbaus an der Gesamternte ist im Durchschnitt höher als der des Marktobstbaus, weist aber weit größere Schwankungen von Jahr zu Jahr auf (Alternanz). (Die Daten wurden freundlicherweise von Dr. H. JANSSEN (†) zur Verfügung gestellt.)

produziert (Abbildung 4). Obwohl es sich dabei im Durchschnitt um deutlich schlechter bezahlte Qualitäten handelt, ist den Berichten des Statistischen Landesamtes zu entnehmen, daß auch der Geldwert der im Streu- und Gartenobstbau insgesamt produzierten Äpfel höher als im Intensivobstbau liegt und damit einen erheblichen *Marktfaktor* darstellt. Dieser volkswirtschaftlich bedeutsame Aspekt wird angesichts der für den Einzelbetrieb entscheidenderen Tatsache, daß der Reinerlös pro dt Obst im nicht rationalisierten Anbau in der Regel wesentlich geringer ist, oft übersehen. Obwohl der Streuobstbau überwiegend Verwertungsobst produziert, drängt doch auch ein nicht geringer Anteil auf den Tafelobstmarkt, wo er mit den Erzeugnissen des Intensivobstbaues konkurriert. Erschwerend kommt hinzu, daß die aus dem Streuobstbau anfallenden durchschnittlich geringeren Qualitäten die Preise drücken und daß die als Alternanz bezeichneten Schwankungen der Erntemengen von Jahr zu Jahr in den schlecht gepflegten Streuobstbeständen besonders kraß auftreten (Abbildung 4). Dies hat nicht nur Konsequenzen für den Streuobstbau selbst, sondern über den Markt auch auf Absatzmöglichkeiten und Preisgestaltung des Intensivobstbaues (z. B. LUCKE 1988). Es ist deshalb nicht verwunderlich, wenn von seiten des intensiven Erwerbsobstbaues immer wieder eine weitere Reduzierung des Streuobstbaues gefordert wird, obgleich natürlich in einer demokratisch verfaßten Marktwirtschaft grundsätzlich niemand einer Erzeugergruppe Produktion und Vermarktung verbieten kann, nur weil eine andere Erzeugergruppe Absatzschwierigkeiten bekommt (JANSSEN 1988).

Eine ganz andere Haltung zum Streuobstbau nimmt die *Verwertungsindustrie* ein, für die er der Hauptlieferant ihrer Rohware ist. Um deren Produktion mußte sie sich in der Vergangenheit nicht sonderlich bemühen, sondern konnte von den riesigen Baumbeständen profitieren, die früher unter anderen Wirtschaftsstrukturen und Verzehrgewohnheiten zur Erzeugung von Tafelobst und Mostobst für die Gärmostbereitung gepflanzt worden waren. Inzwischen ist der Bedarf an Verwertungsobst für die gärungslose Fruchtsaftbereitung so stark angestiegen, daß die aus dem Streuobstbau angebotenen Mengen auch in Jahren mit Rekordernten voll verwendet werden können. Nachdem die dafür erforderlichen Fabrikationsanlagen erstellt sind, ist es das Bestreben der Unternehmer, sie auch künftig auszulasten (JANSSEN 1984). Die Fruchtsaftindustrie hat deshalb inzwischen verschiedene Anreize für die Erhaltung von Streuobstwiesen geschaffen. Die wohl wirksamste Maßnahme wäre allerdings eine fühlbare Erhöhung der Mostobstpreise (HARTMANN 1988).

Trotz der Bedeutung für die Obstproduktion stehen bei den in der öffentlichen Diskussion erhobenen Forderungen nach Erhaltung der Streuobstwiesen – wie bereits gesagt – andere Funktionen im Vordergrund. Diese Funktionen sind vielen Menschen erst durch die großflächigen Rodungen bewußt geworden – Funktionen, die vom modernen Intensivobstbau oder auch von anderen Intensivkulturen gar nicht oder doch nur in weit geringerem Maße erfüllt werden können. Das trifft ganz offensichtlich für das *Landschaftsbild* zu (Abbildung 2). Es gibt wohl kaum eine andere heimische Kulturart, bei der schon eine einzelne Pflanze eine so bestimmende Landschaftsmarke setzt wie ein ausgewachsener Hochstamm-Obstbaum. Aber auch dort, wo viele solcher Bäume zu einem »Obstwald« vereinigt sind, bilden sie keine amorphe Masse, sondern eine Vielfalt von Individuen, die das Landschaftsbild beleben (Abbildung 5, 6). Im Unterschied zu den flächig erscheinenden landbaulichen Kulturen geht von Bäumen eine dreidimensionale Wirkung aus. In ihren wechselnden Gruppierungen vermitteln sie räumliche Tiefe, Unverwechselbarkeit und Vielfalt, die noch gesteigert wird durch die im Jahreslauf wechselnden arten- und sortentypischen Farbnuancen, wobei die Blütezeit und die Zeit der Frucht- und Laubfärbung besondere Höhepunkte darstellen (Abbildung 2, 5, 6). Aber selbst im winterkahlen Zustand und im Nebel können Bäume Orientierung und Raumbezüge und dadurch ein Gefühl der Geborgenheit vermitteln (Abbildung 7). Ganz allgemein zählen die von Streuobstwiesen geprägten Landschaften zu den vielfältigsten Bildern mitteleuropäischer Kulturlandschaften (weitere Ausführungen bei EBERHARD 1988 und LUCKE et al. 1992).

Mit der Vielfalt des Landschaftsbildes eng verknüpft ist die *Erholungswirkung* auf den Menschen. Gewanne mit Streuobstwiesen stellen Erholungsräume dar, die namentlich von der Stadtbevölkerung gerne auf Wanderungen oder Spaziergängen aufgesucht werden. Noch intensiver mögen diejenigen die ausgleichende Wirkung empfinden, die sich in ihrer Freizeit als »Liebhaber-Obstbauer« selbst körperlich betätigen. Freilich kann diese körperliche Tätigkeit auch leicht zur Plage werden, wenn sie ein gewisses Maß übersteigt, weshalb die richtige Abstimmung des Arbeitspensums auf die Möglichkeiten des einzelnen wichtig ist. Doch bietet ja gerade dafür der nicht vordergründig zum Broterwerb betriebene Streuobstbau viele Möglichkeiten, sei es durch Veränderung der Flächengröße oder der Bewirtschaftungsintensität.

Ein Teil der erholsamen Wirkung von Streuobstwiesen beruht auch auf ihrem ausgleichenden Einfluß auf das *Lokalklima*. Die vom *Schatten* der Bäume ausgehende »Wohlfahrtswirkung« wird namentlich an heißen Sommertagen spürbar. Außerdem tragen Streuobstwiesen auch zur Windbremsung bei. Einen wirksamen *Windschutz* bieten sie vor allem dort, wo sie sich als geschlossener Grüngürtel um die Ortschaften ziehen. Andererseits wird durch die lichten Baumbestände der Luftaustausch nicht behindert, und

Streuobstwiesen

Abbildung 5: Selbst in relativ dichten Hochstammbeständen geht der Eindruck der Vielfalt nicht verloren, da die Bäume nach Art, Sorte und Alter meist bunt gemischt sind. Besondere Höhepunkte stellen die Blütezeit im Frühjahr ...

Abbildung 6: ... und die Laubfärbung im Herbst dar.

Abbildung 7: Selbst im winterlichen Nebel gibt ein Baum Orientierung und Raumbezug.

da sie die Luft nicht mit Emissionen belasten, sondern sogar Verunreinigungen herausfiltern können, sind sie als ausgesprochene *Frischluftlieferanten* zu betrachten.

Einen weiteren Beitrag zum Umweltschutz leisten die Streuobstwiesen durch ihre günstigen *Auswirkungen auf Boden und Wasser*. Kaum eine andere landbauliche Nutzungsform wirkt in gleicher Weise der Bodenerosion in Hanglagen entgegen. Damit wird auch die oberflächliche Verlagerung von Nährstoffen und deren Eintrag in Gewässer mit der unerwünschten Folge der Eutrophierung auf ein Minimum reduziert. Ebenso ist auch die Auswaschung von Nährstoffen in das Grundwasser gering. Da außerdem ein massiver Einsatz von Pflanzenschutzmitteln und Herbiziden unterbleibt, erfolgt auch von dieser Seite keine Belastung der Böden und Gewässer.

Von biologischem Interesse ist schließlich die große Sortenvielfalt der Baumbestände. Sie stellt ein *Genreservoir* mit vielseitigen Erbanlagen dar, das es für die Zukunft zu sichern gilt. Dies könnte allerdings auch ohne Beibehaltung der überalterten Bestände durch ein konsequentes Sammeln und Vermehren der Sorten in Genbanken und Sortenmuttergärten auf relativ kleiner Fläche erreicht werden.

Ähnliches läßt sich jedoch hinsichtlich der Bedeutung der Streuobstwiesen als *Lebensraum für Tier- und Pflanzenarten* ganz und gar nicht sagen. Diese Funktion können Streuobstwiesen nur dann wirklich erfüllen, wenn sie nicht nur punktuell, sondern auf größeren Flächen und in einer vielfältigen Vernetzung mit gleichen oder ähnlichen Strukturen vorkommen. Für viele Arten, deren ursprüngliche Lebensräume zerstört oder stark verändert wurden, stellen Streuobstwiesen heute Ersatz- und (teilweise letzte!) Refugialbiotope dar (MÜLLER 1988). Und dieser Funktion kommt in unserer Zeit eine besonders hohe Bedeutung zu.

Streuobstwiesen

Der besondere Wert der Streuobstwiesen als Biotop ergibt sich aus zwei Ursachenkomplexen: Zum einen bilden die Bestände mit ihrer durch freistehende, ausladende Bäume und einen artenreichen Unterwuchs charakterisierten »savannenartigen« Struktur schon vom räumlichen Aufbau her ein vielfältiges Mosaik verschiedener Kleinbiotope (Abbildung 8, 9), wie es weder der geschlossene Wald, noch das freie Acker- oder Grünland bieten können und wie es seit dem Verschwinden der in früheren Jahrhunderten weit verbreiteten, durch Waldweide entstandenen Hude- oder Hardtwälder außerhalb der Streuobstwiesen nur noch örtlich, beispielsweise in Friedhöfen oder Parks, zu finden ist. Zum anderen bedeuten die mit der extensiven Nutzung verbundenen seltenen und meist weniger tiefgreifenden Bewirtschaftungsmaßnahmen eine geringere Störung von Pflanzen und Tieren als im Intensivobstbau oder bei anderen intensiven Nutzungen. Das seltenere Durchfahren mit Geräten, der weniger häufige Schnitt des Grases und die seltenere oder oft völlig fehlende Anwendung von Pflanzenschutzmitteln sowie das Belassen alter Bäume mit abgestorbenen Astpartien (Abbildung 10) ermöglichen einer viel größeren Zahl von Tier- und Pflanzenarten, die keineswegs nur als Schädlinge auftreten, das Überleben.

Am augenfälligsten ist der größere *Artenreichtum* der extensiv bewirtschafteten Streuobstwiesen an der Zusammensetzung des Unterwuchses erkennbar (Abbildung 11). Zwar finden sich meist keine an besondere Standorte gebundene Raritäten, da Streuobstwiesen weder ausgeprägte Trocken- noch Feucht- noch Magerbiotope sind. Dementsprechend überwiegen Arten der Wiesen und Weiden mäßig trockener bis mäßig feuchter Standorte mit mittlerer bis guter Nährstoffversorgung. In der Regel bilden sie verschiedene Ausprägungen unserer häufigsten Wiesengesellschaft, der *Glatthaferwiese* (Arrhenatheretum). Sie enthält keine ausgesprochen seltenen Pflanzen, ist aber, sofern sie nicht stark gedüngt und öfters,

Abbildung 8: Die »savannenartigen« weiträumigen Baumbestände der Streuobstwiesen bilden einen besonderen Biotoptyp zwischen freiem Feld und geschlossenem Wald.

Abbildung 9: Innerhalb der Streuobstbestände findet sich als wichtige Voraussetzung für den Artenreichtum ein kleinräumiges Mosaik unterschiedlicher Belichtung, Wärme, Feuchtigkeit und Nährstoffversorgung. Das Fallaub unter den Bäumen wird von Regenwürmern »kompostiert«.

vor allem früh gemäht wird, die Blumenwiese schlechthin. »Insgesamt sind es ungefähr 70 – 80 Arten, die in den Glatthaferwiesen ± regelmäßig vorkommen können, wenngleich wir im konkreten Einzelbestand meist nur 25 – 35, vielleicht auch einmal 40 Arten finden. Diese blumenbunten Glatthaferwiesen unter den Streuobstbeständen sind für den Naturschutz ein ungemein wertvolles Kapital, das es unbedingt zu erhalten gilt. Denn hier sind die Blumenwiesen mit ihren gesellschaftsgebundenen und standortbedingten Blumen bereits real vorhanden und müssen nicht in verkrampfter Manier durch Ansaat von gesellschaftsfremden, oft nicht einheimischen und nicht standortgemäßen Arten erst geschaffen werden« (MÜLLER 1988).

Optisch weniger auffallend ist die noch viel größere *Artenvielfalt der Tiere*, die auf bestimmte Pflanzenarten als Wirtspflanzen angewiesen sind oder die im Boden, im Unterwuchs, an den von Flechten und Moosen überzogenen Stämmen, Ästen und Zweigen, im »Totholz« oder in Baumhöhlen, auf den Blättern oder auch zwischen den Zweigen des Kronenraumes ihre passende »ökologische Nische« finden. Um einen Einblick in die Arten- und Individuenzahl der Tiere sowie in ihr Verhalten zu bekommen, sind oft erst langwierige zoologische Untersuchungen notwendig. Nach TISCHLER (1980) können sich auf

Abbildung 10: Im Totholz von Altbeständen finden zahlreiche Tierarten ihre »ökologische Nische«.

Apfelbäumen, sofern keine Bekämpfung stattfindet, allein rund 1 000 Arthropoden- (Gliederfüßler-)Arten ansiedeln. Unter den zahlreichen Tierarten der Lebensgemeinschaft Streuobstwiese sind im Unterschied zu den Pflanzen nicht wenige, die als gefährdete Arten auf den Roten Listen stehen, von den Säugern beispielsweise Gartenschläfer, Siebenschläfer, Haselmaus und verschiedene Fledermausarten, von den Vögeln Steinkauz, Wiedehopf, Gartenrotschwanz, Würger- und Spechtarten, unter letzteren insbesondere Grünspecht, Grauspecht und Wendehals.

Möglichkeiten zur Erhaltung der Streuobstwiesen

Nachdem das öffentliche Interesse an der Erhaltung der Streuobstwiesen sich heute nicht mehr primär an der Obstproduktion, sondern an ihrer Bedeutung für das Landschaftsbild und den Natur- und Umweltschutz orientiert, stellt sich zwangsläufig die Frage, ob die erwünschte Sicherung der Baumbestände nicht über das Instrumentarium des *Naturschutzes*

Abbildung 11: Viele bunt blühende Wiesenarten, die auf intensiv bewirtschaftetem Grünland längst verschwunden sind, konnten in »abgemagerten« Streuobstwiesen überleben. Hier bestimmen beispielsweise Arzneischlüsselblume *(Primula veris)* und Rauhaariges Veilchen *(Viola hirta)* den Frühjahrsaspekt einer Salbei-Glatthaferwiese.

erreicht werden kann, wie dies seit längerem schon zum Erhalt anderer traditioneller Nutzungsformen, beispielsweise den Schafweiden oder Streuwiesen, praktiziert wird. Hier muß jedoch betont werden, daß der Pflegeaufwand für Streuobstwiesen ungleich höher ist als für die genannten »klassischen« Objekte des Naturschutzes. Die notwendigen Pflegearbeiten müßten von der Öffentlichen Hand übernommen bzw. von den bisherigen Besitzern oder Lohnunternehmern als Dienstleistung gegen Bezahlung ausgeführt werden. Allein schon die dadurch der Gesellschaft entstehenden Kosten legen es nahe, die Ausweisung von Streuobstgewannen als Naturschutzgebiete im herkömmlichen Sinn nur in besonders gelagerten Einzelfällen in Betracht zu ziehen. Das schließt nicht aus, daß die generelle Schutzwürdigkeit von Streuobstwiesen festgelegt wird, jedoch kann es nicht darum gehen, den derzeitigen Zustand landesweit zu konservieren. Vielmehr müssen Lösungen gefunden werden, die den Streuobstbau *den heutigen Gegebenheiten anpassen* und dabei das persönliche Interesse der Bewirtschafter an einer entsprechenden obstbaulichen Nutzung miteinbeziehen.

Ein solches Interesse ist nicht in erster Linie dort zu erwarten, wo Obstbau den Hauptbetriebszweig und damit die Existenzgrundlage der Familie darstellt, denn Streuobstbau stellt bei den derzeitigen Gegebenheiten *keine wirtschaftliche Alternative* zu den weitgehend mechanisierbaren Niederstamm-Dichtpflanzungen dar. Er kann heute nur noch nebenbei in Verbindung mit rentableren Beschäftigungen betrieben werden. Diese rentablere Beschäftigung kann zwar der intensive Obstbau sein. Sehr viel häufiger stammen jedoch die

Streuobstwiesen

Haupteinnahmen aus nicht obstbaulicher Tätigkeit, sei es im landwirtschaftlichen Betrieb oder auch außerhalb der Landwirtschaft. Nichtlandwirte und Nebenerwerbslandwirte bewirtschaften insbesondere am Rande der Ballungszentren schon seit langem den Großteil der Streuobstwiesen, wobei nicht ausschließlich wirtschaftliche Gesichtspunkte zugrunde liegen. Beim reinen »Liebhaber-Obstbau« treten solche Gesichtspunkte sogar ganz in den Hintergrund. Somit wird sich auch künftig eine ganze Palette von Möglichkeiten für die Bewirtschaftung von Streuobstwiesen anbieten, wobei teils *freie Arbeitskapazitäten* eingesetzt, teils ausgesprochene »*Freizeitaktivitäten*« entfaltet werden können. Diese Aktivitäten sollten nicht durch allzu restriktive Schutzbestimmungen behindert werden, wobei allerdings betont werden muß, daß der Bau von Wochenendhäusern, die »Verdrahtung« der Landschaft, das Anpflanzen fremdartiger Gehölze, die Anlage eines kurz gehaltenen, artenarmen Zierrasens sowie weitere Attribute städtischer »Vorgartenkultur« nicht zum Schutz der Streuobstwiesen dienen.

Durch die verbreiteten Hanglagen wird die ohnehin problematische Bewirtschaftung der Streuobstwiesen nicht einfacher. Deshalb muß bei der *Auswahl der Obstarten und -sorten* künftig mehr noch als bisher auf *geringe Pflegebedürftigkeit* geachtet werden. Anders als im intensiven Erwerbsobstbau darf nicht die Tafelobstqualität der Früchte im Vordergrund stehen, sondern die Robustheit und Resistenz aller Teile der Bäume gegen Krankheiten und Schädlinge, wodurch auf Pflanzenschutzmaßnahmen weitgehend verzichtet werden kann. Diese aus bewirtschaftungstechnischen Überlegungen resultierende Forderung kann auch aus ökologischer Sicht nur unterstützt werden, denn mit dem Verzicht auf die Anwendung von Bioziden steigt auch der Biotopwert der Streuobstwiesen.

Als weiteres Kriterium ist insbesondere die *Eignung der Sorten für die Verwertungsindustrie* zu beachten. Für eine in der Zukunft noch konsequentere Ausrichtung des Streuobstbaues auf die Produktion von Verwertungsobst sprechen neben dessen geringerer Pflegebedürftigkeit vor allem noch zwei weitere Gründe:

– der bereits erwähnte Rohwarebedarf der Verwertungsindustrie;
– der im Vergleich zum Tafelobst geringere Konkurrenzdruck auf den intensiven Erwerbsobstbau.

Trotz des Rohwarebedarfs der Fruchtsaftkeltereien hat sich der intensive Erwerbsobstbau bislang kaum mit dem Spezialanbau von Mostobst befaßt. Eine durchgreifende Änderung wäre nur bei einem deutlichen Anstieg der *Mostobstpreise* zu erwarten. Ob und wann diese Preise die für den Erwerbsobstbau interessante wirtschaftliche Schwelle überschreiten werden, läßt sich kaum vorhersagen. Ziemlich sicher ist jedoch, daß bereits vor Erreichen dieser Schwelle durch ansteigende Preise für viele Nebenerwerbsobstbauer ein Anreiz zu verstärktem Interesse an der Bewirtschaftung ihrer Streuobstwiesen geschaffen würde. Ein nicht zu unterschätzendes Regulativ bildet auch die Verwertung der Früchte über die *Brennerei,* die in ertragreichen Jahren mit besonders niedrigen Obstpreisen wenigstens für einen Teil der Ernte noch eine wirtschaftlich etwas günstigere Verwendung ermöglicht. Ohne Zweifel hat die für Baden-Württemberg charakteristische Struktur des Brennereiwesens ganz entscheidend zur Erhaltung der Streuobstwiesen beigetragen, was bei Überlegungen zu geplanten Änderungen nicht übersehen werden darf (ERDRICH 1988).

Für eine langfristige Sicherung der Baumbestände sind *Ersatzpflanzungen* für geschwächte oder abgängige Bäume unerläßlich. Hier ist ein Anteil von ca. 10% Jungbäumen (erstes bis fünftes Standjahr) anzustreben. Das Schwergewicht wird wie bisher auf Mostäpfeln liegen müssen, dazu kommen die besonders landschaftsprägenden und robusten Mostbirnen sowie robuste Zwetschgensorten und in wenig spätfrostgefährdeten Lagen mit gut durchlüfteten Böden Süßkirschen und Walnußbäume. Für landschaftsprägende Einzelbäume, bei denen der Obstertrag keine Rolle spielt, können daneben auch Wildobstarten, insbesondere Vogelkirschen und Vogelbeeren, auf geeigneten Standorten auch Edelkastanien und Speierlinge verwendet werden. (Nähere Angaben über geeignete Arten und Sorten finden sich bei SILBEREISEN et al. 1988, LUCKE et al. 1992 sowie in zahlreichen lokalen und regionalen Broschüren.)

Mit dem Nachpflanzen allein ist die Erhaltung des Baumbestandes allerdings noch lange nicht gewährleistet. Auch im »pflegeleichten« Streuobstbau kann auf ein gewisses Mindestmaß an Arbeiten zur *Pflege und Erhaltung* der Bäume nicht verzichtet werden. Jeder Baum benötigt in den ersten Jahren einen Pfahl zur Standsicherheit. Außerdem muß der Stamm auf nicht eingezäunten Flächen gegen Wildverbiß geschützt werden. Von besonderer Wichtigkeit ist das Abfangen von Wühlmäusen. Regelmäßige jährliche *Schnittmaßnahmen* sind im allgemeinen nur in den ersten Jahren nach der Pflanzung erfor-

Abbildung 12: Schnitt- und Erntearbeiten in den Kronen großer Bäume sind nicht nur arbeitsaufwendig, sondern auch mit besonderen Gefahren verbunden.

Streuobstwiesen

Abbildung 13: Im Unterschied zum Tafelobst, das vom Baum gepflückt werden muß, kann Mostobst geschüttelt und gefahrlos vom Boden aufgelesen werden.

Abbildung 14: Bei starkem Fruchtbehang müssen namentlich bei Apfelbäumen die Äste abgestützt werden, um ein Auseinanderbrechen der Bäume zu vermeiden.

derlich. Beim späteren Auslichtungsschnitt kann dann zu einem mehrjährigen Turnus übergegangen werden. Schnittarbeiten in großen Kronen alter Bäume sind nicht nur sehr zeitaufwendig, sondern auch mit erheblichen Gefahren verbunden. Im Zweifelsfall sollte man auf akrobatische Leistungen (Abbildung 12) zugunsten höherer Sicherheit verzichten. Gleiches gilt auch beim Pflücken von Tafelobst, während die Ernte von Mostobst wesentlich einfacher und gefahrloser erfolgen kann, da dieses geschüttelt und anschließend aufgelesen wird (Abbildung 13). Bei starkem Fruchtbehang müssen insbesondere an älteren Apfelbäumen die Äste durch Stützen entlastet werden, um ein Auseinanderbrechen zu vermeiden (Abbildung 14).

Das *Kurzhalten des Unterwuchses* ist eine Pflegemaßnahme, auf die selbst bei extensivster Bewirtschaftung nicht verzichtet werden kann, da sonst die Streuobstwiese in wenigen Jahren total verbuscht (Abbildung 15). Wer das Gras nicht im eigenen Betrieb verwenden kann, hatte früher keine Probleme, den Grasertrag an viehhaltende Landwirte zu verpachten. Heute ist es oft schwierig, selbst bei Zahlung eines Mähgeldes einen Landwirt zu finden, der bereit ist, die besonders in Hanglagen mühsame Arbeit des Mähens zwischen den Baumstämmen zu übernehmen. Deshalb wird in den letzten Jahren vermehrt versucht, das Kurzhalten des Unterwuchses durch Beweiden mit Tieren zu erreichen (Abbildung 16). Das erfordert jedoch Schutzzäune um die Bäume, wie sie von baumbestandenen Viehkoppeln seit langem bekannt sind.

Abbildung 15: Um den Charakter und die Artenzusammensetzung der Streuobstwiesen zu erhalten, ist ihre regelmäßige Mahd unerläßlich. Zwei bis drei Schnitte pro Jahr sind optimal (Mitte). Zu häufiges Mähen mit dem Rasenmäher führt zu einem artenarmen Rasen (vorne); unterbleibt die Mahd ganz, setzt eine Sukzession ein, die über Zwischenstadien mit hochwüchsigen Gräsern, Stauden und Sträuchern (hinten) letztendlich zu einem dichten Wald führt.

Streuobstwiesen

Abbildung 16: Wo eine regelmäßige Mahd des Unterwuchses nicht mehr gewährleistet ist, kann das Kurzhalten notfalls auch durch Weidetiere erfolgen.

Wo das Gras gemäht wird, kann es entweder als Mulchmasse an Ort und Stelle liegen bleiben oder zu anderweitiger Verwendung entnommen werden. Im ersten Fall ist in der Regel keine weitere *Düngung* erforderlich; bei Entnahme müssen dagegen die entzogenen Nährstoffe wieder zugefügt werden, wenn die Bäume mit der Zeit nicht Mangel leiden sollen. Wer allerdings weniger den Obstertrag als vielmehr die Artenvielfalt der Wiese fördern will, kann auch in diesem Fall auf die Düngung verzichten, um durch dieses »Abmagern« seinem Ziel näherzukommen.

Die Anforderungen an den *Pflanzenschutz* sind bei entsprechender Sortenwahl im Vergleich zum intensiven Erwerbsobstbau sehr gering und können häufig ganz entfallen, was auch dem Artenschutz zugute kommt.

Wegen des öffentlichen Interesses am Streuobstbau wurden in den letzten Jahren von Bund, Ländern, Kreisen und Gemeinden *Fördermaßnahmen* eingeleitet. Außerdem entwickelten Obst- und Gartenbauvereine, Naturschutzvereinigungen sowie spezielle Bürgerinitiativen vielfältige Aktivitäten. Die Maßnahmen reichen von Informationsveranstaltungen und -schriften über kostenlose Beratungen bis zur Planung, Durchführung und Finanzierung konkreter Pflanzaktionen. Nicht selten werden Erschwernisausgleiche für die Bewirtschaftung oder Beihilfen zu den Kosten für das Pflanzmaterial bezahlt bzw. das Pflanzmaterial selbst kostenlos zur Verfügung gestellt. Ähnliche Anreize werden teilweise auch von Verwertungsbetrieben geboten, wobei sich interessante Möglichkeiten für gemeinsame Aktivitäten von Naturschutz und Verwertungsindustrie ergeben, wie dies beispielsweise seit Jahren in dem vom DBV (heute NABU) kreierten Slogan »Mosttrinker sind

Abbildung 17: Gezielte Werbung für den Konsum von Produkten aus dem Streuobstbau dient der Erhaltung wertvoller Lebensräume.

Naturschützer« kurz und prägnant zum Ausdruck kommt, wobei unter Most selbstverständlich nicht nur Gärmost zu verstehen ist, sondern auch unvergorene Fruchtsäfte sowie – in angemessenen Mengen – höherprozentige Destillate. In die gleiche Richtung wirken auch zahlreiche Aktivitäten des BUND und anderer Verbände und Vereinigungen. Durch einen vermehrten Konsum von Produkten aus dem heimischen Streuobstbau können alle Bürger zur Hebung des wirtschaftlichen Erfolges und damit zur Erhaltung der Streuobstwiesen beitragen. Besondere Aufmerksamkeit verdienen dabei die seit Mitte der 80er Jahre entstandenen Streuobst-Vermarktungsgruppen, welche das Obst von Streuobstwiesen getrennt erfassen und verarbeiten, die Produkte durch entsprechende Etiketten kennzeichnen (Abbildung 17) und über einen geringen Aufpreis von wenigen Pfennigen pro Flasche den Bewirtschaftern einen deutlich über dem Durchschnitt liegenden Mostobstpreis gewährleisten.

Wer sich stärker engagieren will, braucht neben gutem Willen entsprechende *Fachkenntnisse*. Wo sie fehlen, ist eine Beratung unerläßlich. Hierfür wendet man sich am besten an die zuständige Obstbauberatungsstelle des Kreises oder an den örtlichen Obst- und Gartenbauverein, evtl. auch an eine ortsansässige Fruchtsaftkelterei. Eine wichtige Rolle spielten in diesem Zusammenhang früher die Baumwarte, deren Bedeutung erst nach dem nahezu völligen Aussterben dieses Berufsstandes sichtbar wird. Versuche, dem eingetretenen Mangel wenigstens teilweise wieder abzuhelfen, sind in den letzten Jahren in Form spezieller Lehrgänge verschiedentlich angelaufen.

Vielerorts haben sich Orts- und Regionalgruppen von Naturschutzvereinigungen in bemerkenswerter Weise des Problems angenommen. Wo örtliche Initiativen fehlen, kann man sich auch über die Bundes- bzw. Landesgeschäftsstellen solcher Vereinigungen entsprechende Informationen beschaffen. Auf Bundesebene seien genannt:

1) BUND-Bundesgeschäftsstelle
   Im Rheingarten 7
   53225 Bonn
   Tel.: 0228/40097-0
   Fax: 0228/40097-40

2) NABU-Bundesgeschäftsstelle
   Herbert-Rabius-Straße 26
   53225 Bonn
   Tel.: 0228/97561-0
   Fax: 0228/97561-90

Beim Naturschutzbund Deutschland (NABU) besteht eine sehr rührige Bundesarbeitsgemeinschaft (BAG) Streuobst, die einen Rundbrief herausgibt und auch einschlägige Literatur vermittelt.

Die obstbauliche Fachliteratur hatte den Streuobstbau seit Mitte der 50er Jahre wegen seiner abnehmenden wirtschaftlichen Bedeutung nicht mehr berücksichtigt. Erst seit seiner um 1980 begonnenen Neubewertung erschienen in den Fachzeitschriften wieder entsprechende Beiträge, ergänzt durch einschlägige Broschüren und Merkblätter der staatlichen und kommunalen Verwaltungen sowie der Naturschutzvereinigungen. Inzwischen liegen auch einige umfassende Darstellungen vor (z. B. LUCKE et al. 1992, RÖSLER 1992).

Alle *Bemühungen zum Schutz der Streuobstwiesen* können auf Dauer nur Erfolg haben, wenn sich immer wieder eine ausreichende Zahl von Bürgern dafür engagiert. Hier sind zunächst die Besitzer der Streuobstwiesen angesprochen, ob sie bereit sind, die oft beschwerliche Bewirtschaftung bei nur geringem wirtschaftlichen Ertrag weiterzuführen. Wo diese Bereitschaft nicht mehr vorhanden ist, muß dies nicht zwangsläufig zur Rodung, Verbuschung oder Aufforstung führen. Vielmehr sollten zunächst die Möglichkeiten einer Übertragung der Nutzung an Dritte geprüft werden, die häufig weniger am wirtschaftlichen Ertrag als am Freizeitwert der Streuobstwiesen interessiert sind. Über solche Angebote erhalten auch Personen, die selbst keine Streuobstwiese besitzen, die Möglichkeit, zu deren Erhalt direkt beizutragen. Außerdem können sie sich für Pflegemaßnahmen und Pflanzaktionen, insbesondere bei Gemeinden, Obst- und Gartenbauvereinen sowie Naturschutzvereinigungen zur Verfügung stellen.

Eine auf die Möglichkeiten des einzelnen abgestimmte obstbauliche Betätigung kann eine Quelle tiefer Befriedigung sein, wobei das »Miteinander« auf ein gemeinsames Ziel hin noch den Gemeinschaftssinn fördert. Wer als Kind schon den jahreszeitlichen Entwicklungsgang der Bäume vom ersten Knospenschwellen über die Entfaltung von Blüten und Blättern bis zur Ernte der reifen Früchte und der herbstlichen Verfärbung und den Fall des Laubes aus nächster Nähe greifbar miterlebt, der wird ein anderes Verhältnis zu seiner Umwelt bekommen als derjenige, der das – wenn überhaupt – ausschließlich aus Büchern oder vom Bildschirm erfährt. Und er wird vielleicht auch später in seinem Leben leichter Sinn und Erfüllung finden – ohne große Aufwendungen für umweltbelastende »Freizeitaktivitäten«. Er darf die Gewißheit haben, daß er, indem er Bäume pflanzt und pflegt, auch einen positiven Beitrag leistet zur Erhaltung und Gestaltung einer Umwelt, die ihm und vielen anderen Heimat bietet. Ein solches Engagement kann heute nicht mehr wie in absolutistischen Zeiten durch Generalreskripte verordnet werden; es muß vielmehr aus der *Einsicht freier Bürger* erwachsen. Sie darin zu bestärken und zu unterstützen, steht aber auch einem modernen Staatswesen sehr wohl an!

Literatur

EBERHARD, K. (1988): Die Bedeutung des Streuobstbaues aus der Sicht der Landschaftsgestaltung und der Landschaftspflege. Nürtinger Hochschul-Schr., (7), 11 – 17

ERDRICH, G. (1988): Streuobstbau aus der Sicht der Abfindungsbrennereien. Nürtinger Hochschul-Schr., (7), 26 – 30

GUSSMANN, K. (1896): Zur Geschichte des württembergischen Obstbaus. Festschrift zur X. Wanderversammlung der deutschen Landwirtschaftsgesellschaft. Stuttgart, 119 S.

HARTMANN, M. (1988): Streuobstbau aus der Sicht der Fruchtsaftkeltereien. Nürtinger Hochschul-Schr., (7), 23 – 25

JÄHRLING, B. (1983): Die Obstwiesen im unteren Wieslauftal. Dipl.-Arb. FH Nürtingen (FB Landespflege), unveröff.

JANSSEN, H. (1984): Probleme des Kelteräpfelmarktes. CONFRUCTA-Studien, **28**, 102 – 106

JANSSEN, H. (1988): Streuobstbau aus der Sicht des Obstmarktes. Nürtinger Hochschul-Schr., (7), 38 – 49

KIESER, A. (1680 – 1687): Alt-Württemberg in Ortsansichten und Landkarten: 1680 – 1687. Hrsg. von Hans-Martin Maurer und Siegwalt Schiek. 3 Bde. Theiss, Stuttgart

LUCKE, R. (1988): Streuobstbau in Baden-Württemberg. Zur wirtschaftlichen Bedeutung. Obst und Garten, **107** (12), 582 – 585

LUCKE, R., R. SILBEREISEN und E. HERZBERGER (1992): Obstbäume in der Landschaft. Ulmer, Stuttgart, 300 S.

MÜLLER, TH. (1988): Bedeutung des Streuobstbaus für den Naturschutz. Nürtinger Hochschul-Schr., (7), 18 – 22

RÖSLER, M. (1992): Erhaltung und Förderung von Streuobstwiesen. Analyse und Konzept. Modellstudie dargestellt am Beispiel der Gemeinde Boll. Herausgeber: Gemeinde Boll. 261 S.

SCHÄFER, M. (1988): Die landeskulturelle, ökologische, landschaftsästhetische und wirtschaftliche Bedeutung des Streuobstbaues unter besonderer Berücksichtigung des Schönbuchrandes bei Herrenberg. Dipl.-Arb. FH Nürtingen (FB Landespflege), unveröff.

SCHILLER, J. K. (1767/68): Betrachtungen über landwirtschaftliche Dinge im Herzogtum Wirtemberg. In: Oekonomische Beiträge zur Beförderung des bürgerlichen Wohlstands. Stuttgart (Cotta), 1769. Zit. nach Gussmann (1896), S. 70

SILBEREISEN, R., F. WELLER und R. LUCKE (1988): Landschaftsprägender Streuobstbau – Empfehlenswerte Obstgehölze einschließlich der Wildobstarten. Hrsg.: Ministerium für Ländlichen Raum, Ernährung, Landwirtschaft und Forsten Bad.-Württ. – 2. überarbeitete Aufl., (MLR-**11-88**), Faltblatt

STADLER, R. (1983): Der landschaftsprägende Streuobstbau und sein Einfluß auf den Erwerbsobstbau. Baden-Württemberg in Wort und Zahl, Statistische Monatshefte **31**, 173 – 181 (gekürzte Wiedergabe auch in Obst und Garten **102**, 435 – 439 und 507 – 508 (1983).

TISCHLER, W. (1980): Biologie der Kulturlandschaft. S. 187 (zit. n. MÜLLER 1988)

WELLER, F. (1992): Geschichte, Funktionen und künftige Entwicklungsmöglichkeiten des Streuobstbaues in Baden-Württemberg. Beih. Veröff. Naturschutz Landschaftspflege Bad.-Württ. **66**, 51 – 82. Karlsruhe

WELLER, F., K. EBERHARD, H.-M. FLINSPACH und W. HOYLER (1986): Untersuchungen über die Möglichkeiten zur Erhaltung des landschaftsprägenden Streuobstbaues in Baden-Württemberg. Eine Studie der Fachhochschule Nürtingen, Fachbereich Landespflege, im Auftrag des Ministeriums für Ernährung, Landwirtschaft, Umwelt und Forsten Baden-Württemberg. Hrsg.: Ministerium für Ernährung, Landwirtschaft, Umwelt und Forsten Baden-Württemberg. Stuttgart, 78 S.

WILLERDING, U. (1984): Ur- und Frühgeschichte des Gartenbaues. In: FRANZ, G. (Hrsg.): Geschichte des deutschen Gartenbaues. Ulmer, Stuttgart, S. 39 – 68.

Moore in Oberschwaben

Entstehung, Kulturgeschichte und Gedanken zur Zukunft

P. POSCHLOD

Einführung

Gurgelnd und schaudernd das Moor

»*Terra et si aliquanto specie differt, in universum tamen aut silvis horrida aut paludibus foeda, humidior, qua Gallis, ventosior, qua Noricum ac Pannoniam aspicit – Das Land sieht zwar im einzelnen recht verschieden aus, ist jedoch im ganzen schaurig durch seine Urwälder oder häßlich durch seine Moore, es ist niederschlagsreicher gegen Gallien zu, windreicher gegen Noricum und Pannonien zu*«, wird Germanien mit seinen Sümpfen und Mooren von Tacitus etwa 100 Jahre nach Christus beschrieben (TACITUS, Germania, 5. Kapitel). Moore galten aber noch bis in dieses Jahrhundert in vielen Regionen als unheimlich, wie es in den folgenden Worten zum Ausdruck kommt: »*Des Menschen Fuß hinterläßt keine Spuren, weich sinkt der Tritt in den Teppich des Sumpfmoores, Wasser gurgelt neben dem Schreitenden auf, der ängstlich mit großen Sprüngen der Naßgalle zu entfliehen sucht, ja schließlich auf schwankenden unter seiner Last sich einbeugendem Schwingrasen am Ufer des schwarz dunkelnden Moorsees kauernd sich dem Tode durch Versinken im unergründlichen Moder preisgegeben glaubt*« (EPPNER 1935 in GÖTTLICH 1990). So wurden in früheren Zeiten die Moore meist nur in Notsituationen betreten, dienten als Rückzugsgebiete bei Gefahr. Auf einer mineralischen Insel im Gründlenried bei Kißlegg im Allgäu, dem sog. Burgstall, sind die Anlagen einer Keltenfluchtburg noch heute sichtbar (KRAHE 1938). Allerdings war schon vor fast 2000 Jahren der Torf als Brennstoff bekannt. Plinius der Ältere, der anläßlich militärischer Dienstaufträge zwischen den Jahren 47-57 n. Chr. Germanien bereiste, schreibt in seiner Naturalis historia (PLINIUS der Ältere, Naturalis Historia XVI, 4): »*... captum manibus lutum ventis magis, quam sole siccantes: terra cibos et rigentia septentrione viscera sua urunt*« (»... *den mit der Hände Arbeit gewonnenen Torf trocknen sie mehr durch den Wind als durch die Sonne und wärmen mit dieser Erdart ihre Speisen und ihren vom Nordwind steifen Leib*«).

Aber erst im 17. und 18. Jahrhundert begann eine nennenswerte Nutzung der in der Nacheiszeit entstandenen Moore in Oberschwaben, vor allem zur Gewinnung von Torf als Brennstoff. So schrieb Faulhaber im 17. Jahrhundert, die Entdeckung des Torfes sei »*eine von den vornehmsten Gut- und Wohltaten geweßt, die der Allmächtige Gott dieser unserer Löblichen Stadt Ulm vor anderen Städten in diesem Seculo gegeben*« (FAULHABER 1657 in GÖTTLICH 1977). Und *Martin Müller der Ältere*, genannt Hohentwieler, schrieb 1752 einen »Gründlichen Bericht« über die Brenntorfgewinnung im »*Tauben Riedt*« bei Ulm (MÜLLER 1752).

Torfstecher ziehen in die Moore

Der Torfabbau nahm zu Beginn der Industrialisierung einen mächtigen Aufschwung. Torf wurde im 19. Jahrhundert als Brennstoff sowohl bei der Eisenbahn (Eröffnung der Südbahn Ulm-Friedrichshafen 1850, nachweislich Beheizung der Lokomotiven mit Torf ab Biberach seit 1857 (GÖTTLICH 1977) als auch der Industrie (Zuckerfabriken, Brennereien, Brauereien, Ziegelbrennereien, textilverarbeitende und chemische Fabriken u.a.) verwendet (LIEBEL 1911, SCHUCH, o.J.). Allerdings blieben damals die Moore des Allgäus vom Torfabbau industriellen Ausmaßes verschont. Sie lagen außerhalb der Einzugsgebiete der Bahn und Industrie, und die hohen Niederschläge ließen meist keine ausreichende Trocknung des Torfes zu. Nur das Reichermoos bei Vogt wurde 1920 schließlich großflächig abgetorft, was damals der berühmte Moorkundler und Botaniker K. BERTSCH folgendermaßen kommentierte: »*Das schönste der oberschwäbischen Moore, das herrliche Reichermoos bei Waldburg, ist tot*« und »*Öde, braune Belegfelder dehnen sich dort aus, tiefe Entwässerungsgräben durchziehen es, und wo vor kurzem noch der Birkhahn gebalzt und der Moorgelbling gespielt hat, sehen wir nur noch das geschäftige Treiben der Moorarbeiter*« (BERTSCH 1924). Das Reichermoos ist heute noch das einzige Moor Oberschwabens, in dem in industriellem Maßstab durch einen privaten Pächter abgetorft wird.

Eine landwirtschaftliche Moorkultivierung fand in großem Umfang erst Mitte des letzten und Anfang dieses Jahrhunderts statt. Vor allem der württembergische König *Wilhelm I.* (1816-1864) förderte die Kultivierung von »*Moorgründen*« (Pfrunger Ried, Langenauer Ried). Damit sollte den Auswanderungsbewegungen von Angehörigen religiöser Sekten entgegengewirkt werden, die von Angeboten des Zaren *Alexander I.* (1777-1825) angelockt wurden. Konflikte mit Andersgläubigen traten am wenigsten in dünn besiedelten Gegenden auf. Dafür boten sich die Moore geradezu an. So entstand beispielsweise der Ort Wilhelmsdorf im Süden des Pfrunger Riedes in dieser Zeit (ZILLENBILLER 1954 in GÖTTLICH 1977).

Moore als Dokumente

Noch vor kurzer Zeit erst, in den sechziger und siebziger Jahren dieses Jahrhunderts wurden die Moore Oberschwabens flächendeckend erhoben und kartiert (GÖTTLICH 1965-1979). Dies geschah vor allem unter kulturtechnischen Gesichtspunkten der land- und forstwirtschaftlichen Nutzung bzw. der Nutzung als Torflagerstätte. Landschaftsökologische und naturschützerische Aspekte traten in den Hintergrund. Trotzdem finden wir im Vergleich zu anderen Landschaften, wie der nordwestdeutschen Tiefebene, noch eine relativ hohe Anzahl naturbetonter Moorkomplexe in Oberschwaben.

Moore sind nicht nur durch ihre Kulturgeschichte und deren traditionelle Nutzungsformen herausragende Kulturdenkmäler. Durch ihre unterschiedliche Enstehungsweise (Abbildung 1), ihre nährstoffarmen bis -reichen Standorte, die nur von einer speziell angepaßten und heute meist seltenen Flora und Fauna besiedelt werden können, sind sie Ökosysteme von unschätzbarer Bedeutung. Schließlich darf nicht vergessen werden, daß durch die kontinuierliche Ablagerung und die in den Torfen konservierten Pollen die Vegetations- und die Klimageschichte seit der Eiszeit dokumentiert werden konnte (FRENZEL 1983). Gerade letztere ist zur Bewertung der jetzigen Klimaschwankungen, ob natürlich oder von Menschen verursacht, von ungeheurem Wert.

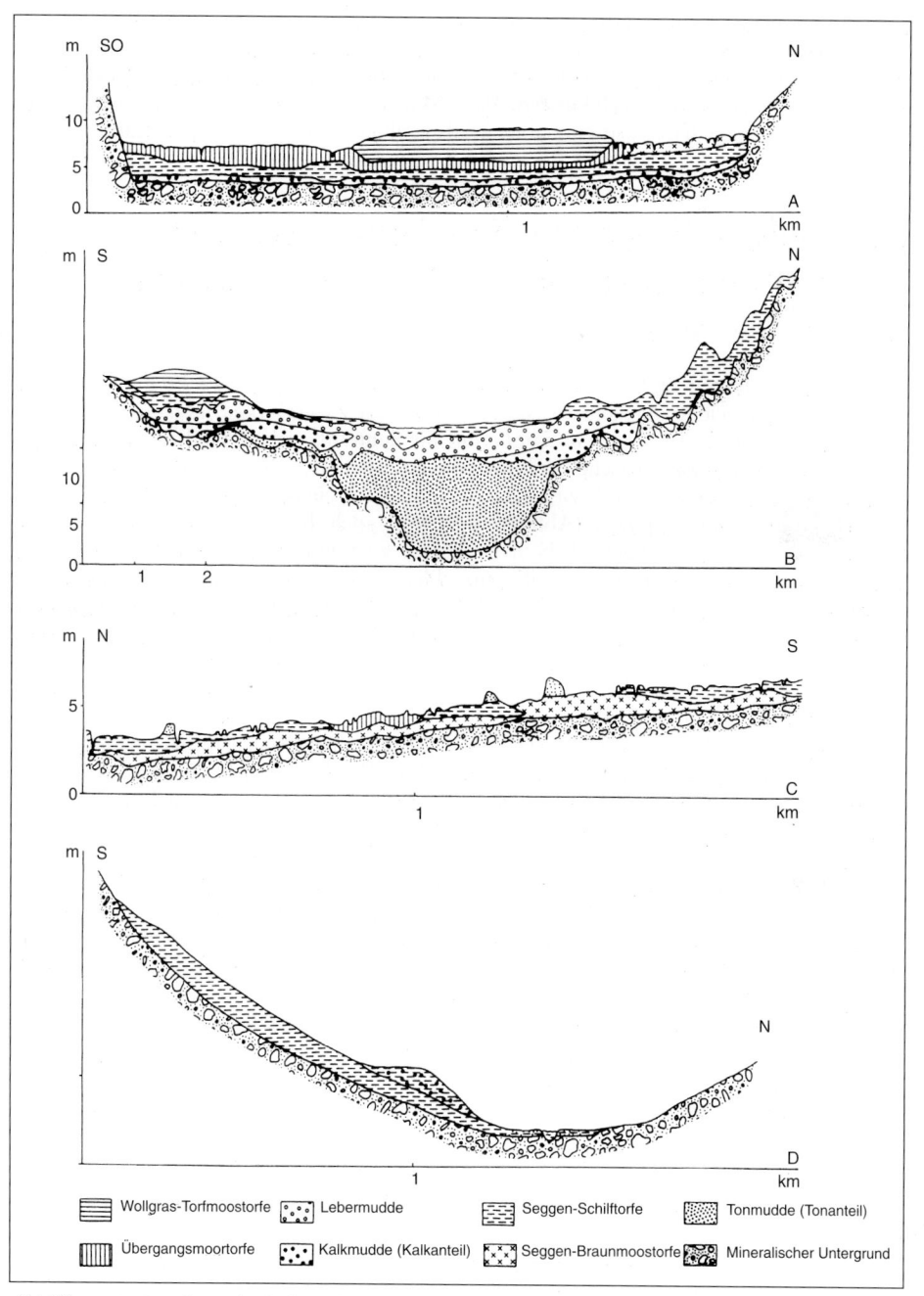

Abbildung 1: Häufigste hydrologisch-entwicklungsgeschichtliche Moortypen Oberschwabens (vgl. SUCCOW u. JESCHKE 1986, SUCCOW 1988). A – Verlandungs-Regenmoorkomplex (Wurzacher Ried), B – Komplex aus Verlandungs- und Verlandungs-Regenmoor (Federsee), C – Versumpfungs-Durchströmungsmoor (Osterried), D – Hangmoor (Schwarzen).

Die traditionellen Nutzungsformen sind in einer heute industrialisierten Torf- und Landwirtschaft fast völlig verloren gegangen. Damit verbunden ist ein geradezu rasanter Wandel in den moorreichen Landschaften, damit sind die ursprünglichen Lebensgemeinschaften in den Mooren verschwunden. Viele Moore sind wegen des Torfabbaus oder intensivster Landwirtschaft nicht einmal mehr als geologische Lagerstätten vorhanden.

Die landschaftsökologischen Funktionen von Mooren sind durch die verschiedenen Nutzungsformen beeinträchtigt

Moore sind nicht nur einfach Lebensraum für Pflanzen und Tiere: Es konnten in diesen Kaltluftgebieten viele Relikte aus der Nacheiszeit wie die Zwergbirke *(Betula nana)* oder das Karlsszepter *(Pedicularis sceptrum-carolinum)* bis heute überleben. Und sie besitzen auch vielfältige landschaftsökologische Funktionen (RINGLER 1977), deren Veränderung auch die Umgebung nicht unwesentlich beeinträchtige. So besitzen sie eine Retentionsfunktion, d.h., sie kappen Hochwasserspitzen (Abbildung 2, vgl. auch BADEN & EGGELSMANN 1964, SCHMEIDL et al. 1970). Schließlich besitzen Moore auch eine Akkumulationsfunktion. Sie sind ein Ökosystem mit positiver Stoffbilanz, d.h. die Bildung organischer Substanz durch die Pflanzen ist höher als ihre Zersetzung, die organische Substanz wird als Torf abgelagert. Diese Torfablagerungen betragen über die gesamte Moorbildung hinweg gesehen durchschnittlich 1mm/Jahr (vgl. OVERBECK 1975). Dies wird durch den ständigen Wasserüberschuß im Substrat, der die Zersetzung der abgestorbenen Pflanzenteile verhindert, bedingt. Damit speichern sie vor allem Kohlenstoff, aber auch Stickstoff und andere Nährstoffe und stellen einen wichtigen Puffer vor allem im Kohlenstoffhaushalt der Erde dar. Möglicherweise hängt damit auch die Regelung der Eiszeitzyklen und des Klimas im Quartär zusammen. So behauptet FRANZÉN (1994), daß das Torfwachstum für die Eiszeitzyklen verantwortlich ist. Seine Überlegungen sind, daß durch die Festlegung von Kohlenstoff im Torf der Kohlendioxidgehalt in der Erdatmosphäre sinkt. Das Klima wird kälter. Damit verändert sich langsam die Vegetationsdecke, sie wird niedrigwüchsiger, lückiger und entzieht damit mit der Zeit weniger Kohlenstoff, das Moorwachstum geht ebenfalls zurück. Durch die mit der Erkaltung einhergehende Vergletscherung werden die Torflager zerstört, die Zersetzungsprozesse des Torfes führen der Atmosphäre in zunehmendem Maße wieder CO_2 zu. Damit findet langsam wieder eine Erwärmung und damit Umkehr des Klimas statt. Gleichzeitig findet in den durch Gletscher überprägten Landschaften durch das Schmelzwasser ein Grundwasseranstieg statt. Es entstehen zahlreiche Feuchtgebiete (Versumpfungsgebiete, Seen), in denen ein Torfwachstum langsam wieder beginnen kann. Möglicherweise wirken wachsende Moore so auch einem anthropogen verursachten Treibhauseffekt entgegen (vgl. dazu POSCHLOD 1994), so daß in einer solchen Zeit der Moorschutz bzw. die Aufrechterhaltung der Akkumulationsfunktion besonders wichtig ist.

Schon durch Entwässerungsmaßnahmen werden fast alle Funktionen empfindlich gestört (Tabelle 1). Nur in wachsenden oder mäßig entwässerten, extensiv genutzten Mooren bleibt die Retentionsfunktion erhalten. Unter extensiver landwirtschaftlicher Nutzung, beispielsweise der einmaligen Mahd im Herbst (Streuwiesen; vgl. KAPFER & KONOLD, in diesem Buch), bleiben diese Funktionen teilweise erhalten, ja konnten überhaupt viele der artenreichen Pflanzengemeinschaften grundwasserbeeinflußter Moore erst entstehen. Unter intensiver landwirtschaftlicher Nutzung werden die ehemals puffernden oder entsorgenden Öko-

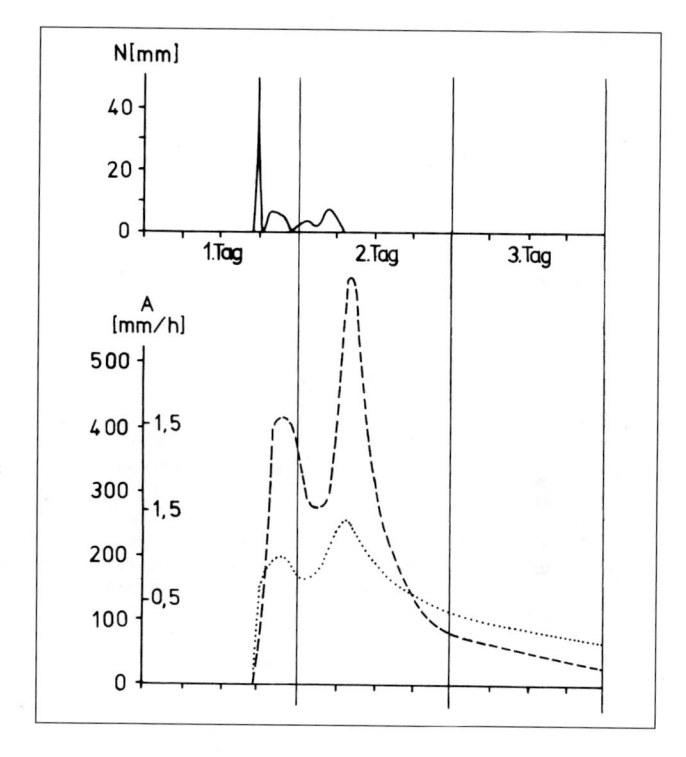

Abbildung 2: Retentionsfunktion von Mooren – hier: Beispiel eines Abflußvorganges (A in mm/h – unten) für eine kultivierte Hochmooroberfläche (– – –) und eine unkultivierte Hochmoorfläche (·······) nach einem Starkniederschlag (N, oben), der nach 5tägiger Trockenzeit fiel (aus SCHMEIDL et al. 1970).

Tabelle 1: Funktionen von Mooren im Natur- und Landschaftshaushalt und deren Beeinträchtigung durch Entwässerung, Land- und Forstwirtschaft und Torfabbau

	Beeinträchtigung bzw. Verlust der Funktion durch				
	Entwässerung	Landwirtschaft extensiv (Streuwiese)	Land-/Forstwirtschaft intensiv	Torfabbau Stichverfahren	Fräsverfahren
Funktion im Landschaftshaushalt					
– Retentionsfunktion	teilweise	nicht immer	ja (belastend)	teilweise	ja
– Akkumulationsfunktion	ja	nicht immer	ja (belastend)	teilweise	ja
Funktion als Lebensraum					
– Lebensraum für an den extremen Standort angepaßte Pflanzen und Tiere; Reliktstandort	nicht immer (abhängig vom Grad der Entwässerung)	nicht immer	ja	nicht immer	ja
Funktion als Archiv der Klima- und Vegetationsgeschichte	nein	nicht immer	ja	ja	ja

Tabelle 2: Torfstich- und Fräsverfahren – eine Gegenüberstellung der Methoden

Torfstich	Frästorf
Vegetationshorizont (Bunkerde) bleibt erhalten (Regenerationspotential)	Vegetationshorizont bleibt nicht erhalten
Die Torfgewinnung geht in die Tiefe, benötigt deshalb weniger Fläche für dieselbe Menge in einem Jahr.	Pro Jahr können nur wenige cm (8-10) gewonnen werden - sehr große Flächen notwendig.
Die in einem Jahr abgetorfte Fläche bleibt schon im nächsten Jahr von einer weiteren Abtorfung unberührt (Möglichkeit der Wiederbesiedlung).	Auf einer Fläche wird deshalb je nach Torfmächtigkeit bis zu 40/50 Jahre abgetorft. Danach erst besteht die Möglichkeit einer Wiederbesiedlung.
Möglichkeit der Abtorfung unter Wasser, so daß nach Verfüllung der Torfstichgrube mit der Bunkerde ein oberflächennaher Wasserstand vorhanden sein kann.	Aufwendige Oberflächengestaltung und Wiedervernässungsmaßnahmen für die Herstellung von oberflächennahen Wasserständen notwendig.
	Sonstige Probleme - Erosion Hohe Temperaturen - dadurch schlechte Ansiedlungsmöglichkeit für Pflanzen.

systeme selbst zu belastenden Ökosystemen. Durch hohe Mineralisationsraten, die unter ackerbaulicher Nutzung wegen der besseren Durchlüftung der Böden etwa doppelt so hoch sind wie unter Grünlandnutzung (KUNTZE 1973), werden die akkumulierten Stoffe wie Kohlenstoff als Kohlendioxid (CO_2), Stickstoff als Stickoxide (NO_x, N_2O; KUNTZE 1973, RICHTER et al. 1988) und andere Stoffe wie Phosphor (FURRER 1975 und MUNK 1972 in RINGLER 1977) und Schwermetalle freigesetzt. Im bayerischen Donaumoos bei Ingolstadt ist der Torfkörper am 1836 eingerichteten Moorpegel um ca. 3 m geschwunden, etwa 1 m davon ist auf Torfabbau, 2 m sind auf die Mineralisation durch Entwässerung und intensive landwirtschaftliche Nutzung zurückzuführen (PFADENHAUER et al. 1991). In Ostdeutschland ist in vielen ehemaligen Durchströmungsmooren durch intensivste Entwässerung und landwirtschaftliche Nutzung der Oberboden so verändert (»*Vermullung*«), daß letztere überhaupt nicht mehr durchführbar ist. Diese Flächen stellen häufig reine »Queckenwüsten« mit Stickstoffzeigern (Stickstoff-Freisetzung durch Mineralisation) wie der Brennessel dar (SUCCOW 1988). Die vermullten Horizonte lassen sich durch Oberflächenwasser nicht mehr benetzen.

Vielfalt durch kleinflächigen Torfstich

Der Einfluß des Torfabbaus ist sehr differenziert zu bewerten. Dies hängt vor allem von der angewandten Methode ab (vgl. Tabelle 2 und Abbildung 3). Das früher angewandte Stichverfahren führte unter bestimmten Umständen nur zu einer teilweisen oder geringen Beeinträchtigung der landschaftsökologischen Funktionen der Moore. In den Torfstichen konnte nach Beendigung des Abbaus unter günstigen Standortbedingungen sogar Torf wieder neu gebildet werden (POSCHLOD 1990). So schreiben schon ZIRL (1839) und LESQUEREUX (1847) in ihren Büchern über die Torfmoore Mitte des 19. Jahrhunderts über die Wiedererzeugung des Torfs, sie gehe »*wenigstens bei den Hochmooren, unter viel leichter zu ergründenden Umständen vor sich ..., als das ursprüngliche Wachstum*« (LESQUEREUX 1847). Allerdings sind diese Torfe noch völlig unzersetzt und die randlich angrenzenden unabgetorften Flächen bleiben davon unbeeinflußt.

Diese Aussagen gelten nur für den Torfstich selbst, nicht aber für einen gesamten Moorkomplex, d.h. Torfstichregeneration ist nicht gleich Moorregeneration. In vielen Fällen hat der Torfstich aber auch zu einer höheren Artenvielfalt in Regenmoorkomplexen geführt (RINGLER 1990), da dadurch neue, je nach Abbautiefe mehr oder weniger grundwasserbeeinflußte Standorte entstehen konnten (vgl. Abbildung 7). Viele Arten, vor allem solche der früher ungenutzten oder extensiv bewirtschafteten Randbereiche, finden häufig gerade in diesen Standortmosaiken der Torfstiche ihre letzten Rückzugsgebiete.

Moore werden ausradiert

Im Gegensatz zum Stichverfahren gehen bei dem heute verwendeten, industriellen Fräsverfahren, wie es beispielsweise im Reichermoos im Kreis Ravensburg angewandt wird, alle Funktionen vollständig verloren. Ob überhaupt, auch langfristig, eine Rückführung solcher Flächen nach Beendigung des Abbaus in torfbildende Stadien möglich ist, bleibt fraglich (POSCHLOD 1990, MAAS u. POSCHLOD 1991, POSCHLOD 1994; vgl. auch POSCHLOD 1995). Nach dem Abbau bleiben riesige, nackte Torfflächen zurück, die sich aufgrund extremer Erosionsempfindlichkeit und hoher Temperaturschwankungen an der Oberfläche nur schwer besiedeln (POSCHLOD 1990). Aus diesen Gründen müssen solche Flächen mit immensem technischen (und finanziellen) Aufwand nach dem Abbau »ökotechnisch« gestaltet werden (EGGELSMANN 1987). In Oberschwaben spielt der Torfabbau heute eine untergeordnete Rolle. Nur im Reichermoos wird großflächig auf diese Weise Torf für die Herstellung von Kultursubstraten abgebaut, ansonsten wird Torf von den Kurbädern Bad Buchau, Bad Schussenried, Bad Waldsee und Bad Wurzach für medizinische Zwecke gewonnen. Gerade hier sind aber Konzepte für eine nachhaltige Nutzung der Ressource Torf notwendig, wenn dies langfristig aufrecht erhalten werden soll (SCHUCKERT u. POSCHLOD 1991, 1993; SCHUCKERT, POSCHLOD u. KOBERT 1991).

Die verschiedenen Moortypen sind aber je nach Lage in der Landschaft und je nach Region sehr unterschiedlich beeinträchtigt worden bzw. beeinträchtigt. Eine Übersicht darüber gibt Tabelle 3 (vgl. auch PFADENHAUER 1988). Leider gibt es diesbezüglich bisher keine Moorinventarisierung, und es existiert auch kein landesweites Schutzkonzept, das auch hinsichtlich der hydrologisch beeinflußten Entwicklungsgeschichte unterschiedliche Moortypen einbezieht (s. das beispielhafte Hoch- und Übergangsmoorinventar der Schweiz; GRÜNIG et al. 1986). So dürften beispielsweise gerade die leicht entwässerbaren, nährstoffarmen, aber kalkreichen Hangmoore im Allgäu einer der gefährdetsten Moortypen überhaupt sein.

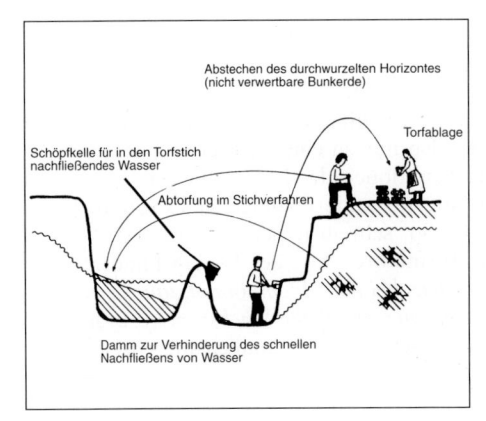

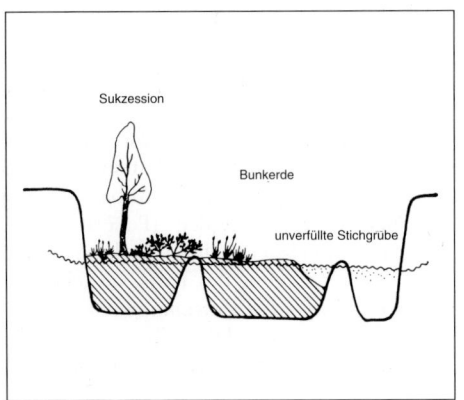

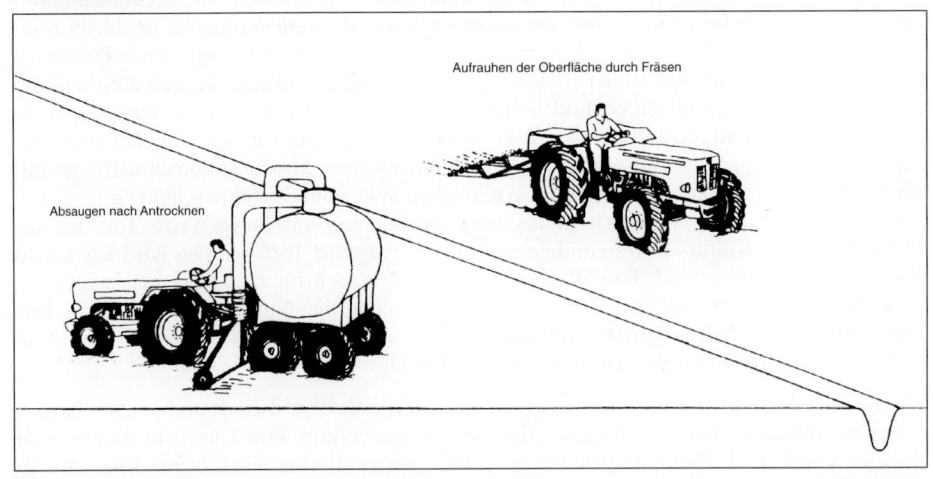

Abbildung 3: Bäuerlicher Handtorfstich (oben links während, oben rechts kurz nach Beendigung des Abbaus – schematische Darstellung verändert aus P̲f̲a̲d̲e̲n̲h̲a̲u̲e̲r̲ & K̲i̲n̲b̲e̲r̲g̲e̲r̲ 1985), industrieller Handtorfstich (Mitte) und industrieller Frästorfabbau (unten).

Tabelle 3: Situation der Moore Oberschwabens (vgl. PFADENHAUER 1988)

Große Talmoore der Donau und ihrer Nebenflüsse (Versumpfungs-Durchströmungsmoore) – Fallbeispiel **Osterried**.	
Meist schon im 18. Jahrhundert und zu Beginn des 19. Jahrhunderts großflächig kultiviert (Ödlandgesetz) und landwirtschaftlich genutzt; bezüglich des Eigenbedarfs der Bewirtschafter in geringem Umfang Torfabbau; heute zunehmend Ackerbau (Mais, Kartoffeln) und Intensivgrünland.	
Große Moorkomplexe in den ehemaligen Stamm- und Zweigbecken der Gletscher (Verlandungs- oder Verlandungs-Regenmoor-Komplexe) – Fallbeispiele **Federseeried**, **Wurzacher Ried**.	
Heterogenes Bild von ±intakten, meist stark entwässerten Regenmoorkernen und großen Torfabbauflächen (früher Hand- bzw. Maschinentorfstiche, heute industrielle Frästorfflächen); in den Randbereichen ehemals Streuwiesen, in den 60er Jahren meist in intensiv genutztes, drei- bis vierschnittiges Grünland, ebenso wie große, zentrale Regenmoorflächen, umgewandelt.	
Kleine Moorkomplexe in Geländesenken der Grund- und Endmoränenlandschaft (Versumpfungs-, Verlandungs-(Regen)moore, Kesselmoore).	
Große Anzahl, deshalb »relativ« viele heute ±intakt; wegen meist hoher Torfmächtigkeiten Torfabbau (Handtorfstich); Randbereiche, z.T. auch abgebaute Bereiche meist melioriert.	
Kleine Moorkomplexe in Hanglagen der Grund- und Endmoränenlandschaft (Hang-(Regen)moore) – Fallbeispiel **Schwarzen**.	
Meist drainiert und in Intensivgrünland umgewandelt; ehemals streugenutzte Flächen häufig brachliegend.	

Allerdings sind hier noch nicht die kontinuierlichen Veränderungen der Vegetation durch diffuse Nährstoffeinträge aus der Luft und damit auch der landschaftsökologischen Funktionen miteinbezogen. Sie sind bisher nur schwer faßbar, da dazu bisher nur einzelne Beobachtungen über einen längeren Zeitraum (Zunahme der Bewaldung, FRANKL 1995) oder experimentelle Ansätze (Veränderung der Zusammensetzung der Torfmoos- bzw. torfbildenden Vegetation, LÜTKE-TWENHÖVEN 1992) vorliegen (vgl. dazu auch POSCHLOD 1994).

Aus diesen Gründen sind umfassende Moor-, aber auch Moorlandschaftsschutzkonzepte notwendig (vgl. PFADENHAUER 1988, KIENAST et al. 1992). Bisher existieren in Südwestdeutschland dazu nur wenige Ansätze. Beispielhaft sollen an einigen Fällen die Probleme, deren Lösungsansätze und offene Fragen unter Berücksichtigung der Entstehung und Entwicklung und der Kulturgeschichte der Moore vorgestellt werden.

Fallbeispiele

Das Beispiel Wurzacher Ried

Das Wurzacher Ried liegt innerhalb der rißeiszeitlichen Altmoränenlandschaft. Während der letzen Eiszeit, der Würmeiszeit, wurde das während der Rißeiszeit durch den Rheingletscher ausgeformte Becken nach Südwesten abgeriegelt und im Vorfeld des würmeiszeitlichen Endmoränenwalls aufgeschottert. Der verbliebene flache Restsee im Becken verlandete. Das wahrscheinlich schon bald nach der Eiszeit vollständig verlandete Becken wuchs, genährt durch randliche Quellen als Durchströmungsmoor weiter. In der

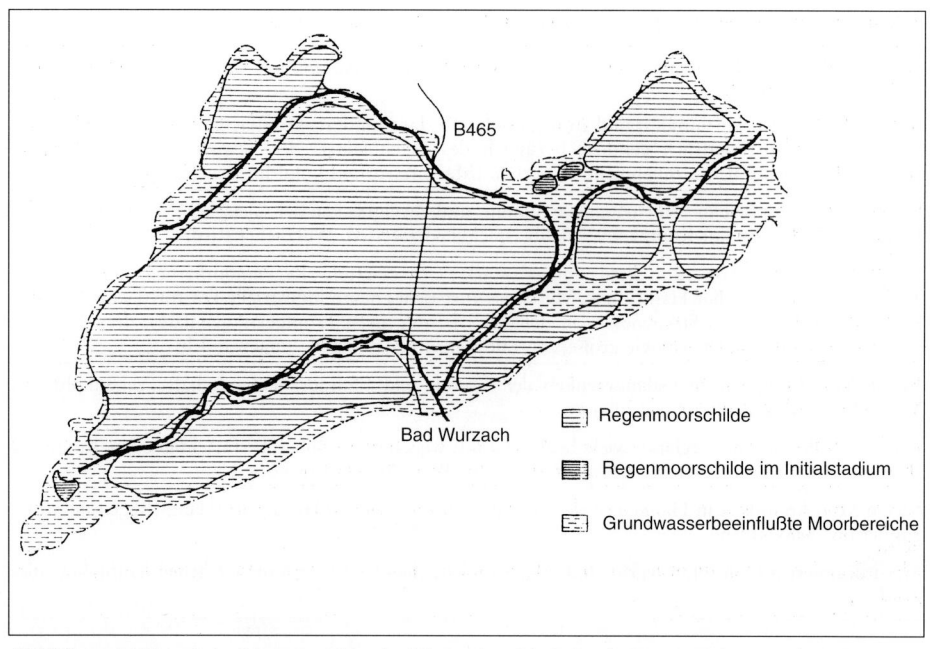

Abbildung 4: Historische Moorzonation des Wurzacher Rieds (nach SCHWINEKÖPER et al. 1991).

Nachwärmezeit wuchsen schließlich große Teile zu Regenmoorschilden auf und begannen den heute vorhandenen Regenmoorkomplex zu bilden. Das Wurzacher Ried ist also ein Verlandungs-Durchströmungs-Regenmoor-Komplex (Abbildung 1 [A], vgl. SUCCOW u. JESCHKE 1986). Die ursprüngliche, noch vom Menschen unbeeinflußte Moorzonation des Regenmoorkomplexes zeigt Abbildung 4 (nach SCHWINEKÖPER et al. 1991, vgl. auch KRÜGER u. PFADENHAUER 1992).

Die ersten historische Belege einer Nutzung des Moorkomplexes lassen sich bis ins 17. Jahrhundert zurückverfolgen (SCHWINEKÖPER et al. 1991). So sind auf der ›Geometrischen Mappa der Herrschaft Wolfeck‹ aus dem Jahre 1669 Leinwandbahnen stilisiert dargestellt, die darauf hinweisen, daß diese am Rande des Riedes gebleicht wurden. Im Gebiet der Haidgauer Quellseen wurden die Wasser zum Betrieb einer Mühle und zur Fischereiwirtschaft aufgestaut. Die randlichen Bereiche des Riedes wurden extensiv durch Beweidung (Rinder, Schafe, Ziegen) oder zur Streugewinnung genutzt. Aber noch im 18. Jahrhundert sind auf der ›Spezial Mappa‹ über einen Anteil der erbtruchsessischen freien Reichsgrafschaft Wolfegg sieben Regenmoorschilde zu erkennen (vgl. Abbildung 4). Zwar versuchte Graf Franz von Waldburg-Wurzach in den Jahren 1750/60 eine Moorkolonie zu gründen. Dies wurde aber nach kurzer Zeit aufgegeben (GÖTTLICH 1977). Erst im Verlauf des 19. Jahrhunderts begann nachweislich der Torfabbau. So waren erstmals 1818 Handtorfstiche der Wurzacher Bürger und der 'Herrschaft' auf einer Karte des unteren Rieds verzeichnet. In dieser Zeit wurde beispielsweise ein Regenmoorschild, das 'Kleine Alberser Ried', bis zum Niedermoortorf abgestochen. Damit verbunden waren aufwendige Entwässerungsmaßnahmen und zur Zeit des beginnenden industriellen Torfabbaus Ende des 19., Anfang des 20. Jahrhunderts auch die Begradigung und Tieferlegung der Riedbäche.

1920 wurde schließlich das Haidgauer Torfwerk gegründet, vor allem zum Zwecke der Brenntorfgewinnung (vgl. Tabelle 1 und Abbildung 7; GREMER u. POSCHLOD 1991).

Tabelle 4: Geschichte des Torfabbaus durch das Haidgauer Torfwerk im Wurzacher Ried – Torfabbauverfahren, Zweck und Abbautiefe (nach GREMER & POSCHLOD 1991)

Abbauverfahren	Abbauzeitraum	Zweck	Abbautiefe
Handtorfstich	1920–1958	Brenntorfgewinnung	ca. 2,5 m
Handtorfstich	?–1962	Streutorfgewinnung	2–3 m
Handtorfstich	1936–1962	Badetorfgewinnung	2–3 m
Maschineller Abbau mit dem Eimerleiterbagger	1955–1971	Brenntorfgewinnung	1–1,5 m
Maschineller Abbau mit der Torfstechmaschine	1963/64	Streutorfgewinnung	0,8 m
Maschineller Abbau mit dem Seilbagger	1963–1989	Badetorfgewinnung	meist 2–3 m
Maschineller Abbau mit der Schneckenfräse	1964–1989	Torf für Kultursubstrate	5–10 cm/Jahr

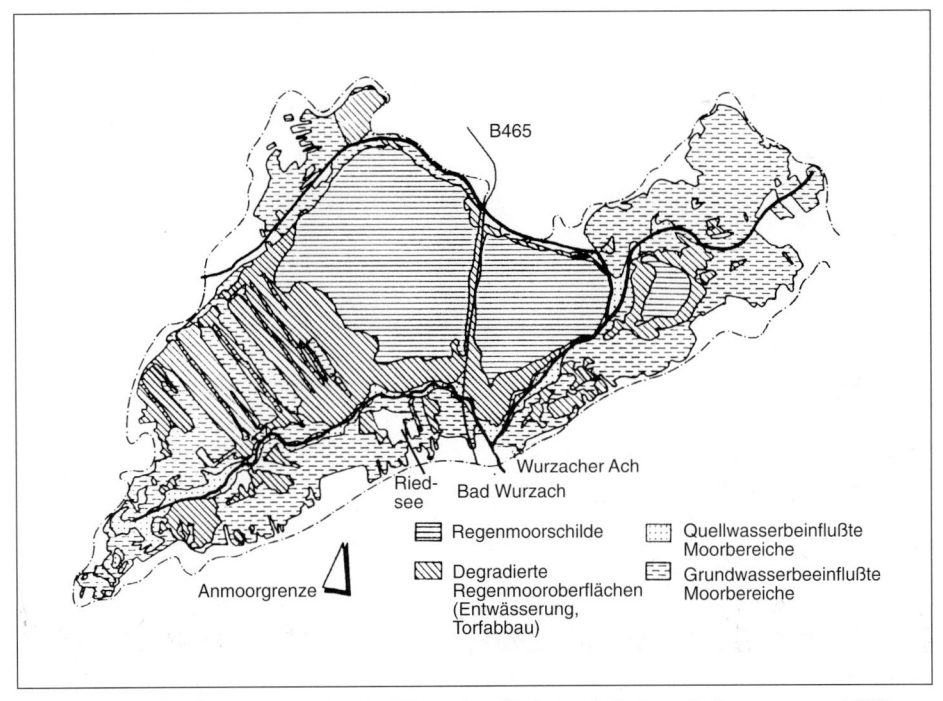

Abbildung 5: Aktuelle Moorzonation des Wurzacher Rieds (nach KRÜGER & PFADENHAUER 1992).

Diese Eingriffe führten dazu, daß von den ursprünglich sieben Regenmoorschilden nur noch zwei in ihrer mehr oder weniger ursprünglichen Form verblieben sind (Abbildung 5; vgl. KRÜGER u. PFADENHAUER 1992). Der größte zusammenhängende Regenmoorschild Mitteleuropas, das Haidgauer Ried (Abbildung 6) ist allerdings im westlichen Teil durch den Torfabbau vollständig zerstört worden. Trotzdem ist es mit seiner nach wie vor großen Ausdehnung noch von herausragender Bedeutung. Aus diesem Grunde wurde es in den letzten Jahren als »Gebiet mit gesamtstaatlich repräsentativer Bedeutung« anerkannt und erhielt das »Europa-Diplom« des Europarates.

Der Mensch soll sich künftig heraushalten

Mit dem Diplom verbunden war die Verpflichtung zur Erstellung eines ökologischen Entwicklungskonzepts, das hier erstmals für einen Moorkomplex in Oberschwaben interdisziplinär zwischen Universitäten und amtlichem Naturschutz erarbeitet wurde (vgl. KRÜGER u. PFADENHAUER 1992). In Anbetracht der vergleichsweise geringen Nutzungsansprüche in einem großflächig noch weitgehend intakten Moorkomplex war das Ziel des Entwicklungskonzeptes (vgl. Tabelle 5) die Wiederherstellung der landschaftsökologischen Funktionen, v.a. der Akkumulationsfunktion, also des Wachstums des Moores. Eine Retentionsfunktion und stoffliche Pufferfunktion als »entsorgendes Ökosystem« kann aber nur dann vollständig wiederhergestellt werden, wenn die vollständige Zonierung des Moorkomplexes vorhanden ist. Das bedeutet nicht nur die Wiedervernässung der entwässerten Bereiche der Regenmoorschilde bzw. der großen Torfstiche im Haidgauer Schild, son-

Abbildung 6: Blick über den mittleren und östlichen Teil des Haidgauer Regenmoorschildes im Wurzacher Ried (August 1993).

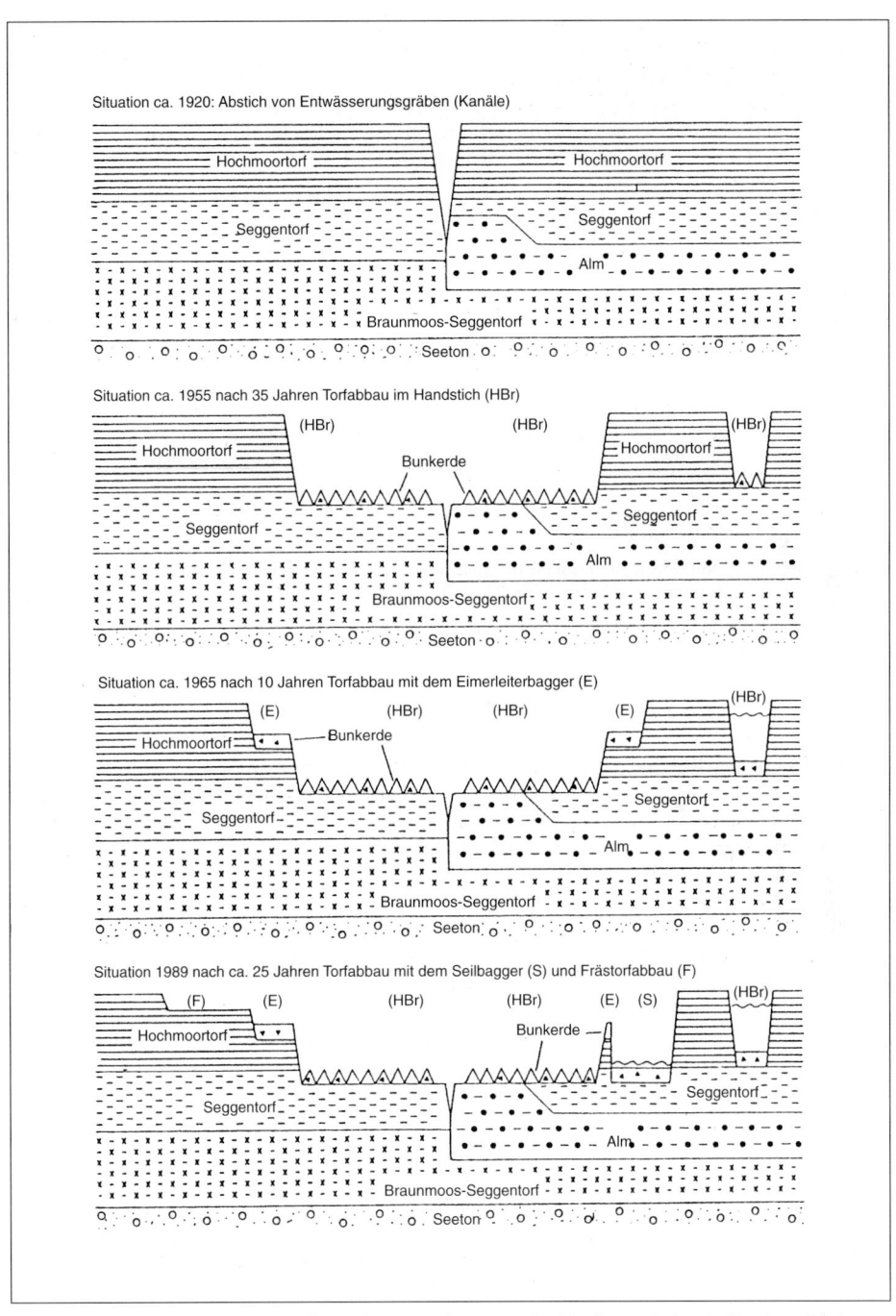

Abbildung 7: Schematische Darstellung der Veränderungen des Torfkörpers durch die vier wichtigsten Torfabbauverfahren im Wurzacher Ried (aus GREMER & POSCHLOD 1991).

dern auch der Randbereiche, damit sich die für Alpenvorlandsregenmoorkomplexe typischen Randzonen (Randgehänge, Randlagg) wieder entwickeln können. Zwar existieren in den Randbereichen auch Vorkommen extrem seltener Arten, die an die traditionelle Streuwiesenbewirtschaftung gebunden sind. In diesen Fällen sollten Ausnahmen gemacht werden, die das Gesamtziel nicht beeinträchtigen. Langfristig muß hier die Chance ergriffen werden, ein Gebiet »ohne permanenten menschlichen Eingriff« (vgl. KRÜGER & PFADENHAUER 1992) zu schaffen. Da bisher keine Erfahrungen über eine solche Maßnahme vorliegen, wird hier im Rahmen eines wissenschaftlichen Begleitprogramms eine Erfolgskontrolle durchgeführt (BÖCKER et al. 1994, DEUSCHLE & POSCHLOD 1994, SCHUCKERT et al. 1994 u.a.).

Tabelle 5: Ökologische Entwicklungskonzeption Wurzacher Ried (nach KRÜGER & PFADENHAUER 1992)

Tabuzone:	Keine Nutzung, d.h. Selbstregulation nach initialen Vernässungsmaßnahmen, Schutz und Entwicklung verschiedener Moortypen je nach Standortbeschaffenheit (Saure Armmoore auf den Regenmoorschilden, Übergangsmoorstadien bzw. Zwischenmoor, grundwasserbeeinflußte Moore wie quellige Kalk-Armmoore und Reichmoorstadien wie Bruchwälder, Seggenrieder und Röhrichte)
Moorrandzone:	Pflege und extensive Nutzung von Feucht- und Magerwiesen, Etablierung von Pufferflächen
Einzugsgebiet:	Nutzungsrestriktionen für austragsgefährdete Parzellen, Entwicklung naturnaher Laubmischwälder an Steilhängen und Kuppen

Das Beispiel Federsee mit Federseeried

Wie das Wurzacher Ried liegt auch der Federsee innerhalb der Altmoränenlandschaft in einem ehemaligen Zungenbecken des rißeiszeitlichen Rheingletschers. Während der letzten Eiszeit wurde das Becken durch einen Moränenwall im Süden vom Schussenbecken abgetrennt. Das Becken wurde schließlich durch die Schmelzwasserströme, die den Moränenwall an einigen Stellen durchbrachen, vor allem im südlichen Bereich aufgefüllt. Am Ende der Eiszeit umfaßte der See, der im nördlichen Teil seine größte Tiefe (10-12m) erreichte, eine Fläche von ca. 30 km^2 (vgl. Tabelle 6; ANONYMUS 1988). In der Nacheiszeit verlandete der See zunächst langsam, und dann immer rascher durch die sogenannte minero- und biogene Kalkfällung, bei der ein gallertartiges Sediment, die Kalklebermudde, gebildet wird. Im Bereich des flacheren südlichen Teils begann über grundwasserbeeinflußten Torfablagerungen ein Regenmoorschild (das sog. *Wilde Ried* oder jetzt *Steinhauser Ried*) aufzuwachsen. Vor den ersten Eingriffen des Menschen war das Federseebecken ein Komplex aus dem im nördlichen Teil noch existierenden See und Verlandungsmoor und dem Verlandungs-Regenmoor im Süden.

Einschneidende Änderungen durch Seefällungen

Die Kulturgeschichte des Federsees beginnt eigentlich schon mit der Nacheiszeit. Schon in der späten arktischen Zeit bzw. der Altsteinzeit waren in dem Gebiet Rentierjäger anzutreffen. Im Jahre 1866 wurde bei der Tieferlegung der Schussenquelle ein Rentierjägerlager aus der Zeit um 14 000 v. Chr. entdeckt (ANONYMUS 1988). Aus der frühen Wärmezeit

Abbildung 8: Blick über den nördlichen Teil des Federseerieds mit dem Federsee (Foto: L. ZIER).

(Jungsteinzeit) stammen die bekannten »Moordörfer« Aichbühl, Riedschachen, Taubried und Dullenried. Schon damals wurde im Gebiet Ackerbau und Weidewirtschaft betrieben, die die Jagd, den Fischfang und Sammelwirtschaft ergänzten. Die »Wasserburg Bad Buchau« stammt aus der späten Wärmezeit (Bronzezeit). Am Ende dieser Zeit stieg der Seespiegel, so daß die Besiedlung und Bearbeitung des Moores wahrscheinlich in vielen Teilen aufgegeben werden mußte. Danach sind nur wenige Dokumente über den Einfluß des Menschen auf das Moor erhalten geblieben, doch waren die Eingriffe wohl immer noch vergleichsweise gering.

Einschneidende Veränderungen zogen erst die beiden Seefällungen nach sich, denen der Federsee seine heutige rhombische Gestalt verdankt (Abbildung 8). Auslöser dieser beiden Seefällungen um ingesamt 2m (vgl. Tabelle 6) waren Streitigkeiten zwischen den Landwirtschaft betreibenden Bürgern der Stadt Buchau und dem in Buchau ansässigen Stift um das Triebrecht auf Weiden und Brachen, um das Recht der Torfnutzung und um andere Dinge. Die Stadt besaß im Gegensatz zum Stift kein eigenes Territorium. Im Jahre 1784 wurden schließlich die gemeinsam genutzten Moorflächen aufgeteilt und die Absenkung des Federsees zur Landgewinnung beschlossen. Allerdings war das neugewonnene Land landwirtschaftlich nur zur Streugewinnung zu nutzen. Das heutige Naturschutzgebiet Federsee umfaßt fast ausschließlich Flächen, die erst durch diese beiden Seefällungen überhaupt entstanden sind.

Es war schon fünf vor Zwölf

Durch die Absenkung wurde die Verlandungsgeschwindigkeit des Sees durch die nunmehr nachdrängenden, durch einen geringmächtigeren Wasserkörper weniger belasteten Seesedimente erhöht. Erst in den beiden letzten Jahrzehnten hat sich die, durch die extreme

Tabelle 6: Geologische und Verlandungs-Geschichte des Federsees (nach ANONYMUS 1988)

Ur-Federsee (evtl. mehrere Seen) älter als 20 000 Jahre			
Würmeiszeitlicher Federsee ca. 20 000-11 000 vor heute		30 km²	randliche Zuschüttung durch Schmelzwasser-ablagerungen (Kies, Ton) Eisvorstoß in der Würmeiszeit bis zur Schussenquelle
Nacheiszeitlicher Federsee ab 11 000 vor heute			Ablagerung der Lebermudde
Historischer Federsee vor 1787		10,8 km²	starke Verlandung durch Ablagerung organischer Sedimente (Wasserpflanzen u.a.)
Heutiger Federsee seit 1789 bzw. 1809	1787/88		Seefällung um 0,85 m
	1789	6,8 km²	
	1808/09		Seefällung um 1,15 m
	1810	2,8 km²	
	1820	2,5 km²	Tiefe 5,4 m
	1911	1,5 km²	
	1972	1,4 km²	Tiefe 3,15 m

Eutrophierung des Sees bedingte Verlandung wieder verlangsamt. Die Eutrophierung, verursacht durch Abwässer und über Gräben eingeschwemmte landwirtschaftliche Düngemittel, führte fast zu einem vollständigen Umkippen des Sees. Diese Tendenz konnte erst durch den Bau einer Abwasserringleitung gestoppt werden. Seither hat sich die Wasserqualität des Sees ständig verbessert (ANONYMUS 1988; GÜNZL 1989).

Schließlich darf der Torfabbau im südlichen Regenmoorschild, dem Wilden oder Steinhauser Ried, nicht unerwähnt bleiben. Schon Anfang letzten Jahrhunderts setzte er, erleichtert durch die beiden Seefällungen, in größerem Umfang ein. 1856 wurde eine Torfmeisterei eingerichtet, aus der später das Königliche Torfwerk Schussenried hervorging. Erst im Jahre 1971 wurde dieser Betrieb durch das Land Baden-Württemberg aufgelassen. Die abgetorften Flächen wandelte man anschließend in landwirtschaftliche Flächen zum Zweck einer intensiven Grünlandnutzung um. So schreibt GÖTTLICH (1977) noch von einer »modernen Moorerschließung« und »es galt erst einmal, den für eine Neulanderschließung nötigen Pioniergeist zu wecken, zumal Moorböden weithin als minderwertig beurteilt wurden«. Noch bis in diese Zeit war der Gedanke der »Ödlandkultivierung« weit verbreitet.

Neue Ziele

Ein bisher nur für das engere Naturschutzgebiet Federsee erstelltes Konzept (GRÜTTNER u. WARNKE-GRÜTTNER 1993) gibt zwei Ziele an: Die Pflege der ehemaligen Streuwiesen als Fortführung althergebrachter Nutzungsformen. Dies ist zum Erhalt dieser wahrscheinlich größten anthropogen geschaffenen, aber naturnahen »Offenlandschaft« Oberschwabens sicher angebracht. Zum anderen sollte aber auch, wo möglich, die autogene Vegetations- und Moorentwicklung zugelassen werden. Dies träfe vor allem für offene Nieder- und Übergangsmoorbereiche bzw. die seenahen Schilfgürtel zu. Allerdings sollten diese Vorstellungen in ein Konzept für das gesamte Federseebecken mit seinem Einzugsgebiet eingebettet werden. Dies würde aber für die jetzt noch intensiv landwirtschaftlich genutzten Bereiche im südlichen Teil eine Wiedervernässung und eine Rückführung zu extensiven Nutzungsweisen bedingen.

Welche Möglichkeiten dazu gibt es und welche landwirtschaftlichen Rahmenbedingungen für eine langfristig extensive Nutzung sind dazu notwendig? Möglichkeiten der Rückführung artenarmer, intensiv genutzter Wiesen in artenreichere Bachkratzdistel- bzw. Pfeifengraswiesen werden derzeit untersucht (BIEWER & POSCHLOD 1994a, 1995). Pflege kann dann aber keine Dauerlösung sein, schon aus finanziellen Gründen. Hier müssen Nutzungsalternativen gefunden werden, die trotz eines schlechteren Ertrags und Futterwertes extensiv genutzte Feucht- bzw. Naßwiesen für einen Landwirt wieder attraktiv machen. Dies dürfte in diesem Bereich eine der größten Naturschutzaufgaben der Zukunft sein.

Das Beispiel Osterried

Das Osterried liegt in einer ehemaligen Entwässerungsrinne der Rißeiszeit, dem Rißtal. Während dieser Eiszeit wurden mächtige Kiesschichten durch die Schmelzwasser abgelagert, die während der Zwischeneiszeit und letzten Eiszeit teilweise wieder ausgeräumt wurden. Sie sind noch als Hochterrasse am Rande des Osterriedes erkennbar. Nach Abschmelzen des Gletschers ließ die Erosionskraft der Schmelzwässer nach und es begann eine erneute Aufschotterung. Im »Schatten« eines solchen Schwemmkegels entstand durch dessen wasserstauende Wirkung das Osterried (GERMAN in KLEPSER 1980).

Das Osterried ist also durch Versumpfung durch angestiegenes Grundwasser entstanden. Die Bildung von Torf verlangsamte die Durchströmungsgeschwindigkeit des Wassers in diesem Bereich des Rißtales. Dadurch wurde das Wasser an die Oberfläche des Moores angestaut. Aus dem Versumpfungs- entstand ein Durchströmungsmoor (ROTH & POSCHLOD 1994). Diese Versumpfungs-Durchströmungsmoore sind typisch für die großen Täler der Donau und ihrer Nebenflüsse (vgl. SUCCOW & JESCHKE 1986).

Eine erste Nutzung des Osterrieds begann im Mittelalter (MÜLLER in KLEPSER 1980). Es wurde als Allmendweide genutzt. Parallel dazu wurde wohl schon Torf gestochen, in größerem Umfang nach der Aufteilung an die Angehörigen der Gemeinden Baltringen, Baustetten und Mietingen Anfang des letzten Jahrhunderts. Der Torfabbau geschah flächendeckend über den gesamten Moorkomplex, und zwar so gründlich, daß nirgendwo die ursprüngliche Mooroberfläche und damit ein ungestörtes Torfprofil erhalten geblieben ist. Ab 1835 wurden große Flächen der Allmenden und Torfstiche »urbar« gemacht. Die Wiesen ließen sich aber nur als einmähdige Streuwiesen nutzen. Aus diesem Grunde fanden Mitte des letzten Jahrhunderts umfangreiche Maßnahmen zur Ent- und Bewässerung durch den Hohenheimer Wiesenbaumeister Häfener statt. Damit konnten die Wiesen auf vielen Flächen zweimähdig genutzt werden. Die Entwässerung nahm durch die Begradigung des angrenzenden Baches Dürnach im Jahre 1929 und den später noch erfolgten Ausbau und die damit verbundene Eintiefung zu. Im Zuge dieser Maßnahmen wurden verstärkt Fichtenaufforstungen im Moor angelegt. So stellt sich das Moor heute als ein Komplex von Torfstichen, mehr oder weniger trockenen Streuwiesen, intensiv genutztem Grünland und großflächigen Fichtenaufforstungen dar. Der ursprüngliche Charakter ist dabei vollständig verloren gegangen.

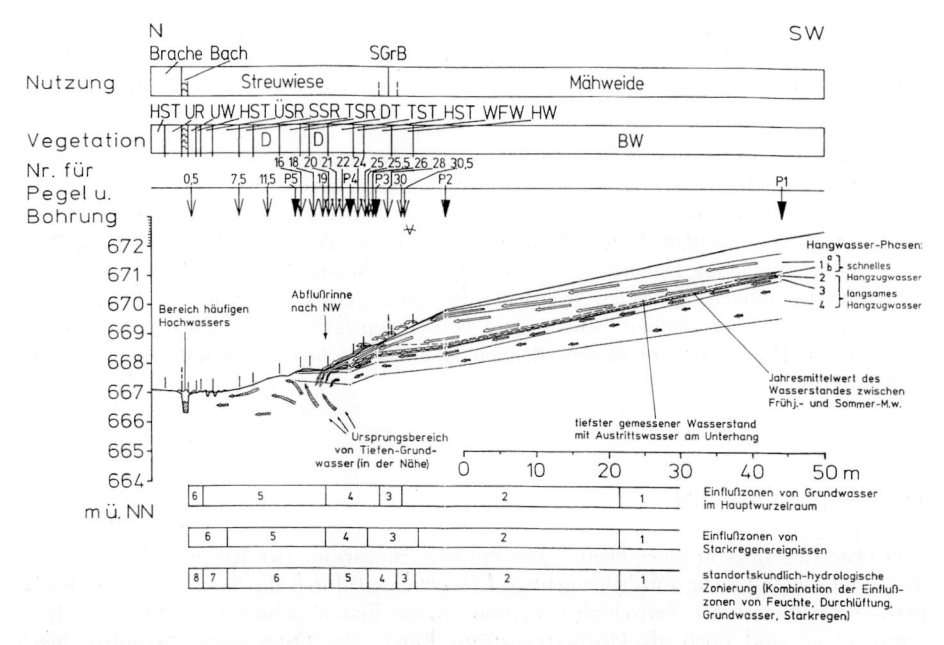

Abbildung 9: Hydrologische Charakterisierung des Hang-Quellmoor-Komplexes bei Schwarzen (Westallgäuer Hügelland; aus KELLERMANN et al. 1994).

Durch Vernässung wieder mehr Natur

Ein zukünftiges Entwicklungskonzept hat hier vor allem ein Ziel zu verfolgen (vgl. BIEWER et al. 1994b). Das Osterried ist in diesem Naturraum der letzte vergleichsweise »naturnahe« Rest zahlreicher Versumpfungs- bzw. Versumpfungs-Durchströmungsmoore. Alle anderen Moorvorkommen werden inzwischen landwirtschaftlich so intensiv genutzt, daß sie ihren Moorcharakter verloren haben und damit die moortypischen Arten vollständig verschwunden sind. So haben viele, in diesem Naturraum ehemals weitverbreitete Arten im Osterried ihr letztes Vorkommen (KLEPSER 1980), allerdings meist im Bereich noch traditionell genutzter bzw. gepflegter Streuwiesen. Dies gilt es zu entwickeln.

Eine Rückentwicklung zum ursprünglichen Moortyp ist nur durch sinnvolle Wiedervernässungsmaßnahmen, die in Verbindung mit einer Hebung des Grundwasserspiegels stehen müßten, also einem Rückbau der Dürnach, möglich. Dies dürfte aber in dieser Landschaft unter den momentanen Nutzungsvorgaben nicht durchführ- und durchsetzbar sein, so daß lokale Wiedervernässungsmaßnahmen zum langfristigen Erhalt in Verbindung mit der Aufrechterhaltung der traditionellen Nutzung in Bereichen notwendig sind. Damit verbunden müßte aber auch langfristig eine Umwandlung der Fichtenforste in naturnähere Wälder sein. So sind trotz der intensiven forstwirtschaftlichen Nutzung wenigstens noch einige typische Niedermoorarten als keimfähige Diasporensamen im Boden vorhanden (SCHNEIDER & POSCHLOD 1994). Dieses Potential kann nach Rodungsmaßnahmen für eine Umwandlung in moortypischere Gemeinschaften genutzt werden.

Abbildung 10: Hangmoor bei Epplings – charakteristische isolierte Lage eines Moor-Naturschutzgebietes: intensive Landwirtschaft sowohl ober- und unterhalb als auch seitlich; es fehlt jegliche Pufferzone (Juli 1993).

Was tun mit den kleinflächigen Mooren?

Das Moor bei Schwarzen liegt im Westallgäuer Hügelland bei Argenbühl im Gießbachtal, also in der würmeiszeitlich überformten Endmoränenlandschaft. Es ist ein Komplex aus Hang-, Quell- und Überflutungsmoor im bachnahen Bereich, der typisch für diese Landschaften ist (vgl. Abbildung 1 [D]). Die Geschiebemergel der Grundmoräne weisen häufig wasserdurchlässige und wasserundurchlässige Schichten im Wechsel auf – auf letzteren tritt dann das Grund- oder Stauwasser an die Oberfläche (Abbildung 9). An den Unterhängen und Talsohlen wurden tonige Sedimente abgelagert, die durch ihre stauende Wirkung die Moorbildung unterstützten (vgl. KELLERMANN et al. 1994).

Die Nutzung solch kleiner Moorkomplexe ist meist nur stichwortartig und über alte Landschaftskarten überliefert. Wahrscheinlich war hier im unteren Talbereich im 13. Jahrhundert ein Weiher angelegt worden (KRALLERT in KONOLD 1987), was auch muddeartige Schichten in den Torfablagerungen vermuten lassen. Heute sind davon nicht einmal mehr Dämme sichtbar. Bis noch vor zehn Jahren ist das gesamte Moor streugenutzt worden, bis zur Jahrhundertwende wurden das darüberliegenden mineralischen Böden noch ackerbaulich genutzt. Heute ist ein Großteil der ehemaligen Streuwiesen brachgefallen, die hangoberwärts liegenden mineralischen Böden werden intensiv landwirtschaftlich als 4- bis 5schnittige Wiese mit gelegentlicher Nachweide im Herbst genutzt. Dies ist nur durch intensive Düngung, überwiegend mit Gülle, möglich. Dadurch werden die hangabwärts und im Tal als Anreicherungsstandort liegenden Bereiche nicht unwesentlich beeinflußt, findet eine langsame, aber stetige Eutrophierung des Moorkomplexes statt (siehe Abbildung 10; vgl. dazu ZELESNY 1994).

Für solch kleinflächige Komplexe Pflege- oder Entwicklungskonzepte zu erarbeiten, ist aufgrund der Vielzahl dieser Komplexe im Allgäu nur schwer möglich und wenig sinnvoll. Hier sind Entwicklungs- und Schutzkonzepte für ganze Moorlandschaften notwendig, um wenigstens noch solche Landschaftsteile langfristig zu erhalten, in denen die intensive Nutzung noch nicht so weit fortgeschritten ist, daß zu entwickelnde Potentiale noch vorhanden sind. Gerade das Gießbachtal mit seinem noch in vielen Teilen vorhandenen Potential wäre in dieser Hinsicht eine Modellandschaft. Hier könnte ein Entwicklungskonzept erstellt werden, diesen Landschaftsausschnitt nachhaltig naturverträglich zu nutzen, wie es beispielhaft für das Tal der Wolfegger Ach konzipiert wurde (KONOLD et al. 1993, SEIFFERT et al. 1994), oder es zu einer Moornaturlandschaft ohne Nutzung zu entwickeln.

Zusammenfassung

Differenzierte Betrachtungen sind notwendig

Moore, jahrtausendelang Elemente der Natur- oder Urlandschaft, sind innerhalb weniger Jahrhunderte zu großen Teilen in Elemente der Kulturlandschaft umgeformt worden. In unserer mitteleuropäischen Kulturlandschaft repräsentieren die wenigen verbliebenen oder gering beeinflußten Teile aber die einzigen Relikte der ehemaligen Urlandschaft außerhalb der Alpen. Unter der Vorgabe ihrer Funktionen vor allem als entsorgende Ökosysteme (Akkumulationsfunktion) sollte eine Rückentwicklung zu Elementen der Urlandschaft häufiger ins Auge gefaßt werden. Dies ist aber abhängig von dem vorhandenen Potential und der Landschaft, in der die Moore eingebettet sind. Es sollte nicht der Fehler gemacht werden, dies für alle Moorkomplexe als zukünftiges Leitbild anzustreben. So sind beispielsweise die Streuwiesen in Oberschwaben überhaupt erst durch den Menschen entstanden, aber sie stellen in ihrer Struktur, Artenzusammensetzung und in ihrer Großflächigkeit einmalige Zeugnisse dar. Dies sollte wenigstens in Teilen aufrechterhalten werden. Das gilt auch für solche Moorkomplexe, in denen der Landschaftsraum, in dem sie eingebettet sind, eine solche Rückentwicklung nicht zuläßt.

Dank:

Für die Anfertigung der Zeichnungen danke ich Frau Angela Deuschle.

Literatur

ANONYMUS (1988): Bad Buchau und der Federsee. 2. Aufl., Bach Buchau

BADEN, W. & R. EGGELSMANN (1964): Der Wasserkreislauf eines nordwestdeutschen Hochmoores. Schriftenreihe des Kuratoriums für Kulturbauwesen **12**, München.

BERTSCH, K. (1924): Paläobotanische Untersuchungen im Reichermoos. Jh. Ver. vaterländ. Naturkunde Württ. 80: 1-19.

BIEWER, H., KÖTTNER, A. & P. POSCHLOD (1994a): Landschaftsökologisch-moorkundliche Untersuchungen im Osterried bei Laupheim. IV. Stand der Pflege und Überlegungen zur zukünftigen Pflege- und Entwicklungsplanung aus vegetationskundlicher Sicht. In (Hrsg.: BÖCKER, R. & A. KOHLER): Feuchtgebiete – Gefährdung, Schutz, Renaturierung. Hohenheimer Umwelttagung **26**, S. 287-296.

BIEWER, H. & P. POSCHLOD (1995): Wiederherstellung und Wiedervernässung artenreicher Feuchtwiesen im Naturschutzgebiet ›Südliches Federseeried' (vegetationskundlicher Teil): Maßnahmen zur Wiederansiedlung von Arten und Standortbeschreibung. Veröff. PAÖ **10**: Im Druck.

BIEWER, H., POSCHLOD, P., BÜHLER, F., METZLER, S. & R. BÖCKER (1994b): Wiedervernässung und Wiederherstellung artenreicher Feuchtwiesen im geplanten Naturschutzgebiet »Südliches Federseeried« (Vegetationskundlicher Teil) – Ausgangszustand (Vegetation), Versuchsplanung und Methoden. Veröff. PAÖ **8**: 289-303.

BÖCKER, R., JANSEN, W., KAULE, G., PFADENHAUER, J., POSCHLOD, P., RAHMANN, H., RECK, H., SCHOPP-GUTH, A. & U. SCHUCKERT (1994): Monitoring für den Hochmoorkomplex Wurzacher Ried. Teil 1: Einführung und Grundlagen. In (Hrsg.: BÖCKER, R. & A. KOHLER): Feuchtgebiete – Gefährdung, Schutz, Renaturierung. Hohenheimer Umwelttagung **26**, S. 93-98.

DEUSCHLE, A. & P. POSCHLOD (1994): Monitoring feiner Veränderungen in Moorkomplexen – Mikrokartierung von Vegetationsmosaik-Komplexen. In (Hrsg.: BÖCKER, R. & A. KOHLER): Feuchtgebiete – Gefährdung, Schutz, Renaturierung. Hohenheimer Umwelttagung **26**, S. 253-261.

EGGELSMANN, R. (1987): Ökotechnische Aspekte der Hochmoor-Regeneration. Telma **17**: 59-74.

FRANKL, R. (1995, in Vorb.): Zur Vegetationsentwicklung in den Rottaufilzen (Südliche Chiemseemoore) im Zeitraum von 1957 bis 1992). Dissertation, Universität Bayreuth.

FRANZÉN, L.G. (1994): Are wetlands the key to the ice-age cycle enigma? Ambio **23**: 300-308.

FRENZEL, B. (1983): Die Vegetationsgeschichte Süddeutschlands im Eiszeitalter. In H. MÜLLER-BECK (Hrsg.): Urgeschichte Baden-Württembergs, S. 91-166, Stuttgart.

GÖTTLICH, K. (1965-1979): Moorkarte von Baden-Württemberg 1:50 000. Stuttgart.

GÖTTLICH, K. (1977): Torfnutzung, Moorerschließung und -siedlung in Baden-Württemberg, speziell in Oberschwaben – Geschichte, gegenwärtiger Stand und Ausblick. TELMA **7**: 143-156.

GÖTTLICH, K. (Hrsg., 1990): Moor- und Torfkunde. 3. Aufl., Stuttgart.

GREMER, D. &. P. POSCHLOD (1991): Vegetationsentwicklung im Torfstichgebiet des Haidgauer Rieds (Wurzacher Ried) in Abhängigkeit von Abbauweise und Standort nach dem Abbau. Verh. Ges. f. Ökol. **20**: 315-324.

GRÜNIG, A., VETTERLI, L. & O. WILDI (1986): Die Hoch- und Übergangsmoore der Schweiz. Ber. Eidgen. Anst. f. d. forstl. Versuchswesen **281**.

GRÜTTNER, A. & R. WARNKE-GRÜTTNER (1993): Ökologische Untersuchungen zur Optimierung des Schutzes der Flora und Fauna im Naturschutzgebiet Federsee – Naturschutzpraktische Auswertung des Projektes: Ein neuer Pflegeplan für das NSG Federsee. Veröff. PAÖ **7**: 309-319.

GÜNZL, H. (1989): Das Naturschutzgebiet Federsee. Führer Natur- u. Landschaftsschutzgebiete Bad.-Württ. **7**: 1-164.

KELLERMANN, S. KOSKA, I. & P. POSCHLOD (1994): Nährstoffgehalte im Hangzugswasser und Nährstoffentzüge über die Biomasse entlang eines Gradienten zwischen Intensivgrünland und Streuwiese (Schwarzen, Württembergisches Allgäu). In (Hrsg.: BÖCKER, R. & A. KOHLER): Feuchtgebiete – Gefährdung, Schutz, Renaturierung. Hohenheimer Umwelttagung **26**, S. 297-304.

KIENAST, F., WILDI, O. & M. HUNZIKER (1992): Das Moorlandschaftsinventar der Schweiz – eine statistische Analyse der Bewertungsmethodik. Natur u. Landschaft **67**: 271-275.

KLEPSER, H.-H. (Hrsg., 1980): Landschaftsschutzgebiet Osterried bei Laupheim. Führer Natur- u. Landschaftsschutzgebiete Bad.-Württ. **3**: 1-78.

KONOLD, W. (1987): Oberschwäbische Weiher und Seen. Beih. Veröff. Naturschutz Landsch.pfl. Bad.-Württ. **52**: 1-634.

KONOLD, W., SCHWINEKÖPER, K., SEIFFERT, P. & A. KOHLER (1993): Das Einzugsgebiet der Wolfegger Ach im Wandel der Landbewirtschaftung – Potentialanalyse und praxisorientierte Entwicklungskonzepte für den Naturschutz. Veröff. PAÖ **7**: 279-294.

KRAHE, G. (1938): Die vorgeschichtliche Besiedlung im württembergischen Oberschwaben. Diss., Univ. Tübingen.

KRÜGER, G.-M. & J. PFADENHAUER (1992): Wurzacher Ried. Ökologisches Entwicklungskonzept für ein bedeutendes Feuchtgebiet. Im Oberland Jg. 3, Heft 1: 9-16.

KUNTZE, H. (1973): Moore im Stoffhaushalt der Natur. Konsequenzen ihrer Nutzung. Landschaft und Stadt **5**: 88-96.

LESQUEREUX, L. (1847): Untersuchungen über die Torfmoore im Allgemeinen. Berlin.

LIEBEL, F. (1911): Die Württembergische Torfwirtschaft. Stuttgart und Berlin.

LÜTKE-TWENHÖVEN, F. (1992): Untersuchungen zur Wirkung stickstoffhaltiger Niederschläge auf die Vegetation von Hochmooren. – Mitt. AG Geobotanik Schlesw.-Holst. Hamburg **44**: 172 S.

MAAS, D. & P. POSCHLOD (1991): Restoration of exploited peat areas in raised bogs – technical management and vegetation development. – In O. Ravera (Hrsg.): Terrestrial and aquatic ecosystems: Perturbation and recovery, p. 379-386, London.

MÜLLER, M., der Ältere, genannt Hohentwieler (1752): Gründlicher Bericht, wie aus des Erdbodens Beschaffenheit vorlängstens unweit Ulm, zwischen Grimmelfingen und Gögglingen, in dem sogenannten Tauben Riedt, daß unfehlbar Turf oder Torf vorhanden seyn müssen, beurtheilet..., Ulm.

OVERBECK, F. (1975): Botanisch-geologische Moorkunde unter besonderer Berücksichtigung der Moore Nordwestdeutschlands als Quellen zur Vegetations-, Klima- und Siedlungsgeschichte. Neumünster

PFADENHAUER, J. & M. KINBERGER (1985): Torfabbau und Vegetationsentwicklung im Kulbinger Filz (Region Südostbayern). Ber. ANL **9**: 37-44.

PFADENHAUER, J. (1988): Pflege- und Entwicklungsmaßnahmen in Mooren des Alpenvorlandes. Natur- und Landschaft **7/8**: 327-334.

PFADENHAUER, J., KRÜGER, G.-M. & E. MUHR (1991): Ökologisches Gutachten Donaumoos. Schriftenr. Bayer. Landesamt f. Umweltsch. 109: 83 S.

POSCHLOD, P. (1990): Vegetationsentwicklung in abgetorften Hochmooren des bayerischen Alpenvorlandes unter besonderer Berücksichtigung standortskundlicher und populationsbiologischer Faktoren. Dissertationes Botanicae 152, Stuttgart.

POSCHLOD, P. (1994): Gedanken über die Möglichkeiten und Grenzen der Renaturierung von Regen-(Hoch-)mooren. In (Hrsg.: BÖCKER, R. & A. KOHLER): Feuchtgebiete – Gefährdung, Schutz, Renaturierung. Hohenheimer Umwelttagung 26, S. 75-92.

POSCHLOD, P. (1995): Diaspore rain and diaspore bank in raised bogs and its implication for the restoration of peat mined sites. In (Eds.: WHEELER, B.D., SHAW, S.C., FOJT, W.J. & R.A. ROBERTSON): Restoration of Temperate Wetlands. Chichester: Wiley, pp. 471-494.

RICHTER, G.M., SCHEFFER, B. & H. KUNTZE (1988): Einfluß von landwirtschaftlicher Intensivierung auf den Stickstoffumsatz in Niedermoorböden. Mitt. Dtsch. Bodenkdl. Gesellsch. 43: 95-100.

RINGLER, A. (1977): Zur Erfassung der landschaftsökologischen Funktion der Moore. Schriftenreihe Naturschutz u. Landschaftspflege 8: 57-70.

RINGLER, A. (1990): Zur Naturschutzbedeutung aufgelassener Torfabbauflächen im Alpenvorland: Beobachtungen zur Flächenrelevanz, Vegetationsentwicklung und floristischen Bedeutung. TELMA, Beih. 2: 331-363.

ROTH, S. & P. POSCHLOD (1994): Landschaftsökologisch-moorkundliche Untersuchungen im Osterried bei Laupheim. I. Hydrologisch-entwicklungsgeschichtliche und vegetationskundlich-ökologische Charakterisierung. In (Hrsg.: BÖCKER, R. & A. KOHLER): Feuchtgebiete – Gefährdung, Schutz, Renaturierung. Hohenheimer Umwelttagung 26, S. 263-270.

SCHMEIDL, H., SCHUCH, M. & R. WANKE (1970): Wasserhaushalt und Klima einer kultivierten und unberührten Hochmoorfläche am Alpenrand. Schriftenreihe des Kuratoriums für Kulturbauwesen 19, München.

SCHNEIDER, S. & P. POSCHLOD (1994): Landschaftsökologisch-moorkundliche Untersuchungen im Osterried bei Laupheim. III. Die generative Diasporenbank in unterschiedlich genutzten Flächen. In (Hrsg.: BÖCKER, R. & A. KOHLER): Feuchtgebiete – Gefährdung, Schutz, Renaturierung. Hohenheimer Umwelttagung 26, S. 277-285.

SCHUCH, M. (o.J.): Moor in Bayern. In R. KREWERTH (Hrsg.): Naturraum Moor und Heide, S. 71-88. München.

SCHUCKERT, U., GREMER, D., DEUSCHLE, A., POSCHLOD, P. & R. BÖCKER (1994): Monitoring für den Hochmoorkomplex Wurzacher Ried. Teil 2: Vegetation. In (Hrsg.: BÖCKER, R. & A. KOHLER): Feuchtgebiete – Gefährdung, Schutz, Renaturierung. Hohenheimer Umwelttagung 26, S. 99-109.

SCHUCKERT, U. & P. POSCHLOD (1991): Ansiedlung standortgerechter Vegetation auf Badetorfdeponien. Ergebnisse zwanzigmonatiger Beobachtung von Versuchsflächen. TELMA 21: 263-276.

SCHUCKERT, U. & P. POSCHLOD (1993): Ansiedlung standortgerechter Moorvegetation auf Badetorfdeponien in Bad Waldsee (Oberschwaben) – Erkenntnisstand nach 3-jähriger Versuchsdauer. Ber. Inst. Landschafts- Pflanzenökologie Univ. Hohenheim 2: 243-254.

SCHUCKERT, U., POSCHLOD, P. & R. KOBERT (1991): Vergleichende Untersuchung der Vegetationsentwicklung auf oberschwäbischen Badetorfdeponien. Ursachen und Konsequenzen für zukünftige Planungen. TELMA **21**: 245-262.

SCHWINEKÖPER, K., SCHÜLE, E.-M. & W. KONOLD (1991): Die Nutzungsgeschichte des Wurzacher Rieds. Verh. Ges. f. Ökol. **20**: 291-300.

SEIFFERT, P., SCHWINEKÖPER, K. & W. KONOLD (1994): Analyse und Entwicklung von Kulturlandschaften. Das Beispiel Westallgäuer Hügelland. Landsberg: ecomed verlagsgesellschaft, 456 S.

SUCCOW, M. (1988): Landschaftsökologische Moorkunde. Berlin und Stuttgart.

SUCCOW, M. & L. JESCHKE (1986): Moore in der Landschaft. Entstehung, Haushalt, Lebewelt, Verbreitung, Nutzung und Erhaltung der Moore. Thun und Frankfurt/Main.

ZELESNY, H. (1994): Vegetationskundliche und nährstoffökologische Untersuchungen im Übergangsbereich von Mehrschnitt-Wirtschaftsgrünland zu Streuwiese im Württembergischen Alpenvorland. Dissertationes Botanicae **211**, Berlin, Stuttgart.

ZIRL (1839): Über Gewinnung und Benützung des Torfes in Bayern. München.

Streuwiesen

Relikte vergangener Landbewirtschaftung mit hohem ökologischen Wert

A. Kapfer, W. Konold

Einleitung

Fährt man im Spätsommer und Herbst durch das südliche Oberschwaben und das Allgäu, stechen einem zwischen dem Einerlei der intensiv genutzten dunkelgrasgrünen Futterwiesen braune bis goldbraun leuchtende Töne in den Senken und an manchen Hangfußlagen ins Auge (Abbildung 1). Es sind Streuwiesen oder »Streuben«, wie die Allgäuer sagen, die um diese Zeit kurz vor der Mahd stehen. Doch nicht nur im Herbst, schon im späten Frühjahr und ganz besonders im Hochsommer fällt die blumenbunte Blütenfülle der Streuwiesen auf, wenn die benachbarten Futterwiesen schon gemäht sind.

Streuwiesen sind eine besondere Nutzungsform des Grünlandes. Im Gegensatz zu Futterwiesen werden Streuwiesen nicht für die Futtergewinnung gemäht, sondern für die Gewinnung von Stalleinstreu. Die Mahd erfolgt im Spätjahr, wenn die oberirdischen Teile

Abbildung 1: Die Pfeifengras-Streuwiesen heben sich farblich deutlich von den Futterwiesen ab.

der Pflanzen schon abgestorben sind. Deshalb wurden sie in manchen Gegenden auch »Herbstwiesen« genannt. Heute werden nur noch wenige Streuwiesen im Rahmen der regulären landwirtschaftlichen Bewirtschaftung gemäht. Schon lange wurde auf Ställe mit Spaltenböden und Güllebereitung umgestellt. Allenfalls für den Jungviehstall besteht hie und da noch Bedarf an Einstreu, der aber leicht über das eigene oder aus den Ackerbaugebieten zugeführte Stroh gedeckt werden kann. In gleichem Maße wie der landwirtschaftliche Nutzen dieser Bewirtschaftungsform zurückging, nahm das Interesse des Naturschutzes für diese »Biotope« zu. Denn Streuwiesen sind wegen ihrer extensiven Nutzung und der besonderen Standortbedingungen Heimat zahlreicher seltener oder wegen ihres rapiden Rückgangs äußerst gefährdeter Tier- und Pflanzenarten. Da das Interesse der Landwirtschaft an dieser Bewirtschaftungsform nicht mehr besteht, sind sie heute für den Naturschutz und die Landschaftspflege »Pflegefälle« ersten Ranges.

Streuwiesen leben auf nassem Fuß

Als Streuwiesen wurden und werden vor allem wechselfeuchte bis staunasse Standorte bewirtschaftet, da deren Pflanzenaufwuchs wegen seiner Zusammensetzung nicht als Futter geeignet ist. Standorte von Streuwiesen zeichnen sich durch einen zumindest zeitweiligen Überschuß im Wasser aus, der zu Schäden an den Pflanzenwurzeln führen kann. Dies liegt daran, daß es am Sauerstoff mangelt, der für die Wurzelatmung notwenig ist.

Die Pflanzenarten der Streu- und Naßwiesen haben sich, z.B. im Vergleich zu den Arten auf den frischen Standorten der Futterwiesen, durch eine ganze Reihe von Mechanismen an hohe Wasserstände angepaßt: Sie besitzen ein Hohlraumgewebe (Aerenchym), in dem vom oberirdischen Sproß Luft in die Wurzel geleitet werden kann. Sie können außerdem Sauerstoff aktiv aus den Wurzeln in die sauerstoffarme Umgebung der Wurzeln abgeben, um dort Giftstoffe zu neutralisieren. Manche Arten können sogar ihren Stoffwechsel zeitweilig ohne Luftsauerstoff betreiben, so daß sie gegen Überstauung unempfindlich werden. Solche Anpassungen verschaffen diesen Pflanzen deutliche Konkurrenzvorteile auf feuchten und nassen Standorten; sie finden hier also ihre »ökologische Nische«. Streuwiesen kommen sowohl auf mineralischen Feucht- und Naßböden (z.B. Aueböden, Grundwasserböden, Stauwasserböden) als auch auf organischen Feucht- und Naßböden (z.B. Niedermoorböden, Hochmoorböden) vor. Alle Übergänge sind möglich.

Streuwiesen stehen auf mageren Standorten

Die heute noch verbliebenen Streuwiesen finden wir auf nährstoffarmen Standorten. Sie wurden nie gedüngt, da man für solche Flächen keinen Dünger übrig hatte. Viele Pflanzenarten der Streuwiesen haben auch zur Anpassung an den extremen Nährstoffmangel besondere Mechanismen entwickelt: Sie besitzen ein ganz intensives Wurzelsystem, um das geringe Angebot möglichst optimal nutzen zu können. Ein hoher Wasserdurchsatz (durch starke Transpiration) garantiert eine gute Ausnutzung der geringen Nährstoffgehalte im Bodenwasser. Sie bilden Speicherorgane (Rhizome, Sproßknollen usw.), in die ein Großteil der Nährstoffe vom oberirdischen Sproß zwischen Hochsommer und

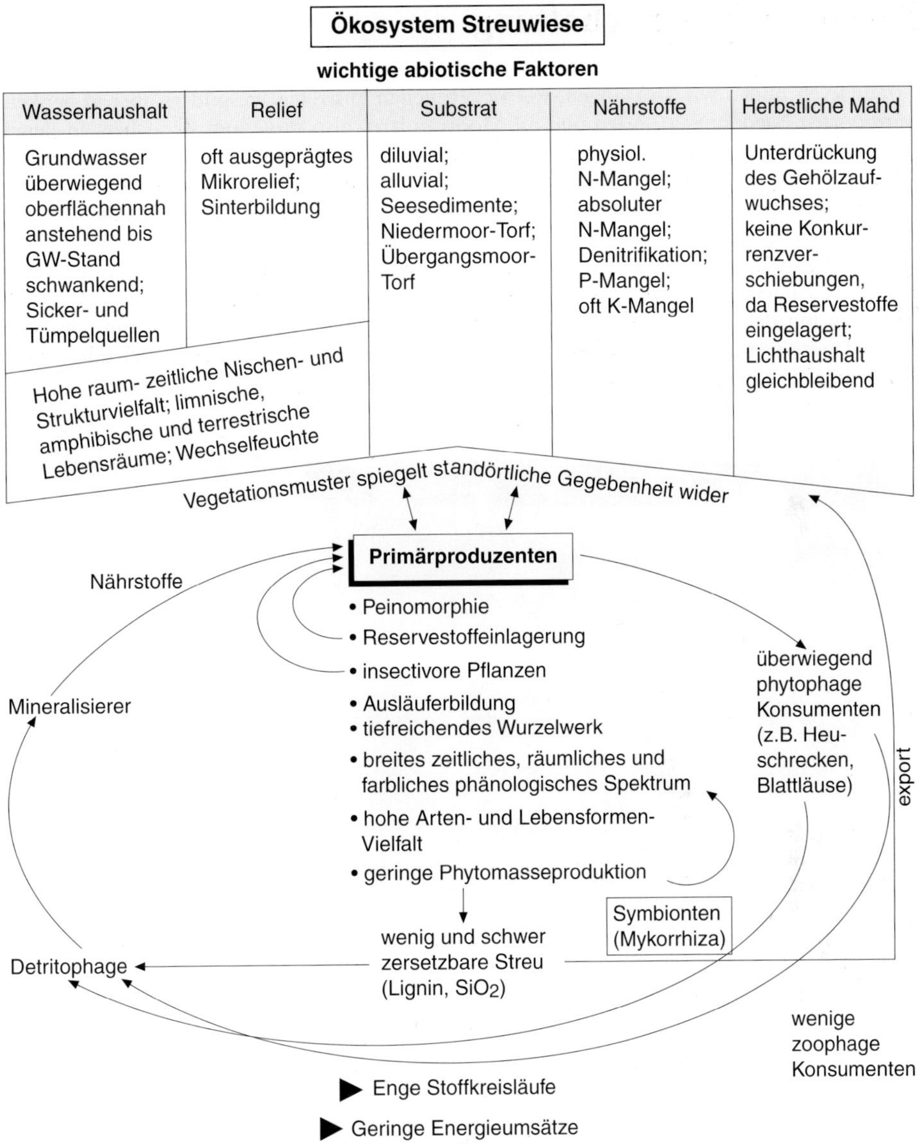

Ökosystem Streuwiese

wichtige abiotische Faktoren

Wasserhaushalt	Relief	Substrat	Nährstoffe	Herbstliche Mahd
Grundwasser überwiegend oberflächennah anstehend bis GW-Stand schwankend; Sicker- und Tümpelquellen	oft ausgeprägtes Mikrorelief; Sinterbildung	diluvial; alluvial; Seesedimente; Niedermoor-Torf; Übergangsmoor-Torf	physiol. N-Mangel; absoluter N-Mangel; Denitrifikation; P-Mangel; oft K-Mangel	Unterdrückung des Gehölzaufwuchses; keine Konkurrenzverschiebungen, da Reservestoffe eingelagert; Lichthaushalt gleichbleibend

Hohe raum- zeitliche Nischen- und Strukturvielfalt; limnische, amphibische und terrestrische Lebensräume; Wechselfeuchte

Vegetationsmuster spiegelt standörtliche Gegebenheit wider

Primärproduzenten

- Peinomorphie
- Reservestoffeinlagerung
- insectivore Pflanzen
- Ausläuferbildung
- tiefreichendes Wurzelwerk
- breites zeitliches, räumliches und farbliches phänologisches Spektrum
- hohe Arten- und Lebensformen-Vielfalt
- geringe Phytomasseproduktion

Nährstoffe

Mineralisierer

überwiegend phytophage Konsumenten (z.B. Heuschrecken, Blattläuse)

export

Symbionten (Mykorrhiza)

Detritophage ◀— wenig und schwer zersetzbare Streu (Lignin, SiO$_2$)

wenige zoophage Konsumenten

▶ Enge Stoffkreisläufe
▶ Geringe Energieumsätze

Abbildung 2: Das Ökosystem Streuwiese.

Herbst eingelagert wird. Diese stehen dann wieder für das Wachstum in der kommenden Vegetationsperiode zur Verfügung. Viele Streuwiesenpflanzen werden alt; sie verzichten also auf eine hektische Reproduktion, in die sehr viel Energie investiert werden müßte. Sie gehen insgesamt sehr haushälterisch mit Energie um.

Extensive Bewirtschaftung

Streuwiesen finden wir an Hängen, wo Sickerquellen austreten, besonders aber in Senken, vermoorten Niederungen, Auen und an Moorrändern, also insgesamt Bereichen, in denen zumindest über eine längere Zeit des Jahres das Grundwasser oberflächennah ansteht. Sie werden nur einmal jährlich im Spätsommer, Herbst oder Winter, wenn die oberirdischen Pflanzenteile bereits weitgehend oder vollständig abgestorben sind, gemäht. Da die Pflanzen der Streuwiesen stehend, also »auf dem Halm« absterben und bis in den Winter hinein aufrecht stehen bleiben, erfordert die Ernte trockener Streu auch im Spätherbst nur wenige Stunden Sonnenschein. Die Ernte erfolgte früher durch Rupfen mit der Hand, durch Abhauen mit der Sensenhacke, bei Ernte im Frühjahr durch Abrechen der dann liegenden Streu. Heute werden die verbliebenen Streuwiesen meist mit dem Kreiselmäher oder einem Doppelmesserbalkenmäher gemäht.

Abbildung 3: Ästhetisch sehr schöne und auch typische Pflanzenarten der Streuwiesen sind das Breitblättrige Knabenkraut *(Dactylorhiza majalis,* Abb. 3*)* und der Schwalbenwurz-Enzian *(Gentiana asclepiadea,* Abb. 4*)*.

Wenn überhaupt, wurden und werden Streuwiesen nur sehr extensiv gepflegt. Auf sehr nassen Standorten zog man manchmal spatentiefe Entwässerungsgräben auf den Parzellengrenzen zur Verbesserung der Befahrbarkeit. Dünger bekamen sie nur durch gelegentliche Überschwemmungen, wenn die Wiese in Bachnähe lag.

Artenreich und bunt vom Frühjahr bis in den Herbst

Die Vegetationsdecke der Streuwiesen wird von einer Vielzahl von Gräsern und Kräutern gebildet. Das Erscheinungsbild prägen ein oder wenige mittel- bis hochwüchsige Hauptbestandsbildner (Pfeifengras, Seggen, Binsen) und viele kleinwüchsige Begleiter, die dazwischen wachsen. Deshalb sind Streuwiesen oft stufig und in der Fläche mosaikartig

Abbildung 4

strukturiert. Wegen der relativ lückigen Entwicklung der Krautschicht – dies ist insbesondere bei sehr mageren Pfeifengraswiesen und Kleinseggenriedern der Fall – gelangt die Sonnenstrahlung bis auf den Boden, so daß sich auch Moose sehr gut entwickeln können.

Die Flora der Streuwiesen besticht durch ihren außerordentlichen Artenreichtum. Insbesondere auf nährstoffarmen, kalkreichen Standorten können viele Arten nebeneinander exisitieren. Es wurden schon Bestände mit 60 bis 100 verschiedenen Pflanzenarten auf wenigen Quadratmetern beschrieben. Auffällig ist der hohe Anteil von ästhetisch ansprechenden und auch seltenen und gefährdeten bzw. vom Aussterben bedrohten Arten wie einigen Orchideen, der Mehlprimel, dem Fettkraut oder dem Schwalbenwurzenzian (Abbildungen 3 und 4).

Wegen der einmaligen Mahd im Spätsommer/Herbst können sich alle Pflanzen ungestört entwickeln und ihren Lebenszyklus von Keimung bzw. Wiederaustrieb über Blüte und Samenreifung abschließen. Da die Entwicklung der einzelnen Arten im Jahreslauf versetzt verläuft, zeichnen sich Streuwiesen oft durch einen reichen Blütenflor vom Frühjahr bis in den Herbst hinein aus, wobei der Hochsommer die Hauptblütezeit darstellt. Einzelne Pflanzengemeinschaften können dabei durch eine spezielle Abfolge von »Blühwellen« unterschiedlicher Farben gekennzeichnet werden (Abbildung 5). Besonders markante Blühaspekte sind z.B. das Violett des Pfeifengrases oder das Rosa der Mehlprimel im Vorsommer, das Gelb der Blutwurz vom Frühsommer bis in den Herbst und das Blau der Enziane (Abbildung 4) und des Teufelsabbiß im Herbst.

Die Tierwelt der Streuwiesen – hochspezialisiert und mit vielfältigsten Ansprüchen

Nicht nur die Flora, auch die Fauna der Streuwiesen trägt besondere Züge. Außerordentlich viele Tierarten nutzen sie als Lebensraum, sei es zur Nahrungsaufnahme, zur Fortpflanzung oder als Ruheraum. Die Lebendigkeit und die Lebensqualität der Streuwiesen sind geradezu sprichwörtlich. Je nachdem beansprucht die eine Tierart entweder nur bestimmte Pflanzenarten, eine andere nur bestimmte Teile einer Wiese wie die untere Krautschicht, nur einen bestimmten Wiesentyp oder aber größere, zusammenhängende Feuchtwiesengebiete. Ein paar Artengruppen seien kurz vorgestellt.

Besonders hoch ist der Reichtum und die Vielfalt an Heuschrecken; ein ganz leicht zu beobachtendes Phänomen, geht man nur ein, zwei Schritte durch eine Streuwiese. Die Heuschrecken lieben die schwachwüchsigen Bestände mit ihrer inhomogenen, offenen Struktur. Ganz typisch ist der Warzenbeißer, dessen am Boden abgelegte, wärmebedürftigen Eier und Larven von der späten Bestandsentwicklung der Wiesen sowie der guten Besonnung profitieren. Besonders nasse Wiesen sowie junge Naßwiesenbrachen mit hoher Strukturvielfalt werden von der stark gefährdeten Sumpfschrecke besiedelt.

Viele Schmetterlinge nutzen Streuwiesen sowohl als Raupen als auch als Falter. Manche Arten sind gar an ganz bestimmte Pflanzen gebunden, da ihre Raupen nur an diesen fressen können. So ist z.B. das Pfeifengras für die Raupen des Blauäugigen Waldportiers (»Riedteufel«) die wichtigste Futterpflanze. Wichtig ist jedoch nicht nur das Vorkommen der Futterpflanzen, sondern auch daß ein günstiges Mikroklima im Bestand vorhanden ist. Magere und besonders nasse Wiesen bieten wegen ihrer hohen Strukturvielfalt ein sehr viel abwechslungsreicheres Kleinklima als z.B. die grasreichen, intensiven Futterwiesen. Für den

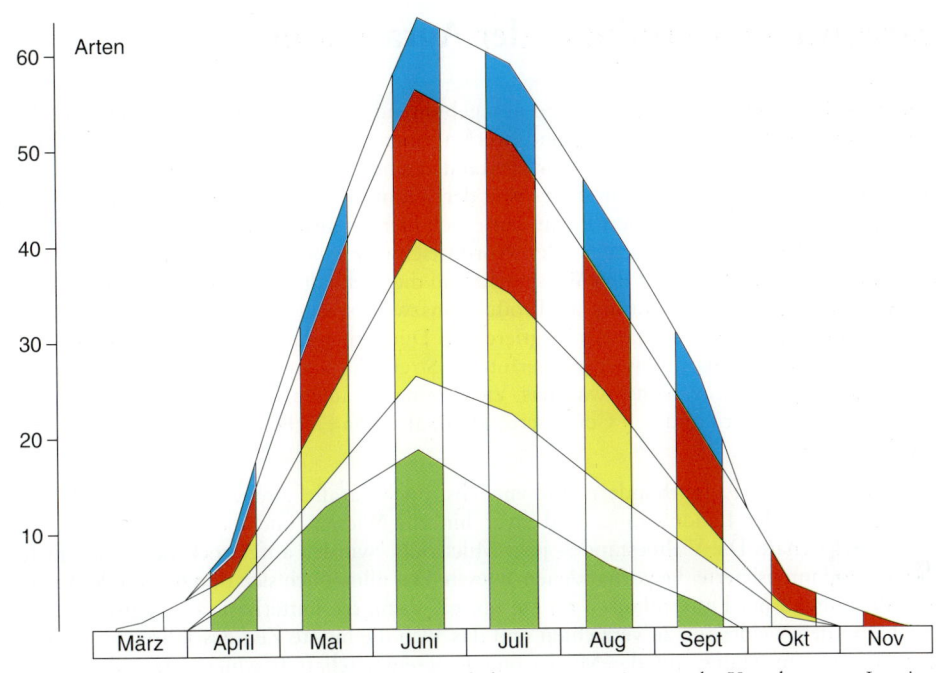

Abbildung 5: Blütenphänologisches Jahr in einer Pfeifengras-Streuwiese aus der Umgebung von Isny im Allgäu; am Pflanzenbestand sind 79 Arten beteiligt.

vollständig entwickelten Falter ist das Angebot an nektarspendenden Blüten lebenswichtig. Insbesondere Schmetterlingsblütler, Lippenblütler, Korbblütler und Nelkengewächse werden von ihnen besucht.

Eine Reihe von Vogelarten ist in bestimmten Lebensphasen eng an Streu- und sonstige Feucht- und Naßwiesen gebunden. So nutzen Großer Brachvogel, Braunkehlchen und Kiebitz, um nur einige zu nennen, diese Biotope als Brutgebiete. Besonders anspruchsvoll ist der Große Brachvogel. Er benötigt Feuchtwiesenareale von mindestens 300 bis 500 ha Größe, um eine lebensfähige Population von 20 bis 30 Brutpaaren pro Gebiet aufzubauen. Diese Areale dürfen nicht zu sehr von Büschen und Hecken durchzogen sein, da der Große Brachvogel wegen seiner großen Fluchtdistanz (etwa 120 bis 140 m) eine hohes Bedürfnis nach freier Sicht hat.

Die Kiebitze, diese clownesken, schwarzweißen Luftakrobaten, beginnen schon sehr zeitig im Frühjahr mit dem Brüten. Die Brutplatzwahl wird entscheidend von der Nässe der Fläche sowie der Farbe der noch nicht wiederausgetriebenen Grasnarbe beeinflußt. Auf Streuwiesen herrschen zu dieser Zeit bräunliche und schwarze Farbtöne vor, die die Kiebitze anziehen. Intensiv genutzte Fettwiesen sind zu dieser Zeit dagegen meist schon einförmig grün. In vielen Gegenden mußten die Kiebitze deshalb auf die als Lebensraum keinesfalls gleichwertigen Maisäcker ausweichen.

Zusammenfassend läßt sich sagen, daß Streuwiesen wahrhaft zu den lebendigsten Lebensräumen Mitteleuropas zählen, entstanden auf Grund spezifischer menschlicher Bedürfnisse und durch die wirtschaftende Hand des Bauerns.

Streuwiesen - Produkte der Agrarkultur

Aus aktueller Sicht sind die Streuwiesen nun gebührend gewürdigt. Drehen wir das Rad der Geschichte ein Stück weit zurück und werfen einen Blick in die Zeiten, in denen die Streuwiesen und die Streuwiesenkultur entstanden sind. Räumlich wollen wir uns auf das Alpenvorland beschränken, denn dieses war der Raum, in dem es am meisten Streuwiesen gab. Bis weit ins 19. Jahrhundert hinein hatte sich hier ein ausgedehnter Ackerbau gelohnt. Das Allgäu beispielsweise hatte in der Nordostschweiz einen guten Absatzmarkt. Man schränkte hier zum Teil sogar den Wiesenbau und die Viehhaltung noch ein zugunsten neuer Ackerflächen. Die Viehhaltung als Produktionszweig spielte eine untergeordnete Rolle, man benötigte das Vieh primär als Zugtiere und Düngerlieferanten. Das reichlich vorhandene Stroh wurde ganz überwiegend verfüttert. Streu, die man dennoch benötigte für die winterliche Stallhaltung (sonst war das Vieh immer draußen), holte man sich aus den Mooren, den Wäldern und von Gewässerrändern, also von Flächen außerhalb des Betriebes (Abbildung 6).

Ab der Mitte des 19. Jahrhunderts und zunächst noch parallel zum Ackerbau vollzog sich ein Wandel in der Landnutzung, und zwar hin zur Wiesen- und damit zur Milch- und Käsereiwirtschaft. Die Viehbestände - jetzt Milchvieh - wurden aufgestockt, und man melioriert und intensivierte die vorhandenen Wiesen. Der allmählich sich durchsetzende Anbau des Brachfeldes mit Futterpflanzen tat ein übriges dazu, die Futterbasis zu vergrößern und auch, auf den Weidegang zu verzichten und das Vieh die meiste Zeit des Jahres im Stall zu lassen. Die Umstellung auf die Milch- und Käsereiwirtschaft beschleunigte sich in dem Maße, wie die Schienenverkehrswege ausgebaut wurden, die einerseits neue Absatzwege für

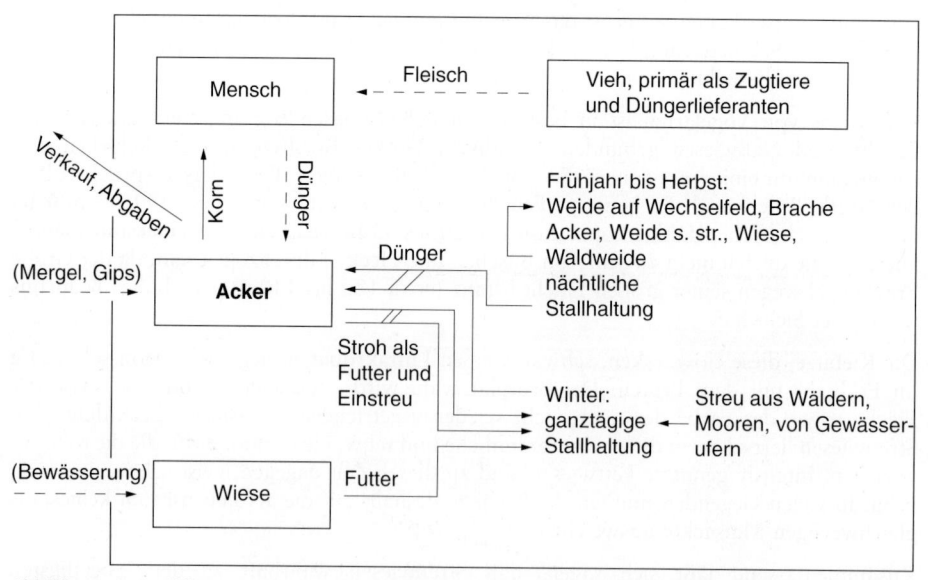

Abbildung 6: Stoffflüsse in einem ackerbaulich orientierten landwirtschaftlichen Betrieb im Alpenvorland Ende des 18./Anfang des 19. Jahrhunderts (die Pfeile markieren Stoffflüsse); KONOLD & HACKEL 1990.

Käse erschlossen, andererseits jedoch billiges Importgetreide nach Mitteleuropa gelangen ließen. Unter dem Druck dieser Entwicklung wurden nun auch zunehmend Äcker in Wiesen umgewandelt. Diese ganze Umstrukturierung mußte natürlich früher oder später zu einem empfindlichen Mangel an Einstreumaterial führen.

Suche nach Strohsurrogaten

Die Klagen über Streumangel und die Suche nach geeigneten »Strohsurrogaten« gingen in der zweiten Hälfte des 19. Jahrhunderts über mehrere Jahrzehnte. Als naheliegende Streuquelle boten sich natürlich die Wälder an. Hier sammelte man sehr viel intensiver als früher Farne, Gräser, Kräuter, Laub, Nadeln, Moos, Rinde oder gleich den ganzen Oberboden. Dies rief sehr bald den schärfsten Protest der Forstleute hervor, die durch diese »schlimmste und heimtückischste Waldnebennutzung aller Zeiten« den Erfolg der noch in den Anfängen steckenden Forstwirtschaft zu Recht gefährdet sahen. Unter dem Druck der Forstleute wurde in den Ländern die Streunutzung sukzessive verboten oder abgelöst. In dieser Zeit begann sich die Streuwiesenkultur zu entwickeln, denn diese einzig und allein versprach eine Lösung des Problems. Der Begriff der Streuwiese wurde nun geprägt.

Die Streuwiesen wurden wichtige Bestandteile innerhalb der landwirtschaftlichen Betriebe, ja sie waren oft einzige Quelle für den enorm erhöhten Bedarf an Stalleinstreu (Abbildung

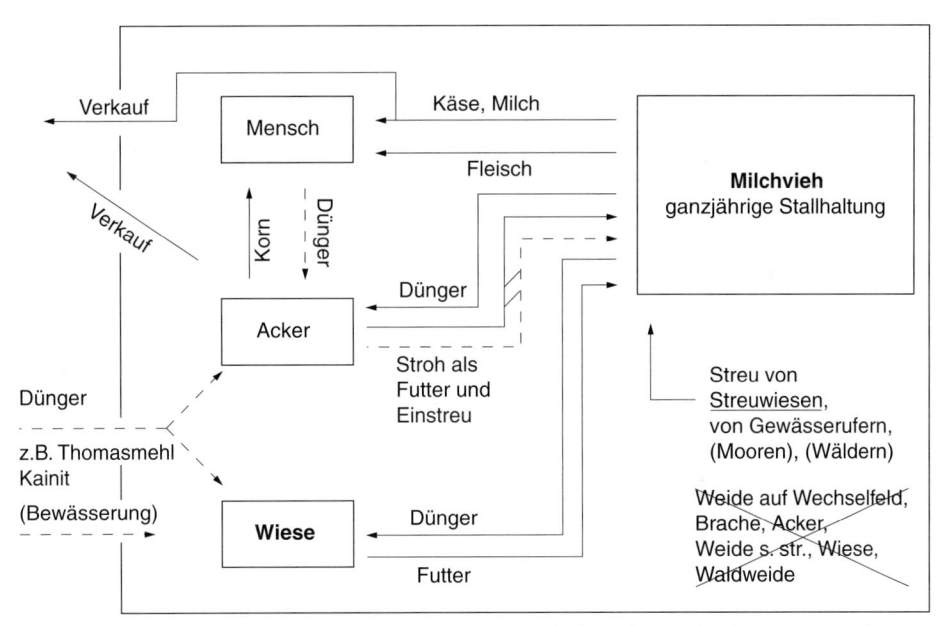

Abbildung 7: Stoffflüsse in einem milchorientierten Betrieb des Alpenvorlandes zu Beginn des 20. Jahrhunderts unter veränderten Rahmenbedingungen; Stichworte: starke Marktorientierung, verbesserte Infrastruktur, Allodifizierung, Verbot der Waldweide und der Waldstreunutzung, Anbau der Brache (KONOLD & HACKEL 1990).

7). Entsprechend ihrer Bedeutung stieg auch ihre monetäre Wertschätzung. Der Hohenheimer Wiesenbaumeister Häfener berichtete, in Oberschwaben und am Bodensee zahle man für die Streuwiesen höhere Preise als für die besten Futterwiesen. Im Forstrevier Tettnang wurden Erlen-Niederwälder ausgestockt und in Streuwiesen umgewandelt. Der Landwirtschaftsexperte Horn empfahl, man solle auf den torfigen Böden die Futterwiesen in Streuwiesen umwandeln. Auf dem Wochenmarkt in Lindau wurde mit Wiesenstreu gehandelt, und man erzielte nur unwesentlich geringere Preise als für Heu.

Die Streuwiesenkultur

Weil der Bedarf nach guter Einstreu immer größer wurde, versuchte man zunehmend auch, Streuwiesen richtiggehend anzulegen: Zur Streuproduktion geeignet seien etwa eingeebnete Torfstiche oder ausgebeutete Lehmgruben. Torfmoore könne man mit kalkhaltigem Wasser bewässern oder mit kalkhaltiger Erde bestreuen, um die Torfmoose zu unterdrücken und die Streuwiesenpflanzen zu fördern. Orchideen galten als »Platzräuber«. Es wurden umfangreiche Versuche gestartet, um Streuwiesen durch Ansaat zu begründen. Praktiziert wurde dies insbesondere mit dem Pfeifengras (Molinia caerulea), eine der ganz wertvollen Streuepflanzen. Es mußte wie für eine Kulturpflanze ein weitgehend unkrautfreies Saatbett bereitet werden. Erst nach etwa sieben Jahren konnte man mit einem ersten befriedigenden Ertrag rechnen. Das Saatgut wurde in der Natur gesammelt, wobei natürlich eine gewisse Selektion betrieben wurde: Das Pfeifengras stand also schon an der Schwelle zur Kultur- oder zumindest zur Halbkulturpflanze.

Eine andere Methode, weitgehend einheitliche – man wollte ja nur die besten Streuepflanzen kultivieren – und ertragreiche Streuwiesen zu bekommen, war die Vermehrung und Pflanzung von Setzlingen und Stecklingen. Der Boden sollte hierfür gut bearbeitet, gelockert und unkrautfrei sein. Da der Bedarf an Stecklingen sehr groß war – etwa 30 000 pro Hektar –, wurde in der Schweiz ernsthaft überlegt, ob man nicht Seggenschulen, analog den Baumschulen, anlegen sollte.

Ausbreitung und Niedergang

Über die flächenmäßige Ausdehnung der Streuwiesen haben wir nur wenige Unterlagen. Tatsache ist jedoch, daß sie in etlichen Gebieten das Bild der Landschaft entscheidend mitgeprägt haben. In den Oberämtern Leutkirch und Wangen besaß fast jeder Hof Streuwiesen. Etwa 10% der landwirtschaftlichen Fläche im Allgäu waren Streuwiesen; in Isny und Leupolz lag der Anteil gar bei 17%. Im Kanton Zürich gab es 7 500 ha, im Thurgau 2 200 ha Streuwiesen. Der Höhepunkt der Streuwiesenkultur wurde in den zwanziger und dreißiger Jahren unseres Jahrhunderts erreicht.

Doch schon seit einiger Zeit waren parallel zueinander zwei Entwicklungen abgelaufen, von denen die eine immer stärker in den Vordergrund trat und schließlich die andere überrollte. Zum einen gab es diese Streuwiesenkultur, die lokal oder auch regional perfektioniert wurde. Aber man erzeugte doch nur ein Produkt, das Hilfsmittel im Betrieb war und nicht direktes Betriebsziel (das waren Milch bzw. Milchprodukte), und das zudem auch noch substituierbar war. Dennoch spielten die Streuwiesen eine wichtige Rolle, solange die Nutzung von Feuchtwiesen nicht mit anderen Interessen kollidierte. Zum anderen – und hier zeichnet sich sofort die Kollision ab – gab es eine mächtige Meliorationsbewegung, zu deren Verfügungsmasse tendenziell immer schon die streugenutzten Feuchtwiesen gehören mußten und de facto zunehmend gehörten.

In Deutschland setzte in den dreißiger Jahren die unselige Tätigkeit des Reichsarbeitsdienstes ein, im Rahmen derer dieser Trend einen enormen Schub erfuhr und unzählige Feucht- und Naßwiesen entwässert und intensiviert wurden (Abbildung 8). Die Kulturtechnik gewann die Oberhand, und das Meliorationswesen ging nach dem Kriege ohne Bruch weiter. Der Niedergang der Streuwiesenkultur war nicht mehr aufzuhalten, denn immer mehr Bauern stellten auf einstreulose Aufstallungsformen und auf Güllewirtschaft um. Die Mechanisierung und der Arbeitskräftemangel taten ein übriges dazu daß die meist nur in mühevoller Handarbeit zu bewirtschaftenden Streuwiesen aus dem Betriebsablauf ausgegliedert wurden.

Bis heute sind - bezogen auf das württembergische Allgäu – etwa 80% der ehemals vorhandenen Streuwiesen verschwunden. Knapp die Hälfte davon wurde in Futterwiesen umgewandelt, etwa 25% fielen brach (das waren die nassesten Wiesen) und etwa 20% wurden mit Hybridpappeln und Fichten aufgeforstet. Auf der Gemarkung Leupolz (Stadt

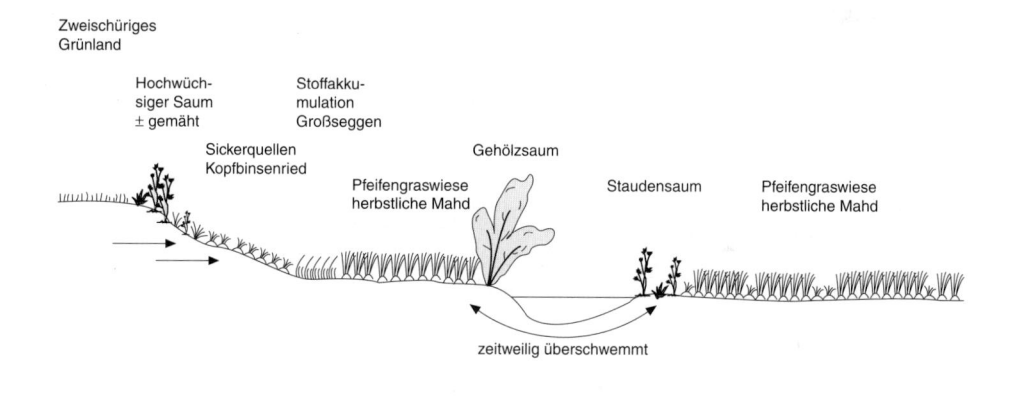

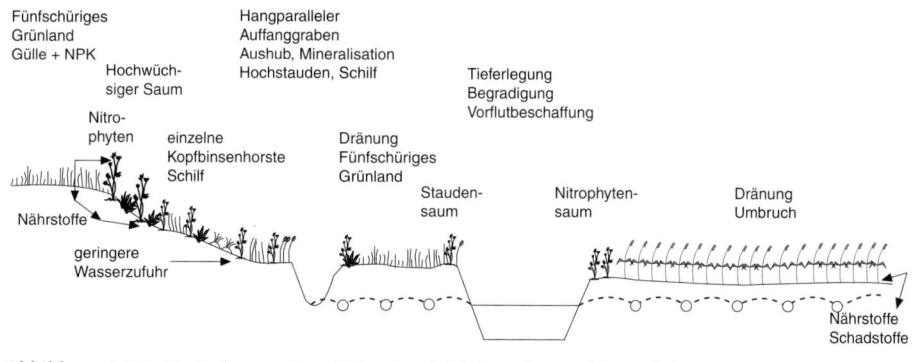

Abbildung 8: Die Veränderung eines Tales durch Melioration und Intensivierung.

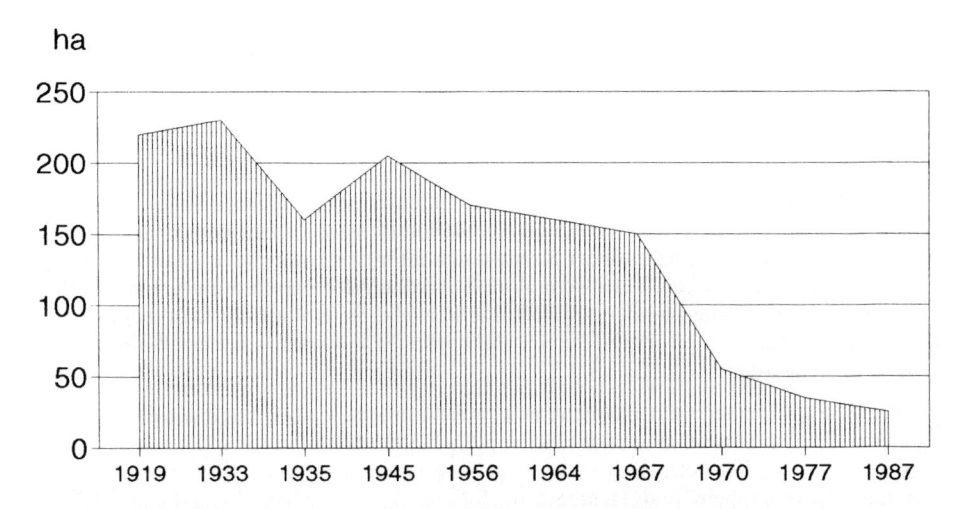

Abbildung 9: Entwicklung der Streuwiesenfläche auf der Gemarkung Leupolz (Stadt Wangen im Allgäu; ABT 1991).

Wangen) beispielsweise sind von 230 ha noch circa 30 ha übrig (Abbildung 9), in Eglofs (Gemeinde Argenbühl) von ehemals 107 ha noch 15 ha. In Bayern gab es 1954 65 900 ha, 1982 gerade noch 26 140 ha Streuwiesen. Die Bilanz ließe sich fortsetzen.

Den Streuwiesen erging es also wie vielen anderen Kultur- und Halbkulturformationen. Sie sind entstanden im Zuge einer ressourcenschonenden und energiesparenden agrarischen Kultur und haben durch diese Nutzung einen ganz besonderen Stellenwert als Lebensraum für Pflanzen und Tiere erhalten, einfach so als Neben- oder »Abfall«produkt. Doch sie sind schnell altmodisch, nutzlos geworden durch die weiteren Entwicklungen in der Landwirtschaft. Sollen wir sie als Randerscheinung einer bestimmten Episode abhaken? Sollen wir sie alle wiederherrichten, pflegen, konservieren, als Museumsfläche unterhalten?

Streuwiesen – geschützt und dennoch Problemkinder der Landschaftspflege

Wir müssen sicherlich zwischen diesen Extremen einen Weg suchen, der diesen ganz eigentümlichen Wiesen – wenn auch nicht allen – eine dauerhafte Überlebenschance erhält. Vielleicht finden wir auch einen neuen Nutzen.

Streuwiesen zählen nach dem baden-württembergischen Biotopschutzgesetz zu den besonders geschützten Biotopen. Verändernde Eingriffe sind deshalb nicht zulässig. Hierzu zählen beispielsweise die dauerhafte Vorverlegung der Mahd in den Sommer, eine Düngung oder die Anlage von Entwässerungsgräben und anderes mehr. Um Streuwiesen mit ihren charakteristischen Artenkombinationen für den Naturschutz und als Dokument einer alten Wirtschaftsweise zu erhalten, müssen die Flächen sowohl vor solchen Eingriffen geschützt

Streuwiesen

Abbildung 10: Viele Streuwiesen müssen von Hand oder mit leichten Maschinen gemäht werden, damit Boden und Grasnarbe keinen Schaden nehmen.

Abbildung 11: Ein großes Problem ist es, wenn das Mähgut von den gepflegten Streuwiesen keinen Abnehmer findet.

als auch in annähernd gleicher Weise und Intensität wie früher bewirtschaftet bzw. gepflegt werden. Man muß also in der Kontinuität der Geschichte bleiben, das heißt erst im Herbst mähen und das Mähgut abtransportieren. Auch dürfen allenfalls leichte Maschinen verwendet werden (Abbildung 10).

Die Verwertung oder Verwendung des anfallenden Mähguts bereitet heute große Probleme. Da der ursprüngliche Verwendungsweck in der Regel nicht mehr gegeben ist, müssen Alternativen gefunden werden, was allerdings alles andere als leicht ist. Alle bisherigen Lösungen (Einstreu in der Pferdehaltung, Abdeckmaterial im Gemüsebau, Mieten- und Flächenkompostierung mit Ausbringung des Kompostes auf Ackerland) sind allenfalls lokal umsetzbar. Vor allem im Grünlandgebiet des Allgäus, wo es noch die meisten Streuwiesen gibt, und wo fast nur noch mit Flüssigmist gewirtschaftet wird, bereitet die Verwertung des Mähgutes Schwierigkeiten. Eine neue Lösung scheint die staubfeine Vermahlung der Streu mit Hilfe von Strohmühlen zu sein. Das dabei gewonnene Streu-Mehl kann als Einstreu auch in Ställen mit Spaltenböden und Güllebereitung verwendet werden, da die Gülle trotz der Beimengung des Streumehls noch pumpfähig bleibt. Die Qualität der Gülle bzw. ihre Umweltverträglichkeit soll dadurch sogar noch verbessert werden. Allerdings muß die Streu absolut trocken sein, bevor sie gemahlen wird. Finden sich keine Verwertungsmöglichkeiten, bleibt nur noch die Deponie des Mähguts übrig, die dann aber beträchtliche zusätzliche Kosten verursacht. Diese »Verwertung« ist zweifellos die denkbar ungünstigste Lösung. Sie würde das Prinzip einer ressourcenschonenden und energiesparenden Wirtschaftsweise, die die Streuwiesennutzung ja war, vollends auf den Kopf stellen.

Regeneration von Streuwiesen?

Konsequenterweise stellt sich - angesichts der schlechten Flächenbilanzen - natürlich auch die Frage, ob Streuwiesen nicht wieder aus Futterwiesen regeneriert werden können, ob man also nicht einen Teil dieser Lebensräume aus Artenschutzgründen wieder zurückholen könnte. Nach den bisherigen Erfahrungen ist dies in der Regel sehr schwierig, meist sehr langwierig und meist auch nur unvollständig zu erreichen. Eine wichtige Voraussetzung für die Wiederbesiedlung durch die typischen Pflanzenarten ist die Ausmagerung des Bodens. Dies wird durch Mahd mit Abfuhr des Mähgutes unter Verzicht auf eine Ersatzdüngung vorgenommen. Um eine nachhaltige Senkung des Nährstoffvorrats des Bodens herbeizuführen, sind mehrere Jahre bis Jahrzehnte notwendig. Nach erfolgter Ausmagerung und eventueller Wiedervernässung sind die charakteristischen Tier- und Pflanzenarten der Streuwiesen zudem meist nicht mehr in der Umgebung vorhanden, oder es sind die Verbreitungsmöglichkeiten – z.B. im Hochwasserfall bei Pflanzen mit Schwimmfrüchten - so eingeschränkt, daß nur noch Fragment-Lebensgemeinschaften entstehen können. Die Erhaltung noch bestehender Streuwiesen hat deshalb absoluten Vorrang vor einer teuren und ungewissen Regeneration.

Pflege von Streuwiesen - eine Sackgasse?

Bei diesen schwierigen Randbedingungen droht auch die Pflege von Streuwiesen in eine Sackgasse zu geraten, weil man eben noch keinen ökonomisch tragbaren neuen Nutzen gefunden hat. Manche Kritiker des konservierenden Naturschutzes stellen sogar die Pflege von

Streuwiesen wie auch von anderen kulturbedingten Biotopen grundsätzlich in Frage: Sollen Streuwiesen weiterhin unter nicht unbeträchtlichem finanziellen Aufwand gepflegt werden? Wie lange können sie durch Pflege überhaupt am Leben erhalten werden? Werden Streuwiesen durch Pflege nicht zu reinen Museumsstücken? Warum sollen wir eigentlich diese Kulturformation nicht einfach wieder der Natur überlassen?

Einige dieser Fragen sind wohl letztlich nur nach ethischen Maßstäben zu beantworten. Solange wir noch weit davon entfernt sind, den meisten Arten der Streuwiesen die ursprünglichen Lebensräume – intakte Moorlandschaften, Flußauen und Quellengebiete – zurückgeben zu können, solange also viele Tier- und Pflanzenarten als Relikte früherer Zeiten auf Streuwiesen für ihr Überleben in Mitteleuropa angewiesen sind, und solange wir in diesen faszinierenden Landschaftselementen Muße, Schönheit und Anregung der Sinne finden können, sollte uns der Erhalt von Streuwiesen die volkswirtschaftlich vergleichsweise geringen Kosten Wert sein.

Literatur

ABT, K., 1991: Landschaftsökologische Auswirkungen des Agrarstrukturwandels im württembergischen Allgäu. - Studien zur Agrarökologie **1** (Hamburg)

FISCHBACH, H., 1864: Die Beseitigung der Waldstreunutzung (Frankfurt am Main)

FLAD, M., 1953: Die agrarwirtschaftliche Entwicklung des württembergischen Allgäus seit 1840. – Diss. Hohenheim

FLAD, M., 1982: Der Kornhandel Oberschwabens in früherer Zeit (Ostfildern)

GÖRIZ, K., 1841: Beiträge zur Kenntniß der württembergischen Landwirtschaft (Stuttgart, Tübingen)

HÄFENER, F., 1847: Der Wiesenbau in seinem ganzen Umfange (Reutlingen, Leipzig)

HILF, R.B., 1938: Wald und Waidwerk in Geschichte und Gegenwart. Erster Teil: Der Wald (Potsdam)

HORN, 1871: Die Streuwiesen in Oberschwaben. – Wochenblatt f. Land- und Forstwirtschaft **38**(11): 45-47 und **38**(12): 49-51

KAPFER, A. & J. PFADENHAUER, 1986: Vegetationskundliche Untersuchungen zur Pflege von Pfeifengras-Streuwiesen. – Natur und Landschaft **61**(11): 428-432

KAPFER, A., 1986: Das Dattenhauser Ried – Entstehung, Geschichte und Vegetation des größten Niedermoores der Schwäbischen Alb. – Ber. Naturw. Ver. Schwaben **90**(2): 34-55

KAPFER, A., 1988: Renaturierung gedüngter Feuchtwiesen – eine erste Anleitung für die Praxis. - Naturschutzforum **1/2**: 159-171

KAPFER, A., 1988: Versuche zur Renaturierung gedüngten Feuchtgrünlandes - Aushagerung und Vegetationsentwicklung. – Diss.Bot. **120**: 143 S. (Stuttgart, Berlin)

KAPFER, A., 1993: Biotopschutz am Beispiel der Wiesen und Weiden. - Beiträge der Akademie für Natur- und Umweltschutz Baden-Württemberg **14**: 15-36

Königl. Württ. Centralstelle für die Landwirthschaft (Hrsg.), 1861: Anlegung von Streuwiesen. - Wochenblatt f. Land- und Forstwirthschaft **13** (18): 112

KONOLD, W. & A. Hackel, 1990: Beitrag zur Geschichte der Streuwiesen und der Streuwiesenkultur im Alpenvorland. - Z. f. Agrargeschichte und Agrarsoziologie **38**(2): 176-191

MÜLLER, 1851: über die Ausstockung und Umwandlung der Erlen-Niederwaldungen zu Streuwiesen im Revier Tettnang in Oberschwaben. - Monatsschrift f. d. württ. Forstwesen **2**(12): 365-368

NOWACKI, A., 1887: Die Streunoth und die Mittel zu ihrer Abhülfe (Aarau)

PFADENHAUER, J., A. KAPFER & D. MAAS, 1987: Renaturierung von Futterwiesen auf Niedermoortorf durch Aushagerung. - Natur und Landschaft **62**(10): 430-434

RINGLER, A., 1983: Die Bedeutung von Streuwiesen und Kleingewässern für den Artenschutz im Alpenvorland. - Laufener Seminarbeiträge **7/83**: 66-89

STEBLER, F.G., 1897: Die Streuewiesen der Schweiz. - Landwirtsch. Jb. der Schweiz **11**: 1-84

STEBLER, F.G., 1898: Die besten Streuepflanzen (Bern)

Die Veränderung einer Flußlandschaft
Das Beispiel obere Donau

W. Konold

Einleitung

Alle unsere Landschaften sind seit hunderten, die altbesiedelten sogar seit tausenden von Jahren einem Wandel durch den Menschen unterworfen. Dies waren meist keine kontinuierlichen Prozesse, sondern der Wandel vollzog sich schubweise in Form von geplanten Rodungsaktivitäten und Siedlungsgründungen sowie kolonisatorischen Umsiedlungen. Hierbei spielten die Flußauen immer eine besondere Rolle, und zwar in einer scheinbar ganz widersprüchlichen Art und Weise: Einerseits dienten die Flußtäler als Wanderungs- und Verkehrswege und auch als Siedlungsstruktur, die Flüsse selbst als Transportwege; andererseits setzten sich die Menschen permanent der zerstörenden Kraft des Wassers aus, obwohl sie wußten, daß sie es auf absehbare Zeit nicht würden bändigen können. Der Mensch hatte (und hat!) also ein recht zwiespältiges Verhältnis zum Fluß. Im folgenden soll nun am Beispiel der oberen Donau in Baden-Württemberg die kulturlandschaftliche Entwicklung einer Flußaue nachgezeichnet werden.

Die Donau als alte Achse für Wirtschaft und Kultur

Der Name Donau ist höchstwahrscheinlich keltischen Ursprungs, Zeichen für eine alte Wirtschafts- und Kulturachse. Den Wortstamm »don« findet man in verschiedenen Varianten in mehreren Flußnamen des altkeltischen Siedlungsgebietes (SCHNETZ 1950). »Don« bedeutet einfach »Fluß« – war die Donau für die Kelten im südmitteleuropäischen Raum der Fluß schlechthin? Achse für Ausbreitung und Verbindung von Ost nach West war die Donau auch schon in der Jungsteinzeit. Ein erheblicher Teil unserer Kulturpflanzen samt ihrer Begleitflora wurde während des Neolithikums aus dem »Fruchtbaren Halbmond« im Vorderen Orient entlang dieser Achse bei uns eingeführt. Die Kelten als handeltreibendes und kulturell hochentwickeltes Volk errichteten in hochwasserfreier Lage systematisch zahlreiche Siedlungen, von denen einige durch archäologische Ausgrabungen erschlossen sind. Berühmt sind die Heuneburg bei Hundersingen, das große Oppidum bei Manching oder die Keltensiedlung Alkimoennis bei Kehlheim.

Auch die Römer bezogen die gesamte heutige deutsche Donau in ihren Herrschaftsbereich ein. Sie erleichterte den Handel; durch ihre Aue zogen sich außerhalb des Überschwemmungsgebiets »Heerstraßen«, und der Fluß selbst hatte natürlich eine wichtige militärstrategische Bedeutung. In spätrömischer Zeit bildete der Limes entlang von Iller und Donau das letzte Bollwerk der Provinzen Raetien und Noricum gegen die von Westen und Norden anstürmenden Germanen (FISCHER 1992). Die Römer zollten Fluß und einheimischer Bevölkerung Respekt, indem sie den Flußgott Danuvius in die Reihen ihrer Götter aufnahmen (STROBEL 1981).

Die Veränderung einer Flußlandschaft

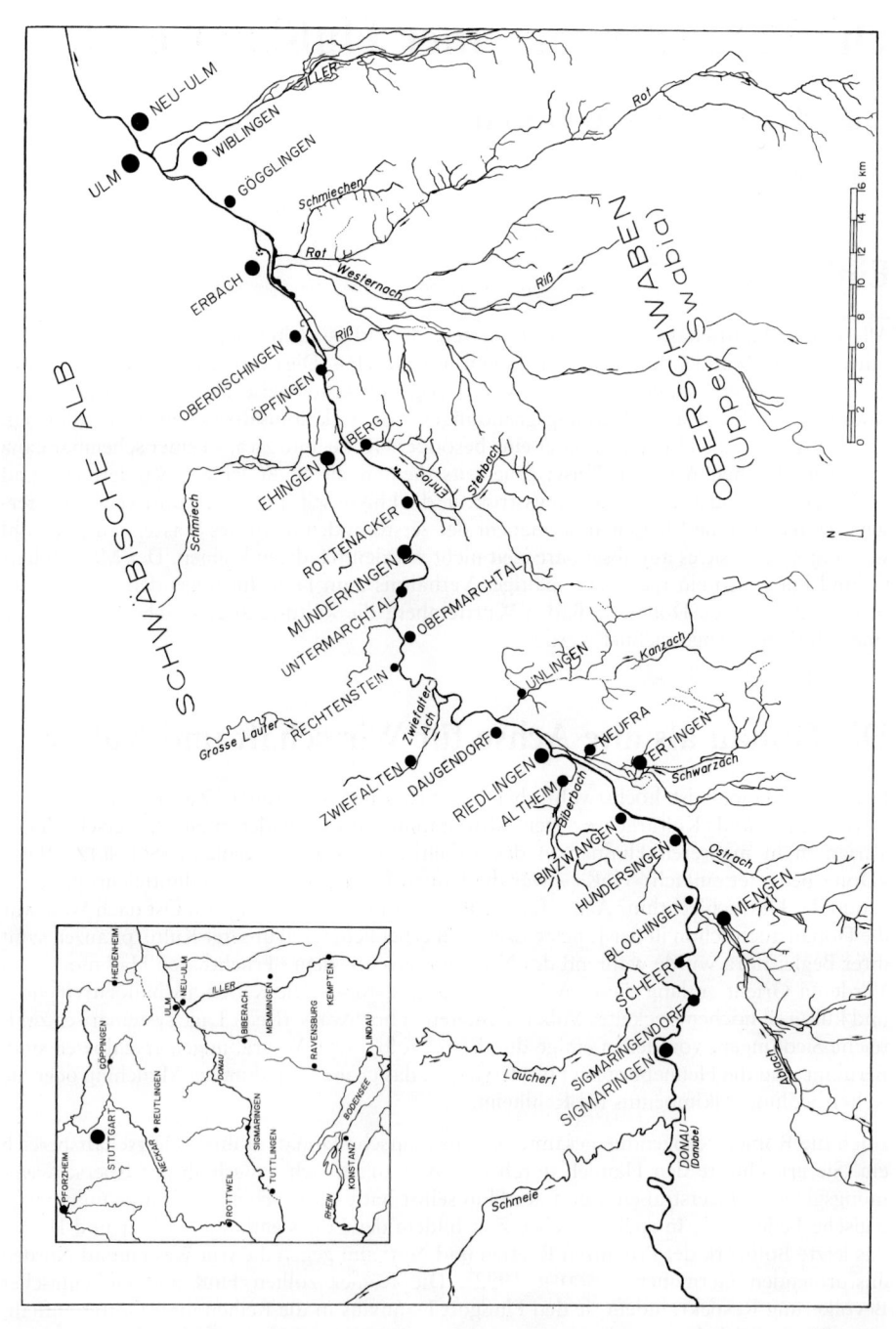

Abbildung 1: Die Donau und ihre wichtigsten Zuflüsse sowie Städte und Gemeinden zwischen Sigmaringen und Ulm (RIETZ 1994).

Vieles von der alten kulturellen Prägung ging vermutlich während der sogenannten Völkerwanderungszeit verloren. Neue Kultur bauten in unserem Raum die Schwaben/Alemannen und die Bajuwaren auf.

Interessant ist vor dem geschilderten Hintergrund die Frage, wie lange es wohl her ist, daß die Donauaue ihren ursprünglichen Charakter verloren hat. Nach dendrochronologischen Befunden (BECKER 1982) zu urteilen gab es – nicht zum ersten Mal – in der späten vorrömischen Eisenzeit und dann während der Römerzeit massive Baumstammablagerungen in der Aue, die hervorgerufen waren durch intensive Rodungstätigkeit, Erosion, und katastrophenartige Hochwasserereignisse mit entsprechenden Stoffumlagerungen und Beanspruchungen der Wälder in der Aue. Die Völkerwanderungszeit brachte der Aue mit ihren Wäldern eine Erholungsphase, da die Hochwassertätigkeit abflaute (Rückgang der Dauersiedlungen, natürliche Wiederbesiedlung vormals landwirtschaftlicher Flächen, geringerer Oberflächenabfluß). Mit der alemannischen und fränkischen Landnahme und Besiedlung setzt die Rodungstätigkeit wieder ein, was sich wiederum niederschlägt in einem entsprechenden Hochwasserabflußverhalten der Donau: Die Baumstammablagerungen erreichen zwischen 500 und 700 v. Chr. einen weiteren und letzten Höhepunkt und »ab 750 n. Chr. bleiben im oberen Donautal bis in die Neuzeit subfossile Eichen vollständig aus« (BECKER 1982, S.49), wobei im Gesamtartenspektrum der Auengehölze gegen Ende dieses Prozesses verstärkt Pappel und Esche auftauchen, also zumindest teilweise Elemente der Weichholzaue. Es dominierte jedoch bis in diese Zeit hinein immer und eindeutig die Eiche. – Die Donau bzw. Donauaue ist gesäumt von Orten mit -ingen- und -ing- bzw. -heim-Namen, die allesamt in der Zeit der alemannisch-fränkischen Besiedlung entstanden sind (GRADMANN 1913), also während eines starken Siedlungsschubes mit entsprechender Rodungstätigkeit. Das Fazit aus diesen Befunden ist also, daß es erstens an der Donau in diesem Bereich nie eine ausgedehnte Weichholzaue (nach Lehrbuch-Art!), sondern nur eine Eichen-Eschen-Ulmen-Ahorn-Aue gegeben hat, daß zweitens in Zeiten, in denen die Bildungsbedingungen für eine Weichholzaue gegeben gewesen wären (Pappeln versuchten sich schon breit zu machen!), nämlich nach der Landnahme mit entsprechender Rodung, Erosion, Hochwässern, Stoffumlagerung, die Aue schon weitgehend gerodet und auch genutzt war, daß also drittens die Donauaue in etwa dem Bild entsprochen haben dürfte, das sie auch 1000 Jahre später noch hatte.

Alte Nutzungen der Aue

Nehmen wir nun noch die Flurnamen zu Hilfe, um einen zusätzlichen Einstieg in die alten Zeiten zu bekommen. Flurnamen sind im Deutschen belegt seit dem »Einsetzen der Schriftlichkeit«. Die ältesten Aufstellungen von Flurnamen stammen aus dem 8. und 9. Jahrhundert; der Gebrauch der Namen ist natürlich schon älter und setzt mit der germanischen Besiedlung ein (SCHEUERMANN 1980). Auch bei vorsichtiger Interpretation können wir anhand der Flurnamen folgendes Bild der oberen Donauaue im Früh- und Hochmittelalter rekonstruieren bzw. das bereits gezeichnete ergänzen:

Im engeren Bereich der Aue sind die -acker-Namen wenig vertreten. Auch eine Häufung erfaßt letztlich nur relativ kleine Flächen. Zu finden sind sie meist auf den etwas erhöht gelegenen würmeiszeitlichen und altholozänen Schotterflächen, die von Hochwässern nur ganz selten betroffen waren und gute, tiefgründige Böden aufwiesen.

Mehrfach zu finden ist der Name »au«, jedoch nur dort, wo die Donau im engen Tal durch den Weißen Jura fließt, also dort, wo immer fast die ganze Breite der Aue Überschwemmungsgebiet war. Mit »Au« bezeichnete man Grasland, das auf unterschiedliche Weise genutzt wurde, aber nicht speziell für die Heuvorratswirtschaft. Hierfür wurden die Wiesen herangezogen bzw. wurde die Wiese als Kulturform entwickelt. Dieser Begriff taucht im Hochmittelalter auf (also relativ spät), wohl in Verbindung mit dieser Kulturform. »Wiese« ist immer korreliert mit einer feuchten Lage, einem feuchten Standort, sei es, daß die Wiese im Überschwemmungsgebiet lag, sei es, daß sie bewässert wurde (»Wiese« attributiv als »die zu Wässernde«; dazu HEYNE 1901, BOESCH 1981, KONOLD 1991). – Soweit die Donau im Durchbruchstal fließt, herrschen die -wiesen-Namen eindeutig vor. Die Flächen waren häufig überschwemmt; als Dünger diente das, was die Donau in fester und gelöster Form mit sich führte. Wiesen mit festen Bewässerungseinrichtungen waren wohl immer die »Brühle«, in der Regel ortsnahes Gelände, das großzügig bemessen war und dem Ortsadel gehörte (BIRLINGER 1887, ERNST 1920). Solche »Brühle« finden wir beispielsweise in Mengen, Blochingen, Herbertingen (Bewässerung schriftlich belegt in einer Urkunde des Zisterzienserinnenklosters Heiligkreuztal aus dem Jahr 1381! HAUBER 1910), Ertingen, Binzwangen, Riedlingen, Daugendorf, Zwiefaltendorf (auch hier sind konkrete Belege für Bewässerungen aus späterer Zeit vorhanden; s. KONOLD & POPP 1994), Rechtenstein, Algershofen und einige andere mehr. Alte Belege (von 1565) gibt es auch für Wässerwiesen im Bereich der Schmiechmündung (WEBER 1955).

Anhand einiger Wiesennamen lassen sich sogar optische Bilder vermitteln: In den »Felbenwiesen« und wohl auch den »Weidenwiesen« standen Kopfweiden (ein stimmungsvolles Bild!); auf den »Hauwiesen« wuchsen so viele Gebüsche, daß man sie zur Brennholzgewinnung oder anderweitig nutzen konnte. Im übrigen legen die Statuten des Klosters Heiligkreuztal für Hundersingen im Jahr 1492 fest, es müsse derjenige, der einen Felben oder einen fruchttragenden Baum (»beerhaft Baum«) »zerhaut« oder »zerbricht«, 3 Pfd. Pfennig Strafe zahlen (BLEICHER 1990). – Dies war eine sehr wirksame Baumschutzverordnung!

Die »Nonnenmähder« oder »Jungfraumähder« kurz vor der Mündung der Iller dürften karge, niedrigwüchsige, einschürige reine Mähwiesen auf relativ trockenen Standorten gewesen sein. Die »Öhmdwiesen« hingegen waren zweischürige Mähwiesen auf besseren Böden.

»Widriger Anblick von Heiden«

Ein Großteil der weiten Auen zwischen Scheer und Ulm waren seit alters her – möglicherweise seit der geschilderten frühmittelalterlichen Rodung – an Bauern der umliegenden Gemeinden aufgeteilt. Genutzt wurden diese Stücke einerseits als einschürige Wiesen. Andererseits bestanden gemeinschaftliche Rechte der Riedgenossen – Genossen waren Gemeinden –, diese Flächen bis zum 19. Mai jedes Jahres mit Rindern, Pferden und Schafen zu beweiden. Eine Festlegung der Triebgrenzen zwischen den Gemeinden Hundersingen, Ölkofen, Beizkofen und Hohentengen ist in Unterlagen aus dem Jahr 1478 dokumentiert. In den Statuten des Zisterzienserinnenklosters Heiligkreuztal für Hundersingen vom Jahr 1492 ist von der »gemainen waid« die Rede (BLEICHER 1990).

Der Viehbesatz muß zeitweilig enorm hoch gewesen sein, denn es wird berichtet, die Flächen seien so abgefressen gewesen, daß man einen verlorengegangenen Heller wiederfinden könne. – Nach dem 19. Mai wurden die Wiesen mit Bann belegt. Die Heuernte mußte bis Ende Juli erfolgt sein, denn danach wurden wieder mehrere Tausend Stück Vieh aufgetrieben. Diese Nutzung des Riedes dauerte an bis 1795, als die Weiderechte abgelöst wurden (OAB

Die Veränderung einer Flußlandschaft

Abbildung 2: Wie in der Hutweide Lonjsko Polje in der Save-Aue (Kroatien) dürfte es bis weit ins 18. Jahrhundert hinein in der Donauaue ausgesehen haben.

Riedlingen 1923). Die bis dahin große Bedeutung der gemeindlichen Weiden mögen folgende Zahlen belegen: Hundersingen hatte 1721 28 3/8 Jauchert Äcker, 35 7/8 Jauchert Wiesen, aber 257 1/4 Jauchert Weiden in seinem Besitz, überwiegend entlang der Donau gelegen (BLEICHER 1990). In der Oberamtsbeschreibung Ehingen (1826) heißt es, gegen Ende des 18. Jahrhunderts sei von Munderkingen bis nach Erbach »nichts als Weide« gewesen; auch jetzt noch (1826) habe man bei Erbach und Donaurieden »nichts als einen widrigen Anblick von Heiden«.

Die zeitgenössischen Schilderungen aus dem 19. Jahrhundert kann man ohne Abstriche auf viele Jahrhunderte zuvor übertragen. Sie lassen sich sogar direkt durch zahlreiche einschlägige Flurnamen bestätigen, z.B. »Schmalweiden«, »Sauwasen«, »Breitweiden«, »Hagenwiesen«, »In der Weid«, »Hagenwinkel«, »Hirtenwiese«, »Füttere«, »Barkwiese«, »Metzgerweide«, »Kälberwiese«, »Auchtweide«/«Nachtweide«, »Gemeiner Trieb«, »Viehweiden«, »Fretzwiese«, »Taie« (= Hütte fürs Vieh, Wort vordeutsch; BUCK 1931) oder »Kühburg« (dies ein ehemals eingehegtes Kuhlager; BUCK 1931). Flächen mit hoch anstehendem Grundwasser, mit zeitweilig oder immer vorhandenen offenen Wasserflächen, häufig überflutete Areale, quellige Stellen oder Sumpfflächen, also in jedem Fall Gebiete, in denen der Faktor Wasser eine entscheidende Rolle spielt, wurden mit folgenden Namen bezeichnet: »Unterwasser«, »See«, »Egelsee«, »Specklachen«, »Entenfang«, »Dauden«, »Soden/Gsöd«, »Sulz«, »Kessel« und »Gieße«.

In solchen Gebieten und in den verlassenen Donaurinnen dürfte es Großseggenrieder und Röhrichte gegeben haben, die weniger stark in die landwirtschaftliche Nutzung einbezogen waren. Ansonsten dürfte es sich bei den »Grünland«-Flächen, die ja auch von Gräben, Bächen und Altwässern durchzogen waren, um Pflanzenbestände gehandelt haben, in de-

205

Die Veränderung einer Flußlandschaft

Abbildung 3: Landtafel von Philipp Renlin d.Ä. aus dem Jahr 1589 (aus OEHME 1961), Ausschnitt bei Riedlingen: Die Donauniederung besteht fast ausschließlich aus Grasland (Weidetiere am rechten Bildrand!), Einzelbäume/Schattenbäume lockern das Bild etwas auf. Der Weg nach Riedlingen liegt etwas erhöht und hat zahlreiche Durchlässe, damit die häufigen Hochwässer passieren können. Diesseits des Flusses liegt ein großer Holzlager- und Floßeinbindeplatz.

nen feuchteliebende Arten dominierten. Die Viehweiden und darin insbesondere die Triebe, Nachtweiden und auch Flächen im Bereich von Baumgruppen, die über das Gelände verteilt waren, waren gekennzeichnet durch Tritt- und Narbenschäden und ein Mosaik von Einzelart-Dominanzen (Abbildung 2). Physiognomisch und optisch stark in den Vordergrund traten *Juncus*-Arten, verschiedene Hahnenfuß-Arten *(Ranunculus flammula* und *R. repens),* Roßminze *(Mentha longifolia),* Waldbinse *(Scirpus sylvaticus),* Zottiges und Kleinblütiges Weidenröschen *(Epilobium hirsutum* und *E. parviflorum)* und verschiedene rasenbildende Seggen. Die Heuerträge waren hier gering und von schlechter Qualität. In den ausschließlich als Wiesen genutzten Flächen gab es ebenfalls – in Abhängigkeit vom Bodenwasserhaushalt – deutliche Herdenbildungen einzelner Pflanzen, z.B. von Schlangenknöterich, Kuckuckslichtnelke oder verschiedenen Seggen.

Zu nennen wären noch die Flurnamen bzw. die Flächen, die unmittelbar an der Donau liegendes Gelände bezeichnen, welches bei Hochwässern durch Abtrag und Sedimentation umgeformt wurde: »Grieß«, »Grießle«, auch »Gemeindegrieß« (= Allmendfläche) oder »Höllgrieß«, sowie »Sandäcker«, »Sandhaken« oder »Sandwinkel«. Hier lagerte die Donau schichtweise grobkörniges Material ab, auf dem sich aufgrund der geringen Wasserspeicherkapazität und wegen der Nutzungseinflüsse nur ein schütterer Bewuchs entwickeln konnte: weitgehend gehölzfrei, dominiert von Gräsern und Kräutern, deutlich ruderal geprägt. Diese Bereiche wurden wohl ganz überwiegend beweidet und dürften sich meist in Gemeindebesitz befunden haben. Kurzfristig – ein, zwei oder drei Jahre – wurde vielleicht auch einmal Ackerbau getrieben, der jedoch nicht einträglich war. Aber auf diese Weise wurde immer wieder die Samenbank der Unkräuter im Boden aufgefrischt. – Es sei an dieser Stelle kurz die Frage nach der Natürlichkeit der »Grieße« aufgeworfen: Rodungen und landwirtschaftliche Nutzungen hatten das Abflußverhalten und den Geschiebehaushalt der Donau nachhaltig verändert. Sie schotterte bei Hochwässern ihr eigenes Bett auf, ging mehr in die Breite und lagerte infolgedessen in einem breiten Saum grobkörniges Material ab. Die Bildung von Uferwällen aus Schottern ist ein natürlicher Prozeß, den der Mensch im Falle der Donau (und nicht nur dort) unbewußt verstärkt hat.

Wir können insgesamt sagen, daß der Talraum der Donau bereits seit dem frühen Mittelalter genutzt wurde durch Ackerbau, Mahd und Beweidung, und dies ungeachtet regelmäßiger Überschwemmungen und Donauverlagerungen. Abgesehen von allenfalls kleinen Auwaldresten, einigen »Grieß«-Flächen und den Kiesbänken in der Donau war alles mehr oder weniger stark »kultiviert«. Die flachen Terrassen waren von zahlreichen Bächen und Donau-Flutmulden durchzogen. Der Bodenwasserhaushalt und das Mikrorelief kamen in der Vegetation deutlich zum Ausdruck. Die Talniederungen dienten großräumig der Retention bei Hochwasserereignissen. Die Donauaue besaß einen parkartigen, offenen Charakter. Dieses Bild läßt sich sehr schön nachvollziehen anhand der Landtafel des oberen Donaugebiets, die Philipp Renlin d. Ä. im Jahre 1589 gemalt hat (s. Abbildung 3; aus OEHME 1961).

Die »Schlangenwendungen« der Donau

Betrachten wir noch die Donau selbst etwas genauer. Durch die Chroniken der Gemeinden ziehen sich Klagen über die Schäden, die der Fluß bei Hochwasser verursachte. Brücken wurden beschädigt oder gar zerstört. 1682 berichtet die Chronik von Hundersingen (BLEICHER 1990), die Wiesen und Weiden seien »ganz unnützlich« geworden, 40 Jauchert seien von der Donau so »verrissen«, daß sie nicht mehr bebaut werden könnten. Brückenschäden gab es zum Beispiel im März 1827 und im Februar 1830 und 1834, also ganz kurz aufeinander.

Die Donau verlagerte häufig ihren Lauf, was sich sehr gut anhand der verschiedenen Flurkartenausgaben aus dem letzten Jahrhundert verifizieren läßt. Man versuchte vergeblich, die Ufer mit »Reiswellen« (also einer Art Faschinen), »Reis und Bäumen« oder Steinen zu befestigen. 1788 wurde bei einem Hochwasser alles wieder herausgerissen, und 12 ha Daugendorfer Wiesen lagen plötzlich auf der Unlinger Donauseite (OAB Riedlingen 1923). Der Fluß hatte sich also ein neues Bett gegraben. – Überhaupt mache er »vielfache Schlangenwendungen, ...häufig sogar rückgängige Bewegungen« und teile »den Thalboden in eine Menge von Halbinseln«. Er verändere »alle Augenblicke« sein Bett »mit Hinterlassung von Sümpfen und sogenannten Altwässern« (OAB Ehingen 1826, S. 22 f.). Weiter abwärts, so heißt es in der Oberamtsbeschreibung Laupheim (1856), »durchschlängelt die Donau in ziemlich großen, regellosen, unsicheren Krümmungen...die weit gedehnte, moorgründige Thalebene«.

Die Donau hatte also, um es zeitgemäß auszudrücken, eine hohe Breiten- und Tiefenvarianz; Sohle und Ufer waren strukturreich, es gab Ausbuchtungen, Blindsäcke, zahlreiche Seitengewässer (permanente und temporäre) und vor allem auch ein außerordentlich vielfältiges Strömungsmuster in der Horizontalen und Vertikalen. Kurz: Das Lebensraumangebot war exzellent. Erweitert wurde dies noch durch zahlreiche Gießbäche in der Aue, die klar, oligotroph und kaltstenotherm waren. Die Altwässer lagen im Grundwasserstrom, so daß sie nur langsam alterten.

Über die Lebensgemeinschaften in und an der Donau wissen wir sehr wenig aus diesen Zeiten. Die Landtafel von Renlin (Abbildung 3) zeigt kahle, allenfalls schütter oder mit einem schmalen Gehölzsaum bewachsene Ufer, also nach wie vor keine Spur von Auwäldern. Man kann diesen Zustand sicherlich fast uneingeschränkt bis in die Mitte des 19. Jahrhunderts übertragen: Bloßgelegte Ufer, Inseln und sich verlagernde Kiesbänke sind von einjährigen Arten, Staudenfluren, Nitrophyten, einigen Strauchweiden und kleinen Röhrichten besiedelt. In den Oberamtsbeschreibungen von Ehingen (1826) und Laupheim (1856) heißt es, selten sehe man »...einen Baum im Thale, nicht einmal eine Bekleidung des Flusses mit Weiden oder anderem Gehölze...« und es gebe »...meist kahle, nicht mit Gesträuchen bewachsene Ufer«.

Aufgrund der auch schon damals überwiegend starken Besonnung der Donau sind bei den Wasserpflanzen in großen Schwaden der Flutende Hahnenfuß (Ranunculus fluitans), abseits des Stromstrichs Wasserstern-Arten *(Callitriche spp.)*, Igelkolben *(Sparganium emersum)*, Wasser-Ehrenpreis *(Veronica anagallis-aquatica)* sowie Dichtes, Durchwachsenblättriges und Kamm-Laichkraut *(Groenlandia densa, Potamogeton perfoliatus* und *P. pectinatus)* zu finden, kleinflächig auch Alpenlaichkraut *(Potamogeton alpinus)* und Glänzendes Laichkraut *(Potamogeton lucens)*, in kaum durchströmten und Stillwasser-Bereichen Tausendblatt-Arten *(Myriophyllum spp.)*, Schwimmendes Laichkraut *(Potamogeton natans)*, Gelbe Teichrose *(Nuphar lutea)*, Brunnenkresse *(Nasturtium officinale)* und Aufrechter Merk *(Berula erecta)*. Uferröhrichte mit Igelkolben, Rohrglanzgras, Schilf und Wasserschwaden sind zum Teil linear, zum Teil flächig ausgebildet (zusammengestellt nach OAB Riedlingen 1827 und OAB Saulgau 1829).

Die Donau und ihre Aue nach der Begradigung

Der Ausbau der Donau fand im wesentlichen zwischen den vierziger und den neunziger Jahren des 19. Jahrhunderts statt. Ziel war es – wie an zahlreichen anderen Flüssen auch –, die Hochwassergefahren zu vermindern, neues Kulturland zu gewinnen und die Brücken besser zu schützen. Zunehmend war man mit den alten Zuständen unzufrieden geworden und hatte neben den häufigen Überschwemmungen den »verwilderten Zustand« des Flusses, die nutzlosen »Rinnsale und Altwasser neben dem eigentlichen Flußschlauche« und die immer wieder auftretenden Uferabbrüche beklagt. Als Mittel, dieses zu verhindern, wählte man die »möglichste Geradlegung des Flußlaufes« mit Hilfe von Durchstichen (Abbildung 4), wodurch die Fließgeschwindigkeit erhöht wurde und sich durch die Erosion die gewünschte Eintiefung der Flußsohle einstellte, sodann den Bau von Schutzdämmen und die Sicherung der Uferböschungen mit »Steinfüßen« (Königl. Ministerium des Inneren 1892 und 1896; RIETZ 1994). Was die landwirtschaftlichen Flächen anging, so hatte man schon gegen Ende des 19. Jahrhunderts mit der Aufgabe der genossenschaftlichen Weide begonnen, hatte intensiviert, z.B. aus einschürigen Wiesen zweischürige gemacht, und auch Wiesen umgebrochen (man nannte dies »anblümen«). Dieser Trend verstärkte sich mit dem sukzessiven Ausbau der Donau. Überall führte man die verbesserte Dreifelderwirtschaft ein, bei der nun auch das Brachfeld angebaut wurde; der Futterbau nahm zu; wesentlich höhere Stückzahlen beim Vieh, das nun meist ganzjährig aufgestallt war, ermöglichten zum er-

Die Veränderung einer Flußlandschaft

Abbildung 4: »Korrektion« der Donau bei Erbach in den achtziger Jahren des 19. Jahrhunderts (Archiv des Regierungspräsidiums Tübingen).

sten Mal eine gute Düngerwirtschaft. Als Einstreu verwendete man Schilf, das an den Altwässern gewonnen wurde. In den Altwässern betrieb man eine ertragreiche Fischzucht (OAB Ehingen 1893). In Ennetach, Herbertingen, Neufra, Erisdorf, am Unterlauf der Ostrach und bei Rottenacker wurden Bewässerungsanlagen eingerichtet (OAB Saulgau 1829, KONOLD & POPP 1994).

Betrachtet man als Beispiel für diese Entwicklung die Donauaue zwischen Binzwangen und Riedlingen (Abbildung 5), so sieht man, daß das Tal zur Jahrhundertwende noch von »Grünland« dominiert (»Grünland« ist ein Begriff, der erst nach dem ersten Weltkrieg neu geprägt wurde), jedoch stark von kleinen Ackerflächen durchsetzt ist. Das Gebiet ist übersät mit linearen, flächigen und punktförmigen Feuchtökotopen (abgesehen von den Naßwiesen usw., die in der Kartengrundlage vom übrigen »Grünland« nicht unterschieden sind). Dies sind zum Teil neu entstandene Altwässer oder Altwasserfragmente, wassergefüllte Kiesgruben, Stiche, Fischweiher, Gießen, kleine Quellbäche am Talrand, Niederungsbäche, Be- und Entwässerungsgräben (sehr schön entwickelt nordwestlich von Ertingen und Neufra) sowie – sehr auffällig durch die strenge Struktur – die eisenbahn-begleitenden Feuchtgebiete südlich Neufra und zwischen Neufra und Riedlingen. Diese entstanden durch Materialaushub unmittelbar neben der Eisenbahntrasse. – Die Oberamtsbeschreibung (1923) spricht ebenfalls von »zahlreichen Wasserläufen« und von einem »zierlichen Geflecht von ... verlassenen Schlingen«. Das ganze Gebiet war also immer noch ganz deutlich vom Faktor Wasser geprägt. Dies traf auch für die Schotterterrassen zu, in denen die zahlreichen Dellen, alten Rinnen und Flutmulden durch die nicht-ackerbauliche Nutzung aus dem Gelände gleichsam herauspräpariert waren.

Die Veränderung einer Flußlandschaft

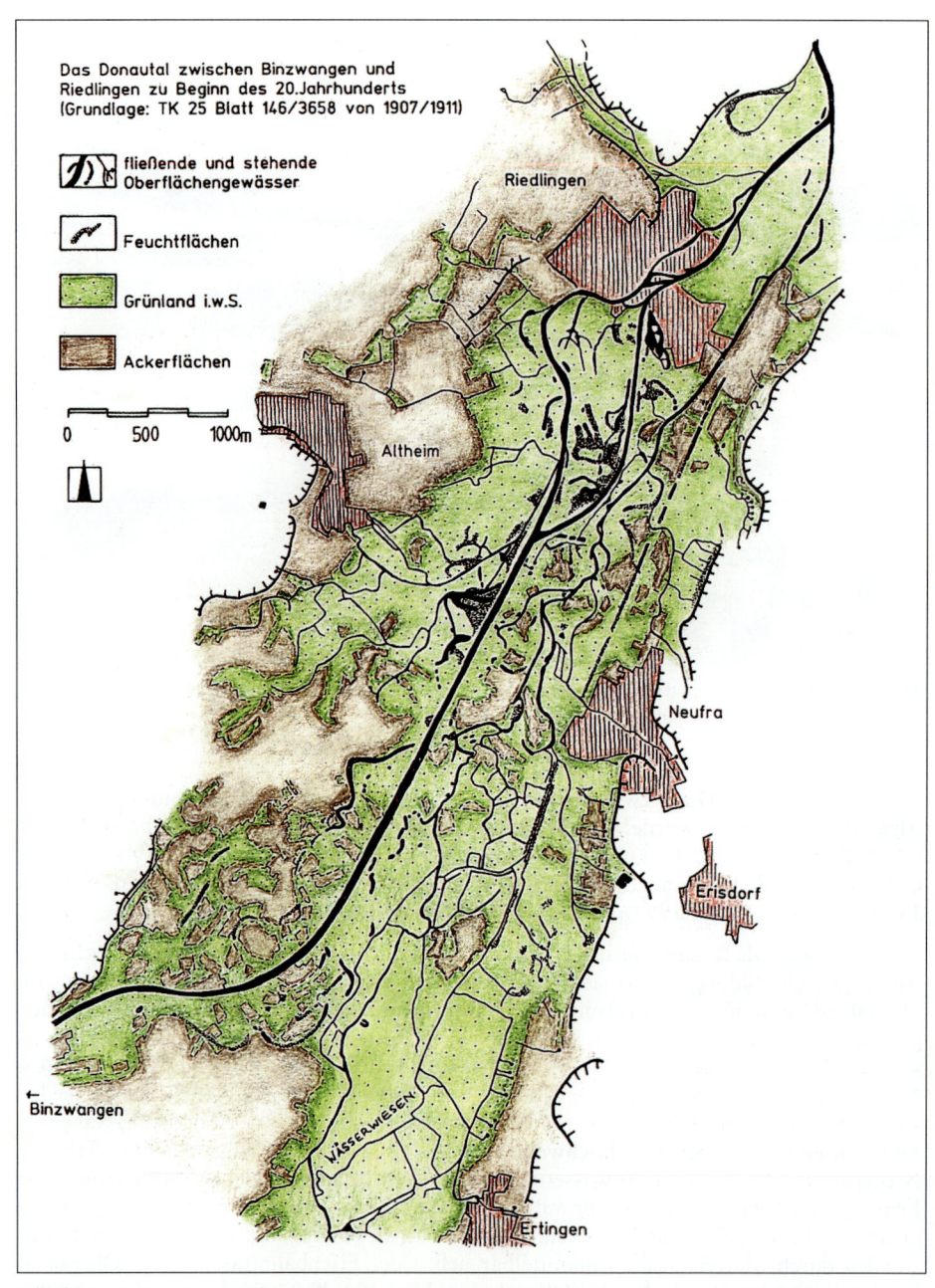

Abbildung 5: Das Donautal zwischen Binzwangen und Riedlingen zu Beginn des 20. Jahrhunderts.

Flora, Vegetation und Nutzung zu Beginn des 20. Jahrhunderts

Was die Nutzung und die Vegetation des Gebietes angeht, so liegen uns für diese Zeit schon sehr gute Unterlagen vor (BERTSCH 1907, OAB Riedlingen 1923). Für die Donau selbst angegeben sind beispielsweise für den Bereich Riedlingen das Alpen-Laichkraut *(Potamogeton alpinus)*, das eutraphente Kamm-Laichkraut *(Potamogeton pectinatus)* sowie das eher oligotraphente Dichtblättrige Laichkraut *(Groenlandia densa)*. Für den Bereich Hundersingen und flußabwärts gebe es »noch keinerlei Unterwasserbestände«, so die Oberamtsbeschreibung. Dies war wohl noch eine Folge des in diesem Abschnitt erst jüngst erfolgten Ausbaus (1908 und folgende Jahre; BLEICHER 1990).

Soweit in den Altwässern noch offene Wasserflächen oder zumindest Sumpfflächen vorhanden waren, konnte man den Tannenwedel *(Hippuris vulgaris)*, die Weiße Seerose *(Nymphaea alba)*, die Gelbe Schwertlilie *(Iris pseudacorus)* oder auch den Kalmus *(Acorus calamus)* finden. Die trockenen Flußschlingen waren mit Pestwurzfluren ausgekleidet. – Die Flußufer waren, wie schon seit Jahrhunderten, weitgehend baumfrei (»...nirgends auch nur Reste von Auenwäldern...«; OAB Riedlingen 1923); lediglich »da und dort« gab es »niedriges Ufergebüsch aus Weiden und Erlen...« (Abbildung 6). Die angrenzende landwirtschaftliche Nutzung ging oft bis an die Uferböschung. Über einige Abschnitte bestand der Uferbewuchs aus einem Saum mit Baldrian *(Valeriana officinalis)*, Mädesüß *(Filipendula ulmaria)*, Engelwurz *(Angelica sylvestris)*, Flußampfer *(Rumex hydrolapathum)*, Schwertlilie

Abbildung 6: Die Donau unterhalb von Riedlingen mit Blick auf den Bussen. Am Ufer dominieren Weidengebüsche und Staudenfluren; etwa 1938.

(Iris pseudacorus), Gilbweiderich *(Lysimachia vulgaris)*, Zottigem Weidenröschen *(Epilobium hirsutum)* u.a.m.

In weiten Bereichen der Aue – also abgesehen von den flachen Terrassen – stand das Grundwasser hoch an. Viele Wiesen waren daher Feucht- und Naßwiesen. Insbesondere im Bereich der Randsenke auf Anmoor- und Niedermoorböden gab es noch wenige einschürige, zum Teil artenreiche Streuwiesen, auch »Riedwiesen« genannt. Vegetationskundlich gesehen waren dies Schilfröhrichte, Groß- und Kleinseggenrieder, auch Kopfbinsenrieder (aber wohl nur sehr kleinflächig) und – soweit teilentwässert – Pfeifengraswiesen. In einigen Bereichen der Aue hatten die Wiesenflächen zu Lasten der Äcker zugenommen. FRIZ (1923) berichtet dies von der Gemarkung der Stadt Riedlingen, wo viele Bürger im Laufe der Jahre die eigene kleine Landwirtschaft aufgegeben und ihre Äcker an auswärtige Bauern verpachtet hatten. Dies führte oft zu einer Umwandlung der Äcker in die extensivere Wirtschaftsform Wiese, da nun der Anfahrtweg vom Hof bedeutend länger war.

Für die Äcker sind in der Oberamtsbeschreibung Riedlingen (1923) zahlreiche Unkräuter angegeben, die heute nicht mehr oder sehr viel seltener zu finden sind, etwa Kornblume *(Centaurea cyanus)*, Kornrade *(Agrostemma githago)*, Ackerrittersporn *(Consolida regalis)*, Ackerhahnenfuß *(Ranunculus arvensis)*, Roggentrespe *(Bromus secalinus)*, Ackerwachtelweizen *(Melampyrum arvense)*, Taumellolch *(Lolium temulentum)*, Haftdolde *(Caucalis platycarpos)*, Kleeseide *(Cuscuta epithymum ssp. trifolii)*, Kleeteufel *(Orobanche minor)* u.v.a.

Auch über die Grießflächen erhalten wir nun detaillierte Auskünfte (BERTSCH (1907)). Bei leichter Hängigkeit und im Übergang zu seichten Geländedepressionen (z.B. Flutmulden) mit wechselfeuchten bis wechseltrockenen Verhältnissen fand BERTSCH ganz »wunderliche Pflanzengesellschaften«. Ihn faszinierte das kleinräumige Nebeneinander von Trockenrasen, Halbtrockenrasen, kalkreichen Niedermooren, von Pfeifengraswiesen und feuchten, mageren Futterwiesen, durchsetzt von ruderalen Elementen, bedingt durch das ausgeprägte Mikrorelief und die damit verbundenen, kleinräumig wechselnden Wasserhaushaltsverhältnisse. Die einen Flächen – etwa auf den grundwasserfernen Kiesrücken – waren bewachsen mit Gräsern der Trocken- und Halbtrockenrasen (Großes und Zierliches Schillergras/*Koeleria pyramidata* und *K. macrantha*, Schafschwingel/*Festuca ovina*, Aufrechte Trespe/*Bromus erectus*, Flaumhafer/*Helictotrichon pubescens*), vergesellschaftet mit Karthäusernelke *(Dianthus carthusianorum)*, Hufeisenklee *(Hippocrepis comosa)*, Thymian *(Thymus pulegioides)*, Bergklee *(Trifolium montanum)* u.a.; z.T. wurde die Vegetationsdecke schütterer, und es gesellten sich zu Hügelmeister *(Asperula cynanchica)*, Wundklee *(Anthyllis vulneraria)*, Skabiose *(Scabiosa columbaria)*, Wiesensalbei *(Salvia pratensis)* usw. auch ruderale Elemente wie Natternkopf *(Echium vulgare)*, Resede *(Reseda lutea)* und Acker-Hornkraut *(Cerastium arvense)*. Diesen Flächen gemeinsam waren einige südliche und südöstliche, wärmeliebende Florenelemente. BERTSCH (1907) weist auch ganz ausdrücklich auf Bestände hin – zum Teil auf Ackerbrachen –, die dominiert waren von Färberwaid *(Isatis tinctoria)*, Beifuß *(Artemisia vulgaris)*, Resede *(Reseda lutea)*, verschiedenen Königskerzen *(Verbascum spp.)* u.a.

Torf- und Kiesabbau

Lokal von nicht geringer Bedeutung war der Torfabbau in der Aue. Betrieben wurde er in den abflußträgen, vermoorten Randsenken der weiten Talräume oberhalb von Riedlingen und im Rottenacker Ried, schwerpunktmäßig jedoch im Gögglinger Ried oberhalb von

Ulm, wo man bereits zu Beginn des 17. Jahrhunderts systematisch mit der Torfgewinnung begonnen hatte. Dazu waren eigens Torfkanäle mit Schleusen sowie Kähne für den Abtransport der Torfsoden gebaut worden (LIEBEL 1911, FLAD 1992). Die abgebauten Flächen wurden allesamt »kultiviert« und fortan landwirtschaftlich genutzt.

Auch die Kiesgewinnung spielte eine nicht unerhebliche Rolle. In den Schotterfeldern der Aue hatte man zahlreiche kleine Kiesgruben angelegt (Abbildung 5), aus denen zum lokalen Bedarf (und nicht nach kommerziellen Gesichtspunkten!) Material geholt wurde. Daneben baute man auch im Fluß selbst Kies ab – eine sich selbst erneuernde Rohstoffressource, solange bestimmte Grenzen eingehalten wurden. Diese Grenze sahen die Wasserbaubehörden zu Beginn des 20. Jahrhunderts überschritten, denn man vermutete einen engen Zusammenhang zwischen der Kiesentnahme und der deutlich zu registrierenden Eintiefung der Flußsohle in Ulm. So versuchte man durch Auflagen, die Entnahme zu beschränken. Die Stadt Ulm jedoch, die ihre Nutzungsinteressen gefährdet sah, führte die Sohleneintiefung wohl richtiger auf die Begradigung des Flußlaufs und die daraus resultierende höhere Fließgeschwindigkeit zurück (BRÄUHÄUSER 1912).

Weitere Veränderungen im 20. Jahrhundert

Der Veränderungsprozeß der oberen Donau und ihrer Aue beschleunigte sich während des 20. Jahrhunderts enorm, insbesondere seit den fünfziger und sechziger Jahren, ursächlich ausgelöst durch wasserbauliche Eingriffe, die sukzessive auch sämtliche Seitengewässer erfaßt hatten. Die Konsequenzen waren – wie in anderen Flußlandschaften auch – die bereits genannten Sohleneintiefungen durch die erhöhte Schleppspannung, eine sukzessive Versteinung der immer höher werdenden Uferböschungen, ein Absinken des Grundwasserspiegels in der Aue, was lokal sogar die Errichtung von neuen Bewässerungsanlagen erforderlich machte (KONOLD & POPP 1994), sodann Grünland-Umbruch, massive Intensivierung des verbliebenen Grünlandes und Ausdehnung der Siedlungen in Richtung des sinkenden Grundwasserspiegels. Hinzu kamen der Ausbau der Wasserkraftnutzung, verbunden mit Wehrbauten und Ausleitungen, und zunehmend auch eine stoffliche Belastung, die sich insbesondere in den Versickerungsstrecken äußerst negativ auswirk(t)en.

Nach und nach wurden die vielen kleinen Feuchtlebensräume verrohrt, verfüllt, die trockenen Lebensräume intensiviert oder einer neuen Nutzung zugeführt. Am Fluß fielen dem Ausbau die wichtigen Lebensräume im Wasserwechselbereich zum Opfer. Die Kommunikation mit der Aue wurde fast überall auf seltene Hochwasserereignisse beschränkt, die dann als »Naturkatastrophen« empfunden wurden, weil sich der Mensch zu weit in die Aue vorgewagt und dem Fluß die Überschwemmungsgebiete entzogen hat. Die Nutzung ist über weite Bereiche entkoppelt von den eigentlichen standörtlichen Gegebenheiten. Die Flußlandschaft Donau wurde qualitativ und strukturell fast gleichgeschaltet, und dies auf einem ökologisch-funktional niedrigen Niveau.

Als Beispiel für diese Entwicklung soll zunächst wiederum der Landschaftsausschnitt zwischen Binzwangen und Riedlingen betrachtet werden (Abbildung 7): Einschneidendstes Merkmal ist die Begradigung der Schwarzach und damit einhergehend ein sehr starker Verlust an Feuchtökotopen. Links der Donau hat sich dagegen noch relativ wenig getan. Aus dieser Zeit liegt eine Vegetationsbeschreibung von ESKUCHE (1955) für das Grünland im Gebiet zwischen Hohentengen/Hundersingen und Ertingen/Waldhausen vor. Die Kartierung (Original-Unterlagen beim Regierungspräsidium Tübingen) spiegelt den Zustand von 1952 wider.

Die Veränderung einer Flußlandschaft

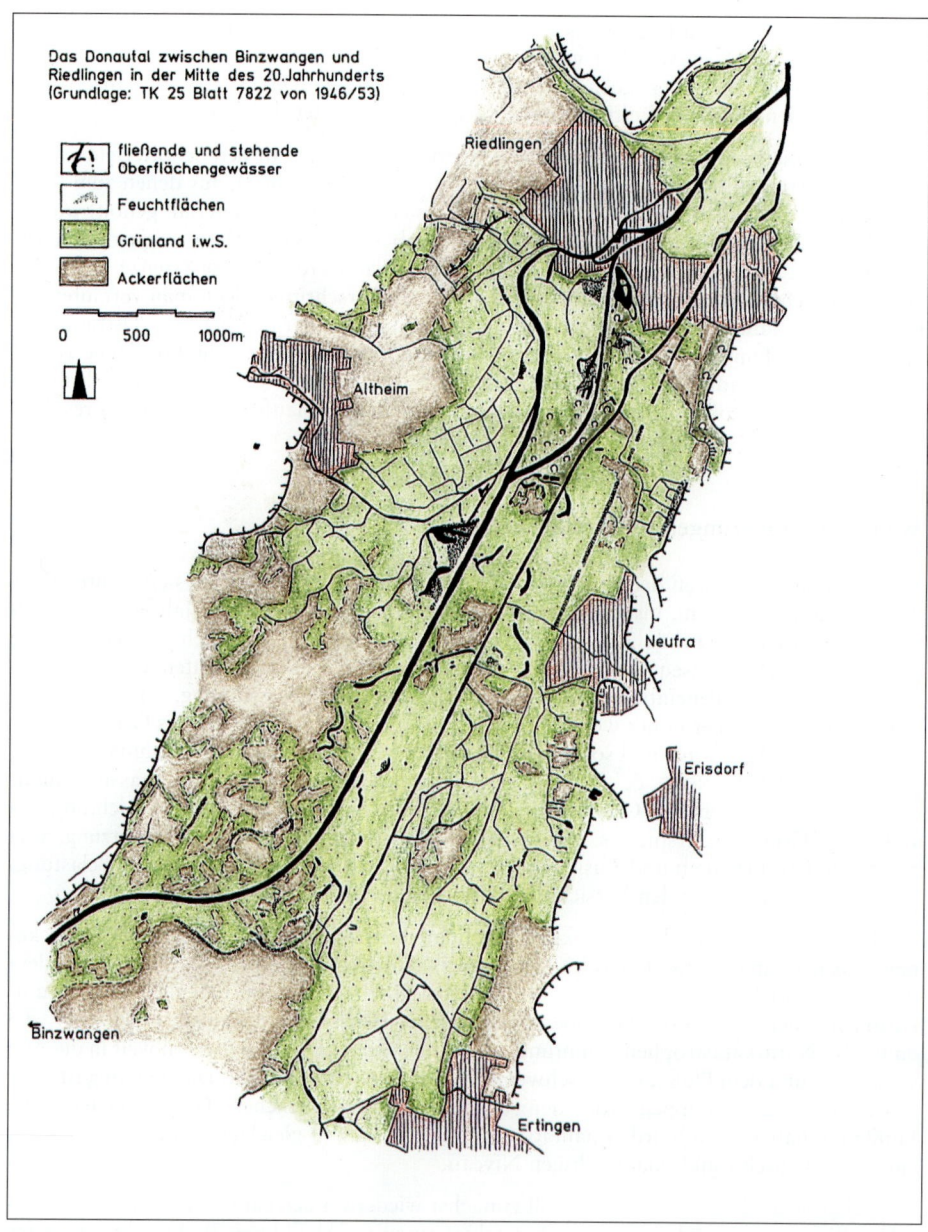

Abbildung 7: Das Donautal zwischen Binzwangen und Riedlingen in der Mitte des 20. Jahrhunderts.

Die Veränderung einer Flußlandschaft

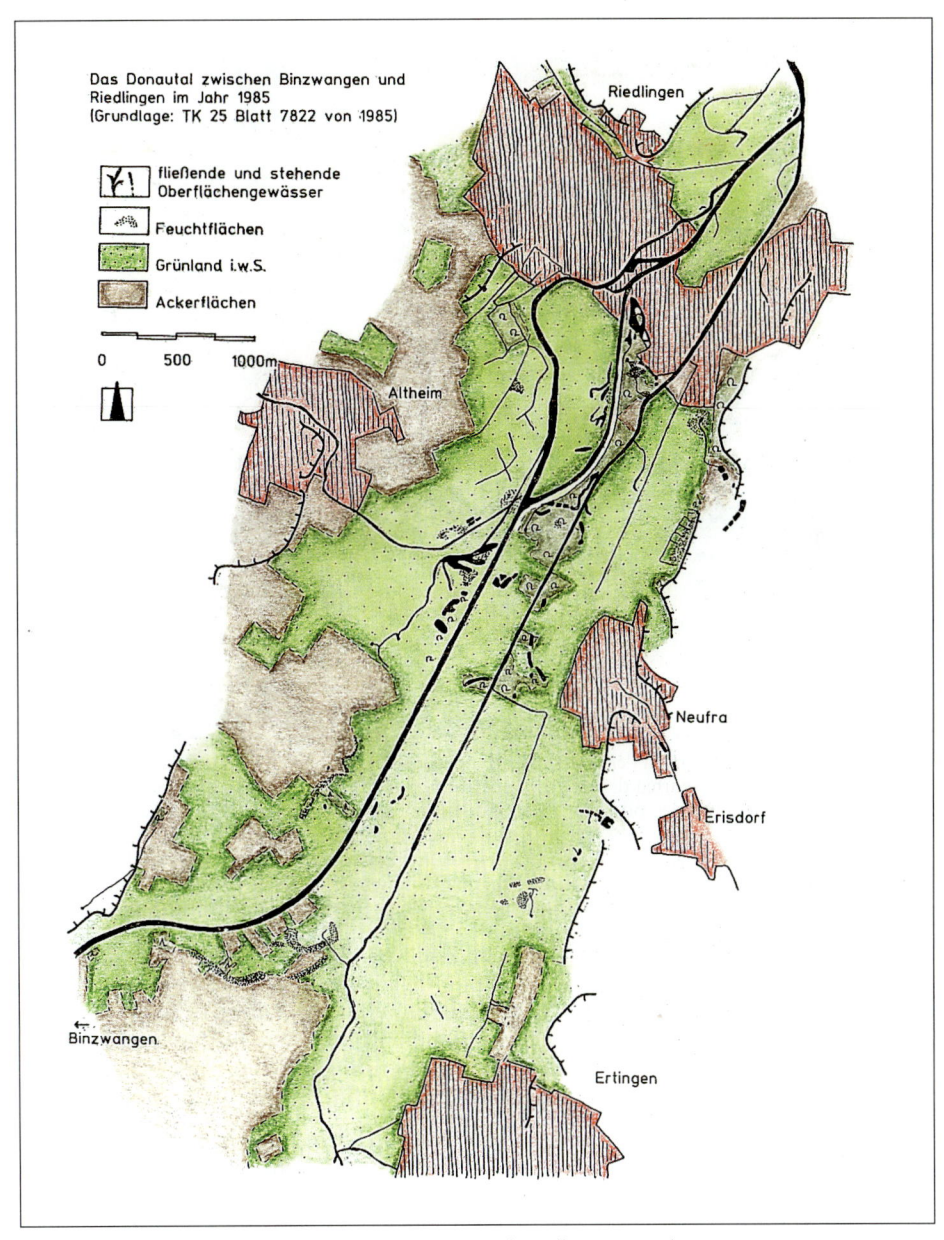

Abbildung 8: Das Donautal zwischen Binzwangen und Riedlingen im Jahr 1985.

Die Veränderung einer Flußlandschaft

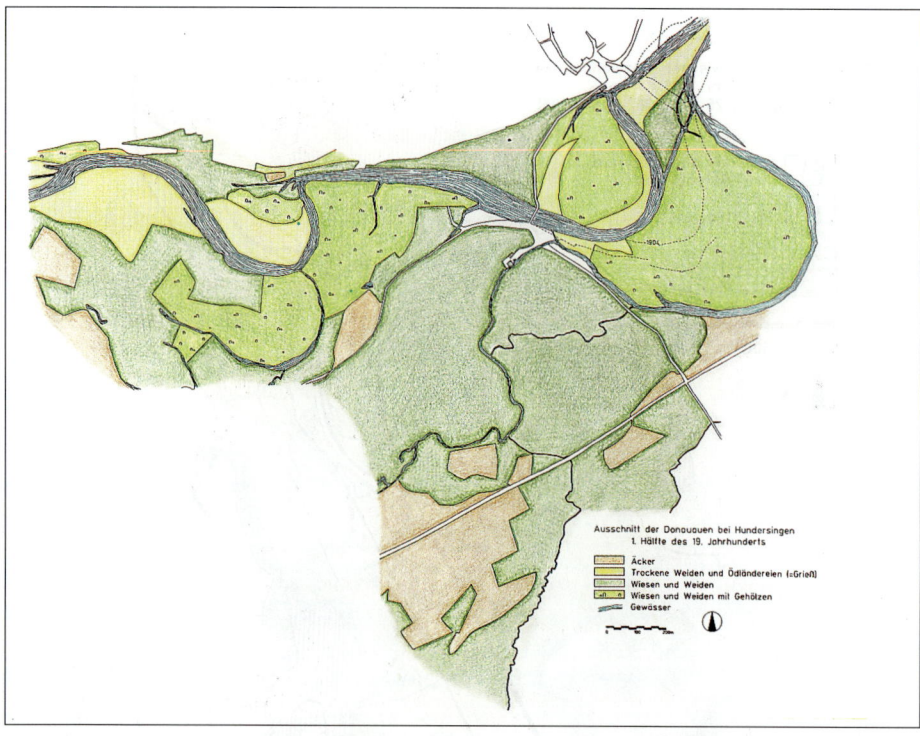

Abbildung 9: Flächennutzung an der Donau bei Hundersingen in der ersten Hälfte des 19. Jahrhunderts auf der Grundlage der Flurkarten der ersten Landesvermessung: Gewässernetz und -dynamik sind weitgehend naturnah; Auenwälder oder ein Galeriewald sind nicht vorhanden. Die Flächennutzung ist einigermaßen differenziert und auch angepaßt an die standörtlichen Verhältnisse: wenig Ackerbau, vielleicht auch nur zeitweilig Ackerbau (Wechselfelder), schütter bewachsene, trockene bis wechseltrockene, ruderal geprägte, wegen geringer Biomassenproduktion wohl sehr extensiv genutzte Graslander; nur die grundwassernächsten und häufiger überschwemmten Standorte tragen qualitativ besseres Wiesenland.

Die größten Areale nahmen die Fuchsschwanz- und Kohldistel-Glatthaferwiesen ein; die ersteren waren – insbesondere in Dorfnähe – dreischürig. ESKUCHE bezeichnete diese Glatthaferwiesen als »Endprodukte der Wiesenvegetation«, also als maximale Intensitätsstufen. Diese Aussage gilt natürlich heute nicht mehr, wo frische bis wechselfeuchte Glatthaferwiesen zu den durch Intensivierung (Düngung, Schnitthäufigkeit) stark im Rückgang befindlichen Wiesenformationen gehören.

Viele der Kohldistelwiesen seien – so ESKUCHE – aus Streuwiesen, also in der Regel aus meist artenreichen Pfeifengraswiesen hervorgegangen. Zu einer solchen Bestandsumwandlung genügt alleine die Düngung. Pfeifengraswiesen gab es nur noch als Restbestände in der Randsenke. Einige davon hatten brachgelegen und sich durch natürliche Sukzession in Mädesüß-dominierte Hochstaudenfluren umgewandelt. Diese – wie auch Röhrichte und Großseggenbestände – gab es nur kleinflächig. Ein wichtiges Fazit aus den Untersuchungen ESKUCHES ist, daß die Vegetationsdecke immer noch sehr gut die Standortverhältnisse, insbesondere den Wasserhaushalt, widerspiegelte.

Wie zahlreiche andere Grünlandkartierungen in dieser Zeit war auch ESKUCHES Arbeit verbunden mit Aussagen zur Melioration. Manches davon wurde in den folgenden Jahren um-

Die Veränderung einer Flußlandschaft

Abbildung 10: Flächennutzung an der Donau bei Hundersingen zu Beginn der 50er Jahre (Grundlage: Originalkarten zu ESKUCHE 1955): Das Gewässersystem ist begradigt und ausgedünnt. Die ehemaligen trockenen Grasländer sind überwiegend ackerbaulich genutzt; es gibt jedoch noch ein weites, die vielfältigen standörtlichen, insbesondere die Wasserhaushaltsverhältnisse widerspiegelndes Spektrum an Grünlandgesellschaften mit einem hohen Anteil an artenreichem Grünland, oft hervorgegangen aus Pfeifengras-Streuwiesen (dazu ESKUCHE 1955).

gesetzt. Einige Details über Veränderungen im Untersuchungsgebiet können wir den Jahresberichten der damaligen Landesstelle für Naturschutz und Landschaftspflege Baden-Württemberg entnehmen (Veröff. Landesstelle Naturschutz Landschaftspflege 23/1955 bis 26/1958): In diesen Berichten ist die Rede von Uferbepflanzungen an der Donau, Begründungen von Windschutzanlagen und von Pappelreihen-Pflanzungen. In Hundersingen waren 1952 1 000 Pappeln entlang der Donau gepflanzt worden (BLEICHER 1990). Ebenfalls mit Pappeln und auch mit Erlen wurden nach und nach ganz gezielt die Streuwiesen aufgeforstet, so in Neufra, Ertingen/Eisweiher und in Ölkofen. Bei GÖTTLICH (1965) sind nur mehr wenige Flächen als Streuwiesen bezeichnet.

Die Abbildung 8 zeigt den Auschnitt zwischen Binzwangen und Riedlingen im Jahr 1985. Es hat eine starke Entmischung der Nutzung und eine allgemeine Geometrisierung der Landschaft stattgefunden, die Flächen wurden intensiviert. Am auffallendsten ist, daß ungezählte punktförmige und lineare Feuchtökotope, also auch Ausbreitungslinien und Trittsteine verschwunden sind. Die verbliebenen sind als Lebensraum für die entsprechenden Pflanzenarten überwiegend degradiert oder zumindest in einem unbefriedigenden Zustand (STRECKER 1989). Sehr auffallend ist auch die exzessive Entwicklung der Siedlungen, wobei Riedlingen einen regelrechten Pfropfen im Tal bildet.

Die Veränderung einer Flußlandschaft

Wandel der Flußlandschaft an weiteren Beispielen

Wir besitzen aus keiner Zeit einen vollständigen Überblick über Zustand, Nutzung und Vegetationsdecke des Gebietes. Es ist daher nicht möglich, exakte Flächenvergleiche zu machen bzw. exakte Flächennutzungsänderungen festzustellen. Auch Detailaussagen von Teilbereichen sind kaum vergleichbar aufgrund unterschiedlicher Aufnahmemethodik und -schärfe. Deshalb sei die Problematik des Wandels der oberen Donau und ihrer Aue an Einzelbeispielen dargestellt.

a) Veränderung der Flächennutzung in der Donauaue bei Hundersingen (Abbildung 9 bis 11)

b) Veränderung der Vegetation auf den Grießflächen im Bereich von Binzwangen

»...unbescheidenen Strömen gleich, die aus ihren Ufern treten und die fruchtbaren Felder mit Sand und Gries bedecken...« (ERNST MORITZ ARNDT, 1855, zit. nach GRIMM & GRIMM 1984).

Abbildung 11: Flächennutzung an der Donau bei Hundersingen am Ende der 80er Jahre (Grundlage: eigene Kartierungen): Die Nutzungsstruktur und die Vegetationsdecke sind stark vereinfacht und nivelliert. Einige Flächen werden nun von Gebüschen, Gehölzen und Wäldern eingenommen. Der Ackerbau wurde enorm ausgedehnt, das trockene Grünland ist auf kleinste Reste geschrumpft, und diese sind noch meist beeinträchtigt durch Ablagerungen. Das Feuchtgrünland ist beschränkt auf schmale Streifen entlang eines Baches (Neunbrunnenbach); das übrige Grünland ist intensiv genutzt.

Die Veränderung einer Flußlandschaft

Die »Grieße« – in Bayern »Brennen«, aber auch »Griese«, in Österreich »Heißländs«; Synonym »Grün« oder »Grien« – sind die bereits erwähnten grobkörnigen, aufgehöhten, überwiegend relativ grundwasserfernen, trockenen Standorte in unmittelbarer (oder ehemals unmittelbarer) Flußnähe, die früher einer starken Dynamik unterworfen waren. Der Flurname »Grieß« ist entlang der oberen Donau da, wo sie sich frei bewegen konnte, sehr

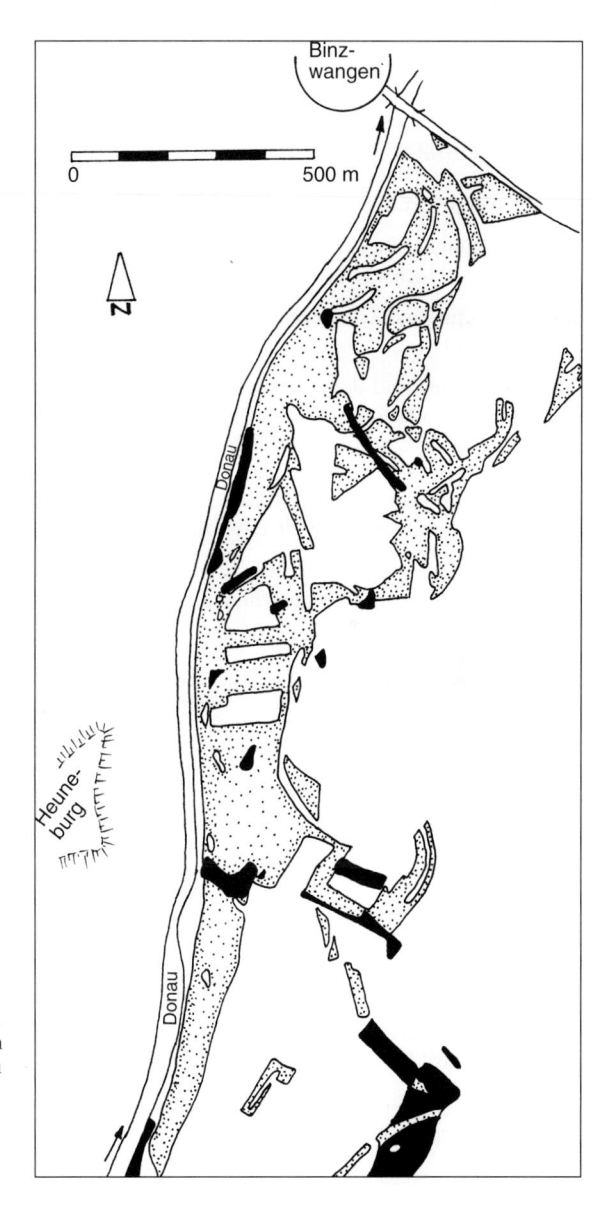

Abbildung 12: Verbreitung der Magerrasen und -wiesen auf den »Grieß«flächen rechts der Donau bei Binzwangen (Gemeinde Ertingen) um 1953 (Punktraster; Originalkarten zu ESKUCHE 1955) und 1990 (schwarze Flächen, inklusiv trockener Ackerflächen und trockener Ruderalflächen; TECKENTRUP 1991).

häufig (s.o.). Der schwäbische Florist KARL BERTSCH (1907) beschreibt die »Grieße« als »echte xerophile Wiesen und Heiden«, in denen floristische Kostbarkeiten wüchsen, die wohl einmalig seien für Südwest-Deutschland.

Wie die Abbildung 12 zeigt, konnten Anfang der 50er Jahre noch ziemlich große Areale dieser Magerrasen und Magerwiesen kartiert werden (ESKUCHE 1955). Zu Beginn der 90er Jahre sind nur noch Fragmente davon übriggeblieben; einen kleinflächigen Ersatz gab es auf Hochwasserschutzdämmen. Die meisten anderen Flächen wurden umgebrochen, intensiviert oder mit Fichten und Kiefern aufgeforstet. Andere sind völlig degradiert durch Ablagerungen von Bauschutt und organischen Abfällen. Die noch vorhandenen Magerrasen und -wiesen sind isoliert und floristisch insgesamt von geringerer Qualität als ehedem. Einige Arten sind wohl verschwunden, z.B. Brillenschötchen *(Biscutella laevigata)* und Berg-Heilwurz *(Libanotis pyrenaica)*, viele sind stark zurückgegangen, z.B. Karthäuser-Nelke *(Dianthus carthusianorum)*, Großes Schillergras *(Koeleria pyramidata)* und Hügelmeister *(Asperula cynanchica)*, und von einigen gibt es nur noch Einzelvorkommen, z.B. vom Ährigen Blauweiderich *(Veronica spicata)* und von der Traubenhyazinthe *(Muscari botryoides)* (TECKENTRUP 1991).

Die Bedingungen für die Entstehung und Umgestaltung der »Grieße« sind heute nur noch bei extremen Hochwässern gegeben, soweit der Fluß nicht eingedeicht ist.

c) Uferstruktur und Ufervegetation zwischen Sigmaringen und Ulm (KONOLD et al. 1989 und 1991a)

Die Begradigung und der Ausbau der Donau haben dazu geführt, daß sich die Uferstruktur und die Ufervegetation ganz grundlegend geändert haben. Ehemals »weiche« Ufer mit wechselnder Benetzung, mit einem reichen Angebot an Nischen im Spannungsfeld Wasser/Land wurden monotoner, härter, strenger, glatter, und zwar aus morphologischer und vegetationskundlicher Sicht. – Auf den rund 200 Kilometern Uferstrecke zwischen Sigmaringen und Ulm gibt es gerade noch zwölf Ein-Kilometer-Strecken, die am Stück unverbaut sind.

Die Tabelle 1 gibt einen vereinfachten Überblick über den Zustand von Uferstruktur und Ufervegetation zwischen Sigmaringen und Ulm.

Tabelle 1: Zustand von Uferstruktur und Ufervegetation zwischen Sigmaringen und Ulm.

Gesamtlänge	linkes Ufer 102,41 km		rechtes Ufer 99,98 km	
	km	%	km	%
Uferstruktur: mit Mauern, Blocksatz, Steinsatz und Steinschüttungen verbaute Ufer	44,83	43,8	42,02	42,4
Rest: nicht verbaut bzw Verbauung nicht (mehr) sichtbar				
Vegetation: Hybridpappeln, lineare Rohrglanzgrasbestände, Nitrophytenfluren versch. Mischungen (Hauptbestandteil Brennessel), Grünland i.w.S.	30,60	29,9	41,67	41,7
von Weiden dominierte, linear ausgebildete, gepflanzte Gehölzbestände	52,34	51,1	49,41	49,4

Die Veränderung einer Flußlandschaft

Die aufgeführten Vegetationstypen sind überwiegend artenarm. Zwischen einzelnen Vegetationstypen und dem Uferverbau gibt es teilweise eine enge Korrelation. Jeweils hohe Prozentsätze der linearen Rohrglanzgrasbestände, der Nitrophytenfluren und des wenig artenreichen Grünlandes kommen an verbauten Ufern vor. Das Vorkommen schmaler Weidensäume korrespondiert eng mit groben Steinschüttungen bzw. Blocksatz.

d) Veränderung der Wasserpflanzenflora zwischen Sigmaringen und Ulm (KONOLD et al. 1989 und 1991a, SCHÜTZ 1992, OSSWALD et al. 1993)

Wasserpflanzen besitzen innerhalb aquatischer Ökosysteme in vielerlei Hinsicht wichtige Funktionen. Sie reagieren mehr oder weniger empfindlich auf verschiedene Umweltfaktoren (z.B. Strömung, Substrat, Trophie), so daß ihr Vorhandensein, Bestandsverschiebungen oder ihr Nichtmehrvorhandensein Aussagen über den Zustand und die Entwicklung eines Systems erlauben (KONOLD 1989). Wenn wir dieses Reaktionsvermögen auf die oberste Donau und die Bäche in der Donauaue anwenden, so sieht das im Vergleich zu älteren Florenangaben folgendermaßen aus (Tabelle 2):

Tabelle 2: Veränderungen der Wasserpflanzenflora in der Donauaue zwischen Sigmaringen und Ulm.

Verschollen bzw. ausgerottet:
Alpenlaichkraut *(Potamogeton alpinus)*
Knotiges Laichkraut *(P. nodosus)*
Spiegelndes Laichkraut *(P. lucens)*
Stumpfblättriges Laichkraut *(P. obtusifolius)*
Röhren-Wasserfenchel *(Oenanthe fistulosa)*
Wasserfeder *(Hottonia palustris)*
Kleiner Igelkolben *(Sparganium minimum)*

Zurückgegangen:
Dichtblättriges Laichkraut *(Groenlandia densa)*
Quirlblütiges Tausendblatt *(Myriophyllum verticillatum)*
Durchwachsenblättriges Laichkraut *(Potamogeton perfoliatus)*
Schwimmendes Laichkraut *(Potamogeton natans)*
Gelbe Teichrose *(Nuphar lutea)*
Tannenwedel *(Hippuris vulgaris)*
Wasserfenchel *(Oenanthe aquatica)*
Schwanenblume *(Butomus umbellatus)*

Keine Veränderung oder zunehmend:
Flutender Hahnenfuß *(Ranunculus fluitans)*; Abbildung 13
Wasserstern-Arten *(Callitriche spp.)*
Kamm-Laichkraut *(Potamogeton pectinatus)*
Krauses Laichkraut *(P. crispus)*
Brunnenkresse *(Nasturtium officinale)*
Haarblättriger Hahnenfuß *(Ranunculus trichophyllus)*
Ähriges Tausendblatt *(Myriophyllum spicatum)*
Wasser-Ehrenpreis *(Veronica anagallis-aquatica)*
Teichfaden *(Zannichellia palustris)*
Kanadische Wasserpest *(Elodea canadensis)*
Einfacher Igelkolben *(Sparganium emersum)*

Die Veränderung einer Flußlandschaft

Abbildung 13: Ein typischer Blütenaspekt der Donau mit dem Flutenden Hahnenfuß (Ranunculus fluitans), hier bei Untermarchtal.

Zusammenfassend und etwas vereinfacht läßt sich dazu sagen, daß vom Rückgang bzw. von der Ausrottung hauptsächlich oligo- bis mesotraphente Arten, also solche mit geringen oder mittleren Nährstoffansprüchen, Arten mit Schwimmblättern und solche mit größeren Blättern betroffen sind. Zugenommen hingegen haben schmalblättrige Arten und solche, die von einem höheren Nährstoffangebot profitieren.

Als Ursachen für die Verluste sind zu nennen:

- die Veränderung der Strömungsverhältnisse und der Strömungsmuster infolge Ausbau und Stauhaltungen (schmalblättrige und kleinblättrige Arten sind an höhere Fließgeschwindigkeiten besser angepaßt),
- der Wegfall von aquatischen und amphibischen Lebensräumen,
- die Eutrophierung bzw. die Verschmutzung mit Abwasser, damit verbunden auch eine Wassertrübung und verstärkter Algenaufwuchs, der besonders problematisch ist bei Niedrigwasser und in Ausleitungsstrecken,
- lokal die Wühltätigkeit und der Fraß des Bisams.

Die Stauhaltungen sind – wie man zunächst vielleicht annehmen könnte – kaum ein Ersatz für ehemals strömungsarme Bereiche am Ufer oder in Ausbuchtungen, da sie entweder zu tief sind oder aber mit mächtigen Schlammablagerungen angefüllt sind, in denen sich die Pflanzen mit ihren Wurzeln nicht verankern können.

Die Veränderung einer Flußlandschaft

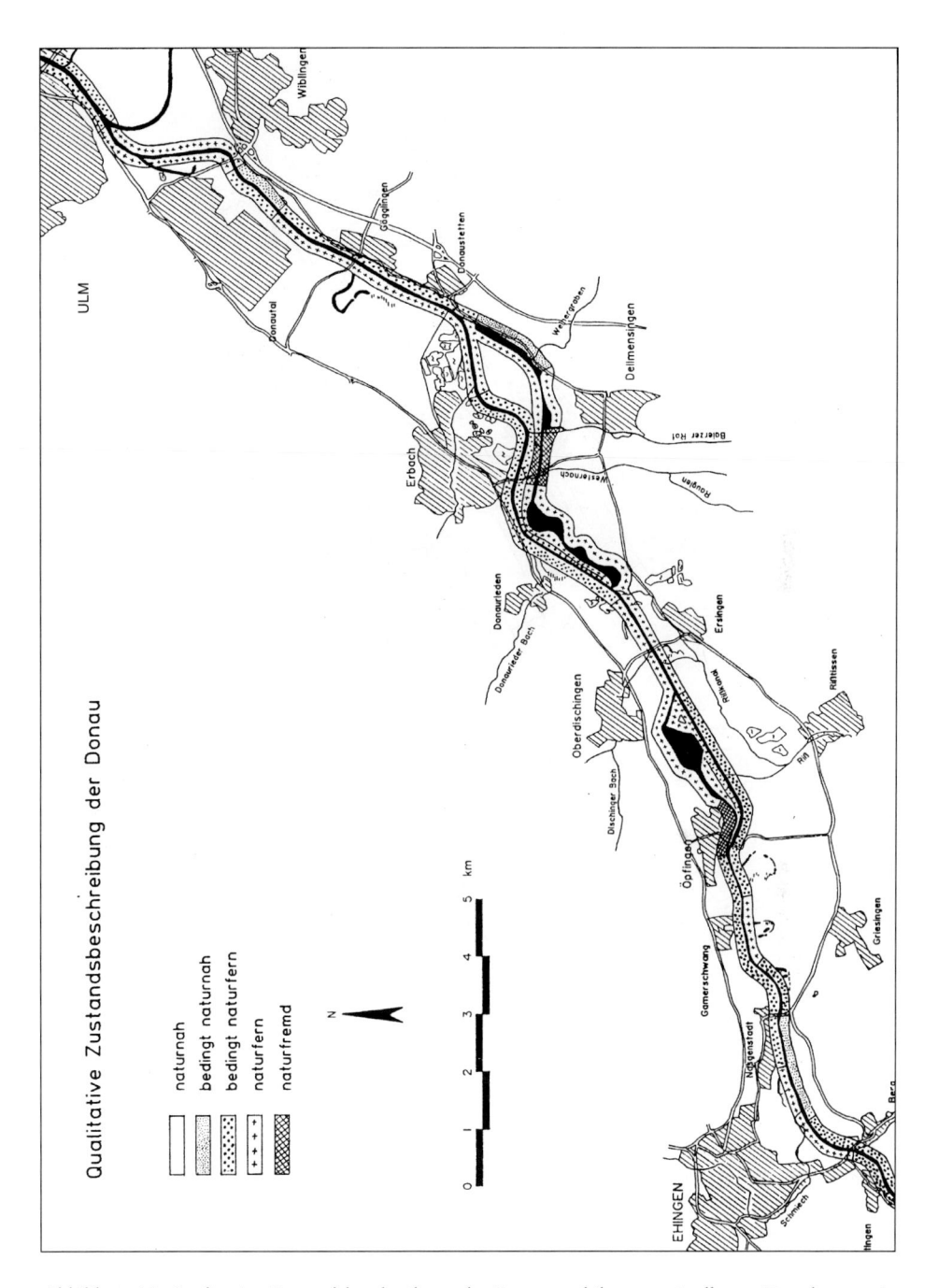

Abbildung 14: Qualitative Zustandsbeschreibung der Donau und ihrer unmittelbaren Umgebung zwischen Ehingen und Ulm nach fluß- und ufermorphologischen sowie floristisch-vegetationskundlichen Kriterien (KONOLD et al. 1991a).

Die Veränderung einer Flußlandschaft

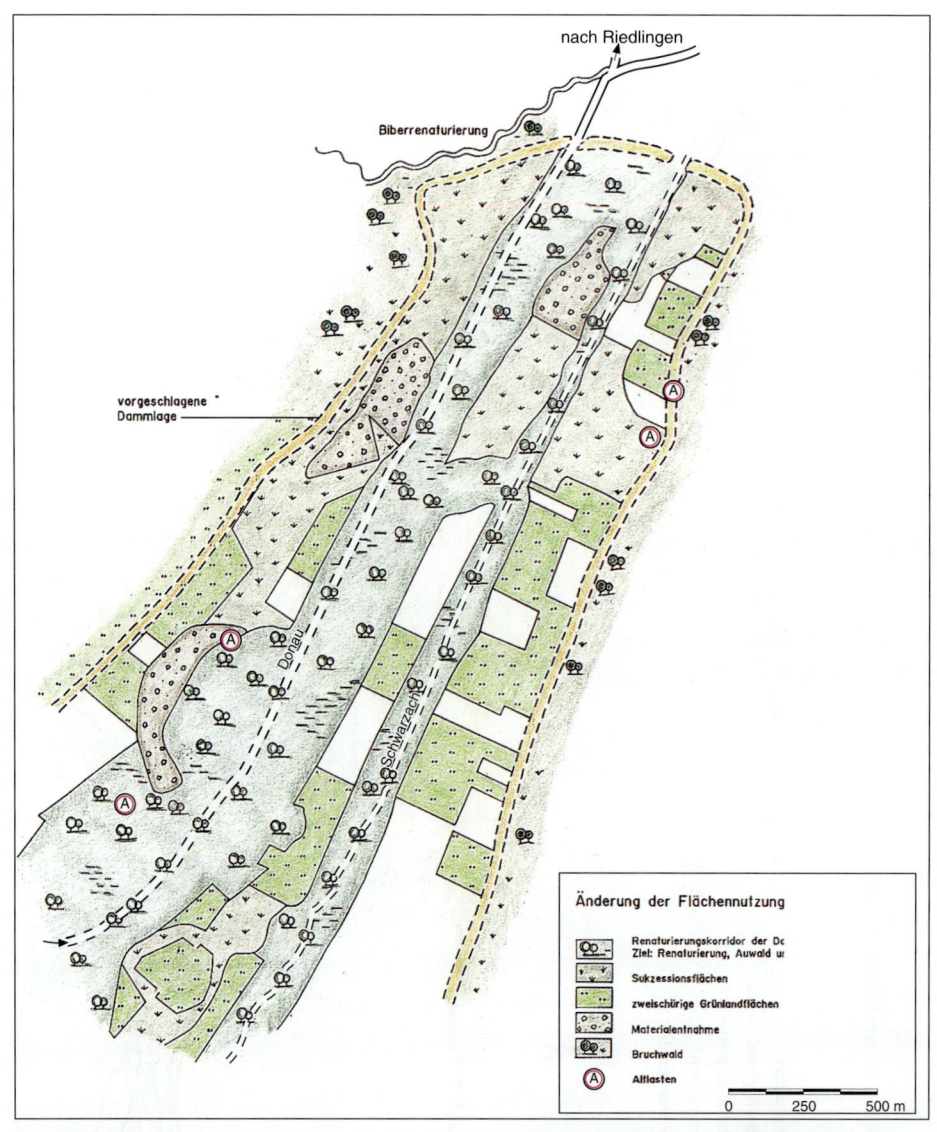

Abbildung 15: Planskizze für die Donau-Schwarzach-Niederung oberhalb von Riedlingen: Versuch einer Integration von Hochwasserschutz, Auenrenaturierung und Erhalt der Kulturlandschaft (KONOLD et al. 1991b).

Zusammenfassend läßt sich der Status quo für die Donau und ihr unmittelbares Umland darstellen anhand einer »Qualitativen Zustandsbeschreibung«, in die fluß- und ufermorphologische sowie floristisch-vegetationskundliche Parameter eingehen (KONOLD et al. 1989 und 1991a; Abbildung 14). Danach sind weite Strecken der Donau und ihrer nächsten Umgebung als »bedingt naturfern« und »naturfern« einzustufen. »Naturnah« sind nur noch kleine Bruchstücke der 100 Kilometer zwischen Sigmaringen und Ulm, in dem in Abbildung 14 dargestellten Abschnitt überhaupt kein Stück – eine alarmierende Bilanz!

Ausblicke

Aus dem Dargestellten sind natürlich zwangsläufig Forderungen abzuleiten, die mit unterschiedlicher Präzision formuliert werden können. Allgemein könnte man sich an folgenden Leitprinzipien orientieren (vgl. KONOLD et al. 1993):

- Die Funktionsfähigkeit der Flußlandschaft verbessern (= Renaturierung von Systemen und landschaftlichen Funktionen).
- Viel mehr natürliche Prozesse zulassen und fördern (»Prozeßschutz«) – was eminent wichtig ist für solch klassisch dynamische Systeme wie die Flußauen.
- Die Nutzung viel stärker an die natürlichen Gegebenheiten anpassen.
- Die Integration von Nutzung/Kultur und Natur optimieren.

Dies könnte im einzelnen heißen (ohne zu sehr ins Detail zu gehen):

- Den Grundwasserspiegel in Abschnitten der Niederung flächig anheben. Ziel: Vernässung, Zersetzungshemmung, Retention; feuchtgebietsspezifische Prozesse initiieren.
- Flächen aus der Nutzung herausnehmen.
- Nutzung umstellen, z.B. auf großflächige Weidewirtschaft mit verschiedenen Tierarten und -rassen (das wären deutliche Anklänge an frühere Zeiten).
- Gezielt auwaldartige Bestockungen initiieren (dies wäre nach den vielen Jahrhunderten der flächendeckenden Nutzung ein »neues« Element).
- Gezielte Landschaftspflege betreiben auf den Grießflächen, um wertvolles Artenpotential zu erhalten.
- Die Wasserkraftnutzung an ökologische Erfordernisse anpassen durch eine entsprechende Mindestwasserregelung für Ausleitungsstrecken.
- Intensive Freizeitnutzung und Naturschutz konsequent voneinander trennen, hierbei in jeder Beziehung hinsichtlich der Flächenzuweisung großzügig sein.
- Die Renaturierung der Aue und einen verbesserten – nachgewiesen notwendigen – Hochwasserschutz zwingend miteinander verbinden. Dazu als Beispiel eine grobe Planskizze für die Donau-Schwarzach-Niederung oberhalb von Riedlingen (Abbildung 15; KONOLD et al. 1991b), wo versucht wird, die sich durch den Dammbau einstellenden Veränderungen der Standortverhältnisse positiv zu integrieren. Ein Renaturierungskorridor soll der Donau viel Möglichkeit zur Eigendynamik geben. Traditionelle kulturlandschaftliche Elemente der Auennutzung bleiben erhalten; doch die Gewichte haben sich verschoben.

Eine sukzessive Umsetzung einiger dieser Maßnahmen würde zu einem zunächst gewöhnungsbedürftigen, aber ungleich reichhaltigerem und ökologisch funktionsfähigerem Landschaftsraum Donautal führen. Einiges davon ist von der Wasserwirtschafts- und Naturschutzverwaltung Baden-Württemberg schon in Gang gebracht worden. Auch und gerade der »Oberlauf« des bedeutendsten europäischen Flusses hat es wirklich verdient, daß man ihm Gutes tut.

Literatur

BECKER, B., 1982: Dendrochronologie und Paläoökologie subfossiler Baumstämme aus Flußablagerungen. Ein Beitrag zur nacheiszeitlichen Auenentwicklung im südlichen Mitteleuropa. – Mitt. Komm. Quartärforschung Österr. Akad. Wiss. **5**: 120 S.

BERTSCH, K., 1907: Hügel- und Steppenpflanzen im oberschwäbischen Donautal. – Jh. Ver. Vaterl. Naturkunde Württ. **63**: 177-196

BIRLINGER, A., 1887: Die Hohenzollerischen Flurnamen. – Alemannia **15**: 28-40, 130-146

BLEICHER, W., 1990: Hundersingen an der Donau. Ortschronik und Heimatbuch. Herbertingen

BOESCH, B., 1981: »Matte« und »Wiese« in den alemannischen Urkunden des 13. Jahrhunderts. – Beitr. z. Namenforschung, N.F. Beih. **20**: 1-10

BRÄUHÄUSER, M., 1912: Die Bodenschätze Württembergs. Stuttgart

BUCK, M.R., 1931: Oberdeutsches Flurnamenbuch. 2. Aufl. Bayreuth

ERNST, V., 1920: Mittelfreie. Ein Beitrag zur Schwäbischen Standesgeschichte. Stuttgart

ESKUCHE, K., 1955: Vergleichende Standortuntersuchungen an Wiesen im Donauried bei Herbertingen. – Veröff. Landesst. Naturschutz Landschaftspflege Bad.-Württ. **23**: 33-135

FISCHER, T., 1992: Römische Landwirtschaft in Bayern. – Katalog des Gäubodenmuseums Straubing **19**: 229-275. Straubing

FLAD, M., 1992: Vom Torf und seinem Abbau in Schwaben. – Heimatkundliche Blätter für den Kreis Biberach **15(2)**: 40-52

FRIZ, C.A., 1923: Die Wirtschaftsgeschichte Riedlingens seit Beginn des 19. Jahrhunderts. Riedlingen

GÖTTLICH, K., 1965: Moorkarte von Baden-Württemberg 1:50 000; Erläuterungen zu Blatt Saulgau L 7922. Stuttgart

GRADMANN, R., 1913: Das ländliche Siedlungswesen des Königreichs Württemberg. Stuttgart

GRIMM, J. & W. GRIMM, 1984: Deutsches Wörterbuch. Nachdruck. München

HAUBER, A., 1910: Urkundenbuch des Klosters Heiligkreuztal. – Württ. Geschichtsquellen **9**. Stuttgart

HEYNE, M., 1901: Das deutsche Nahrungswesen. Leipzig

Königl. Ministerium des Innern (Hrsg.), 1892: Verwaltungs-Bericht der Königl. Ministerialabteilung für den Strassen- und Wasserbau für die Rechnungsjahre vom 1. Februar 1887/88 und 1888/89. Stuttgart

Königl. Ministerium des Innern (Hrsg.), 1896: Verwaltungs-Bericht der Königl. Ministerialabteilung für den Strassen- und Wasserbau für die Rechnungsjahre vom 1. Februar 1893/94 und 1894/95. Stuttgart

KONOLD, W., 1989: Fließgewässer aus pflanzenökologischer und vegetationskundlicher Sicht. – Schriftenr. d. Deutschen Rats für Landespflege **58**: 753-760.

KONOLD, W., 1991: Wasser, Wiesen und Wiesenwässerung in Isny im Allgäu. Ein Beitrag zur Agrar- und Stadtgeschichte. – Schrr VG Bodensee **109**: 161-213

KONOLD, W. & S. POPP, 1994: Zur Geschichte der Wiesenwässerung im Bereich der württembergischen Donau. – In: KONOLD, W. (Bearb.): Historische Wasserwirtschaft im Alpenraum und an der Donau: 377-398. Stuttgart

KONOLD, W., K. SCHWINEKÖPER & P. SEIFFERT, 1993: Szenarien für eine Kulturlandschaft im Alpenvorland. – Hohenheimer Umwelttagung **25**: 49-65

KONOLD, W., R. PFEILSTICKER, M. JÖST, W. SCHÜTZ, C. OSSWALD & C. LEBA, 1989: Donausanierung zwischen Sigmaringen und Zwiefaltendorf. Landschaftsökologischer Teil. Abschlußbericht an das Regierungspräsidium Tübingen. Stuttgart

KONOLD, W., C. LEBA-WÜHRL, C. OSSWALD, R. PFEILSTICKER-JÖST, M. JÖST, A. HACKEL & U. TECKENTRUP, 1991a: Donausanierung zwischen Zwiefaltendorf und Ulm. Landschaftsökologischer Teil. Abschlußbericht an das Regierungspräsidium Tübingen. Stuttgart

KONOLD, W., C. OSSWALD, C. LEBA-WÜHRL, M. JÖST, R. PFEILSTICKER-JÖST & J. HOHMANN, 1991b: Ökologisches Gutachten zur geplanten Intensivierung der Hochwasserrückhaltung an der Donau zwischen Scheer und Riedlingen. Bericht an das Regierungspräsidium Tübingen. Stuttgart

LIEBEL, F., 1911: Die Württembergische Torfwirtschaft. Stuttgart

OAB Ehingen, 1826: = Beschreibung des Oberamts Ehingen, hrsg. von dem Königl. Statistisch-topographischen Büreau. Stuttgart und Tübingen

OAB Ehingen, 1893: = Beschreibung des Oberamts Ehingen, 2. Bearb., hrsg. von dem K. Statistischen Landesamt. Stuttgart

OAB Laupheim, 1856: = Beschreibung des Oberamts Laupheim, hrsg. von dem Königl. Statistisch-topographischen Büreau. Stuttgart und Tübingen

OAB Riedlingen, 1827: = Beschreibung des Oberamts Riedlingen, hrsg. von dem Königl. Statistisch-topographischen Büreau. Stuttgart und Tübingen

OAB Riedlingen, 1923: = Beschreibung des Oberamts Riedlingen, 2. Bearb., hrsg. vom Württ. Statistischen Landesamt. Stuttgart

OAB Saulgau, 1829: = Beschreibung des Oberamts Saulgau, hrsg. von dem Königl. Statistisch-topographischen Büreau. Stuttgart und Tübingen

OEHME, R., 1961: Der deutsche Südwesten im Bild alter Karten. Konstanz

OSSWALD, C., C. LEBA-WÜHRL & U. TECKENTRUP, 1993: Die Wasserpflanzenflora im Donautal zwischen Zwiefaltendorf und Ulm. – Ber. Inst. Landschafts- u. Pflanzenökologie Univ. Hohenheim **2**: 105-118

RIETZ, E., 1994: Hochwasserschutz an der oberschwäbischen Donau im 19. Jahrhundert. – In: KONOLD, W. (Bearb.): Historische Wasserwirtschaft im Alpenraum und an der Donau: 343-375. Stuttgart

SCHEUERMANN, U., 1980: Die sprachliche Erschließung der Dorfflur mit Hilfe von Flurnamen. – Abh. Akad. Wiss. Göttingen, phil.-hist- Kl., 3. Folge, **116**: 323-353

SCHNETZ, J., 1950: Flußnamen des bayerischen Schwabens. Augsburg

SCHÜTZ, W., 1992: Struktur, Verbreitung und Ökologie der Fließwasserflora Oberschwabens und der Schwäbischen Alb. – Diss. Bot. 192. Stuttgart

STRECKER, W., 1989: Vegetationskartierungen in der Donauaue zwischen Riedlingen und Binzwangen. – Unveröff. Diplomarbeit am Inst. f. Landeskultur u. Pflanzenökologie der Univ. Hohenheim

STROBEL, L., 1991: Bayerische Geschichte im Donauraum, Wasserbau und Wasserwirtschaft im Lande Bayern – Historische Abrisse, Entwicklungslinien und Wechselbeziehungen. – Informationsberichte des Bayer. Landesamts für Wasserwirtschaft **4/81**: 13-62. München

TECKENTRUP, U., 1991: Die Vegetation der Griesflächen im Donautal zwischen Blochingen und Riedlingen. – Unveröff. Diplomarbeit am Inst. f. Landeskultur u. Pflanzenökologie der Univ. Hohenheim

WEBER, F.M., 1955: Ehingen. Geschichte einer oberschwäbischen Donaustadt. Ulm

Urbanisierungsprozesse in der Kulturlandschaft

Neue Kulturlandschaften?

M. Kleyer

Agrarlandschaft – Stadtlandschaft

Zwischen 500 und 900 n. Chr., zur Zeit des Fränkischen Reiches, wurde der größte Teil der alten Waldlandschaft Mitteleuropas in eine Agrarlandschaft umgewandelt. Mehr als 1000 Jahre lang war danach die Gesellschaft agrarisch geprägt. Während dieser Zeit entstanden bäuerliche Kulturlandschaften, durch die Landwirtschaft vielfach neu gestaltete und geformte Landschaften. Seit 200 Jahren verändert sich die Gesellschaft nun wiederum, und zwar zu einer urban geprägten, arbeitsteilig organisierten Gemeinschaft. Die agrarische Produktion wird durch die industrielle Produktion als bedeutendstem Wirtschaftszweig abgelöst. Heute leben 80 % aller Einwohner Deutschlands in Städten. Urbane Verdichtungsfelder durchziehen ganz Europa, die Achse Rotterdam/Amsterdam – Ruhrgebiet – Rhein/Main – Rhein/Neckar – Mittlerer Neckar erfüllt sogar bereits die Kriterien einer Megalopolis (Birkenhauer 1986).

Längst vollzieht sich an vielen Stellen, was für den Natur- und Umweltschutz von großer Bedeutung ist: die Veränderung der bäuerlichen Kulturlandschaft zu einer urbanen Kulturlandschaft. Wohnsiedlungen, Gewerbegebiete und Verkehrstrassen besetzen die Landschaft mit hoher Durchsetzungskraft. Die Landwirtschaft muß weichen, wenn sie mit Flächenansprüchen der kapitalstarken urbanen Interessen konfrontiert wird.

Mit welchen Prozessen und Formen breiten sich städtische Nutzungen in der Landschaft aus? Und welche Bedeutung hat diese Entwicklung für die traditionelle Kulturlandschaft? Ein Rückblick auf die Stadtgeschichte gibt dazu erste Hinweise.

Verkehrsknotenpunkt mit Markt in fester Schale: die historische Stadt

Im Frühmittelalter waren Städte in Deutschland noch die Ausnahme. Einigen wenigen Zentren, die teils schon in römischer Zeit entstanden waren, stand zunächst die große, noch werdende Agrarlandschaft gegenüber. Doch ab 1240 wurden im Südwesten in rascher Folge neue Städte gegründet, etwa 300 pro Jahr (Schubert 1992). Schon 60 Jahre später ebbte die Gründungswelle ab und um 1300 war die heutige Verteilung von Stadt und Land bereits vorgeprägt.

Der Unterschied zwischen Stadt und Dorf lag anfangs weniger in der Einwohnerzahl als in der Befestigung. Dörfer grenzten sich durch Zäune und Hecken von der mittelalterlichen Agrarlandschaft ab, Städte dagegen durch Mauern und Türme. Sie entwickelten sich vor al-

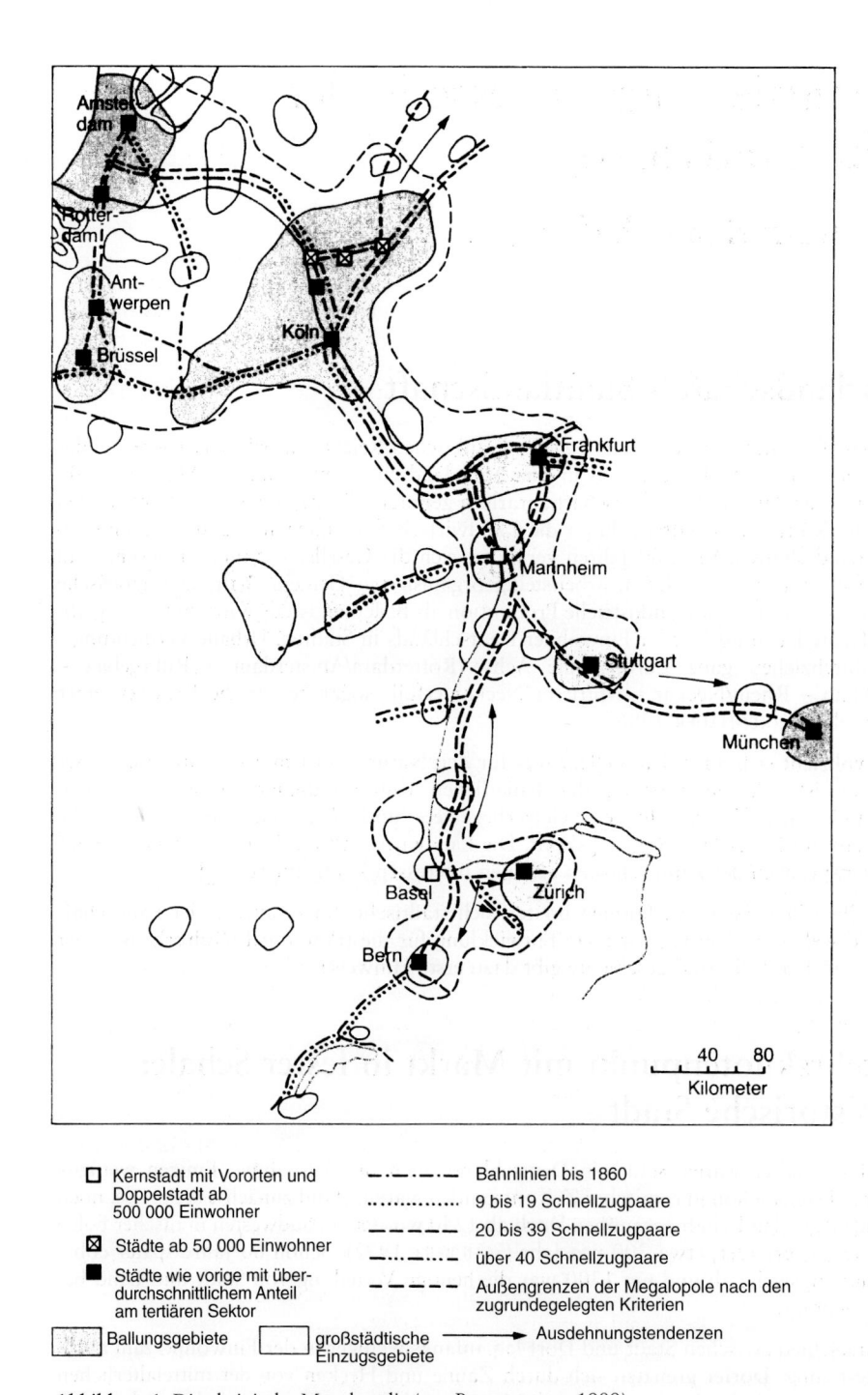

Urbanisierungsprozesse in der Kulturlandschaft

□ Kernstadt mit Vororten und Doppelstadt ab 500 000 Einwohner
⊠ Städte ab 50 000 Einwohner
■ Städte wie vorige mit überdurchschnittlichem Anteil am tertiären Sektor
Ballungsgebiete
großstädtische Einzugsgebiete
—·—·— Bahnlinien bis 1860
·········· 9 bis 19 Schnellzugpaare
— — — 20 bis 39 Schnellzugpaare
—··—··— über 40 Schnellzugpaare
— — — Außengrenzen der Megalopole nach den zugrundegelegten Kriterien
→ Ausdehnungstendenzen

Abbildung 1: Die rheinische Megalopolis (aus BIRKENHAUER 1989).

lem an Verkehrsknoten. Handelte es sich dabei um eine Furt in einem Gewässer oder die Mündung eines Nebenflusses, so wurde die Stadt direkt am Gewässer angelegt. Bald entstanden hier Brücken als zentrale urbane Gemeinschaftsleistungen. Der Bau der ersten Rheinbrücke im Jahr 1225 sicherte Basel über Jahrhunderte die Vormachtstellung unter den oberrheinischen Städten (SCHWARZ 1989).

Zu der Funktion Verkehrsknoten gehörte auch der Markt, der die Stadt als Zentrum wirtschaftlichen Austausches definierte. Je mehr Sondermärkte es gab (Tuchmarkt, Kornmarkt, Viehmarkt), um so bedeutungsvoller war die Stadt. In direkter Beziehung zur wirtschaftlichen Bedeutung steht die Größe des landwirtschaftlichen Einzugsbereiches, aus dem die Güter zum Markt in die Städte gebracht wurden. Handelte es sich um eine ausgedehnte, fruchtbare Agrarlandschaft, so wuchsen auch die benachbarten Städte. Beispiele sind die Städte der heutigen Region Mittlerer Neckar, die aus dem fruchtbaren Neckarbecken, den Fildern, dem Strohgäu und dem Albvorland versorgt werden konnten (Esslingen, Stuttgart, Cannstatt, Böblingen, Sindelfingen u.a.).

Mit wachsenden Einwohnerzahlen wurde eine innere Organisation der Stadt notwendig. Aus dem Hochmittelalter kennen wir bereits verfassungsrechtlich festgelegte kommunale Ver- und Entsorgungsstrukturen. Auch Bebauungspläne gab es bereits. Die Stadtgestalt begann sich nach innen zu differenzieren. So wurden zum Beispiel größere Freiflächen und Plätze angelegt, um die Ausbreitung von Bränden zu stoppen. Viehhaltung und Gartenbau war aber auch innerhalb der Stadtmauern noch etwas selbstverständliches.

Die Auflösung der Behälterstadt

Die Stadtmauern boten Sicherheit und dauerhafte Entwicklung – aber ihr Unterhalt und Ausbau war sehr kostspielig. Allein aus militärischen Gründen stieg der Aufwand unaufhörlich, abhängig von der Reichweite und Zerstörungskraft der immer perfekter werdenden Artillerie. Die Stadt war daher bis ins 17. Jahrhundert von einer festen Schale umgeben. Wachstum bedeutete zunächst Verdichtung nach innen. Wenn eine weitere Verdichtung nicht mehr möglich war, wurde unter enormen kollektivem Aufwand ein neuer Behälter, eine weitere Mauer konstruiert und ein neues Stadtviertel erschlossen. Innerhalb der Mauern boten kleine Gärten und Felder neben einer sicheren Nahrungsreserve zugleich Expansionsraum für die zukünftige Verdichtung.

Die Notwendigkeit, Siedlungsdichte nach innen zu maximieren, verschonte die umgebende Landschaft. Außerhalb der Mauern verblieb sie als agrarische Kulturlandschaft. Dennoch waren Auswirkungen spürbar: der Wald wurde stärker ausgebeutet, Steinbrüche wurden angelegt. Die Landwirtschaft wurde intensiviert, teilweise von »Ackerbürgern« aus der Stadt heraus betrieben. Nutzungen, die nicht unbedingt innerhalb der Stadt notwendig waren, wurden ausgelagert (Friedhöfe, Mühlen, Herbergen, Viehmärkte, sogar Parks) (HUMPERT et al. 1992).

Der nächste große Schritt in die umgebende Landschaft war wiederum eine Reaktion auf die zunehmende Reichweite und Zerstörungskraft der Artillerie, gegen die Stadtmauern nicht mehr wirksam schützen konnten. An genau berechneten Punkten wurden der Stadt Festungen, die »Bastionen« vorgelagert und der runde Behälter von vieleckigen flachen Wallinien abgelöst. Das zwischen »Fort« und Stadtwällen liegende »Glacis« wurde gerodet und diente als Schußfeld. Diese »Freiflächen« sind heute noch in vielen Städten als Grüngürtel vorhanden (z.B. Köln).

Selbst die hypertrophierten barocken Festungsstädte, in denen die Festungsanlagen mehr Raum einnahmen als die Siedlung selbst, wie etwa in Neu-Breisach, wurden im Wettlauf mit der fortdauernden Entwicklung der Angriffspotentiale nutzlos. Das traf am Anfang des 19. Jahrhunderts mit dem Ende des Feudalismus, mit einer neuen Staatlichkeit und mit dem Beginn der Industrialisierung zusammen. Fortan reagierte die Stadtgestalt weniger auf die militärischen Probleme, um so mehr aber auf die fortschreitende Arbeitsteilung. Es entstanden Industriegebiete, Villengebiete, Arbeitersiedlungen, alle außerhalb der alten Stadtgrenzen. Ab 1870, mit Beginn der gründerzeitlichen Bauwelle, schob sich die Stadt weit in die umgebende Landschaft, nun als »Weichbild«, vielfach zerfranst, statt als harte Schale. In Stuttgart bauten die Brauereien Rettenmayer (1806) und Dinkelacker (1814) als erste außerhalb der alten Stadtgrenzen im heutigen Stuttgarter Süden. Ab 1845 folgten chemische Betriebe (R. Knosp 1847, G. Siegle 1848), Nahrungsmittelbetriebe (Waldbauer 1848, Löflund 1864) und andere, vorzugsweise im heutigen Stuttgarter Westen. Diesen ersten Ausfransungen der Stadtgrenze folgten alsbald geregelte Erschließungen. Im Stuttgarter Westen waren 1872 gleichzeitig 400 Wohngebäude im Bau. 1874 wurde die rasche Siedlungserweiterung durch ein »Ortsbaustatut« mit genauen Festlegungen zur Bebauung geregelt.

Urbanisierungsprozesse in verschiedenen Maßstabsebenen

Die Entwicklung von Städten läßt sich in verschiedenen Maßstabsebenen beleuchten (Abbildung 2).

Auf globaler Maßstabsebene können politische Veränderungen für einzelne Städte plötzliches Wachstum bedeuten. Dies geschieht nach der Auflösung des Ost-West-Konfliktes und der damit verbundenen Auflösung der innerdeutschen Grenze zur Zeit beispielsweise mit Berlin und den Städten im früheren Zonengrenzgebiet.

Solchen globalen »Randbedingungen« steht am anderen Ende der Maßstabsskala die individuelle Anordnung und der individuelle Bedarf des einzelnen Wohnbereiches gegenüber (Zimmer, Garten, Wege), als Baustein aller gröberen Strukturen der Stadt. Der steigende individuelle Wohnraumbedarf wird häufig zitiert, um die Notwendigkeit weiterer Neubauvorhaben zu legitimieren.

Für die Ausdehnung der Stadt ins Umland ist die mittlere Maßstabsebene entscheidend: das Stadtfeld. Schon in der mittelalterlichen Stadt wurden mit dem Verschieben der Stadtmauer nicht einzelne Grundstücke, sondern größere Stadtfelder »en bloc« neu erschlossen. Heute müssen Energieversorgung, Kommunikationsleitungen, Straßen und Entsorgung von Abwässern bereitgestellt und an vorhandene Netze angeknüpft werden. Diese Gemeinschaftsaufgaben lohnen sich besonders dann, wenn sie für relativ viele Einzelgrundstücke gemeinsam durchgeführt werden können. Deshalb erfolgt das urbane Ausgreifen in die Landschaft mit ganzen Stadtfeldern, Neubau-»vierteln« oder Gewerbe-»gebieten«. Dabei sind tief gestaffelte Arbeitsschritte notwendig, von der Parzellenaufteilung zur Erschließung mit Ver- und Entsorgungseinrichtungen bis zum letztlichen Aufrichten der Gebäude und der Anlage der Gärten.

Urbanisierungsprozesse in der Kulturlandschaft

MASSSTABS-FENSTER	MASSSTABS-FENSTER A GLOBAL-MASSSTAB z.B. M. 1 : 100 000 000	MASSSTABS-FENSTER B REGIONAL-MASSSTAB z.B. M. 1 : 500 000	MASSSTABS-FENSTER C STADTFELD-COLLAGE z.B. M. 1 : 50 000	MASSSTABS-FENSTER D STADTFELD-TYPOLOGIE z.B. M. 1 : 10 000	MASSSTABS-FENSTER E SIEDLUNGS-MUSTER z.B. M. 1 : 2 500	MASSSTABS-FENSTER F PARZELLE z.B. M. 1 : 500	MASSSTABS-FENSTER G GRUNDRISS z.B. M. 1 : 100
PLANBEISPIELE	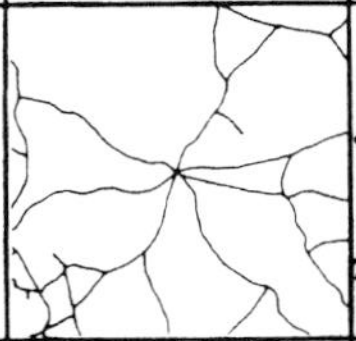	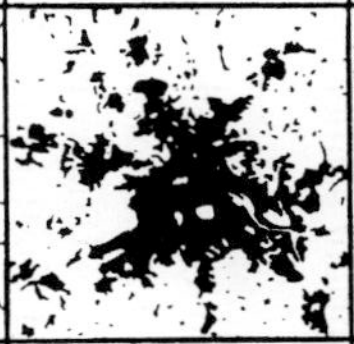	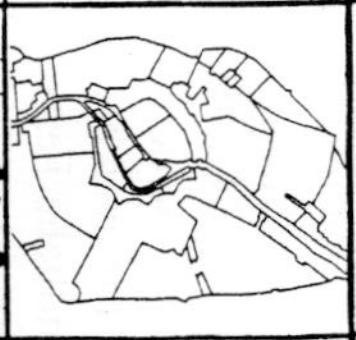		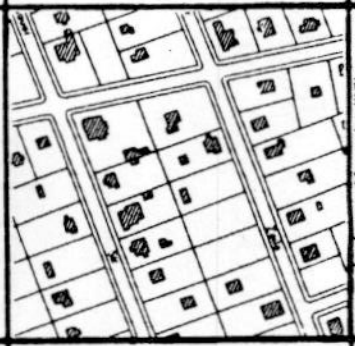		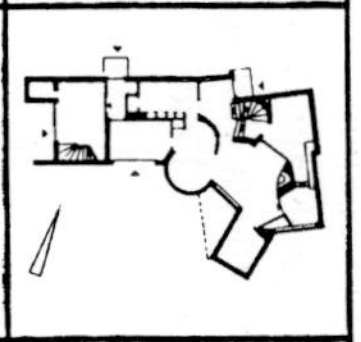
BEWEGEN (LINIE)	Eisenbahnen Fernstraßen Wasserwege Flugrouten	Hauptverkehrsstraßen Öffentlicher Personennahverkehr	Reihenerschließung der Stadtfelder Parallelerschließung der Stadtfelder	Stadtfeldgrundriß (Erschließungstypen)	Straßen und Wege (Differenzierung von Fahrbahn und Gehweg)	Zugang Zufahrt	Flure Treppen Aufzüge
BESETZEN (FLÄCHE)	Länder Staaten Geographische Räume Kulturlandschaften	Gemarkungen Kommunalverbände	Stadtteile Bezirke Boroughs Arrondissements	Sechs Feldtypen: 1. Nukleus 2. Wegelagerer 3. Ausleger 4. Cluster 5. Vernetzer 6. Plan	Öffentliche und private Parzellen	Lageplan	Zimmer
AUFRICHTEN (KÖRPER)	Siedlungspunkte (Geographische Orte)	Siedlungsflächen	Mosaik aus Stadtfeldern	Bebaute Flächen (Aufsiedelungstypen)	Bebauung (Geschoßzahl, Funktion, Ausrichtung)	Gebäude	Möbel

Abbildung 1: Unterschiedliche Maßstabsfenster der Siedlungsentwicklung (aus: HUMPERT et al. 1992).

Als Klammer zwischen den oben genannten Maßstabsebenen fungiert meist das Verkehrsnetz. Siedlungszentren bilden sich entlang von großräumigen Verkehrsachsen. Bestehende Zentren erweitern sich mit neuen Stadtfeldern zuerst entlang der bestehenden Fernstraßen. Innerhalb der Stadtfelder regelt die Anlage der Erschließungsstraßen das Siedlungsmuster. Als Urbanisierungsstimulans haben Verkehrsplanungen über kurz oder lang bedeutende Auswirkungen auf die Kulturlandschaft.

Wenngleich die Stadt entlang der überörtlichen Verkehrsverbindungen ins Umland hineinwächst, erzwingen die hohen Erschließungskosten doch die Anlehnung an die bestehenden Strukturen. Das mehr oder weniger netzförmige Ausgreifen in das Umland wird deshalb durch das konzentrische, dichte Wachstum an der alten Siedlungsgrenze gebremst.

Naturräumliche Besonderheiten können eine Anpassung an gegebene landschaftliche Strukturen erzwingen. Breite Täler werden zuerst entlang der Aue bebaut, bevor die Hänge aufgesiedelt werden. Im Stuttgarter Kessel wird beispielsweise die dichte, orthogonale Siedlungsstruktur im Talgrund abrupt von einer lockeren, isohypsenorientierten Erschließung der Hänge abgelöst.

Steuerungsversuche durch Planungsrecht – doch die Gemeinden halten sich selten daran

Die politische und rechtliche Steuerung des Siedlungswachstums wird duch das Raumordnungsrecht und die Bauleitplanung geregelt. Auf nationaler Ebene und auf Landesebene bestimmen Raumordnungsziele die Lage von Entwicklungsachsen und Zentren (M 1:200 000). In Regionalplänen (M 1:50 000) werden die großräumigen Festsetzungen verfeinert und Vorranggebiete für die verschiedenen Nutzungen der Landschaft ausgewiesen. In der nächsten Verfeinerung bestimmt die einzelne Gemeinde mit dem Flächennutzungsplan (M 1:10 000), welche Landschaftsteile der Gemarkung für welche Nutzungen bestimmt sind. Mit dem Bebauungsplan erfolgt die rechtlich verbindliche Festsetzung der konkreten städtebaulichen Planung (M 1:2 500). Sein Maßstab entspricht schließlich dem, was vorher ein Stadtfeld genannt wurde.

Jeder Ebene ist ein Umweltfachplan zugeordnet, in dem ökologische Auswirkungen der Planungsvorhaben geprüft werden können. Während im Landesrahmenprogramm geprüft wird, welche Naturräume für die Entwicklungsvorhaben des Landes geeignet sind, wird im Landschaftsrahmenprogramm die Eignung einzelner Landschaftskomplexe für regionalplanerische Ziele bewertet. Auf kommunaler Ebene ist dem Flächennutzungsplan der Landschaftsplan zugeordnet, mit dem flächentreu die Landschaften einer Gemeinde in ihrer Empfindlichkeit bezüglich geplanter Vorhaben analysiert werden. Dem Bebauungsplan entspricht schließlich der Grünordnungsplan, mit dem konkrete Aussagen zu Ausmaß und Art öffentlicher und privater Freiflächen möglich sind. Flächennutzungsplan resp. Landschaftsplan und Bebauungsplan resp. Grünordnungsplan bieten demnach heute die wichtigsten Ansatzpunkte, um die Auswirkungen zunehmender Urbanisierung der Landschaft zu steuern.

Planung ist allerdings nicht das umfassende Instrument, mit dem Urbanisierung wirklich lenkbar wäre. Planungsbegriffe wie Ober- oder Unterzentren nehmen meist nur die historisch gewachsene Bedeutung eines Ortes auf. Regionalplanerische Vorgaben werden von den einzelnen Kommunen, soweit sie einschränkend wirken, häufig nicht beachtet. So ignorierten die Gemeinden des Mittleren Neckar-Raumes die regionalplanerisch gewollte Konzentration der Siedlungstätigkeit entlang der großen Verkehrsachsen. Stattdessen war hier jede kleine Gemeinde bestrebt, Gewerbegebiete zu erschließen. Die resultierende polyzentrische Aufblähung des Siedlungs-«Einerleis» führt nun zu großen Problem in der Verkehrsbewältigung und im Landschaftsschutz.

Beispiele

Dörfliche Maßstabsebene – die Initiale

Urbanisierung setzt heute vielfach schon in den Dörfern ein. Bedingt durch den Rückgang der in der Landwirtschaft beschäftigten Personen wandelt sich die dörfliche Sozialstruktur erheblich. Aus dem bäuerlichen Dorf, in dem Wohnen und Arbeiten eine Einheit bildet, werden Wohndörfer, aus denen Angestellte und Arbeiter in Industriegebiete pendeln.

Die damit verbundene Umgestaltung des Siedlungsbildes sei am Beispiel von Bollenbach im Kinzigtal im Schwarzwald gezeigt. Wie bei vielen anderen Dörfern im Schwarzwald besteht der Grundriß aus einer Kombination von Einzelhof- und Weilerstruktur. Bollenbach liegt an dem gleichnamigen Bach, der steil von den Schwarzwaldhöhen herab der Kinzig zufließt. Die Kinzig fließt hier beinahe schon auf der Höhenstufe des Rheintales und hat sich eine relativ breite, ebene Aue geschaffen.

Die extremen Hanglagen im Kerbtal des Bollenbachs erlauben eine Bebauung nur an den voneinander entfernten, wenigen Verebnungen. Im oberen Bereich von Bollenbach steht so jedes Gebäude für sich, umgeben von Wiesen, Flurgehölzen und kleinen Hangäckern. Wenngleich heute kaum noch Landwirtschaft in dem Dorf betrieben wird, sind im alten Dorfbereich viele Strukturen präsent, die zur bäuerlichen Siedlung in der Kulturlandschaft gehören. Besonders bedeutend sind die großen, artenreichen Fettwiesen um die Häuser im oberen Dorfbereich. Kleine Hangquellen verraten sich durch das Auftreten von Wassergreiskraut (*Senecio aquaticus*) und anderen Feuchtwiesenarten. An sonnenreichen Hängen kommen blütenreiche Magerwiesen mit Rotschwingel (*Festuca rubra*), Aufrechter Trespe (*Bromus erectus*) und Rundblättriger Glockenblume (*Campanula rotundifolia*) vor.

Am Talausgang des Bollenbachs liegt das Dorfzentrum in stärker verdichteter Bauweise. Die nicht bebauten Flächen bestehen weitgehend aus Nutzgärten, Ziergärten nehmen nur geringen Raum ein. Auffahrten sind häufig gepflastert oder aus Rohböden, so daß Trittpflanzengemeinschaften vorkommen können. Säume mit spontaner Staudenvegetation begleiten Grundstücksgrenzen und Hangkanten.

Da das Dorf weder im Bollenbachtal noch am unmittelbaren Talausgang weiter wachsen konnte, entschied man sich für Neubaugebiete in der Kinzigaue. Diese war bislang – vermutlich wegen der Hochwassergefahr – nicht bebaut worden. Die Kinzig ist allerdings eingedeicht und wasserbaulich befestigt worden, was zunächst Platz für landwirtschaftliche Flächen geschaffen hatte. Die neuen Siedlungsfelder hatten keine Rücksichten auf alte Hausformen, vorhandene Landschaftsstrukturen oder bäuerlichen Erwerb zu nehmen. Ein mehr oder weniger orthogonales Raster wurde angelegt, mit kleinen Parzellen, in deren Mitte Einfamilienhäuser hochgezogen wurden. Die Ausstattung dieser neuen Siedlungslandschaft ist einheitlich: Zierstaudenbeete, artenarme Rasenflächen und gekieste Auffahrten, in denen nur wenige Arten Lebensraum finden. Die Gehölze bestehen weitgehend aus kleinwüchsigen Koniferen und Ziersträuchern sowie aus einartigen, geschnittenen Hecken an den Grundstücksgrenzen.

Soziologen kennzeichnen die Bewohner der dörflichen Neubauviertel eher als Menschen mit »moderner« Mentalität, gegenüber den traditionell geprägten Bewohnern des verdichteten alten Ortskernes. Als modern wird in diesem Zusammenhang die besondere Wertschätzung der Privatheit bezeichnet, ein freistehendes Wohnhaus mit hohem Ausstattungskomfort, die Ungestörtheit vom Durchgangsverkehr und eine geringe Belästigung durch die Landwirtschaft. Bewohnern alter Dorfteile sind demgegenüber die sozialen Kontakte und der Nützlichkeitswert ihres Wohn- und Wirtschaftsterritoriums wichtiger als private Abgrenzung und ein gestalterisch-ästhetischer Wert (KRONER 1982). Daher wird hier auch eher spontane Vegetation geduldet als im Neubauviertel, wo hoher Pflegeaufwand in den Gärten die repräsentative Wohnsituation dokumentieren soll.

Die Unterschiede zwischen den alten und neuen Dorfteilen zeigen sich deutlich an der Artenzahl der Flora: 300 Pflanzenarten wurden im alten Bollenbach gefunden, dagegen nur 103 in den neuen Ortsteilen (KLEYER & DRESCHER 1987).

Im alten Bollenbach bestimmen die unterschiedlichen standörtlichen Voraussetzungen (Bodenfruchtbarkeit, Wasserangebot, Besonnung) zusammen mit den verschiedenen Nutzungsformen die Vegetationstypen. Gleitende Übergänge und kurvenreiche, der Topographie folgende Vegetationsgrenzen sind die Regel. Besonders im oberen Teil unterscheidet sich die Siedlung nur wenig von der umgebenden Landschaft.

Im Neubauviertel sind die Vegetationsgrenzen hart und linear, sie reproduzieren noch im kleinen das orthogonale Siedlungsmuster. Zierrasen und kleinwüchsige Koniferengehölze haben kaum noch organismische Beziehungen zur umgebenden Agrarlandschaft, nur wenige Arten von dort können in dem Neubauviertel überleben. So schließt sich das Neubauviertel – ganz im Gegensatz zum alten Bollenbach – vollständig von der agrarischen Umgebung ab. In seiner Ausstattung an Lebensräumen für Pflanzen und Tiere ähnelt es frappant den großen Neubauvierteln am Rand der Städte. Es ist im kleinen ein Modell für die Urbanisierung der Landschaft, nicht zuletzt deshalb, weil sich die Bewohner im Prinzip an den gleichen Werten orientieren wie die bürgerlichen Bewohner der Vorstädte.

Städtischer Maßstab – Vergrößerung und Differenzierung

Wirklich groß werden Städte, wenn die Dörfer in ihrer unmittelbaren Umgebung eine Vielzahl solcher Neubauviertel ausweisen und der gemeinsame Problemdruck in bezug auf die Ver- und Entsorgungsinfrastruktur so stark ansteigt, daß diese Dörfer eingemeindet werden. Die alten Dorfkerne zeichnen sich jedoch im Stadtbild weiterhin ab. Neureut, Knielingen, Daxlanden, Bulach, Beiertheim und andere alte Dorfkerne bilden innerhalb von Karlsruhe heute noch abgrenzbare, eigenständige Lebensraumkomplexe. Kennzeichen sind die großkronigen einheimischen Laubgehölze (Walnuß, Linden, Roßkastanien), die Obst- und Nutzgärten sowie vereinzelt noch Trittrasen und spontan wachsende Staudensäume. Nach dem Vorbild der neueren Einzelhausbebauung in der Umgebung zeigen sich aber auch andere Folgen: Asphaltierung der Hofeinfahrten, Zierrasen statt Nutzgärten, Nadelbäume statt Laubbäume (KUNICK & KLEYER 1985).

Allerdings ist es nicht nur die Einzelhausbebauung mit ihrer auf Repräsentanz bedachten Pflege der Gärten, die die Erweiterung zwischen den ursprünglichen Siedlungskernen bestimmt. Es gliedern sich auch Stadtfelder an, die eher funktional orientiert sind, z.B.

Straßen- und Bahntrassen oder Gewerbegebiete. Unversiegelte Flächen können Standorte für spontane Vegetation sein (große Eisenbahn- und Straßenböschungen, Baulücken, Lagerplätze u.a.). Die Böden bestehen zumeist aus jungen, gering entwickelten Aufschüttungen, teilweise mit erheblichen Anteilen an Kiesen und Schottern. Das Nutzungsregime auf diesen Flächen gilt eher der kostengünstigen Pflege als dem landwirtschaftlichen Ertrag. Daher sind die Artenkombinationen etwas anders als die ähnlicher Strukturen in der umgebenden Agrarlandschaft. Grasreiche Bestände sind häufig mit ruderalen, also an gelegentliche Bodenstörungen oder späte Mahd angepaßten Stauden gemischt. An sonnenreichen Böschungen sind im warmen Neckartal von Stuttgart Rasen mit Aufrechter Trespe (*Bromus erectus*) entstanden, die den Magerrasen der Agrarlandschaft zwar strukturell ähnlich sind, sich jedoch mit höheren Anteilen ruderaler Pflanzenarten auch deutlich unterscheiden (z.B. Färberwaid (*Isatis tinctoria*), Platthalm-Rispengras (*Poa compressa*). Viele diese Arten sind Rohbodenbesiedler.

Auf der städtischen Maßstabsebene differenziert sich also das Landschaftsbild. Neue Stadtfelder, die für sich allein gesehen eine zwar sehr unterschiedliche, aber eher artenarme und wiederkehrende Strukturausstattung haben, liegen in dichter Packung nebeneinander oder durchdringen sich. Verkehrstrassen bündeln sich neben Gewerbegebieten, welche an alte Ortskerne, neue Wohnsiedlungen, Verwaltungskomplexe oder Zeilenbebauung grenzen. Spezielle Nutzungstypen wie Friedhöfe, Sportanlagen und Parkanlagen ergänzen das Bild. Alle beinhalten eine charakteristische Verteilung von Freiflächentypen, die durch spezielle Ressourcen- und Eingriffskombinationen und damit unterschiedliche Artenzusammensetzungen gekennzeichnet sind.

Überspringen und Einkapseln alter Kulturlandschaft

Siedlungen wachsen nicht gleichmäßig in die umgebende Landschaft hinein. Viele Faktoren beeinflussen im Einzelfall die Entscheidung, ob eine Fläche bebaut wird oder nicht. Steile Hanglagen, tief eingekerbte Bachtäler und die traditionell besonders geschätzten Wälder sind Beispiele für Landschaftsstrukturen, die häufig von Bebauung ausgenommen werden. Die Siedlungsentwicklung läßt Lücken übrig, in denen Arten der alten agrarischen Kulturlandschaft überdauern können.

Besonders deutlich zeigt sich das in Stuttgart-Süd. Über eine Distanz von wenigen hundert Metern verändert sich die Nutzungsstruktur abrupt. Sobald der schwach geneigte Hangfuß des Nesenbachtales in den steilen Hang übergeht, wechselt die geschlossene Blockbebauung in eine lockere Einzelhausbebauung. Die Einzelhäuser wurden in langgezogene Grundstücke hineingebaut, die vorher Weinberge und danach Obstwiesen gewesen waren. Da viele Stuttgarter sich aber ihre Gartengrundstücke erhalten wollten, ging die Aufsiedlung des Stadtrandes bereits zur Gründerzeit nicht gleichmäßig vonstatten. Der zu Rutschungen neigende Tonstein-Untergrund macht zudem aufwendige Gründungen für den Hausbau erforderlich. Einige tief in den Hang eingeschnittene Bachtäler (»Klingen«) lassen eine Bebauung nicht zu und sind seit langem Standorte für Obstwiesen und -gärten, die heute nur noch zum Teil genutzt werden. Dieser Komplex von Faktoren führte dazu, daß der Vegetationsanteil der Hanglagen heute noch teilweise über 80 % beträgt. In vielen Grundstücken sind die alten Trockenmauern aus der Zeit des Weinbaus und blütenreiche, magere Wildpflanzen-Säume erhalten geblieben.

Die Unterschiede zwischen Hangfuß und Hängen zeigen sich auch in der Artenzahl der Wildpflanzen. In der geschlossenen Bebauung am Hangfuß kommen zumeist nur bis zu 50

Arten vor, während in der Einzelhausbebauung am Hang mehr als 100, teilweise mehr als 150 Arten pro Baublock gefunden wurden (KUNICK 1983).

Kolonisierung der Zwischenräume am Stadtrand

Anfangs sind die von der Stadt eingemeindeten Dörfer noch mit einem Kranz Agrarlandschaft umgeben. Im Stuttgarter Süden (Filder) und Norden (Langes Feld) haben sich nach dem Krieg die Proportionen jedoch immer mehr zugunsten der Siedlung verschoben, ob durch den Bau neuer Gewerbegebiete oder durch Geschoßwohnungsbau. Die Flächenanteile von Feldern und Wiesen haben sich entsprechend verkleinert. Als erste sind die früher recht ausgedehnten Streuobstwiesengürtel um die ehemaligen Dorfkerne weggefallen.

Für die Landwirte gibt es bei kleiner werdenden Betriebsflächen zwei Möglichkeiten: Rückzug aus der urbanisierten Landschaft oder Intensivierung der Landbewirtschaftung. Beides finden wir am Stadtrand. Im Stuttgart-Cannstatt, an der Grenze zu Fellbach, wird ein großer Teil des fruchtbaren Löß-Bodens mittlerweile gartenbaulich genutzt, als Feldgemüse, unter Folien oder unter Glas. In der Umgebung von Karlsruhe, auf den etwas schlechteren Böden der Rheinterrassen, sind Teile der Feldflur aufgelassen oder werden nur mit geringer Intensität bewirtschaftet. Diese Nutzungsextensivierung bietet Pflanzen und Tieren Lebensmöglichkeiten, die sie weder in der reinen, intensiv bewirtschafteten Agrarlandschaft noch in der reinen, dicht bebauten Stadtlandschaft noch haben. So liegen die Schwerpunkt-Vorkommen von Pflanzen der Roten Liste in Karlsruhe am Stadtrand, abgesehen von einigen alten Versorgungsbetrieben wie Hafen oder Güterbahnhof (Abbildung 3; KUNICK & KLEYER 1985).

Schon seit längerer Zeit herrscht bei vielen Planungsträgern die Einsicht, daß Freiflächen am Stadtrand vor der Bebauung geschützt werden müssen. Dafür sprechen sowohl ihre ökologischen Funktionen (z.B. Grundwassererneuerung, klimatische Regeneration) als auch ihre Bedeutung für die stadtnahe Erholung. Planungsrechtlich fehlen allerdings nach wie vor Instrumente zum Schutz der Freiflächen, die dem Bebauungsplan an Durchsetzungskraft gewachsen sind.

Die Umweltbelastungen stadtnaher Agrar- und Waldlandschaften

Abgesehen von direkter Bebauung werden stadtnahe Agrar- und Waldlandschaften durch eine Reihe weiterer Faktoren belastet. Die Straßendichte und Verkehrsmenge ist in der Umgebung von Städten wesentlich höher als in der reinen Agrar- oder Waldlandschaft. Die vielfältigen Umweltwirkungen des Straßenverkehrs können hier nur mit wenigen Beispielen veranschaulicht werden. Neben der Verlärmung ist z.B. die Zerschneidung von Lebensräumen vieler Tierarten zu nennen. Die »Krötenwanderung« ist mittlerweile jedem Autofahrer bekannt. Der Straßenverkehr verursacht zudem hohe Emissionen an Schadstoffen, die entweder direkt toxisch wirken (z.B. Ozon aus Stickoxiden, Cadmium aus Reifenabrieb, organische Gase) oder als Dünger die Nährstoffverhältnisse im Boden verändern (Ammonium und Nitrat aus Stickoxiden).

Belastungen durch Schadstoffe ergeben sich auch aus anderen Quellen. Industrie, Großkraftwerke und Hausbrand verursachen hohe Emissionen an Schwefeldioxid, Stäuben und Stickoxiden. Sie werden besonders entlang der Hauptwindrichtung ins Umland trans-

Urbanisierungsprozesse in der Kulturlandschaft

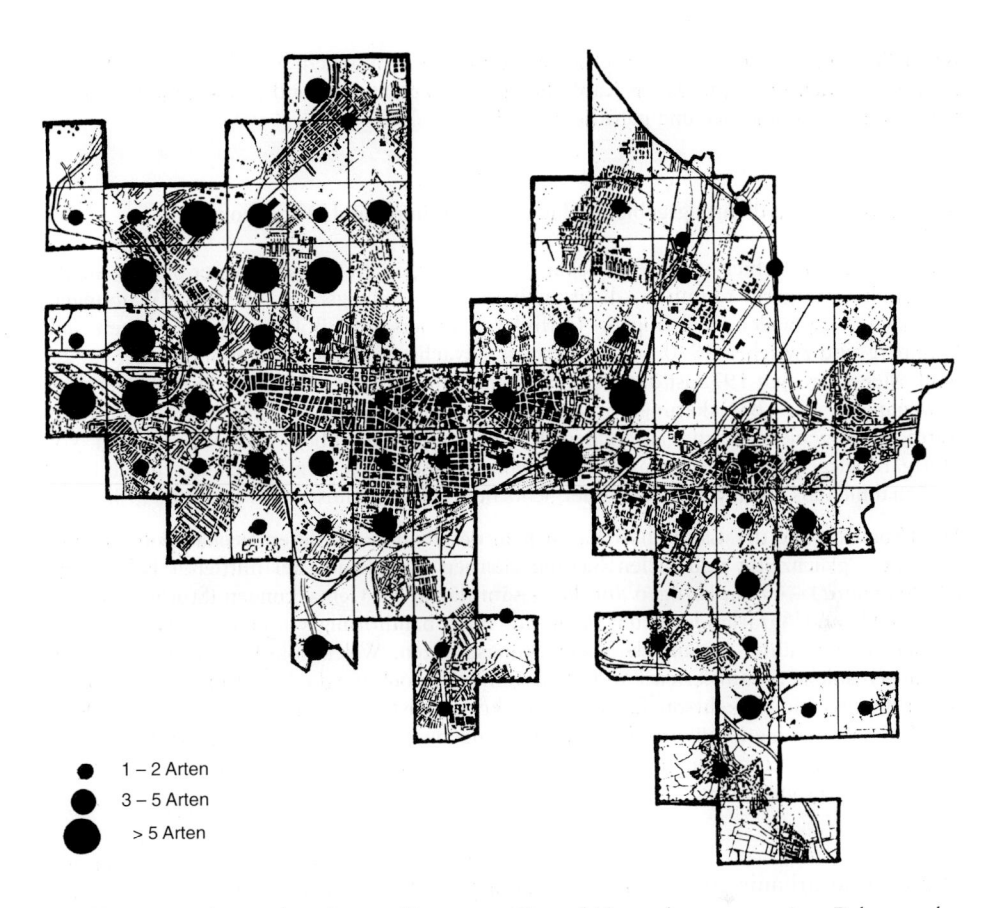

Abbildung 3: Arten der Roten Liste pro Rasterfeld, aufgenommen im Rahmen der Stadtbiotopkartierung Karlsruhe. Dargestellt sind nur die Rasterfelder des aufgesiedelten Bereiches von Karlsruhe. Sie begrenzen das Bearbeitungsgebiet der Stadtbiotopkartierung. Deutlich wird, daß die meisten Arten der Roten Liste am Stadtrand vorkommen.

portiert und wieder abgelagert. Aus städtischen Kläranlagen werden hohe Stofffrachten in die Gewässer entlassen und in benachbarten Landschaften verteilt. In beiden Fällen kommt es ebenfalls zu toxischen oder düngenden Effekten.

Stadtnahe Agrar- und Waldlandschaften werden auch strukturell deutlich verändert, besonders um sie dem Erholungsbedürfnis der Städter anzupassen. So werden vor allem in Wäldern vermehrt Wege angelegt und befestigt. Auf landwirtschaftlichen Flächen werden vorhandene Wege mit Gehölzen bepflanzt und in Auen werden Tümpel angelegt. Parkplätze, Grillplätze, Spielplätze u.a. folgen. Großflächige Obstwiesen werden parzellenweise in Obstgärten und »Gütle« umgewandelt. Generell steigt mit den vielen neuen »Nutzern« der Landschaft die Störungsfrequenz. Einige Tierarten, besonders aus der Gruppe der Vögel und Säuger, sind aus diesem Grund in stadtnahen Landschaften selten.

Andererseits vermindert sich mit der Zunahme der Erholungsfunktion auch der Bewirtschaftungsdruck auf die Ökosysteme. Intensive organische Düngung von Grünland ist in Stadtnähe wegen der Geruchsbelästigung kaum möglich. Die stadtnahen Wälder gehörten zu den ersten, in denen Kahlschlagbetrieb aufgegeben und eine standortbezogene Gehölzartenzusammensetzung gefördert wurde.

Maßstabsebene Verdichtungsgebiet – Häufung, Mischung und Dispersion

Das Verdichtungsgebiet Mittlerer Neckar ist ein Konglomerat verschiedener Städte, die die Kernstadt Stuttgart räumlich dicht umgrenzen. Ludwigsburg, Fellbach/Waiblingen, Esslingen, Göppingen, Nürtingen, Ostfildern, Filderstadt, Böblingen/Sindelfingen und Leonberg sind zwischen 1960 und 1975 stark gewachsen. Mittlerweile wohnen hier ca. 2,5 Mill. Menschen. Seit 1978 ist das Siedlungswachstum geringer geworden. Die Wanderungsbewegungen der Bevölkerungsentwicklung haben sich weit über die eigentlichen Verdichtungsgebiete in die ländlichen Räume hinausgeschoben. Die weit östlich von Stuttgart gelegenen Kreise Ellwangen, Heidenheim und Aalen verzeichnen wesentlich höhere Zunahmen als etwa Waiblingen oder Schorndorf (Innenministerium Ba.-Wü. 1986).

Die Urbanisierung der Landschaft hat sich in der Region Mittlerer Neckar polyzentrisch vollzogen, gleichzeitig von vielen Siedlungskernen ausgehend. Bei mittleren Bebauungsdichten von 20 – 40 %, bezogen auf die Gesamtfläche der Gemarkungen (Stuttgart 50 %), sind Wald- und Agrarlandschaften heute nur noch bandförmig vorhanden, als mehr oder weniger breite Gürtel entlang der Gemarkungsgrenzen. Welche ökologischen Ausgleichsleistungen solche urbanisierten Landschaftsgemische noch für die Belastungen aus den vielen Siedlungs- und Verkehrsquellen erbringen können, ist weitgehend unbekannt (KLEYER et al. 1992). Zumal die Landwirtschaft in den Gäugebieten des Mittleren Neckar-Raumes infolge der Flächenverknappung besonders intensiv betrieben wird, was gleichfalls mit großen Belastungen verbunden ist.

Urbane und urbanisierte Landschaften – neue Kulturlandschaften?

Mit Kulturlandschaft wird eine Landschaft bezeichnet, deren Gestalt im Gefolge der jeweiligen Landnutzung tiefgreifend verändert wurde. Ihre Biocoenosen werden nicht nur – wie bei der Naturlandschaft – durch das Klima und die Verteilung von Nährstoffen und Wasser im Boden gesteuert, sondern auch durch menschliche Eingriffe. Insofern sind die urban geprägten Landschaften natürlich auch Kulturlandschaften. Sie reflektieren ebenso wie die Agrarlandschaft die Nutzungsinteressen des Menschen. Anstatt Brotgetreide und Futterbau stehen Wohnen und Freizeit, Mobilität, Produktion industrieller Güter, Dienstleistungen und Handel im Mittelpunkt.

Traditionelle Kulturlandschaften zeichnen sich durch ihr Alter und die relative Konstanz ihrer Nutzung aus. Beides begünstigt die Selbstorganisation der Ökosysteme, ablesbar etwa an der Bodenentwicklung und der Vielfalt an Nischen für die Koexistenz unterschiedlicher Arten. Jahrhundertelange Einwanderungs- und Anpassungsprozesse haben in vielen Lebensraumtypen zur Bildung von speziellen Pflanzen- und Tiergemeinschaften geführt. Dies gilt letztlich auch für die Stadt. Nur ist die Entwicklungszeit geringer und die Einwanderung von Arten weniger abgeschlossen. Ca. 25 % der Flora von West-Berlin besteht aus Arten, die nach 1500 n. Chr. eingewandert sind (Neophyten). Etwa die Hälfte dieser Arten haben nach 1860 noch stärker im Bestand zugenommen und weitere Lebensräume erobert (KOWARIK 1990).

Abbildung 1 zeigt uns, daß ganze Naturräume und Großlandschaften zu urbanen Verdichtungsfeldern werden können. Dabei wird vielfach wenig Rücksicht auf die Landschaftselemente der traditionellen Kulturlandschaft und ihre Biocoenosen genommen. Sukopp (1981) sieht die städtisch-industrielle Nutzung bereits an vierter Stelle in einem Katalog von Verursachern des Artenrückgangs der Gefäßpflanzen.

Forderungen zu einer umweltschonenden Siedlungserweiterung

Im folgenden werden einige wenige Grundsätze und Forderungen genannt, deren Berücksichtigung dazu beitragen kann, den Flächenverbrauch und die Gefährdung von wertvollen Lebensräume für Pflanzen und Tiere zu begrenzen.

- Reduktion der siedlungsbedingten Schadstoffbelastung (Verkehr, Produktion, Hausbrand, Entsorgung).
- Priorität für die Konversion bestehender Siedlungsgebiete anstatt für die Ausweisung neuer Siedlungsgebiete.
- Schutz und Entwicklung der ökologischen Ausgleichsleistung von Freiflächen (z.B. Grundwasserreinhaltung, Funktion als Lebensraum für Pflanzen und Tiere).
- Berücksichtigung der von der Baunutzungsverordnung maximal zugelassenen Versiegelungsgrade für die verschiedenen Bebauungstypen einschließlich aller Nebenanlagen. Reduktion des für Gewerbegebiete genannten Wertes von 80 % auf 60 %, insbesondere durch flächensparendes Bauen und Erschließen.
- Das Bundesnaturschutzgesetz schreibt vor, daß bauliche Eingriffe unterlassen werden müssen, wenn Lebensräume und Landschaftshaushalt erheblich beeinträchtigt werden. Diese Eingriffsregelung muß in Zukunft konsequenter als heute angewandt werden. Sofern Eingriffe nicht unterlassen werden müssen, sollten benachbarte Nutzungen extensiviert werden, um einen Ausgleich zu schaffen (Entsiegelung, Rückbau, Extensivierung landwirtschaftlicher Produktion).

Als ein Beispiel für eine landschaftsschonende Siedlungserweiterung sei darauf hingewiesen, daß sich die für den Arten- und Biotopschutz wichtigen Landschaftselemente in traditionellen Kulturlandschaften häufig an den Parzellengrenzen gebildet haben (z.B. Hecken, Raine, Gräben, Feldgehölze). Wenn ein Neubaugebiet in einer solchen Landschaft geplant wird, sollte sich die Einteilung der neuen Grundstücke nach der alten Parzellierung richten. Die vorhandenen Vegetationsstrukturen können dann als öffentliches Eigentum in die Bebauung integriert werden. Streuobstwiesen können beispielsweise als Grünflächen und alte Hecken oder Gräben als Grenzlinien von Grundstücken fungieren.

Solche auf die Siedlungsentwicklung bezogenen Forderungen können jedoch nicht darüber hinwegtäuschen, daß eine generelle Diskussion über das Leitbild der urbanisierten Landschaft notwendig ist. Bisher werden die Freiflächen, sobald Urbanisierungsprozesse in einer Landschaft eingeleitet sind, pauschal dem Leitbild Garten, der zu gestaltenden Natur zugeordnet. In Wohngebieten und im Stadtzentrum ist dies sicher legitim. Auf kleinem Raum vermitteln hier Gärten und Parks menschlich gefilterte, idealisierte Bilder von Natur und Landschaft. In ökonomisch-funktional orientierten Stadtfeldern (Gewerbegebieten, Ver- und Entsorgungsflächen u.a.) und auch im Außenbereich ist das Leitbild gestaltete Natur für Freiflächen fragwürdig. Soweit solche Gebiete überhaupt eine Erholungsfunktion besitzen, kann dafür auch die nicht gestaltete (wenngleich extensiv genutzte) Natur im

Vordergrund stehen. Es wäre also richtiger, zumindest einen Teil dieser Flächen spontaner Vegetationsentwicklung zu überlassen oder die traditionellen Kulturlandschaftselemente mit ihrer Vegetation zu bewahren. Die historische Landschaftsnutzung kann dann Vorbild für das Maß an Pflegeeingriffen sein. An innerstädtischen Bahndämmen ist spontane Vegetationsentwicklung schon lange die Regel. Das könnte ebensogut an Straßendämmen der Fall sein, wo heute noch Ziersträucher und Bodendecker gepflanzt werden. Auch in den großen Freiflächen der Industrie- und Gewerbegebiete ist ein Wechsel des Leitbildes vom Garten zur ungestalteten Natur hin möglich. Für den Naturschutz, der zur Zeit laufend Flächen der alten Kulturlandschaft an den Siedlungsbau verliert, wäre ein abgestuftes Nebeneinander gärtnerisch gestalteter Vegetation und ungestalteter Vegetation in der Stadt ein wesentlicher Fortschritt.

Literatur

BIRKENHAUER, J. (1986): Das Rhein-Ruhr-Gebiet: sterbender Kern einer Megalopole? – Spektrum der Wissenschaft (7). 38-53.

HUMPERT, K., BRENNER, K., MIKLAUTSCH, B., LEONHARDI, C. (1992): Das Phänomen der Stadt als fraktale Struktur. – Unveröff. Manuskript. Städtebauliches Inst., Universität Stuttgart.

Innenministerium Ba.-Wü. (Hrsg.) (1986): Landesentwicklungsbericht 1986 für Baden-Württemberg. Tendenzen u. Konsequenzen. 226 S..

KLEYER, M., DRESCHER, B. (1987): Fachteil Vegetation. in: BRUNS, D., DRESCHER, B., KLEYER, M., MACKRODT, D., TRAUTNER, J.: Grün in und am Dorf. Unveröff. Manuskript im Auftrag des Min. Ländlicher Raum, Landwirtschaft u. Forsten Bad-Württ.

KLEYER, M., KAULE, G., HENLE, K. (1992): Landschaftsbezogene Ökosystemforschungsvorhaben für die Umwelt- und Landschaftsplanung. – Z. Ökologie u. Naturschutz 1. 35-50.

KOWARIK, I. (1990): Some responses of flora and vegetation to urbanization in Central Europe. – in: Sukopp, H., Hejny, S., Kowarik, I. (Hrsg.): Urban ecology. Plants and plant communities in urban environments. – SPB Academic Publishing bv: Den Haag. 45-74.

KRONER, I. (1982): Umweltsoziologie. Eine Projektstudie zur Wohnfunktion des Dorfes. – in: MELUF Bad.-Württ. (Hrsg.): Dorfentwicklung. Beiträge zur funktionsgerechten Gestaltung der Dörfer. Stuttgart. 59-102.

KUNICK, W. (1983): Pilotstudie Stadtbiotopkartierung Stuttgart. – Beihefte Veröff. Naturschutz Landschaftspflege Bad.-Württ. **36**. 7-134.

KUNICK, W., KLEYER, M. (1985): Stadtbiotopkartierung Karlsruhe. – Mitteilungen Bürgermeisteramt **61**. Karlsruhe. 169 S.

SCHUBERT, E. (1992): Städte im Aufbruch und Wandel. – in: FLÜELER, M., FLÜELER, N.: Stadtluft, Hirsebrei und Bettelmönch. Die Stadt um 1300. (Katalog zur Ausstellung). Stuttgart: Theiss. 381-392.

SCHWARZ, G. (1989): Allgemeine Siedlungsgeographie. Teil 2. Die Städte. Berlin New York: De Gruyter. 1089 S..

SUKOPP, H. (1981): Veränderung von Flora und Vegetation in Agrarlandschaften. Berichte über Landwirtschaft 197, Sonderheft, 225-264.

Stadt statt Landschaft

R. BÖCKER

Status quo der Stadtlandschaft

Die Städte lagen früher in der Weite der Landschaft; heute werden sie in einem rasanten Tempo größer, ihre Bedeutung und vor allem ihr Flächenanspruch nimmt entspechend zu. Das Ausufern bedeutet, daß Äcker, Wiesen, Weiden, Wälder – Landschaft – zubetoniert, die natürlichen Standortbedingungen nivelliert, verändert, Feuchtgebiete ausgetrocknet, Flüsse umdirigiert, heimische Tiere und Pflanzen beseitigt oder verdrängt werden. Die Belastungen, die auf die Nachbarlandschaften der Städte ausgehen, werden zunehmend unerträglicher. Schon um die Jahrhundertwende charakterisierte SCHULTZE-NAUMBURG (1909) diesen Vorgang:

»Das Zentrum einer jeden Stadt wird dem geschäftlichen Leben des Handels und dem Sitz gewisser Verwaltungen vorbehalten sein. Die hohen Boden- und Gebäudewerte dieser zentralen Teile bringen es von selbst mit sich, daß die Wohnungen der Einwohner sich mehr nach der Peripherie lagern und so einen großen Gürtel um die Stadt legen, die den Kern gleichsam von der freien Natur abschließt und ihm auf diese Weise einen Teil seiner natürlichen menschlichen Wohnbedingungen nimmt. Bei weiterem Wachstum bemächtigt sich nun aber der Kern eines Teiles der Peripherie und drängt die Wohnteile wieder ein Stück weit hinaus. Die Wohnungen lagern sich jetzt gleichsam vor die Stadt. Wenn auch das nicht mehr reicht, so entstehen Vororte, die in weiter Entfernung von der Stadt angelegt werden, in der Hoffnung, daß ihre freiere Lage den Bewohnern gewisse Bedingungen bietet, die dem Menschen für Leben und Gesundheit doch nun einmal unerläßlich sind. Aber auch das scheint eine Täuschung, denn allmählich fließen die Vororte durch eigenes Wachstum wieder alle zu einem Körper zusammen, der schließlich sogar wieder mit der Mutterstadt verschmilzt, so daß endlich kleine Nachbarstädte herangezogen werden müssen oder von neuem entstehen, um die unerläßlichen Wohnbedingungen wieder zu gewinnen. So legt sich ein Gürtel um den anderen Gürtel, von dem immer nur der äußerste Gürtel eigentlich zum Wohnen taugt, bis sich wieder ein weiterer Gürtel um diesen legt, dem bald durch einen wieder neuen das gleiche Schicksal wird.

Es bleibt aber nicht allein bei den Wohngürteln. Es tritt noch ein neuer Umstand hinzu, der für das Leben in unseren großen Städten noch ganz besonders wichtig wird. Unsere Großstädte sind wie riesenhafte Feuerstätten, die durch ihre Glut meilenweit im Umkreis das freie grüne Land gleichsam verbrennen und versengen. Wie Vulkane, die nach außen ihre Lavaschlacken vor sich herschieben, so sind unsere Städte stets bestrebt, das, was im Inneren als unliebsam angesehen wird, herauszuwerfen und an ihrer Peripherie vor sich herzuschieben.«

Diese Beobachtungen haben zum Teil auch heute ihre Gültigkeit, wenn man sich die derzeitige Nutzung und die Flächennutzungspläne von Städten ansieht. Dieses fast nur an wirtschaftlichen Bedingungen und Forderungen orientierte »Wucherungsproblem« hat nicht lokale sondern länderübergreifende Dimensionen. Die Integration ökologischer Gesichtspunkte in die Planung steht am Anfang (AUHAGEN 1990, SenStadtUm 1989a, 1989b, 1990).

Entwicklung einer typischen Stadt in Mitteleuropa

Am Beispiel der Stadt Braunschweig, die im mitteleuropäischen Raum für viele andere steht, soll im folgenden der Wandlungsprozeß von Landschaft zur Stadt mit den aktuell entstehenden Vororten, die weder Stadt noch Landschaft sind, dargestellt werden.

Als Beleg und zur Illustration für die Veränderungen in der Landschaft ist die Entwicklung Braunschweigs seit der Gründung bis heute in Stadtgrundrissen skizziert. Aufgrund der enormen Flächenerweiterung ist der Zustand 1992 in einem kleineren Maßstab erfolgt (Abbildung 1 und 2, Material hierzu waren: MEIER 1922, STEINACKER 1924, KEYSER 1958, SPIESS 1966, HEINE et al. 1968, ZEHNPFENNIG 1985, SCHUEGRAF u. RÖNTSCH 1991).

	Zunächst liegen am aus dem Harz kommenden Flüßchen Oker drei Siedlungskerne – Altewiek, die Burg Dankwarderode und der Handelsplatz am heutigen Kohl- und Eiermarkt.
Um 1100	Braunschweig entwickelt sich seit etwa 900 aus den brunonischen Dorfgründungen Dankwarderode und Brunswick im Schutze des »Castrum Danquarderoth«, einer Schutzburg, die an der damaligen Reichsgrenze gegen die Ungarn errichtet worden war. Gründungsvoraussetzung: Handelsstraßen, Flußübergang, Burg, Markt. 1031 wird die Magnikirche im Altewiek urkundlich erwähnt. 1125 wird das Stadtrecht verliehen (Lothar von Süpplingenburg). Von 1142-1195 ist Braunschweig Residenz Heinrichs des Löwen.
Um 1180	Ausbau Braunschweigs durch Heinrich den Löwen. Er fügt die drei bestehenden Weichbilder Alte Wick, Altstadt und Neustadt zusammen. Der Stadtteil Hagen wird gegründet. Befestigung der Stadt durch Graben und Mauer.
Um 1210	Braunschweig als aufstrebende, konkurrenzlose Handelsstadt. Durch die Niederzwingung Goslars und die Machtlosigkeit der Handelsherren wird das Wachstum beschleunigt.
Um 1250	Ausbreitung des Braunschweiger Rechts. 1260 erster gemeinsamer Rat. Unabhängigkeit von Bischöfen und Landesherrschaft. Eintritt in die Hanse (1358).
Um 1400	Nach 1400 neues Aufblühen. Ziel: freie Reichsstadt (nie erreicht). 1528 Reformation in Braunschweig. Im Dreißigjährigen Krieg Niedergang der Hanse.
Um 1670	1671 wird Braunschweig Landeshauptstadt (Territorialherrschaft der Welfen). 1675 gemeines römisches Recht.
Um 1700	Im 17. Jahrhundert Bau starker Befestigungsanlagen. 1769 Entfestigung. 1718-1753 Bau des Residenzschlosses. Ab 1800 Schleifen der Festung und deren Umwandlung in die Wallanlagen.
Um 1840	1838 erste Bahnverbindung nach Wolfenbüttel, 1848 Eisenbahnverbindung zum Harz. Durch Hannover und Magdeburg Behinderung der Entwicklung Braunschweigs. Um 1890 wird Braunschweig mit 101047 Einwohnern Großstadt.

Um 1910	Seit 1889 umfangreiche Erweiterung Braunschweigs: in den 20er Jahren das Siegfriedviertel, der Bebelhof und in den 30ern Lehndorf und Mascherode. Erste Sanierungen im Altstadtkern 1933. Im Oktober 1944 verbrennen 90 % der Altstadt.
Um 1950	Marshall-Plan-Gründungen auf Tümmerschutt – z.B. im Ortsteil Rühme.
seit 1960-1995	Siedlungen in der Landschaft. 1974 Erweiterung der Stadtfläche von 76,9 km² auf 192 km².

Die Neubausiedlungen Braunschweig-Süd, Broitzem, Nord, Kanzlerfeld und weitere folgen. Die Verstädterung der Dörfer schreitet schnell voran, Einfamilienhaus- und Mehrfamilienhausgebiete wuchern um die alten Dorfkerne.

Ein Resultat ist, daß die heutige Fläche der Gesamtstadt, die im Flächennutzungsplan und in den statistischen Jahrbüchern der Stadt angegeben wird, sich auf 192 km² beläuft. Dabei sind sowohl die stark vesiegelten, wie auch Flächen mit geringerer Nutzungsintensität aufgeführt. Der Versiegelungsgrad der Flächen ist insbesondere in den neueren Gewerbe- und Industriegebieten sehr hoch. Im modernen Wohnungsbau finden sich zwar relativ hohe Grünflächenanteile (Funktion: Abstandsflächen), diese wurden aber stellenweise durch nachträgliches Anlegen von Parkplätzen versiegelt.

Alles umfassende Veränderungen

Im Zuge der Stadterweiterung erweist sich der Status »Landschaftschutz« oft gegen den Intressensdruck der »Nutzer« als nicht stabil und von den Flächen, die als gesichert galten, verändern sich auch zukünftig Anteile. Die offen sichtbaren Wandlungen sind dabei weniger ins Gewicht fallend als schleichende Veränderungen der Umweltverhältnisse. Die Grund- und Oberflächenwasserverhältnisse werden nachhaltig beeinträchtigt. Nutzungen werden aufgegeben, auf die Landwirtschaft folgt Landschaftspflege und hierauf oft Landschaftsversiegelung. Auch in den »freien« Landschaftsteilen der Stadt finden städtische Nutzungen statt: Erholung, Grundwasserentnahme, Deponien, Abwasserverrieselung, Klärschlammverbringung, Immisionen, Verkehrswegebau, Ver- und Entsorgungstrassen, Strom-, Gas-, Wasserleitungen etc. Am Beipiel der Vorstadtsiedlungen läßt sich auch leicht die höherere Dichte der Siedlung feststellen. Die Geschoßflächenzahlen (d.h. die Intensität der Flächenausnutzungen) sind erhöht gegenüber den weitflächig gestreuten Einfamilienhaus«teppichen« im weiteren Außenbereich (Geschoßflächenzahlen -GFZ- 0,6 bis 0,8 gegen 0,2 bis 0,4).

Es wird in Regionalförderungsbroschüren auf die Bedeutung einer »vitalen Urbanisation« hingewiesen, die es durch Realisierung einer »belastungsfreien kommunalen und gewerblichen Ver- und Entsorgung sowie Produktion«, »ein ausreichendes und weitgefächertes Spektrum an Arbeitsplätzen« und »hervorragende Wohnverhältnisse« geben soll, bei einem gleichzeitig »ökologisch einwandfreien Lebensumfeld«. Dieses letztere kann es dann nach TROMMER (1991) nur geben, » wenn die kommunale und gewerbliche Ver- und Entsorgung sowie Produktion belastungsfrei arbeiten und der der Natur durch Besiedlung etc. entzogene und zumeist auch belastete Raum kompensiert wird durch ausgleichende, starke Naturpotentiale«. Diese Kompensationsgeschäfte mit der Natur laufen dabei immer einsei-

Stadt statt Landschaft

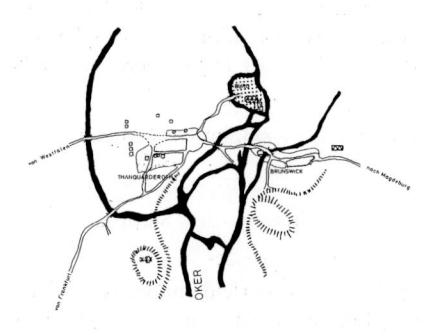

THANQUARDEROTH UND BRUNSWICK UM 1100

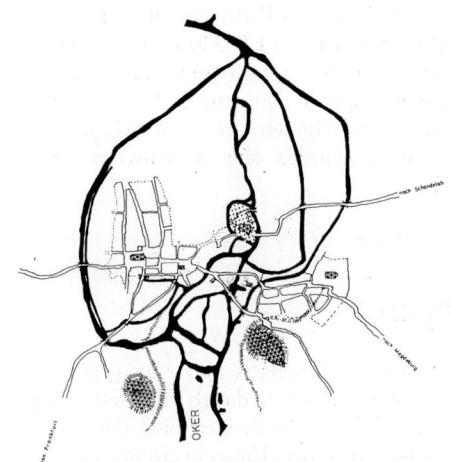

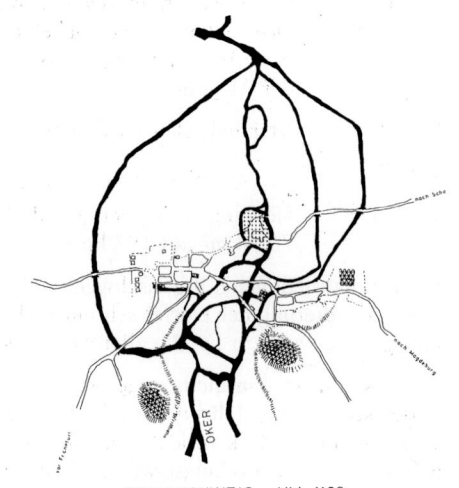

BRAUNSCHWEIG UM 1180

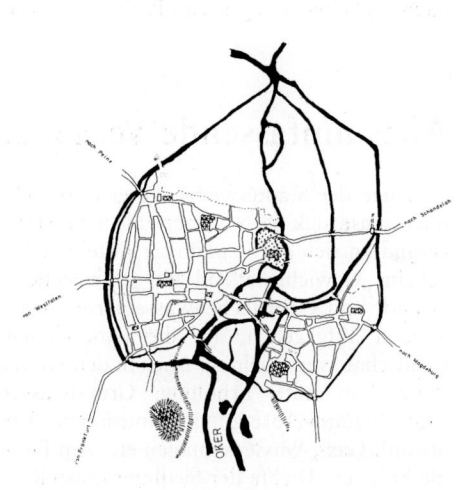

BRAUNSCHWEIG UM 1210

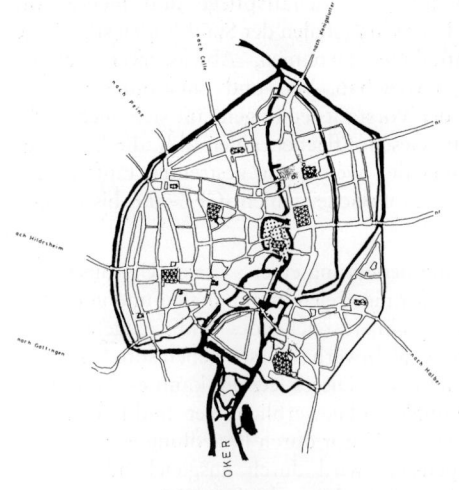

BRAUNSCHWEIG UM 1250

BRAUNSCHWEIG UM 1400

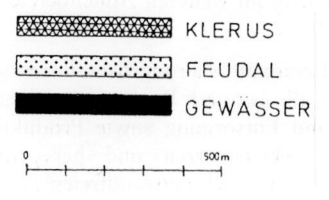

KLERUS
FEUDAL
GEWÄSSER

0   500 m

Abbildung 1: Die Stadtentwicklung von Braunschweig seit dem Hochmittelalter.

Stadt statt Landschaft

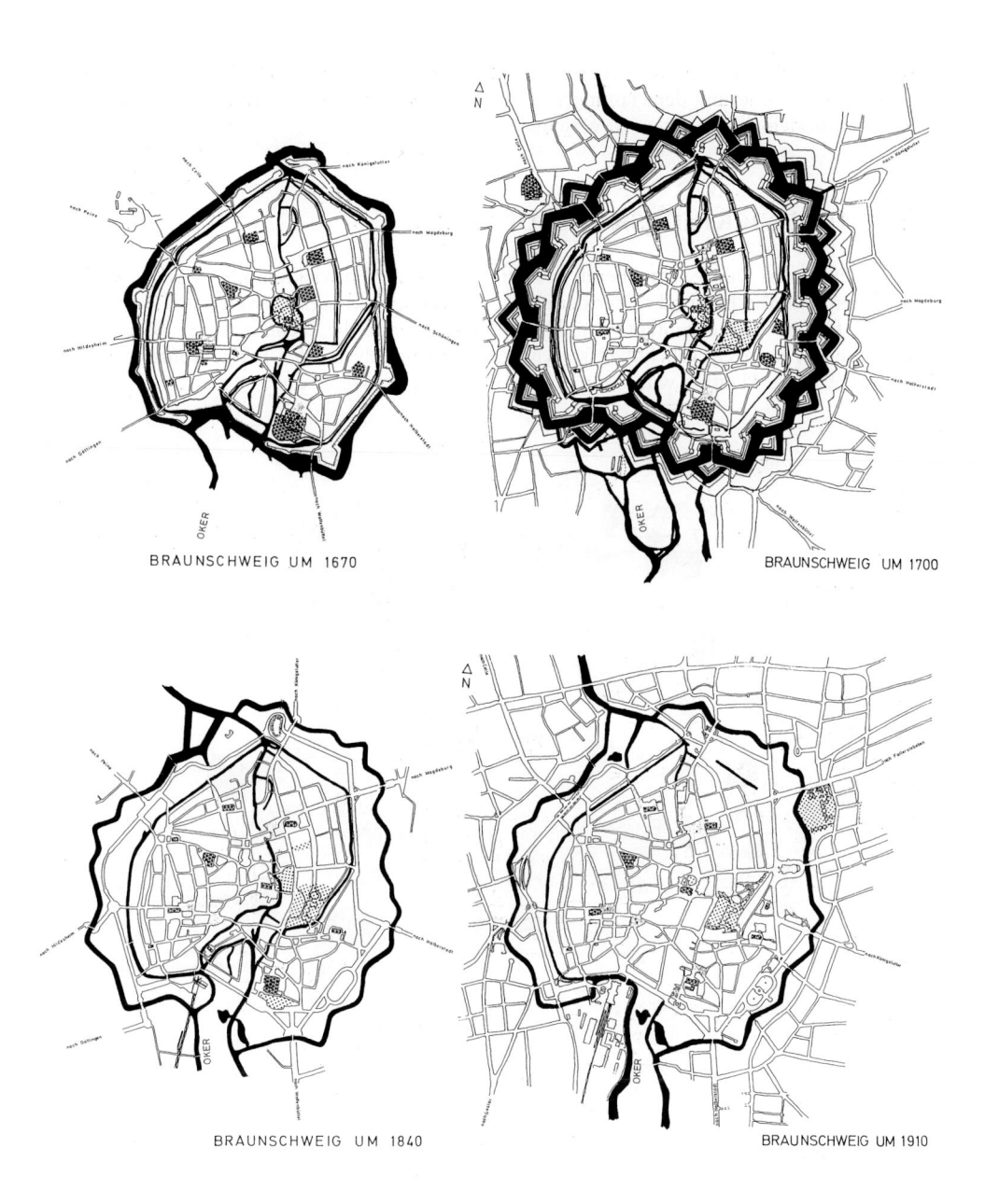

BRAUNSCHWEIG UM 1670

BRAUNSCHWEIG UM 1700

BRAUNSCHWEIG UM 1840

BRAUNSCHWEIG UM 1910

Stadt statt Landschaft

tig: die Vernichtung von eben jener ausgleichenden Natur wird in Flächennutzungsplänen und in der Realisierung der Planungen weiter betrieben. Was ein »ökologisch einwandfreies Lebensumfeld« denn sei, wird verschwiegen.

Stadtentwicklungskonzepte

In Braunschweig wurde, wie überall in Mitteleuropa, die Entwicklung der Märkte von der barocken militärischen und später der industriellen Entwicklung überrollt (AEY 1990). War in der frühen Zeit der Städte ein klares Konzept, auf die Sicherheit der Bürger (die Geborgenen) bezogen, erkennbar, so wuchern die frühindustriellen Städte konzentrisch in ihre Umgebung. Planung wurde durch Polizeiordnungen ersetzt.

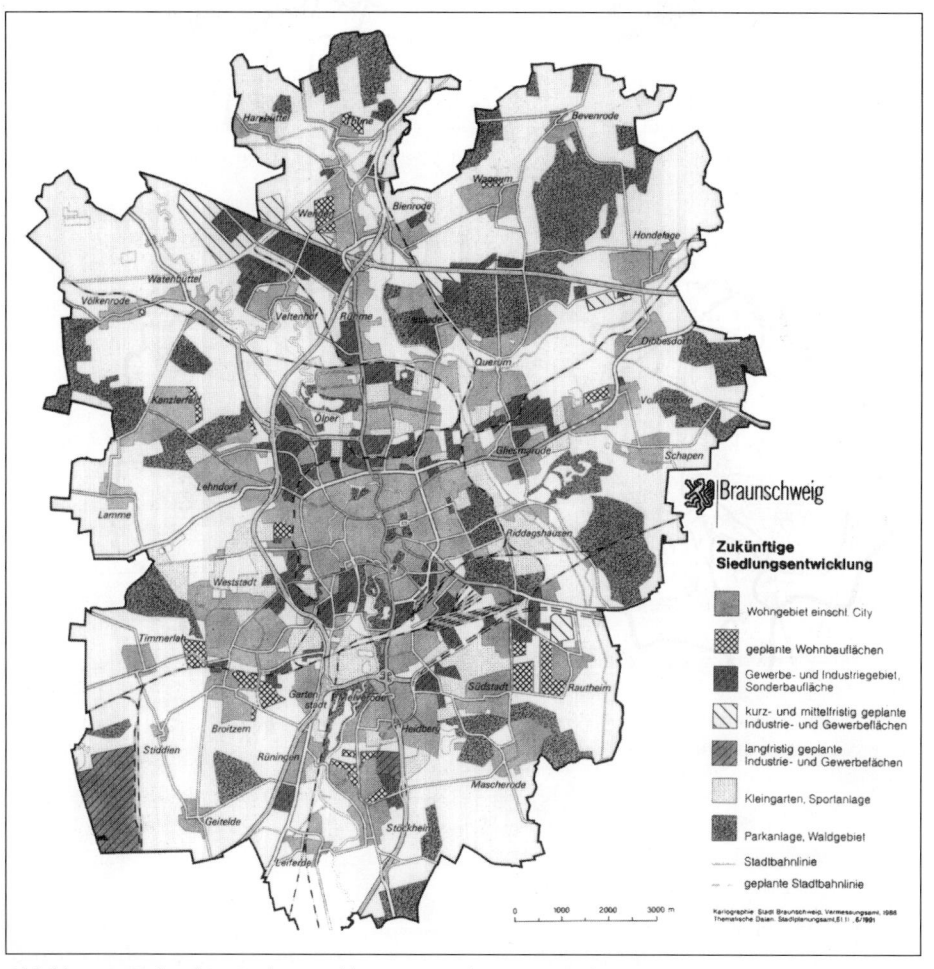

Abbildung 2: Zukünftige Stadtentwicklung Braunschweigs (Stand 1991).

Zu Beginn dieses Jahrhunderts gab es neue Ansätze, die sich beispielsweise in der Gartenstadtbewegung manifestierten, um dann in Stadtplanung im funktionalistischen Sinne überzugehen. Der Funktionalismus im Städtebau der dreißiger Jahre führte zur Aufstellung der Charta von Athen (1933), die eine klare Trennung der Funktionen Wohnung, Freizeit, Arbeit (damaliges Ziel: Entfernungen reduzieren), Verkehr, bei Wahrung des historischen Erbgutes der Städte, forderte. In den Lehrsätzen der Charta wird festgestellt, daß die Mehrzahl der damals analysierten Städte das Bild des Chaos bot. »Diese Städte entsprechen in gar keiner Weise ihrer Bestimmung, die vordringlichen biologischen und psychologischen Bedürfnisse ihrer Einwohner zu befriedigen«.

Seither sind 60 Jahre vergangen, trotzdem ist diese grundlegende Feststellung noch immer die Städtebau-Realität. Die Leitbilder der gegliederten und aufgelockerten Stadt, wie sie für die sechziger und bis in die siebziger Jahre typisch waren, führten zu noch rigoroseren Trennungen von Verkehr, Arbeit, Wohnen, Bildung, Erholung und Versorgung (s.o.). Großwohngebiete wie in Braunschweig entstanden auch in Frankfurt, Berlin (Britz-Buckow-Rudow, Märkisches Viertel) und an vielen anderen Stadträndern in der Landschaft. Stadtplanung erfolgte auch hier nach funktionalistischen Kriterien. Anteile naturnaher Landschaften am Stadtrand – Wälder, Grünländer und Äcker – sind dort entweder »langfristig« gesichert und als Landschaftsschutzgebiete oder Naturschutzgebiete ausgewiesen oder Reserve für künftige Entwicklungen. Doppel- und Mehrfachfunktionen sind dabei nicht ausgeschlossen; so findet auf einem Stadtrandacker beispielsweise Grundwasserneubildung, Erholung, Landwirtschaft, klimatischer Ausgleich, Schadstoffilterung statt. Die Auswirkungen städtischer Entwicklungen auf die Ökosphäre der Stadtränder und des Stadtumlandes sind vielfältig.

Ansätze einer neuen Flächennutzungsplanung und Stadtentwicklung unter stärkerer Berücksichtigung ökologischer Belange mit den Perspektiven einer Integration ökologischer Erkenntnisse in Planung und Stadtentwicklung sind dringende Forderungen unserer Zeit, angesichts der oben beschriebenen Entwicklungsverhältnisse im Stadtumland auch dringend notwendig.

Änderungen im Landschaftshaushalt

Gehen die städtischen Nutzungen in die Landschaft, werden zunächst die Böden überprägt. Gerade im Neusiedlungs- und Gewerbebereich kommen ökologische Grundlagen der Siedlungsentwicklung nicht genug zum Zuge. Es wird nach wie vor großzügig und großflächig versiegelt, die ursprünglich vorhandenen Böden bleiben bei den heutigen Bauverfahren an keiner Stelle der neuen Siedlung erhalten. Die Bebauungspläne sind nur in geringstem Maße mit den Minimalforderungen an eine qualitätserhaltende, grüne Umwelt verknüpft. Die aus wirtschaftlichen Gründen priorisierten Versiegelungen von Böden können nur gelegentlich durch sogenannte Ersatzmaßnahmen (gemäß §14 Bundesnaturschutzgesetz), bei denen an anderer Stelle wieder »Natur« gekünstelt wird, »ausgeglichen« werden. Verluste können dabei eigentlich in unserem begrenzten dreidimensionalen Raum nicht an anderer Stelle wieder hergezaubert werden.

Bei der Betrachtung des Umlandes von Städten wird man von der großflächig oft mit den besten Böden handelnden Industriearchitektur beklommen; von Architektur im Sinne von Zweckerfüllung einschließlich künstlerischer Gestaltung, die auch eine gestalterische Einbindung in die Landschaft impliziert, kann hier keine Rede sein. Es werden Baukörper wie überdimensionierte »Schachteln« willkürlich auf den Acker in der offenen Flurlandschaft gesetzt. Die Flächen rundum werden versiegelt, um das Ganze mehrere Hektar große, flächenfressende Ungeheuer wird dann, wenn die »Grünordnung« es einfordert, ein Schamgürtel aus mehr oder weniger exotischen Sträuchern gesetzt, um es »landschaftlich« einzubinden. Diese als Gewerbeflächen für die Gemeinden – zweifelsohne wichtigen – Flächen negieren Landschaftszusammenhänge wie auch Bodenbeschaffenheiten vollständig, entschieden wird nach Marktprinzipien.

Moloch Verkehr

Durch unsere autoorientierte Fortbewegungsart werden auch die historisch gewachsenen stadtnächsten Dörfer, in denen früher Höfe, Gärten, Raine, Brachflächen, Zwickel, Abstandsflächen mit offenem Boden verblieben, mehr und mehr geteert oder mit Beton versiegelt. Es bleibt kein Platz mehr für Boden, er wird quadratmeterweise verkauft und versiegelt, da er in unseren Augen in der Stadt nur ein schmutziges Risiko bleibt. Autos müssen auf festen, überschaubaren und vor allem sauberen Plätzen abgestellt werden. Die Versiegelung kann bis zu 100% gehen (BÖCKER 1985); die natürlichen Eigenschaften der Böden als Filter und Flächen für Grundwasserneubildung werden in zu Städten verwandelten Dörfern beseitigt.

Dieses Prinzip greift auch mehr und mehr auf die Nachbargemeinden über. Wo bis vor kurzem Bauernhöfe mit großzügigen Gärten standen, wird die historische Bausubstanz dem Verfall preisgegeben – mit Ausnahme weniger baudenkmalpflegerischer Glanzpunkte. Es entstehen moderne Wohnkomplexe mit höchster Flächenausnutzung bei denen dann nur ein Bruchteil – wenn überhaupt – offenen Bodens verbleibt. Dieser Boden hat dann wegen der flächendeckenden Baumaßnahmen und den entstehenden »Einheitsgärten« verstädterter Dörfer nichts mehr mit dem ursprünglichen gemein; Verdichtung, Anreicherung mit Bauabfällen und Überdeckung mit »Mutterboden«, versetzt mit Hochmoortorf, darüber Rindenmulch, sind die neuen Wuchsplätze für das neu entstehende Einheitsgrün.

Die fast ausschließliche Förderung des Individualverkehrs hat zur Folge, daß die Landschaftsräume zerschnitten sind. Von den pulsierenden Verkehrsadern geht für die Anwohner eine unerträgliche Belastung durch Lärm und Abgase aus, die dann im Extremfall noch durch die von oben allgegenwärtige Belastung durch Zivil- und vor allem Privatflugverkehr ergänzt wird. Der Verkehr bewirkt dabei zusätzlich, vor allem im Umland von Großstädten, eine unzumutbare Smogbelastung bei Schönwetterlagen. Deren Folgen für das menschliche Wohlbefinden können dabei nicht genug betont werden; sie sind aber, obwohl unser Grundgesetz den unbelasteten Genuß unserer Umwelt vorsieht, nicht einklagbar. Die ökologischen Folgen der Belastungen für Organismen werden zwar seit einiger Zeit (beispielhaft in der Waldschadensforschung) untersucht, doch sind nach wie vor keine Entlastungen spürbar, die man auf gesetzliche Maßnahmen zurückführen könnte.

Auch die Klimaverhältnisse ändern sich mit der oben dargestellten Reduktion funktionsfähiger Ökosystemkompartimente. Belastungen durch Abgase (Schwefeldioxid, Stickoxide etc.), Abwärme, Baumassenkonzentrationen verändern auch das Klima der Vorstädte. Das Verhältnis von Boden zu umbauten Räumen wird ungünstiger.

Mit der Zunahme der Gewerbe und der Bevölkerung steigt das Abfallaufkommen, das wieder zur Belastung der naturnäheren Landschaft und Vernichtung derselben führt. Die in Städten und deren Umland verbrauchte Energie ist um ein Vielfaches größer als in der Landschaft. Die dabei entstehende Abwärme wird Luft und Gewässern zugemutet. Die durch den täglichen Konsum dem Grundwasser entzogenen Wassermassen werden zwar heute durch Kläranlagen aufbereitet, eine Belastung verbleibt. Seen und Grundwasser werden dadurch in ihrer Qualität und Menge beeinträchtigt.

Verbau der freien Landschaft

Die Reduktion natürlicher Elemente schreitet in den Ballungsräumen scheinbar unaufhaltsam voran. Auf dem 18 km langen Transekt von der Stadtmitte Stuttgarts ausgehend bis zum südlich gelegenen Schönbuchrand (Abbildung 3) sind nur noch ca. 25% der Strecke mit naturnäheren Böden und Pflanzengemeinschaften der Felder, Wiesen und Wälder zu finden, der Rest ist durch anthropogene Eingriffe und Veränderungen (Aufschüttungen, Gebäude, Versiegelung etc.) weit von den ursrpünglichen Ausgangsbedingungen entfernt.

Die auf dem Land Schaffenden werden mehr und mehr verdrängt, mit ihnen die jahrhundertealten Strukturen ihrer Siedlung, die oft durch uniforme Luxuswohnungen ersetzt werden. Diese Übergangs- und Umbruchstrukturen werden anschließend, da sie weder zum Land noch zur Stadt gehören, oft mit Kunstnamen belegt, die ihre Isolation vom eigentlichen Ziel einer Integration in die Stadt verschleiern helfen sollen (Märkisches Viertel, Filderstadt, Nordstadt, Gropiusstadt etc.)

Die Entwicklung der Siedlungsfläche in Baden-Württemberg von

    1979:   3 858 km^2 auf

    1989:   4 232 km^2

zeigt, daß in nur zehn Jahren fast 400 km^2, also 10% der Gesamtsiedlungsfläche neu hinzugekommen sind. Dieses enorme Wachstum braucht in seinen Folgen für die Landschaft nicht näher erläutert zu werden, jeder kann es täglich neu beobachten.

Die Forderung nach mehr Sensibilität im Umgang mit der Landschaft (LÖFFLER 1992) reicht nicht. Es ist eine erhebliche Verringerung des Flächenbedarfs generell anzustreben. Der Anspruch pro Kopf für Wohnraum lag in den 50er Jahren unter 20 m^2, heute liegt er weit über 40 m^2. Diese individuellen Bedürfnisse bedeuten Energie-, Raum-, Ressourcen-, Lebensqualität-, und Landschaftsverschwendung in exponentiellen Funktionen.

In den neuen Stadtgebilden ergeben sich:

– kolossales Anwachsen von Pendlerströmen durch meist einfach besetzte PKW

– Umweltbelastungen, da der öffentliche Verkehr meist unterentwickelt ist

– räumliche Trennung der Funktionen von Stadt und Vorstadt (Kultur, Ämter, soziale Einrichtungen, Einkauf etc.)

– Monotonisierung der neuen Wohngebiete, Fehlen urbaner Vielfalt

– Zersiedlung im Stadtrand und Umland verbunden mit dem Verlust wertvoller Landschaftsräume

- Veränderungen von Flora und Vegetation (KUNICK 1974) sowie Fauna; Ersatz von seltenen durch allgegenwärtige Arten
- die autogerechte Stadt mit aufwendigen Verkehrswegen ohne Berücksichtigung ökologischer Belange und schwerwiegenden Beeinträchtigungen der Lebensqualität
- soziale Entflechtung.

Die Rolle der Stadtökologie für eine Trendwende

Die Stadtökologie ist die Lehre von den energetischen, stofflichen und informatorischen Wechselwirkungen zwischen den Lebewesen – einschließlich des Menschen – in der Stadt ist. Sie beschreibt die naturbedingten, anthropogen mehr oder weniger veränderten, abiotischen Beziehungen mit den technischen Bestandteilen im stark verdichteten städtischen Lebensraum. Sie muß für die Planenden in ihrer Relevanz deutlicher betont werden. Die Umsetzung ökologischer Erkenntnisse im Umland von Großstädten, wie sie von SUKOPP & WITTIG (1993) für Städte erarbeitet wurden, muß auch für die neuen Vorstädte Gültigkeit haben.

Handhaben und wissenschaftliche Grundlagen stehen heute zur Verfügung, mit denen sich die oben geschilderten Trends wenigstens mildern ließen. So stehen für eine ökologische Stadtplanung Daten und Karten aus verschiedenen Quellen zur Verfügung. Einige Grundlagenkartenwerke sind seit langer Zeit erprobt und bewährt, andere Daten sind erst in jüngster Zeit erhoben worden. Neben den einzelnen Faktoren (Relief, Böden, Klima, Pflanzen- und Tierwelt) kommt es immer auf das Zusammenspiel aller Faktoren an

Abbildung 3: Landschaftsschnitt von der Stadtmitte Stuttgarts zum Schönbuchrand.

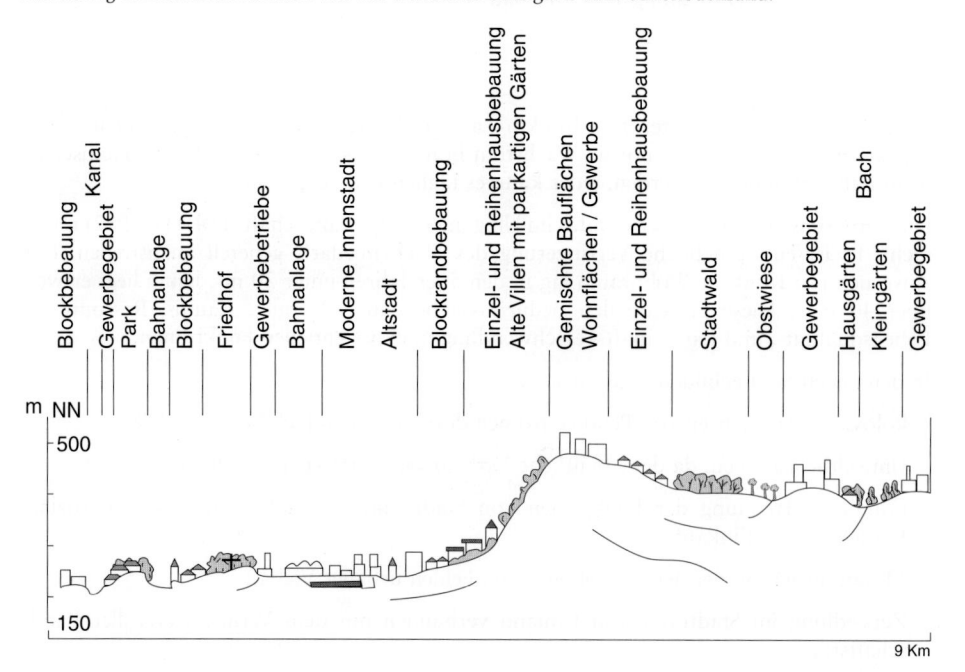

(Biotopkartierungen, flächendeckende Bewertungen und Schutzprogramme). Oft sind ein Mangel in der Kommunikation und die Geringschätzung der Bedeutung solcher Faktoren verantwortlich für das Vernachlässigen ökologischer Belange. Entscheidender ist, daß diese Belange von Natur und Landschaft nach wie vor unzureichend berücksichtigt werden. Grund ist das mangelnde Gehör, das sich die Anwälte der Landschaft bei den in der Stadtlandschaft Planenden verschaffen können. Die Beurteilung von Planungsgrundlagen ist eine synthetische, interdisziplinäre Aufgabe und verlangt viel ökologisches Verständnis und ein großes Maß an Erfahrung. Dabei ist ein gemeinsames problemorientiertes Herangehen von Ökologen und Planern an die Aufgaben der Stadtzukunft erforderlich.

Es ist unumgänglich, bei der künftigen städtebaulichen Entwicklung, die sich ja in der Regel in der Landschaft vor der Stadt abspielt, ökologische Anforderungen weit mehr zu berücksichtigen, als dies in der Vergangenheit der Fall war. Hierbei müssen darüber hinaus die ökologischen, räumlichen, wirtschaftlichen und sozialen Zielvorstellungen gleichberechtigt miteinander abgestimmt werden.

Sicherungsmaximen für Landschaft im Umland von Städten

1. Schutz aller Lebensmedien

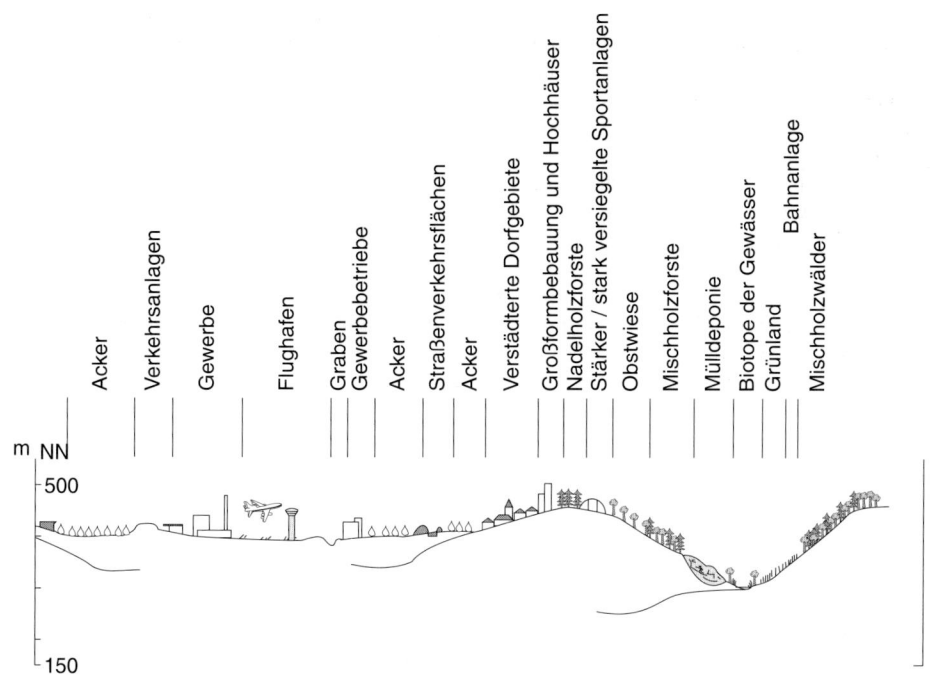

Die Erhaltung der Funktionsfähigkeit des Naturhaushaltes ist bei allen Planungsmaßnahmen zu gewährleisten. Die Qualitäten von Wasser, Boden, Luft, Pflanzen und Tieren sind zu berücksichtigen. Oberirdische Gewässer und Grundwasser müssen durch überwachende (z. B. Meßstationen) und vorbeugende Maßnahmen (z. B. Kläranlagenausbau nach heutigem Stand der Technik) aufgrund ihrer lebenswichtigen Funktionen für alle Bewohner der Ballungsräume in höchstmöglichem Grad vor weiterer Zerstörung und Verschmutzung bewahrt werden.

2. Erhaltung von Standortunterschieden

Die Nivellierung von Standortunterschieden (vor allem naß-trocken, nährstoffarm-nährstoffreich) ist eine der wichtigsten Ursachen für den Artenrückgang. Daher sind bei der Standortplanung von Baulichkeiten und bei der Bepflanzung von Freiflächen alle Standorte, die von mittleren Verhältnissen abweichen, vorrangig zu erhalten und nicht zu nivellieren.

3. Schaffung und Erhaltung großer, zusammenhängender Freiraumsysteme im Stadtumland

Artenschutz kann nur betrieben werden, wenn die Lebensräume von Populationen ein Mindestmaß nicht unterschreiten. Für die Nachbarschaft von Stuttgart ist das geplante Biotopverbundsystem hier vorbildlich und ausbaufähig (ROWECK 1987).

4. Vorranggebiete für Umwelt- und Naturschutz,

deren Wertermittlung nach vielfältigen ökologischen Kriterien erfolgt, sind langfristig zu sichern. Ihre Standorteigenschaften und Organismengruppen sind dabei nicht zu verändern. Sie dürfen nur so weit für andere Nutzungen in Anspruch genommen werden, als es dem Schutzzweck nicht widerspricht. Mehrfachnutzungen können Schutzgedanken pervertieren.

5. Zonal differenzierte Schwerpunkte des Naturschutzes und der Landschaftspflege

liegen in den Resten wenig beeinflußter sowie land- und forstwirtschaftlich geprägter Ökosysteme. Sie können nur noch im Außenbereich erhalten werden. Wenig beeinflußte Ökosysteme, die einem starken Rückgang unterliegen (oligotrophe Seen, Pfuhle und Weiher, Quellen, Bäche, Röhrichte, Moore, Naß- und Feuchtwiesen, Auen- und Bruchwälder, Waldstücke), sind überwiegend seit längerem bekannt. Sie sind daher meist geschützt, oder es liegen entsprechende Anträge vor. Traditionell wurden Natur- und Landschaftsschutzgebiete am Stadtrand ausgewiesen und sind dort angesichts vorrückender Siedlungen zu erhalten und zu vermehren.

6. Vernetzung von Freiräumen

ist dringend geboten, um die Isolationseffekte inselartiger Freiräume auf die Populationen von Pflanzen und Tieren zu mindern. Die Freiräume müssen untereinander durch Verbindungswege sowie durch ein Mosaik aus zusätzlichen Freiräumen verknüpft werden. Von großer Bedeutung sind die extensiv genutzten Bahn- und Kanalböschungen, die den Außenbereich und die Innenstädte miteinander verbinden (SUKOPP & WERNER 1982). Dieses Netz muß durch ein System von »Trittsteinen« ergänzt werden. Darunter sind kleinere, auch im Sinne des Naturschutzes entwicklungsfähige Freiflächen zu verstehen, die durch ihre räumliche Anordnung die Überschreitung einer bestimmten Maximaldistanz zwischen zwei benachbarten Refugialräumen verhindern.

7. Beibehaltung differenzierter Nutzungsintensitäten

Alle Nutzungs-, Schutz-, Pflanz- und Pflegemaßnahmen sollen die bestehenden Unterschiede zwischen Gebieten intensiver und extensiver Nutzung berücksichtigen. Neu in Nutzung zu nehmendes Gelände sollte nicht auf der gesamten Fläche gleichmäßig genutzt werden, sondern es sollten besser durch Konzentration der Nutzung auf Teilflächen mit hoher

Belastbarkeit andere Teilflächen mit niedriger Nutzungsintensität freigehalten werden.

Viele Arten können prinzipiell unter urban-industriellen Bedingungen leben, wenn ihnen dauernd oder (bei Tieren) für bestimmte Entwicklungsabschnitte kleine, störungsfreie Bereiche zur Verfügung gestellt werden. Diese Bereiche können bei geschickter Planung in Grünanlagen, aber auch auf Teilflächen der Gewerbe- und Industrieflächen unauffällig integriert werden.

8. Aufgabe landwirtschaftlicher Nutzungen

im Stadtumland kann eine Aufwertung der Ausgleichs- und Erholungsfunktionen dieser Flächen bedeuten und trägt zur Differenzierung des Nutzungsmosaiks bei.

9. Die Erhaltung der Vielfalt typischer Elemente der Landschaft

und die Vielfalt der Arten und Lebensgemeinschaften kann nur durch eine vielfältige Flächennutzung auch in den neuen Stadtquartieren erreicht werden.

10. Unterlassung vermeidbarer Eingriffe in Natur und Landschaft

Um die Entstehung von Nutzungskonflikten zu vermeiden, ist der weitere Landverbrauch für Bauzwecke zu minimieren. Da jede Oberflächenversiegelung eine Reduzierung der Ökosysteme bedeutet und zu einer verstärkten Bedrohung der Pflanzen- und Tierwelt führt, muß jede unnötige – und ein erheblicher Teil der Versiegelungen erfolgt ohne jeden sich aus der Funktion der betreffenden Fläche ergebenden Grund – Oberflächenversiegelung vermieden bzw. wieder rückgängig gemacht werden. Baumaßnahmen sollten sich auf den Umbau bestehender Bauwerke beschränken. Freiraum sollte nur dann in Anspruch genommen werden dürfen, wenn dafür an anderer Stelle dringend benötigter Freiraum neu geschaffen wird.

11. Funktionelle Einbindung von Bauwerken in Ökosysteme

Neubauten sollten nicht mehr als unvermeidbar zur Störung und Unterbrechung von Ökosystemen beitragen. Ein großer Teil der unvermeidbar versiegelten Flächen, insbesondere der Flachdächer der Industrie- und Gewerbegebiete, ist prinzipiell als Lebensraum für Pflanzen und Tiere geeignet (KOWARIK 1990). Auch die oft sterilen fensterlosen Fassaden sind funktionell einbindbar (KÖHLER 1993).

12. Luftaustauschbahnen

von der Landschaft in die Stadt sind zu erhalten. Zahlreiche Untersuchungen haben ergeben, daß vor allem konzentrisch in den Stadtkern hineinführende Grünflächen die Funktionen solcher Belüftungsbahnen erfüllen können. In reliefbewegtem Gelände sollten vor allen Dingen die Rinnenlagen einer solchen Aufgabe zugeführt und erhalten werden, da sich hier gerade bei austauscharmen Wetterlagen Kaltluftflüsse ausbilden können.

13. Reintegration von Landschaft in die Stadt

Die oft durch Städte verlaufenden Auensysteme sind ihrer Bedeutung entsprechend wieder aufzuwerten und zu renaturieren. Daneben ist an vielen Stellen konzentrisch auf die Stadtzentren zu ein möglichst schneller Zugang in die Landschaft zu gewährleisten (s. 12.). Der Zugang der Stadtbewohner in eine Naherholungslandschaft sollte ohne Auto oder Verkehrsmittel möglich sein.

Diese Maximen ließen sich mühelos um weitere ergänzen und sollten bei Flächennutzungsplanungen Berücksichtigung finden.

Perspektiven einer Integration ökologischer Erkentnisse in Planung und Stadtentwicklung

Die Landschaftsplanung muß gleichberechtigt neben der Siedlungsplanung angesiedelt werden. Sie ist ein wesentliches Instrument zur Auswertung vorhandener Daten aus Umweltinformationssystemen und zur Bestandsaufnahme fehlender Daten. Die Landschaftsplanung beschreibt und bewertet den Zustand von Natur und Landschaft und entwickelt Vorschläge für die Eignung bzw. Nichteignung von Nutzungen auf allen Ebenen der räumlichen Planung. Sie ist die Grundlage für den Aufbau von Schutzgebietssystemen (Vorrangflächen für Schutz, Pflege und Entwicklung ökologisch bedeutsamer Landschaftsteile). Als Instrument der Umweltvorsorge stellt sie die Basis für Umweltverträglichkeitsprüfungen dar und ermöglicht die Beurteilung von Eingriffen durch Fachplanungen. Flächendeckende Landschaftsplanung ist daher besonders auf der kommunalen Ebene unumgänglich. Stadtökologische Fachbeiträge zum Bebauungsplan sind nach wie vor zu fordern.

Die Ziele der ökologischen Planung sind von den Gemeinden in die vorbereitende Bauleitplanung (Flächennutzungsplan) und die verbindliche Bauleitplanung (Bebauungsplan) verpflichtend zu übernehmen, um ihre Ziele auch gegenüber anderen Behörden (Flächennutzungsplan) und privaten Grundbesitzern (Bebauungsplan) durchzusetzen. Die bisherigen Arbeiten, auch der Stadtökologen, orientierten sich am Status quo. Bei Programmen für die Zukunft (FNP, UVP, Bebauungsplan), bei denen es also um Stadt statt Landschaft, ist es unumgänglich langfristig interdisziplinär an der Lösung der Probleme zu arbeiten.

Um ökologische Ziele der Stadtentwicklung im Stadt-Landschaftsraum einbringen zu können, ist es unabdingbar, daß die Erwartungen und Ansprüche der Bewohner sowie der Planungsbetroffenen in hinreichendem Maße berücksichtigt werden. Die Motivforschung wird hier entscheidende Schritte ergänzen müssen, um Umweltwahrnehmung, Nutzung und Umgang mit Freiräumen und Natur in der Stadt auch umsetzbar zu machen.

Ein in die richtige Richtung weisendes Projekt, das fächerübergreifend konzipiert war und zur Aufhellung ökologisch-ökonomischer Zielkonflikte im Raum Stuttgart beigetragen hätte, die sogenannte Ökosystemtraverse, ist leider nicht bearbeitet worden (KLEYER et al. 1992). Hier hätten Grundsätze zum Umgang mit stadtnahen Ökosystemen erarbeitet werden können. Die vorliegenden Konzepte für eine ökologische Umlandgestaltung Stuttgarts (ROWECK 1987) waren ein Ansatz für die Sicherung eines Biotopverbundes mit Erhaltung und Zugänglichkeit der Landschaft um die Großstadt; eine Realisierung muß engagiert weitergehen.

Wichtig ist generell die Kontinuität der Planungsvorgänge und die Beteiligung der Planenden. Die heute praktizierten Wettbewerbe gehen oft von formalen Prinzipien aus und erfassen nicht das Wesen einer betroffenen Region in all den nötigen Facetten in hinreichendem Maße. Die planenden Behörden, die sektoral strukturiert sind, sind mit der Komplexität des Planungsprozesses überfordert oder maßen sich mancherorts unnachweisliche Kompetenzen an. Interdisziplinarität im Planungsprozeß ist nach wie vor eine nicht realisierte Chance.

Städte haben sich in Mitteleuropa, wie gezeigt wurde, relativ einheitlich entwickelt, haben heute aber sehr verschieden geartete Schwierigkeiten. Die Dynamik der Stadtausweitung ohne Berücksichtigung der natürlichen Ressourcen im Stadtumland wird zunehmend problematisch werden.

Der Bedarf und das Interesse an ökologisch fundierter Stadtentwicklung ist auch international weit verbreitet. Es ist unstrittig, daß Stadtökologie in einem weit gefaßten komplexen Sinne zu den wesentlichen Grundlagen moderner Stadtentwicklung in die Landschaft gehören muß. Ansätze hierzu hat es in jüngster Zeit vielerorts gegeben (SenStadtUm 1990), so daß die Hoffnung auf die Durchsetzung dieser Prinzipien uns und der Landschaft für die Zukunft bleibt.

Literatur

AEY, W., 1990: Historical approaches to urban ecology. Methods and first results from a case study (Lübeck, West-Germany). In: SUKOPP, H., HEJNY, S. & KOWARIK, I. (eds.), 1990: Urban ecology. SPB Academic Publishing, Den Haag, pp. 113-129.

AUHAGEN, A., 1990: Europäische Akademie für städtische Umwelt. Bericht zum European Colloquium '89. Im Auftrag der Senatsverwaltung für Stadtentwicklung und Umweltschutz. Berlin. 165 S. (deutsch / englisch).

BÖCKER, R., 1985: Bodenversiegelung – Verlust vegetationsbedeckter Flächen in Ballungsräumen. Landschaft u. Stadt **17** (2): 57-61.

HEINE, K., DETTE, K. & STOLL, M., 1968: Entwicklung der Städte Heinrichs des Löwen – Lübeck, München, Braunschweig. Unveröff. Seminararbeit TU-Berlin.

KEYSER, E., 1958: Städtegründung und Städtebau in Nordwestdeutschland. Remagen.

KLEYER, M., KAULE, G., HENLE, K. 1992: Landschaftsbezogene Ökosystemforschung für die Umwelt- und Landschaftsplanung. Z. Ökologie u. Naturschutz **1**: 35-50.

KÖHLER, M., 1993: Fassaden und Dachbegrünung. Stuttgart.

KOWARIK, I, 1990: Some responses of flora and vegetation to urbanization in central europe. In: SUKOPP, H., HEJNY, S. & KOWARIK, I. (eds.), 1990: Urban ecology. SPB Academic Publishing, Den Haag, pp. 45-74.

KUNICK, W., 1974: Veränderungen von Flora und Vegetation einer Großstadt, dargestellt am Beispiel von Berlin (West). Diss. Techn. Univ. Berlin.

LÖFFLER, B., 1992: Ökologisch integrierte Stadtentwicklung. Der Bürger im Staat **42**(1): 42-46.

MEIER, J., 1922: Niedersächsischer Städteatlas. Hannover.

ROWECK, H., 1987: Planerisches Konzept für den Lebensraumverbund Mittlerer Neckar. Hohenheimer Arbeiten, Ökologische Probleme in Verdichtungsgebieten, 165-173.

SCHUEGRAF, W.-D., RÖNTSCH, V. 1991: Von der Historie in die Gegenwart. Insider, Region Südost-Niedersachsen, 83-89.

SCHULTZE-NAUMBURG, P., 1909: Kulturarbeiten – Band 4: Städtebau. München, 2.Aufl.

SenStadtUm (Senatsverwaltung für Stadtentwicklung und Umweltschutz, Hrsg.) 1989 a: Was tun? Umweltschutz und ökologischer Stadtumbau in Berlin. Berlin. 44 S.

SenStadtUm (Senatsverwaltung für Stadtentwicklung und Umweltschutz, Hrsg.) 1989 b: Projekt: Europäische Akademie für städtische Umwelt, Stadtökologie und städtische Freiraumplanung. Begründung und Konzeption. Berlin. 48 S. (deutsch / englisch).

SenStadtUm (Senatsverwaltung für Stadtentwicklung und Umweltschutz, Hrsg.) 1990: Projekt: Europäische Akademie für städtische Umwelt, Stadtökologie und städtische Freiraumplanung. Ergebnisse / Results European Colloquium '89. Berlin. 33 S. (deutsch / englisch).

SPIESS, W., 1966: Braunschweig im Nachmittelalter. Braunschweig.

STEINACKER, K., 1924: Die Stadt Braunschweig. Stuttgart.

SUKOPP, H., 1973: Die Großstadt als Gegenstand ökologischer Forschungen. Schr. Ver. Verbreitung naturwiss. Kenntn. 113: 90-140.

SUKOPP, H., BLUME, H.-P., ELVERS, H., HORBERT, M., 1980: Beiträge zur Stadtökologie von Berlin (West). Landschaftsentw. u. Umweltforsch. 3.

SUKOPP, H. & WERNER, P., 1982: Nature in cities. A report and review of studies and experiments concerning ecology, wildlife and nature conservation in urban and suburban areas. Council of Europe Nature and Environment Series 28, Strasbourg, 94 p.

SUKOPP, H. 1992: Einführung: Internationale stadtökologische Forschung. In: Stadtökologie. Rundgespräche der Kommission für Ökologie/Bayerische Akademie der Wissenschaften, München, 3: 89-95.

SUKOPP, H. & WITTIG, R., (Hrsg.), 1993: Stadtökologie. Fischer Verlag, Stuttgart. 402 S.

TREPL, L., 1990: Research on anthropogenic migration of plants and naturalization. Its history and current state of development. In: SUKOPP, H., HEJNY, S. & KOWARIK, I. (eds.), 1990: Urban ecology. SPB Academic Publishing, Den Haag, pp. 75-97.

TROMMER, S. 1991: Vitale urbanisation. Insider, Region Südost-Niedersachsen, 39-41.

ZEHNPFENNIG, M., 1985: Stadt im Wandel. Braunschweig.

Neue Wege kommunaler Planung

D. Bruns

Die »Talidee« entsteht

Zu lange schon geht es im Münstertal nur um die Bewältigung von Tagesproblemen. Gemeinderat und Verwaltung stehen vor Aufgaben, die für viele Gemeinden im ländlichen Raum typisch sind:

- Verkehrsbelastungen in der Ortsdurchfahrt: starker Wochenend- und Feierabendverkehr, überhöhte Geschwindigkeit und Unfallrisiken,
- ja oder nein zur Ansiedlung von neuem Gewerbe: würde der Tourismus leiden?,
- Befriedigung des Wohnraumbedarfs: die noch offenen Talwiesen sollen nicht zugebaut werden,
- Befriedigung des Bedarfs nach neuen Sportstätten: die örtlichen Sportvereine sind wesentliche Träger der Jugendarbeit und genießen durch ihre Erfolge großen Zulauf,
- Wasserversorgung und Abwasserentsorgung: in trockenen Sommermonaten kann es in der Eigenversorgung zu Knappheit kommen.

Der Luftkurort muß besondere Anstrengungen zur Entwicklung des wirtschaftlich bisher sehr erfolgreichen Fremdenverkehrs unternehmen. Brachliegende ehemalige Gleisflächen im Bahnhofsbereich sowie der Bahnhofsvorplatz müssen umgestaltet werden. Die Wiederbelebung des historischen Dampflokbetriebs wird diskutiert. Die Talwege entlang der wichtigsten Bäche Neumagen, Muldenbach und Talbach sind noch immer an vielen Stellen unterbrochen. Ein Netz von Grünflächen soll entstehen.

Dem dramatischen Prozeß der Wiederbewaldung steiler Hanglagen ist Einhalt zu gebieten.

Die Gemeinde Münstertal hat sich 1992 entschlossen, neue Wege zur Bewältigung der Aufgaben zu gehen, um über das Herumprobieren in Einzelfällen hinauszukommen. Bisherige Entscheidungen glichen oft Notarzteinsätzen, ohne daß eine umfassende Gesundheitsvorsorge betrieben wurde. In Zukunft sollten die vielen einzelnen Vorhaben sich einer Idee unterordnen und zur Förderung der Gesamtheit und Unverwechselbarkeit des Münstertales beitragen. Ein kommunales Entwicklungskonzept soll als Wegweiser in die Zukunft erarbeitet werden. Details und Zusammenhänge sollen erfaßt und ein Leitbild mit langfristiger Sicht entworfen werden.[1]

Im September 1992 begab sich der Gemeinderat von Münstertal geschlossen für ein Wochenende in Klausur und diskutierte ausführlich die wesentlichen Ziele für die Zukunft. Das Seminar stand unter dem Motto »Durch das Entwicklungskonzept zur Talidee«. Die Talidee, das sollten Perspektiven für eine chancenreiche Zukunft sein. Sie sollte knapp und einprägsam quasi als »Motto« formuliert sein.

---

[1] Das Entwicklungskonzept Städtebau und Ökologie für die Gemeinde Münstertal wurde von Ludwig Heck (Leonberg), Alexander Schmidt (Stuttgart) und dem Büro Bruns (Freiburg) erarbeitet.

Kulturelles Erbe im Entscheidungsprozeß

Die charakteristische Siedlungsstruktur und alte Kulturlandschaft stehen im Vordergrund der Diskussion. Lassen sich aktuelle Vorhaben und künftige Bedürfnisse integrieren, ohne das für den Fremdenverkehr existentiell notwendige Kapital »Münstertal-Landschaft« anzugreifen? Lassen sich Fehler der Vergangenheit ausmerzen oder wiedergutmachen? Läßt sich die Münstertal-Landschaft erhalten oder gar verschönern, angesichts bisheriger Trends des Siedlungswachstums und des Vorrückens des Waldes? Wie schwierig die Diskussion ist, zeigt schon die Tatsache, daß der Fremdenverkehrsentwicklungsplan von 1980 nie umgesetzt wurde und daß der Entscheidungsprozeß um neue Sportstätten bereits ca. 20 Jahren andauert.

Aus ihrer langjährigen und intimen Ortskenntnis arbeiteten die Mitglieder des Gemeinderates folgende Themenschwerpunkte heraus:

– Das Ortsbild und die unklare Bauleitplanung:
  Bei zahlreichen unfertigen und anderen durch vielerlei Änderungen geprägten Bebauungsplänen fehlt die »Große Linie«.
– Sport und Freizeit:
  Zahl und Standort künftiger Sportflächen müssen geklärt werden, Veränderungen im Freizeitverhalten der Bürger und Gäste sind aufzugreifen.
– Tourismus und Gewerbe:
  Die wesentliche Einkommensquelle der Zukunft ist der Fremdenverkehr, die Entwicklung der Gemeinde ist dementsprechend auszurichten.
– Verkehr:
  Verkehrsberuhigung, öffentlicher Personenverkehr, attraktive Angebote für Gäste und neue Lösungen müssen kombiniert werden.
– Kulturlandschaft und Landwirtschaft:
  Verbrachung und Aufforstung unwirtschaftlicher Weideflächen müssen aufgehalten werden, Gemeinde und Landwirte müssen an einem Konzept für die Talpflege zusammenarbeiten.

Es wurden Arbeitsgruppen gebildet, die spezielle Ziele und Maßnahmen diskutierten und später dem gesamten Gemeinderat vorstellten. Die Themen »Sport und Freizeit« und »Kulturlandschaft und Landwirtschaft« werden weiter unten als Beispiele wieder aufgegriffen. Daß Kulturlandschaft als Erbe und Verpflichtung eine wichtige Rolle in Kommunalplanung und übergeordneter Planung spielt, ist zwar seit langem bekannt und seit 1980 durch Grundsatz Nr. 13 in § 2 Bundesnaturschutzgesetz (BNatSchG) vorgegeben, doch findet der Schutz der Kulturlandschaft an sich in der Entscheidungspraxis bis heute keine ausreichende Würdigung.

Kulturlandschaftsschutz ist in idealer Weise geeignet, Belange der Denkmalpflege, des Natur- und Landschaftsschutzes, des Bodenschutzes und andere Belange zu integrieren (vgl. GILDEMEISTER 1990). Doch trotz ausdrücklicher Nennung der Kulturgüter als Schutzziele in den Leitlinien zur Umweltvorsorge (Bundesregierung, September 1986) und Aufnahme der Kulturgüter als sog. Schutzgut in die Gesetze zur Umweltverträglichkeitsprüfung sind die Ergebnisse der ersten Erfolgsbilanz besorgniserregend:

– Auf den für den Vollzug maßgebenden Ebenen der unteren Verwaltungsbehörden ist Grundsatz 13 vielfach überhaupt nicht bekannt.
– Zwar gilt Grundsatz 13 unmittelbar auch in den Ländern, aber die unteren Verwaltungsbehörden orientieren sich vorwiegend an den Bestimmungen des jeweiligen Landesgesetzes. Die meisten Länder haben Grundsatz 13 bis heute nicht in die Landesgesetze übernommen (vgl. BRINK und WÖBSE 1990).

Grundsatz 13 des § 2 BNatSchG lautet:

»Historische Kulturlandschaften und -landschaftsteile von besonders charakteristischer Eigenart sind zu erhalten.«

Im Landesentwicklungsplan Baden-Württemberg ist anerkannt, daß die alte Kulturlandschaft mit ihrem reichen Schatz an Bau- und Bodendenkmalen schützenswerte Erscheinungsbilder in unterschiedlichsten Landschaftstypen darstellt. Die rechtzeitige Einbindung denkmalpflegerischer Belange in raumbedeutsame Planungen und Maßnahmen ist unverzichtbar. Deutlich wird jedoch, daß es im Landesentwicklungsplan um Einzelvorkommen wie erhaltenswerte Ortskerne, Ortsteile, Baugruppen, Straßen und Plätze sowie um Einzelerscheinungen und Objekte außerhalb des Siedlungsbereiches geht. Der Schutz der Kulturlandschaft als Ganzes wird nie ausdrücklich angesprochen. Um den Schutz der Kulturlandschaft als Ganzes muß es aber in all den Fällen gehen, die dem Beispiel Münstertal ähneln.

Altlandschaft in der Erneuerung?

Landschaften und deren »gesellschaftliches Inventar« sind gleichermaßen als Herkunft und zukünftiger Lebensraum – und in diesem Sinne auch als Heimat – zu begreifen (vgl. BEISEL 1982). Wir wachsen in heimatliche Landschaften als Räume des täglichen Lebens hinein. Dies sind nicht irgendwelche Gegenden, sondern kulturell durch Vorfahren geprägte »Psychotope« (derselbe), die uns prägen, und die wiederum durch uns geprägt werden. Der bewahrende Umgang mit Kulturlandschaften erhält seinen Sinn wesentlich dadurch, daß damit ein »emotionales Bedürfnis nach geschichtlich Geprägtem in unserer Umwelt erfüllt wird« (GEBESSLER 1989).

Genausowenig wie alten Stadtkernen als Museen Lebenskraft gesichert werden kann, darf die Bewahrung des »Geschichtszeugnisses Kulturlandschaft« ohne den Blick auf moderne und künftige Bedürfnisse der »Heimatsuchenden« vorbereitet werden. Alte Stadtkerne konnten sich in den letzten Jahren unter Herausarbeiten denkmalpflegerisch wertvoller Substanz zu touristischen Attraktionen und beliebten Einkaufsbereichen entwickeln. Kann die »Erneuerung der Altlandschaften« vergleichbare Zukunftsperspektiven – vor allem für Fremdenverkehrsregionen – bieten?

Wie ist die gesetzliche Aufforderung zum Heimatschutz in § 1 NatSchG zu interpretieren, neben Vielfalt und Schönheit auch die »Eigenart« von Natur und Landschaft zu schützen, zu pflegen und zu entwickeln? Was ist unter »Eigenart einer Landschaft« zu verstehen?

Die Eigenart einer ländlichen Kulturlandschaft, erlebbar und erfahrbar als ein charakteristisches Mosaik aus Dörfern, Strukturen der offenen Flur und Wald, setzt sich zusammen aus (vgl. WÖBSE 1991):

1. Standörtlichen Gegebenheiten, die unabhängig von menschlichen Einflüssen existieren, und

2. Zeugnissen menschlichen Kulturschaffens.

Standörtliche Gegebenheiten spielten früher eine große Rolle bei der Entwicklung von Kulturlandschaft. Wo im Mittelalter eine Siedlung entstand und wie Häuser gestaltet wurden, wo und wie Ackerbau betrieben und in welchen Lagen Grünland angelegt wurde, war u.a. von Hangneigung, Lage von Quellen, Bodenqualität, Sonneneinstrahlung und sonstigen Witterungseinflüssen abhängig. Die heute feststellbare Belastung von Boden, Wasser, Luft, Pflanzen, Tieren und ihren Biotopen macht deutlich, daß standörtlichen Gegebenheiten bei der Entwicklung künftiger Landschaften wieder mehr Beachtung geschenkt werden muß.

Auch hat die Mißachtung standörtlicher Eigenart »Gesichtslosigkeit« zum Ergebnis. Wie oft schon ist die Einheitlichkeit der Neubaugebiete zwischen Flensburg und Berchtesgaden beklagt worden? Alten Bildern nachzuhängen ist Illusion und, im schlimmsten Falle, Flucht in die Idylle und Problemverdrängung. Zeugnisse menschlichen Kulturschaffens; das sind Produkte von Landwirtschaft und Handwerk, die in dieser Form »im täglichen Leben« heute nicht wieder entstehen. Die Chancen der Erneuerung liegen – für Alteingesessene, gestreßte Stadtflüchtlinge und Erholungsuchende gleichermaßen – in (vgl. WÖBSE 1991):

– der Wiederherstellung relativ autarker Einheiten, »Dorf«;

– der Umsetzung sozialer, energiewirtschaftlicher und ökologischer Visionen;

z.B.

– der Nähe von Wohn- und Arbeitsplatz durch Nutzung moderner Technik;

– der Möglichkeit, Identität und Zugehörigkeit zu finden (z.B. Vereinsleben als Kulturträger);

– der Schaffung örtlich angepaßter Trägerschaft der Landschaftspflege.

Die Organisationsformen landschaftlicher Erneuerung müssen sich – unter Nutzung verfügbarer Förderprogramme – an den örtlichen Erfordernissen ausrichten. Wenn das landschaftliche »Kapital« eine über 1000-jährige reizvolle Tallandschaft mit vielfältigen Ausblicken, interessanten Bauwerken und vielfältigen Erholungseinrichtungen ist, dann liegt das »Potential« in einer landschaftsangepaßten Siedlungsentwicklung durch bauliche Verdichtung unter gestalterischen Leitlinien, in der gemeindeweiten Koordination von Milchkontingenten, in der übergemeindlichen Koordination von Jungviehweiden, der Zusammenarbeit von Vereinen und Landwirten bei der Pflege verbrachender Flächen (möglicherweise unter Nutzung des »Kurpfennigs«), des Zelebrierens der naturnahen Schwarzwaldlandschaft und ihrer Produkte durch Festlichkeiten (z.B. Weideabtrieb) und Bauernmarkt, bis hin zur Selbstvermarktung der Produkte unter Einschluß der hervorragenden Restaurationsbetriebe.

Schutzgut Münstertal-Landschaft

Mit einem Höhenunterschied von über 900 m auf 2,5 km Luftlinie besteht im Münstertal die größte Reliefenergie, die im Schwarzwald festzustellen ist (Belchen 1 414 m über NN). Am Übergang von der Rheinebene zum Steilabfall des Schwarzwaldes wartet das Münstertal mit dramatischen Landschaftsformen auf:

- das sich von 500 m auf 20 m verengende Haupttal mit steilen bewaldeten Talflanken und Ausblicken auf beweidete Abhänge;
- kurze, enge Schluchttäler, überwiegend von Wald bedeckt;
- breite Quellmulden der Lagen über 800 m, durch flache Rücken voneinander getrennt (Grünland).

Mehrere Jahrhunderte wechselvoller Landnutzung haben, auf diesen Voraussetzungen aufbauend, die heutige Kulturlandschaft geschaffen. (vgl. MÜHLNER 1972).

Tabelle 1: Wichtige, systematisch aufbereitete historische Informationsquellen (für Baden)

1781	Erste Kataster-Aufnahme; ab 1771 sog. »Renovationspläne« Gebiet der vereinigten Markgrafenschaft Baden (teilw. systematisch)	18. Jh. Oberamtsbeschreibungen
1883	Gemarkungspläne, ab ca. 1857/80 (sog. »Inselkarten«) in Baden fast flächendeckend	– seit 1873 Bad. Gemeindestatistik mit Bodennutzungserhebungen – Beiträge zur Statistik des Großherzogtums Baden – Berichte des Statistischen Landesamtes B.-W.

Tabelle 2: Münstertal: geschichtlicher Überblick

7. Jh.	Gründung des Klosters St. Trudpert Förderung der Waldrodung und Etablierung von Klosterhöfen an strategisch wichtigen Punkten
13. Jh.	Höhepunkt des Bergbaus: 500 Beschäftigte Waldrodung erreicht Stohren
16./17. Jh.	Kriegswirren; wirtschaftlicher Niedergang Ober- und Untermünstertal bilden sich heraus
19. Jh.	Auflösung des Klosters (1806) Trennung zwischen Wald und Weide, Beginn systematischer Forstwirtschaft (1833; Bad. Forstgesetz) Stillegung der meisten Erzgruben; 300 Münstertäler wandern nach Übersee aus (1864) Zunahme der Rindviehbestände
20. Jh.	Bahnanschluß (1916) Abnahme des Offenlandes zugunsten von Wald und Siedlung (besonders stark ab ca. 1950) Tourismus gewinnt wirtschaftlich größere Bedeutung als die Landwirtschaft

Bergbau, damit verbundene Waldrodungen und die Entwicklung der Grünlandwirtschaft beeinflussen wesentlich die frühe Gestalt des Münstertals. Rodungs- und Siedlungstätigkeiten erfolgen – ab dem 7. Jahrhundert initiiert durch das Kloster St. Trudpert als zunächst alleinigem Tal- und Grundherrn – in Haupt- und Nebentälern vor allem dort, wo ein leichter Übergang in das obere Wiesental möglich war. Dieser strategisch wichtige Verbindungsweg wird bis ins 20. Jahrhundert stetig verbessert. Wesentliche Dokumente früheren Brückenbaus hängen mit dem wiederholten Ausbau der Paßstraße über das »Wiedener Eck« zusammen. Heute sind die Brücken als sogenannte »Sachgesamtheit historischer Brücken in Ober- und Untermünstertal« in die Liste der Kulturdenkmale Baden-Württembergs eingetragen.

Tabelle 3: Vier Bergbauperioden im Münstertal

- 7. – 13. Jahrhundert; Silber-, Blei- und Zinkgewinnung bringen wirtschaftliche Blüte und Reichtum
- Im 18./19. Jahrhundert Kupfer- und Bleigewinnung
- 1942 – 1958 Abbau von Flußspat und Schwerspat
- 1970: Eröffnung der Grube Teufelsgrund als Besuchsbergwerk; Nutzung alter Stollen als Trinkwasserreservoirs

Auch die historischen Gruben, Erzgänge und sonstigen Bergbaureste stellen archäologische Kulturdenkmäler von Münstertal dar, die – wie im Fall der Grube Teufelsgrund – einen wesentlichen Beitrag der Attraktion des Münstertals für Gäste ausmachen.

Im 18. Jahrhundert bestimmen Höfe in Einzellage das Landschaftsbild. Die Flurformen sind block- bis streifenartig, insgesamt aber unregelmäßig ausgebildet. Die Höfe mit ihren Gärten liegen inmitten von Heuwiesen (meist an kleinen Bächen) und bilden so ein mehr oder weniger breites Band parallel zum Hauptbach aus. Dieses Band setzt sich deutlich vom Weideland der steileren Hanglagen ab. Die Grenze zwischen Wiese und Weide ist in alten Karten als Hecke, Mauer oder Zaun dargestellt. Viehgassen erweitern sich trichterförmig durch das Band der Wiesen hindurch hangaufwärts. Das Melkvieh wurde täglich in die Ställe getrieben, das Jungvieh blieb den ganzen Sommer auf der Weide. Waldweide war bereits verboten, wurde aber trotzdem bis über die Mitte des 18. Jahrhunderts hinaus durchgeführt.

Heute werden ca. 20% der Gemarkungsfläche anders genutzt als im Jahre 1781, dem Jahr der ersten kartenmäßigen Darstellung des Münstertals. Dies hat erheblichen Einfluß auf das Wald-Siedlung-Offenland-Verhältnis und damit auf das Erscheinungsbild des Talraumes. Seit 1781 nahmen die Weideflächen bis 1968 um über 50% der ehemaligen Fläche ab, die Wiesen und Aufforstungen entsprechend zu. Allein der Waldanteil nimmt trotz steigender Viehbestände in der gleichen Zeit um fast 27% zu. Bemerkenswert ist das Aufkommen des Ackerbaus im 19. Jahrhundert, vermutlich ausgeübt in Form der Feldgraswirtschaft (2 – 5 Jahre Ackernutzung, anschließend 10 – 20 Jahre Grünland). Heute beschränken die Münstertäler Landwirte die ackerbauliche Nutzung auf günstigere Lagen in der Staufener Bucht.

Die insgesamt auch ohne Berücksichtigung der Siedlungsentwicklung dramatische Veränderung der Nutzungsverhältnisse im Münstertal besteht bis in die 60er Jahre aus mehreren Phänomenen:

– Vor allem im Obermünstertal sind die Weideflächen von kleinen Waldstücken unterbrochen; Aufforstungen im 19. Jahrhundert wurden benutzt, um solche Waldstücke zu größeren, einfacher bewirtschaftbaren Flächen zusammenzuschließen.

Abbildung 1: Blick vom Köpfle in das Münstertal, oben Mitte der 20er Jahre, unten das aktuelle Bild. Der »Wasen« in der Bildmitte, jenes Taldreieck, wo sich das Münstertal in seine beiden größten Täler gabelt, war früher weitgehend unbebaut. Heute bietet sich die Chance, hier die »Talmitte« als politisches und wirtschaftliches Zentrum neu zu gestalten und durch bauliche Verdichtung noch offene Talräume frei zu halten.

- Steile Hanglagen sind meist relativ weit vom Hof entfernt und wurden zum Teil als Arbeitserleichterung in Wald umgewandelt.
- Besonders Betriebe im Nebenerwerb haben auf Stallfütterung umgestellt; die Bedeutung hofnaher Wiesen wächst, die der hofferner Weiden sinkt. Die regelmäßige Düngung und Mahd (früher auch Bewässerung) hofnaher Wiesen ist bis heute von existentieller Bedeutung.
- Zahlreiche Aufforstungen betreffen Gemeindeflächen; bis vor einigen Jahren brachte die Umwandlung von Weide zu Wald deutliche Gewinne (noch 1965 machte der Reingewinn des Gemeindewaldes ca. 50% der Gemeindeeinnahmen aus).

Im Laufe der Siedlungsgeschichte haben sich sehr langsam die sogenannten Rotten, Einheiten gewisser politischer Eigenständigkeit, auch baulich deutlicher herausgebildet. Nach und nach wachsen die sich verdichtenden Siedlungseinheiten zusammen, so daß heute in den Haupttälern auf weiten Strecken gereihte Siedlungsformen den Hauptstraßen folgen (durch Mischung von Bauernhäusern und anderen Gebäuden). Die am längsten überwiegend landwirtschaftlich geprägten Rotten der Seitentäler und höheren Lagen weisen noch Anzeichen der früheren Flurformen mit Einzelhofanlagen auf.

Mit Wohnhäusern und Geschäftsgründungen entlang der Hauptstraße und schließlich mit planmäßig angelegten Neubaugebieten verliert ab ca. 1950 vor allem Untermünstertal rasch sein früheres Erscheinungsbild. Zwischen Ziegelplatz und Bahnhof entwickelt sich in verkehrsgünstiger Lage das politische Zentrum der Gesamtgemeinde. Die Siedlungsfläche nimmt deutlich zu.

Tabelle 4: Schützenswerte Elemente der Münstertallandschaft

- Die offenen, z.T. feuchten Matten des Talgrundes,
- Hangweiden steiler Lagen,
- Jungviehweiden der Hochlagen mit Weidbuchen,
- die Sachgesamtheit historischer Brücken,
- historische Gruben, Erzgänge und sonstige Bergbaureste,
- Grenzzeichen, Wegekreuze und Bildstöcke,
- Schanzen und Wehranlagen (einschließlich Burgstandort Scharfenstein),
- Kloster St. Trudpert und Umgebung,
- historische Höfe, Hofreste und Wüstungen,
- Ursprünge der Rotten mit den verbliebenen Baulichkeiten.

Entscheidungsbeispiel: Sportstättenplanung

Herausragende Bedeutung für die kommunale Gestaltung der Umwelt kommt der Bauleitplanung zu. In ihr ist ein zentrales Verknüpfungsinstrument für zahlreiche Nutzungsinteressen und Aufgaben zu sehen.[2] In ihrem Rahmen – und nach ihren Regeln – finden die realen Auseinandersetzungen um die Gestaltung künftiger Kulturlandschaft statt. Bundes- und Landesgesetze wirken zwar mit zum Teil weitgehenden Detailregelungen in die Bauleitplanung hinein, doch letztendlich bleibt die Art und Weise der Ausgestaltung in eigener Verantwortung der Gemeinde.

---

[2] Ggf. gestützt durch die Umweltverträglichkeitsprüfung (vgl. TÖPFER 1989)

Die Planung für Sport und Freizeit ist Teil der Kommunalen Bauleitplanung. Der Arbeitskreis Sport und Freizeit des Gemeinderates Münstertal hat auf dem oben schon beschriebenen Wochenendseminar folgende Punkte herausgearbeitet:

Tabelle 5: Wichtige Sport- und Freizeitaktivitäten

Fußball (Verein)	Ober- und Untertal benötigen je einen Standort (Ort der Kommunikation, Jugendarbeit), jetzige Standorte beibehalten und ausbauen (Rasen- und Hartplatz, Örtlichkeiten sind gut erreichbar, Ausbau in Stufen ist leichter finanzierbar).
Freizeit – Sport, Schulsport	Vereinsplätze in spielfreier Zeit nutzen (bessere Auslastung der Infrastruktur, Kosten sparen).
Tennis	Vereinsheim für Nutzung durch Gäste konzipieren, hoher Gestaltungsanspruch, da privilegierte Lage im Talraum.
Mountainbike	Geeignete Strecken ausweisen, Angebot für Gäste erweitern.
Drachenfliegen, Hängegleiten	Start- und Landeplätze ausweisen und pflegen.
Ski	Langlauf-Loipen pflegen, Konzept für die Talsohle nötig.

Seit 1971 wird über einen geeigneten Sportstättenstandort zunächst im Rahmen des Flächennutzungsplanverfahrens, dann im Rahmen des Bebauungsplanverfahrens diskutiert. Im Grunde stehen nur zwei grundsätzlich unterschiedliche Varianten, diese jedoch mit zahlreichen Untervarianten, zur Verfügung: Der Standort »Brühl« neben der Columban-Schule und der Standort »Breitmatte« im Untertal auf offenen Wiesenflächen gelegen. Zwar wurde von Anfang an der Standort »Breitmatte« bevorzugt, doch immer wieder – so z.B. im Zusammenhang mit der Entwicklung einer »kurörtlichen Mitte« – wurde auch der Standort an der Schule in Erwägung gezogen.

Der Ausschlag für die Entscheidung zugunsten der »Breitmatte« im Mai 1993 wurde durch die ganzheitlichen Überlegungen im Rahmen des Kommunalen Entwicklungskonzeptes gegeben. So ist die Klärung der Sportflächenstandorte als Vorbereitung zu einem in sich schlüssigen Gesamtkonzept für den Bereich »Talmitte« zu sehen, und dies wiederum hängt mit der Realisierung des voraussichtlichen Bedarfs zusätzlicher Wohnbauflächen zusammen. Lassen sich diese Wohnbauflächen nicht durch Verdichtung und Ergänzungen im bestehenden Siedlungszusammenhang realisieren, bleibt nur der Weg der Ausweisung von Neubaugebieten in wertvollen Bereichen des offenen Talraums. Bei Nachverdichtung und Bebauung im Innenbereich ist andererseits keine sinnvolle Sportstättenentwicklung und höchstens ein eingeschränkter Sportbetrieb (Konflikt Lärm!) möglich. Bei der Enge des Talraumes konkurrieren auf der Fläche neben der Schule außerdem Ziele des Sports mit Zielen der allgemeinen Freizeitnutzung (Fortführung des Talwegs, naturnahe Gestaltung der Ufer des Neumagens). Der mit der Realisierung neuer Sportstätten im bisher offenen Wiesenbereich der Breitmatte verbundene Eingriff wird insgesamt als geringer eingeschätzt, als Veränderungen, die an ähnlicher Stelle durch die Realisierung eines Neubaugebietes verursacht würden. Für das Entwicklungskonzept bedeutsam sind außerdem die Möglichkeiten der Mehrfachnutzung des geplanten Park- und Ride-Parkplatzes am

Bahnhofsbereich sowie die Sicherung langfristiger Entwicklungsmöglichkeiten im zentralen Ortsbereich zwischen Bahnhof und Schule.

Entscheidungsbeispiel: Weideland und Offenhalten des Tales

Unterstützt von Land und Bund hat die Gemeinde Münstertal in den Jahren 1972 bis 1981 Flurbereinigungsverfahren durchgeführt. Viele abgelegene Schwarzwaldhöfe erhielten erstmals einen winterfesten Zufahrtsweg. Erholungseinrichtungen wie Lehrpfade, Wanderwege, Sitzgruppen und Schutzhütten mit Grillstellen und Brunnenanlagen sowie Waldparkplätze wurden geschaffen. Das Problem des Vorrückens des Waldes löste sich hierdurch nicht.

Die Arbeitsgruppe »Kulturlandschaft« hat die Entwicklung der Landwirtschaft und Landschaft für die Vergangenheit, für die Gegenwart und für die Zukunft wie folgt skizziert:

Tabelle 6: Veränderungen der Landschaft in der Vergangenheit, heute und in der Zukunft

Veränderungen der Landschaft in der Vergangenheit	
Kloster:	Bergbau, Rodung der Wälder, Gründung von Siedlungen
Rittertum:	Burganlage, Handelsweg Rheintal-Wiesental
Landwirtschaft:	Eigenversorgung durch eigenen Garten und zeitweise auch Ackerbau Viehwirtschaft als Lebensgrundlage, Handarbeit
Handwerk:	Holzverarbeitung, Köhlerei, Glasbläserei
Veränderungen der Landschaft heute	
Landwirtschaft:	Zahl der Beschäftigten und der Landwirte nimmt ab (Einkommen!), bewirtschaftete Fläche wird kleiner und Waldfläche nimmt zu, Art der Bewirtschaftung ändert sich (Wiesen-/Weiden-Verhältnis, Verhurstung, Viehbesatz)
Pendler:	Straßen, Verkehrsströme, Wohngebiete
Siedlung:	Rotten wachsen zusammen
Veränderungen der Landschaft in der Zukunft	
Landwirtschaft:	Zusammenschluß von Landwirten und Heben des Stellenwertes der Landwirte, Viehbesitz und Nutztiere, Offenhalten der Landschaft gestützt durch Bürgerhilfe (Arbeitsgruppen, Nachbarschaftshilfe oder Abgabe), Einbeziehen der Gäste (Aktiv-Urlaub, Solidaritätsabgabe), Jugendarbeit
Forstwirtschaft:	Mischwald fördern, Waldfläche z.B. an markanten Punkten rückführen
Siedlung:	Landschaftsprägenden Rotten-Charakter betonen (Eigenentwicklung), Grünzonen fortschreiben, Straßen und Bäche bepflanzen, Zentrum ausbilden, Zersiedlung vermeiden;
	Motto: verkehrsberuhigtes Münstertal

Überlegungen über Möglichkeiten, das Zuwachsen des Münstertales aufzuhalten, gehen in folgende Richtungen:

Seit den 70er Jahren nimmt auf den Hangwiesen die Weidenutzung wieder zu, jetzt mit erhöhter Intensität. Vor allem im Nebenerwerb ist die eingezäunte und gedüngte Weide mit einem noch vertretbaren Aufwand verbunden.

Das Hauptinteresse des Milchviehlandwirts richtet sich bis in die 60er Jahre auf große, hofnahe Matten möglichst geringer Hangneigung. Wachstums- und Wirtschaftsbedingungen sind hier wesentlich günstiger als in steileren und höheren Lagen (Witterung, Nährstoffversorgung, Gründigkeit der Böden, Umfang mechanischer Pflege).

In den ersten Jahrzehnten der Nachkriegszeit konnte durch Vergrößerung der Viehbestände rentabler gearbeitet werden. Die jetzt mehr oder weniger festgeschriebenen Bestände bedeuten einen gegenüber früher erhöhten Futterbedarf im Winter, bei Stallfütterung auch im Sommer. Vermehrt Heu läßt sich durch die Erweiterung und Intensivierung der Wiesen beschaffen.

Zu den wirtschaftlichen Erwägungen kommen Ziele des Naturschutzes und der Landschaftspflege hinzu. Biotop- bzw. Grünlandbiotopkartierungen von 1985 und 1990 geben Aufschluß über Veränderungen der Qualität des Grünlandes im Münstertal in jüngster Zeit. Aus der Sicht des Arten- und Biotopschutzes wertvolle Grünlandbiotope, insbesondere vom Typ Flügelginsterweide, haben innerhalb weniger Jahre erhebliche Flächeneinbußen zu verzeichnen. Von fast allen 1985 kartierten Grünlandbiotopen konnten 1990 nur noch Teile bzw. kleine Reste als wenigstens »erhaltenswert« eingestuft werden. Insgesamt wurden 1990 im Münstertal 472 ha Grünland als »sehr wertvoll, wertvoll oder erhaltenswert« eingestuft (Bezirksstelle für Naturschutz und Landschaftspflege 1990); dies sind knapp 20% des vorhandenen Grünlands. Viele Grünlandflächen sind heute so stark gedüngt, daß sie für eine Extensivierung nicht mehr geeignet sind.

Gemeindeverwaltung, Kurverwaltung, Landwirte und landwirtschaftliche Verwaltungen (in diesem Falle insbesondere auch die Weideinspektion Schönau) müssen gemeinsam die Möglichkeiten, das »Zuwachsen« des Münstertals aufzuhalten, erarbeiten und umsetzen. Grundlage ist die Kartierung der Mindestflur und der Eignung einzelner Gewanne für die Beweidung. Aus der Sicht des Naturschutzes und der Landschaftspflege sind die Ziele für einzelne Teilbereiche zu benennen (Eignung für Aufforstung, natürliche Sukzession und bedingtes Offenhalten).

Nachdem sich Mitte der 70er Jahre die Zahl der Rinder in den ortsansässigen Betrieben stabilisiert und der Jungviehauftrieb einen gewissen Aufschwung zu verzeichnen hatte (Einkommensübertragungen an Viehhalter in den von Natur aus benachteiligten Gebieten), leitete die Weideinspektion Schönau die Aufnahme von Jungvieh aus Nachbarräumen des Schwarzwaldes ein (Mohr 1983). Heute beträgt der Anteil des Gastviehs ca. 30%. Ergänzend müssen entsprechend wertvolle Flächen mechanisch offengehalten werden (z.B. Vereinsarbeit, Landschaftspflegemaßnahmen, usw.). Manche Gebiete werden nach wie vor durch die Wanderschäferei offengehalten. Vermehrt besteht auch wieder Interesse an der Ziegenhaltung. Zur Realisierung von Naturschutz- und Landschaftspflegeaufgaben können neben der Ausgleichszulage auch Mittel aus dem Marktentlastungs- und Kulturlandschaftsausgleichprogramm in Anspruch genommen werden (Biotoppflegeverträge). Im Münstertal interessant sind außerdem Mutterkuhhaltung und die rassenspezifische Viehzucht, die sich hier insbesondere auf das Hinterwälderrind bezieht.

Landschaft ist mehr als Einzelteile: Komponenten des integrierten Entwicklungskonzeptes

Im Entwicklungskonzept der Gemeinde Münstertal kommen Städtebau und Ökologie und die durch sie vertretenen Belange zusammen. Wasserhaushalt und Siedlungsentwicklung sind eng miteinander verknüpft, da sich die Verbrauchsspitzen im Sommer mit Zeiten geringster Quellschüttungen decken. Die Lösung der Sportplatzfrage ist unabdingbare Voraussetzung für die Eröffnung von Entwicklungschancen im Ortsmittelpunkt. Die Freihaltung gut nutzbarer Wiesenflächen ist von existentieller Bedeutung für die Landwirte, so daß Umfang und Qualität von Flächenausweisungen insbesondere im Talgrund hierauf Rücksicht nehmen müssen; denn die lebensfähige Landwirtschaft ist wiederum Garant für die Offenhaltung des Münstertals als Attraktion für Kurgäste.

Das Entwicklungskonzept integriert daher folgende Konzeptkomponenten und Bausteine:

1. Konzeptkomponenten

– Landschaft und Siedlung,

– Landschaft und Landwirtschaft,

– Freizeit und Tourismus,

– Gestalt und Grün,

– Wohnen im Innen- und Außenbereich,

– Straße und Verkehr.

2. Bausteine

– Neugestaltung des Umfeldes der Schule einschließlich des Uferbereichs des Neumagens mit z.Zt. noch bestehenden Parkierungsanlagen,

– das Umfeld der Gemeindehalle, und hier insbesondere der Zugangsbereich,

– das Vorfeld des Rathauses, das im gegenwärtigen Zustand einen zufällig »gewordenen« Eindruck vermittelt und städtebaulich wenig überzeugend entwickelt ist,

– der gesamte Bereich um den Bahnhof, der gegenwärtig einen vernachlässigten und unattraktiven Eindruck vermittelt,

– der seit langem ungenutzte ehemalige Klosterhof mit seinem charakteristischen Umfeld oberhalb des Rathauses,

– die Konzeption und Gestaltung der neuen Sportanlagen im Verbund mit den bestehenden Tennisanlagen,

– die Gestaltung der Ein- und Ausgänge einzelner Rotten als Siedlungseinheiten, sowie die gestalterische Umsetzung der Verkehrsberuhigung,

– die Gestaltung der den Talraum bestimmenden Gewässerabschnitte und Grünräume.

Städtebaulich und ökologisch ordnen sich die genannten Komponenten und Bausteine zwei wesentlichen Zielen unter:

1. Dort wo jetzt schon Rathaus, Bahnhof, Schule, Kindergarten und Gemeindehalle an der Hauptkreuzung von Ober- und Untertal liegen, soll mit Hilfe städtebaulicher Verdichtung und Neuordnung die »Talmitte« entwickelt werden. Hierdurch eröffnet sich ein Wohnbaupotential von ca. 30 neuen Wohneinheiten, ergänzt durch Einrichtungen für neue Läden.

2. Das wichtige »Kapital« Landschaft Münstertal wird unter Berücksichtigung absehbarer Bedürfnisse der Gäste und Bürger in seiner Schönheit und Eigenart erhalten und behutsam erneuert.

Leitbild für die Zukunft: die Talidee

Stärkung der Kulturlandschaft durch qualitatives Wachstum; so läßt sich das Motto für das Entwicklungskonzept Münstertal im Schwarzwald knapp umschreiben. Nach der erheblichen Siedlungsentwicklung der vergangenen Jahrzehnte, vor allem im Bereich der Talwiesen, soll nun die Qualität im Siedlungsbestand verbessert und eine weitere Verdichtung angestrebt werden.

Tabelle 7: Einflüsse auf die Landschaftsgestaltung im Münstertal

»früher«	»heute« 20. Jh.	»künftig«
Bergbau und Waldrodung, Grünlandwirtschaft und zeitweise Ackerbau	Bauliche Ausdehnung, Grünlandwirtschaft, Gewässerausbau, Abwasserentsorgung	Grünland-Pflegeprogramm, Bauliche Verdichtung, Sport und Freizeitaktivitäten

Insbesondere die ebenen und leicht hängigen Talwiesen prägen das Erscheinungsbild. Für die landwirtschaftliche Nutzung sind sie wichtig; sie dienen der Grundwasseranreicherung und als Lebensraum typischer Tier- und Pflanzenarten. Wichtigstes Biotop im Tal sind die Fließgewässer. Die Bebauung im Ortsmittelpunkt erfordert dort eine grundlegende städtebauliche Neuordnung. Die Verkehrsbelastungen der Bewohner und Besucher muß deutlich gemindert werden. Eine Neugestaltung der Straßen und Straßenräume kann bei gleichzeitiger Geschwindigkeitsbegrenzung wesentliche Entlastungen bringen.

Die Neugestaltung der Vereinssportanlagen auf bisher offenen Talwiesen verlangt nach einem sehr anspruchsvollen Konzept, das auch den Aspekt der Rückbaufähigkeit dieser Anlagen einbezieht. Vorrangig ist die Einbindung der Anlagen in das Landschaftsbild durch Grüngestaltung.

Die Nutzungsverhältnisse im Münstertal haben sich vor allem in diesem Jahrhundert erheblich verändert. Dies betrifft zum einen das Verhältnis von Wald und Offenland, insbesondere Grünland; dies betrifft zum anderen die Beanspruchung umfangreicher Flächen durch die bauliche Entwicklung. Im Sinne einer Gesamtbilanz für die Kulturlandschaft sollte eine Flächenhaushaltung unter Berücksichtigung qualitativer Aspekte aufgestellt werden. Zum Beispiel wäre danach für jede Neubeanspruchung eine Flächenurbarmachung oder

-verbesserung als Ausgleich nachzuweisen. Hiermit ist die Möglichkeit einer sinnvollen Anwendung der naturschutzrechtlichen Eingriffsregelung gegeben, die seit dem Erlaß des Investitions- und Wohnbauerleichterungsgesetzes (1993) für die Bauleitplanung generell gilt.

Landschaften wie das Münstertal gehören aus den beschriebenen Gründen zu den bedrohten Landschaften Baden-Württembergs. Den Initiativen des Gemeinderates, den Aktivitäten der örtlichen Vereine und den Anstrengungen der einzelnen Bürger ist es zu verdanken, daß aus der bedrohten Landschaft keine ausgestorbene Landschaft geworden ist, und es bestehen gute Aussichten, daß mit der Talidee ein sinnvoller Weg zur nachhaltigen Erneuerung gefunden worden ist.

Literatur

BEISEL D. (1982): Kinder-Gärten der Menschheit. – In: Natur Nr. **9**/1982, S. 55-57.

Bezirksstelle für Naturschutz und Landschaftspflege Freiburg (1990): Biotop-Pflegeprogramm Südlicher/Mittlerer Schwarzwald. Kartierung Münstertal, Stand 1990.

BRINK, A., WÖBSE, H.H. (1990): Die Erhaltung der historischen Kulturlandschaften in der Bundesrepublik Deutschland; Untersuchung zur Bedeutung und Handhabung von § 2 Grundsatz 13 des BNatSchG. Bonn.

GEBESSLER, A. (1989): Einführung in die Tagung »Altstadt in der Erneuerung – Ziele und Chancen der Denkmalpflege in den historischen Stadtkernen«. – In: Denkmalpflege in Baden-Württemberg, Jg. **18**, Januar-März 1989, S. 5-11.

GILDEMEISTER, R. (1990): Die Erhaltung historischer Kulturlandschaften. – In: Umwelt Nr. **4**/ 1990, S. 175-177, Bundesministerium für Umwelt und Reaktorsicherheit, Bonn.

HÖNES, E.-R. (1991): Zur Schutzkategorie »Historische Kulturlandschaften«. – In: Natur und Landschaft, Jg. **66(2)**, S. 87-90.

Landesdenkmalamt Baden-Württemberg (1992): Aufstellung der archäologischen Kulturdenkmale im Münstertal, Stand 11/1992.

MOHR, B. (1983): Gastvieh auf den Allmendweiden des Südschwarzwaldes. – In: Regio basiliensis Jg. **24**, 2+3/1983, S. 73-78.

MÜHLNER, P. (1972): Die Siedlungs- und Agrargeographische Entwicklung des Münstertals seit dem Ende des 18. Jahrhunders. Dissertation Universität Freiburg.

SCHMIDT-JORTZIG, E. (1982): Kommunalrecht. Stuttgart u.a.

SCHWABE, A. und KRATOCHWIL, A (1987): Weidbuchen im Schwarzwald und ihre Entstehung durch Verbiß des Wälderviehs. – Beih. Veröff. Naturschutz Landschaftspflege Bad.-Württ. Karlsruhe.

TÖPFER, K. (1989): UVP – Königsweg der Umweltpolitik. – In: K.H. HÜBLER/K. O. ZIMMERMANN (Herausgeber): UVP – Umweltverträglichkeitsprüfung. Taunusstein 1989.

WÖBSE, H.H. (1991): Welchen Beitrag sollte die Dorferneuerung zur Erhaltung des einheitlichen Kulturraumes Dorf/Landschaft liefern? – In: Dorfentwicklung und Landschaftsplanung in der Praxis. Herausgeber: Institut für Städtebau Berlin.

Planung hört nicht mit dem Planen auf

Kommunikation und Kooperation sind für die Umsetzung unerläßlich

B. Oppermann, F. Luz

Ein Plan allein garantiert noch keinen Erfolg. Das Wort von Bert Brecht »Ja mach nur einen Plan, sei nur ein großes Licht! Und mach dann noch nen zweiten Plan, gehn tun sie beide nicht« wird oft hämisch und manchmal ziemlich frustriert zitiert. Trotzdem kommt Umweltvorsorge nicht ohne Planung aus. Die Grenzen der Problemnegierung, der Problemverlagerung und der technischen Lösungen werden heute in allen Planungsdisziplinen diskutiert. Als einen Ausweg aus dem Dilemma, einerseits noch sehr wenig über die Funktionsweise des Naturhaushaltes zu wissen andererseits aber ökologische Umsetzungserfolge vorweisen zu müssen, werden heute neue Formen der Kommunikation und Kooperation diskutiert. Dieser Artikel geht der Frage nach, welche Funktion neuartige Kommunikationsdienstleistungen in der Umwelt- und Landschaftsplanung einnehmen können und inwieweit sie den Planungsprozeß damit verändern. Müssen Ökologen Angst haben, daß durch »Runde Tische« die Maßstäbe für Fortschritte im Umweltschutz abhanden kommen, oder bereichern die Ideen von Laien, Interessengruppen und Bürgern das Planungsgeschehen und fördern damit auch die Ideen des Umweltschutzes?

Zu schade für die Schublade – Planung ist nicht Selbstzweck

Angesichts enormer Umweltbelastungen durch intensive Landwirtschaft und bisher unvorstellbarer Flächenfreisetzungen zur Produktionsminderung ist die Zeit reif, über neue Konzepte und Leitbilder zur Landschaftsentwicklung nachzudenken. Deshalb müssen Möglichkeiten ermittelt und erprobt werden, die die Akzeptanz und Umsetzbarkeit der zur Verfügung stehenden landschaftsplanerischen Instrumente fördern. So werden zum Beispiel weitreichende Forderungen zum Thema »Nachhaltige Entwicklung« formuliert, ohne daß die bisher zur Verfügung stehenden Ansätze und Instrumente gewürdigt und hinsichtlich ihrer Tauglichkeit als Problemlösungsinstrumente beachtet werden. Andererseits hat die Landschaftsplanung in den letzten Jahren häufig die sozioökonomischen und politischen Bedingungen ihrer Umsetzung aus den Augen verloren. Da tragfähige Konzepte immer auch einer gesicherten ökonomischen Basis bedürfen, hören die Maßnahmenvorschläge für eine umweltschonende Landwirtschaft heute nicht bei der Messung der Nitratbilanz im Boden auf. Sie reichen bis in die Gestaltung der landwirtschaftlichen Produktions- und Vermarktungsbedingungen ja bis zur Konzipierung von neuen Produkten und Dienstleistungen. Auf der anderen Seite gilt: Ökobilanzen für landwirtschaftliche Produkte dürfen von den Verbrauchern nicht ohne die Beachtung der räumlich-landschaftsökologischen Auswirkungen der Produktionsweisen akzeptiert werden.

Vor diesem Hintergrund befaßte sich von 1989 bis 1993 ein praxisorientiertes Forschungsvorhaben im Auftrag des Bundesumweltministeriums mit den Möglichkeiten der Landschaftsplanung zur Steuerung der landwirtschaftlichen Nutzungsintensität. Die Hoffnungen für einen vorsorgeorientierten räumlich ausgerichteten Umweltschutz knüpfen sich neben der kommunalen Landschaftsplanung auch an Flurbereinigungsverfahren und in Baden-Württemberg an Biotopvernetzungsverfahren (KAULE et al. 1994). Das Projekt wurde 1993 abgeschlossen. Seit dem Sommer 1995 werden die Maßnahmen in einem weiteren Schritt einer Erfolgskontrolle unterzogen, die im Frühjahr 1996 abgeschlossen sein soll.

Die Chancen der Umsetzung von Planung erkennen und nutzen

Das Projekt untersuchte die Möglichkeiten und Grenzen der unterschiedlichen Planungsverfahren an konkreten Beispielen und auf eine konkrete Fragestellung hin. Ansatzpunkt waren die Auswirkungen der EG-Agrarreform auf landwirtschaftliche Betriebe und die damit verbundenen landschaftlichen Veränderungen in den Gemeinden. Anstatt die Programme der Flächenstillegung und der Extensivierung fraglos hinzunehmen, wurden die Gemeinden dazu aufgefordert, die ökologischen Wirkungen der Extensivierungsmaßnahmen im Rahmen eines Planungsprozesses an bestimmten Standorten im Sinne der erwünschten Landschaftsentwicklung zu optimieren. Es wurden aus siebzig Gemeinden vier ausgewählt, die aufgrund unterschiedlicher Entwicklungsbedingungen auch unterschiedliche Konzepte und Erfahrungen als Fallstudien repräsentieren konnten.[1] Zudem sind die Orte durch unterschiedliche Produktionsbedingungen und standortspezifische Problemlagen gekennzeichnet, z.B. durch eine unterschiedliche Nähe zu Verdichtungsräumen, eine Lage im Wasserschutzgebiet oder einen hohen Anteil an potentiellen Aufforstungsflächen im Mittelgebirge. Bei dieser Breite der Problemlagen können Ergebnisse nur schwer verallgemeinert werden. Das Untersuchungskonzept zielte auf qualitative Ergebnisse. Als Maßstab für die mehr oder weniger gute Handhabbarkeit und Flexibilität der angewandten Planungsinstrumente wurden die Möglichkeiten zur Verwirklichung ortsspezifischer landschaftsplanerischer Ziele angesehen.

Die Initiierung von Planungsprozessen folgt selten rein rationalen Politikmechanismen. Der Druck von übergeordneten Genehmigungsbehörden, drängende Probleme wie akute Trinkwasserverschmutzungen, ungeliebte Baubegehren (Müllverbrennungsanlagen, Kernkraftwerke, Verkehrsprojekte etc.) sind noch allzu häufig Auslöser für die Vergabe von Aufträgen zur umweltverträglichen Gemeindeentwicklung. Bisher haben erst sehr wenige Gemeinden die grundsätzlichen Chancen und Möglichkeiten, einer geordneten und weit zielenden Landschaftsplanung entdeckt. Daß zudem Möglichkeiten bestehen, andere Fachplanungen wie zum Beispiel die agrarstrukturellen oder wasserwirtschaftlichen Planungen für die Zwecke der Umweltvorsorge in übergreifende gemeindliche Konzeptionen einzubinden, wird ebenfalls nur in seltenen Fällen praktiziert. Genau dieses Leitbild der fachübergreifenden und Programme bündelnden Landschaftsplanung wurde im Projekt mit den Gemeinden diskutiert. Dazu war es notwendig, nicht nur Landschaftsplaner mit ihrem Sachverstand einzubinden, sondern auch Fachleute ganz unterschiedlicher Herkunft, z.B. auch Klimatologen, Hydrogeologen, und die Verwaltungsfachleute in das Projekt zu inte-

---

[1] Es handelte sich um die Gemeinden Perlesreut (Ortsteil Marchetsreut) und Stephanskirchen in Bayern sowie Herbrechtingen und Sersheim in Baden-Württemberg.

Planung hört nicht mit dem Planen auf

Abbildung 1: Die Vermittlung von Fachwissen sollte mit den unterschiedlichsten Mitteln, wie z.B. schriftliches Material, Karten, Pläne, Vorträge, Diskussionen und Exkursionen, erfolgen.

grieren. In allen Gemeinden wurden Planungsteams und Arbeitskreise gegründet. Der ambivalente Charakter eines Planungsverfahrens zwischen wissenschaftlich-ingenieurtechnischer Ausrichtung und managementorientierter Projektdurchführung stellt hohe Anforderungen an alle Beteiligten und kommt nicht ohne eine grundsätzliche Konsensorientierung aller Teilnehmer aus.

Als Grundvoraussetzung für die Umsetzung von Planungsmaßnahmen wird immer wieder der Begriff Akzeptanz genannt. Darunter wird oft sehr Unterschiedliches verstanden: in diesem Projekt eine nachhaltig positive und konstruktive Grundhaltung zum Planungsvorhaben aufgrund von Wissen und Verständnis gegenüber Zielen des Natur- und Umweltschutzes. Akzeptanz als Grundvoraussetzung für Umsetzung würde demnach aktives Handeln auf der Basis von vermitteltem Umweltwissen anstatt passives Hinnehmen von verordneten Maßnahmen bedeuten.

Es fällt auf, daß sich in der Regel sämtliche Planungsgrundlagen auf die naturräumlichen Gegebenheiten der Kulturlandschaft beschränken und dabei den Menschen als Träger der Landeskultur vernachlässigen. Eine nur ähnlich differenzierte Analyse der Lebensbedingungen und Einstellungen der Bevölkerung, wie sie über Arten und Biotope durchgeführt wird, sucht man trotz des ganzheitlichen Anspruches der Landschaftsplanung vergeblich (GRÖNING 1980). Daraus kann leicht abgeleitet werden, daß Umsetzungskonzepte, die die Interaktion sozialer und ökologischer Faktoren für umweltschonendes Handeln nicht berücksichtigen, wenig Aussicht auf Erfolg haben (HIRSCH 1993).

Der Umfang der Bestandsermittlung ist in Zeiten knapper Kassen umstritten. Trotzdem muß man feststellen, daß eine so junge Disziplin wie die Landschaftsplanung nicht auf um-

Planung hört nicht mit dem Planen auf

Abbildung 2: Am konkreten Objekt werden die beabsichtigten Maßnahmen erst für Laien nachvollziehbar und damit auch akzeptierbar.

fangreiche Berichtssysteme wie etwa Volkszählungsdaten zurückgreifen kann. Oft genug ist ein Landschaftsplan Anlaß für die erste konsequente Bestandsaufnahme der Schutzwürdigkeit bestimmter Landschaftsteile und der Belastungen der abiotischen und biotischen ökologischen Ressourcen einer Gemeinde überhaupt. Die Bestandsaufnahmen dürfen aber nicht der Schlußpunkt der Untersuchungen sein. Gerade die Darstellung der Handlungserfordernisse ist ein wichtiger Teil der Planung. Hier müssen neben Zielvorstellungen auch Umsetzungsstrategien diskutiert und in konkrete Handlungen umgesetzt werden. Es liegt in der besonderen Veranwortung der Gemeinden, den Planungsprozeß organisatorisch zu stützen und voranzutreiben. Da dies die finanziellen Mittel der Kommunen oft überschreitet, sind sie angewiesen auf die vielen engagierten Bürgergruppen, die sich in der Gemeinde oft als Motor der Umweltschutzbemühungen entpuppen.

Ein großer Teil der Bevölkerung begrüßt zwar Initiativen für den Umweltschutz, ist aber im konkreten Fall nicht bereit, Einschränkungen im persönlichen Lebensbereich dafür zu akzeptieren. Hier muß die Gemeinde in verstärktem Maße motivieren. Viele Maßnahmen, z.B. die Überlassung jeweils eines Planexemplares für die Schulen zur Konzeption von Unterrichtseinheiten sind einfach zu realisieren. Gegenüber den Grundeigentümern und Landschaftsnutzern gilt eine noch erhöhte Verpflichtung der Aufklärung und Motivierung zur aktiven Teilhabe am Planungsgeschehen. Die Vermittlung von ökologischem Wissen an Entscheidungsträger, wie die Gemeinderäte ist ebenso wichtig. Planungswissen ist abstraktes und schwer verständliches Wissen, oft fehlt das Anschauungsmaterial. Deshalb sind Bemühungen, dieses Wissen anhand konkreter Beispiele zu vermitteln so wichtig. Die Gründung von Arbeitskreisen, die Organisation von Exkursionen, die anschauliche Darstellung der Auswirkungen für die einzelnen sind wichtige Voraussetzungen für gute Planungsentscheidungen.

Kommunikationsprobleme hemmen die Umsetzung

Die Akzeptanzforschung konnte mit Methoden der qualitativen Sozialforschung belegen, daß teilweise gravierende Kommunikationsprobleme zwischen allen am Planungsprozeß beteiligten Gruppen bestehen. Diese Verständnisschwierigkeiten blockierten häufig die Umsetzung.[2] Im Projekt war es ein besonderes Anliegen, unterschiedliche Personengruppen mit ihren spezifischen Fähigkeiten, ihrem Wissen, ihren Kontakten aber auch ihren Bedenken und unterschiedlichen Standpunkten zusammenzuführen.

Jedes Projekt hat seine Vorgeschichte, in der häufig emotional Vorbelastungen aus vorangegangenen Projekten oder Erfahrungen mit Behörden oder Planern die Akzeptanz des Projektes dauerhaft beeinflussen. Die Schaffung eines »konstruktiven Milieus« hängt in besonderem Maße von der souveränen Einbettung des Projektes in den Planungsalltag ab. Dazu gehört die Darstellung der Querbeziehungen des Projektes zur allgemeinen Entwicklungsplanung der Gemeinde, das Aufzeigen der Reichweite und der Grenzen des Projektes und die »Adoption« der Planungsziele von kompetenten und kommunikationsorientierten Personen in der Gemeinde. Zudem hat jede Gruppe besondere Möglichkeiten bzw. Rechte und Pflichten in einem Planungsprozeß aktiv zu werden. In jeder Gemeinde herrscht ein spezifisches Verhältnis von Bäuerinnen und Bauern zu der nicht landwirtschaftlichen Bevölkerung. Besonders wenn dieses gespannt und durch Konflikte belastet ist, werden von den landwirtschaftlichen Betrieben zusätzlich erwartete Maßnahmen als von außen postulierte Zumutungen abgelehnt.

Abbildung 3: In Versammlungen, zum Beispiel im Dorfwirtshaus, können Bedenken offen ausgesprochen werden. Hier müssen Planer und Projektträger Rede und Antwort stehen und die persönlichen Ängste der Betroffenen im Gespräch und in der Diskussion entkräften.

---

[2] Es wurden insgesamt 156 Interviews mit verschiedenen Interessenvertretern und Landwirten durchgeführt und die durch die Umsetzung der Planungen ausgelösten sozialen Prozesse in den Gemeinden über mehrere Jahre beobachtet.

Im Bereich der individuellen Wahrnehmung werden Umweltveränderungen von Personen verschiedener Interessenslage völlig unterschiedlich aufgenommen. Planer und Experten sehen in derselben Landschaft völlig andere Umweltprobleme und -veränderungen als die Bewohner. Die Landwirte haben aus ihrem Arbeitsfeld heraus wiederum einen ganz anderen Zugang zur Landschaft als die sich erholenden Bürger oder die Interessenvertreter des Naturschutzes. Auch informelle Gespräche und Informationen sind wichtige Bestandteile der Kommunikationsstrukturen vor Ort und müssen den Planern zumindest deutlich sein, wenn sie sie nicht sogar aktiv nutzen.

In allen Fallstudien konnte durch Einschalten zusätzlicher Berater der Umsetzungserfolg deutlich gesteigert werden. Die offene Aussprache der einzelbetrieblichen Auswirkungen geplanter Umweltmaßnahmen stellte neben der Vermittlung der Projektziele die wichtigste akzeptanzfördernde Maßnahme auf der Ebene der Betroffenen dar. Dabei muß auch eine konzeptionelle Voraussetzung erfüllt sein. Es darf keine Maßnahme schon fix und fertig durchgeplant sein. Die notwenige Offenheit der Planung hilft, Planungseinwände ernst zu nehmen. Denn Zuhören ohne die Bereitschaft, das Gehörte in den Umsetzungsprozeß einzubauen, wird schnell kontraproduktive Wirkungen zeigen.

Eine grundlegende Voraussetzung für Akzeptanz oder Inakzeptanz der Modellverfahren war die Informationspolitik der Planungsträger. Je früher und intensiver über Einzelheiten des Projektes aufgeklärt wurde, desto höher war die Akzeptanz bei den Betroffenen. Je mehr von dem durch die Planer und Experten gewonnen Umweltwissen an die Betroffenen weitervermittelt wurde, desto höher war die Umweltkompetenz bei den Betroffenen. Dagegen war das Zurückhalten von Umweltwissen und Projektinformationen ein verbreiteter Grund für Inakzeptanz. Die subjektive Wahrnehmung der Beteiligten, die Geschichte des Projektes, die Machtverhältnisse im Projekt und das kulturelle Gefüge vor Ort lieferten Hinweise und Ansatzpunkte für Möglichkeiten der Verbesserung der Kommunikation im Prozeß (LUZ 1993).

Die Bemühungen um einen kooperativen Informationsaustausch zwischen den Gruppen müssen intensiviert werden. Generell ist darunter die gewissenhafte Vermittlung von Umweltwissen und die offene Ermittlung der Interessen aller Beteiligten zu verstehen. Ziel ist die Überwindung festgefahrener Argumentationspositionen aufgrund eines gemeinsamen Lernprozesses. Die Ermittlung der Determinanten lokaler Akzeptanz und Umsetzbarkeit (vgl. Abbildung 7) mit sozialwissenschaftlichen Methoden muß kein aufwendiges Verfahren sein. Es kann aus einigen Expertengesprächen mit Vertretern möglicher konträrer Einstellungen herauskristallisiert werden.

Verfahren zur Kooperation und Konsensfindung: Vertreter der lokalen Akteure an den Runden Tisch

Die pure Recherche über die Motive und möglichen Handlungsspielräume der Beteiligten hilft in dem Prozeß ein gutes Stück weiter, es ersetzt aber nicht das gezielte Lösen von auftretenden Konflikten, die sich ohne inhaltliche Absprachen nicht einfach in Luft auflösen.

Ein idealtypischer Planungsprozeß geht meist von einem effizienten Verwaltungshandeln, von allumfassend informierten und kompetenten Planern, von fairen und einsichtigen Lobbyisten, von gut informierten Laien sowie von zwischen den Interessengruppen vermittelnden kommunikationsgeübten Politikern aus. Dies entspricht natürlich nicht der

Planung hört nicht mit dem Planen auf

Abbildung 4: Die Zusammenführung von Vertretern unterschiedlicher Interessen an einem Runden Tisch kann dazu beitragen, Konflikte neu zu sehen und Lösungen zu finden.

Wirklichkeit. Unter den Stichwort »Politikverdrossenheit« werden vielfältige Mängel von Planungs- und Politiksystemen diskutiert, bei denen der Interessenausgleich heute oft nicht mehr funktioniert.

In der Umweltpolitik treten solche verfahrenen Situationen besonders häufig auf. Verständlich ist dies insbesondere bei der Planung von Negativeinrichtungen oder bei vermuteten und faktischen Eingriffen in das Eigentum. Standortgemeinden oder Grundbesitzern wird hier eine Last zugunsten der allgemeinen Öffentlichkeit auferlegt. Andererseits besteht natürlich die eindeutige gesetzliche Verpflichtung, die Umwelt schonend zu nutzen, wenn dies auch für die Landwirtschaft in unzureichender Form definiert wird (Landwirtschaftsklauseln in den Naturschutzgesetzen). Auch in der Landschaftsplanung erscheint eine verstärkte Diskussion der Anwendungsbedingungen und der Vor- und Nachteile von Konfliktlösungsverfahren dringend notwendig.

Planungsvorhaben berühren immer auch auch Interessenkonflikte. Im Bereich der Politik erfährt das Wort vom »konstruktiven Diskurs« zur Zeit besondere Aufmerksamkeit. Weitere Bezeichnungen für solche Verfahren der Konfliktmittlung sind: Schlichtermodell und Runder Tisch im deutschsprachigen und Mediation und Administration Advocay Resolution (ADR) im englischsprachigen Raum. Alle Verfahren bedienen sich allgemeiner Regeln und Strategien zur Konfliktlösung, die in so unterschiedlichen Feldern wie Tarifkonflikten oder Ehescheidungen zur Anwendung kommen können. Das zentrale Element in einem solchen Verfahren ist das Hinzuziehen eines von allen Parteien akzeptierten neutralen Vermittlers, der oder die unterschiedliche Kompetenzen von der einfachen Gesprächsmoderation bis hin zur schiedsrichterlichen Entscheidung haben kann. Alle

Parteien müssen zuvor die Regeln, nach denen verhandelt wird, akzeptiert haben. So werden zum Beispiel Geschäftsordnungen entwickelt die einer strukturellen Eskalation von Konflikten entgegenwirken.

Mediationsverfahren im Bereich der Umweltpolitik sind in Deutschland erst am Beginn einer systematischen Erprobung. Insbesondere im Bereich der Abfallpolitik konnten erste Erfahrungen gesammelt werden. Wesentliche Schritte der Konfliktmittlung wurden von GASSNER et al. (1992, S. 34) beschrieben:

Initiierungsphase:

- Anstoß durch Initiator
- Auffinden eines Konfliktmittlers
- Erörterung der Finanzierungsfragen

Vorbereitungsphase:

- Erstellen einer Konfliktanalyse
- Auswahl der Verhandlungsteilnehmer
- Festlegen von Verhandlungsspielregeln
- Kooperative Informationsbeschaffung

Konfliktlösungssuche:

- Auf Interessen konzentrieren, nicht auf Positionen
- Herstellen einer Win-win-Situation
- Schnüren von Verhandlungspaketen

Umsetzungsphase:

- Vermittlung und Unterzeichnung der Ergebnisse
- Bindung der Parteien
- Abreden zur Lösung künftiger Streitigkeiten

Die Suche nach kompromißfähigen Lösungen im Rahmen unterschiedlicher Interessenlagen ist in der vorsorgenden Umweltschutzpolitik umstritten, weil die Belastungen bzw. die Grenzen der Belastung des Naturhaushaltes oft noch unzureichend erfaßt und dem wissenschaftlichen Verständnis nach als objektiv und deshalb als nicht verhandelbar angesehen werden. Die Durchführung solcher Verfahren im Rahmen des Verwaltungsvollzugs ist zudem durch gesetzliche Regelungen z.B. Abwägungsgebote erschwert. Die Landschaftsplanung weist einige das hier vorgestellte Vermittlungsmodell unterstützende strukturelle Elemente, wie zum Beispiel die grundsätzliche Offenheit gegenüber den vorzuschlagenden Maßnahmen, auf. Die Zusammenführung unterschiedlicher Fachbereiche und Hierarchieebenen zusammenzuführen, ist ebenfalls hilfreich.

Bisher wurde eine vermittlungsorientierte Organisation der Verfahren den zuständigen Verwaltungen überlassen. Diese werden von den Außenstehenden aber meist nicht als neutrale Vermittler anerkannt. Ob dieses Problem durch eine Auslagerung spezieller Vermittlungsinsitutionen zu lösen ist, sollte geprüft werden. Die befürchtete Verteuerung und Verzögerung des Verfahrens durch eine Beteiligung von Interessengruppen und die Hinzuziehung neutraler Mittler ist nicht unbedingt gerechtfertigt. Sicher entstehen durch Runde Tische Kosten, aber das Nichtlösen von Konflikten kommt den Staat und alle Beteiligten oft ebenso teuer. Die Konflikte in der Landschaftsplanung sind ebenso brisant wie die Streitigkeiten in der Abfallplanung, in der große Summen für kommunikative

Aktivitäten wegen der hohen Investitionssummen leicht zu rechtfertigen sind. Ohne eine staatliche Förderung der Verfahren im Bereich Landschaftsplanung wird die Erprobung und Entwicklung hier viel langsamer voran gehen.

Mediation ist nicht das einzige Instrument zur Konfliktlösung. Generell kann man davon ausgehen, daß eine Konsensorientierung dann erreicht werden kann, wenn gemeinsam ein konsensfähiges Leitbild der Landschaft entwickelt wird. Dieses gibt zwar nur vage Anhaltspunkte für die erwünschte Zukunft, kann aber als tragfähige Orientierung für alle Beteiligten dienen.

Die wirtschaftlichen Zukunftsperspektiven landwirtschaftlicher Betriebe sind regional, teilweise sogar lokal sehr verschieden. Immer häufiger werden im Rahmen der Agrarreform die Möglichkeiten diskutiert, die umweltschonend produzierten Erzeugnisse auf eine neue Art zu vermarkten. Daß die lokal entwickelten Vermarktungsstrategien als Werbeargument den Erhalt von Kulturlandschaften aufgreifen, ist im Sinne der Akzeptanzforschung bemerkenswert, da hierbei die Solidarität der Bürger als Verbraucher gezielt angesprochen wird.

Nicht zu unterschätzen ist der Zeitbedarf von Planungsverfahren. Bis die ersten Umsetzungsmaßnahmen in der Öffentlichkeit sichtbar werden, vergeht oft eine lange Zeit, die einige Beteiligte leicht verzagen läßt. Die Umsetzung erster, zielkonformer Maßnahmen könnte schon zu Beginn eines Projektes den dringend benötigten Aufbau einer Durchführungsorganisation vor Ort fördern. Solche Maßnahmen können Erfolgserlebnisse schaffen und das gegenseitige Vertrauen der Beteiligten stärken. Nicht zuletzt sind kleine Maßnahmen oft ein Anlaß für Aufklärung und Informationsveranstaltungen und bieten den Politikern dann die erwünschten Möglichkeiten, sich zu profilieren.

Leitbilder werden im allgemeinen positiv formuliert, die imanenten negativen Begleiterscheinungen eines Planungsprozesses bleiben im Rahmen der Vision unberücksichtigt. Deshalb ist es notwendig, den Planungsprozeß ständig wieder neu bezüglich seiner Auswirkungen auf Gesellschaft und den Naturhaushalt zu beurteilen und die damit verknüpften eventuell vorher nicht bedachten Konflikte offen zu benennen und neu zu lösen. Die Forderung nach kontinuierlicher Evaluation ist nicht nur aus wissenschaftlichen Gründen sinnvoll, sondern dient auch dazu, die Ergebnisse in den Planungsprozeß einzuspeisen und diesen so stetig zu verbessern (Modell einer reflexiven Planung). Dafür werden erhebliche Mittel gebraucht, denen aber ein spürbarer Qualitätsgewinn der Planung gegenübersteht:

1. Die Umsetzung einer Planung, bei der alle Details über einen langen Zeitraum festgelegt und durchgeführt werden, kann sich als Fehlplanung herausstellen, wenn die ursprünglichen Ziele am Ende des Planungsprozesses keine Gültigkeit mehr haben. Deshalb ist grundsätzlich über neue Formen der Fortschreibung nachzudenken. Planer müssen ökologisches Wissen auch mit Blick auf die notwendige Offenheit und Detailschärfe entwickeln und zwar in Abhängigkeit von der Dynamik des Planungsfeldes als auch im Hinblick auf die gewählten Formen der Betroffenenbeteiligung.

2. Mit Evaluationskonzepten können innovationsorientierte Maßnahmen leichter diskutiert und umgesetzt werden. Zwar will niemand gerne Versuchskaninchen sein, aber auf der anderen Seite können für neuartige Vorschläge nie alle Wirkungen vorbedacht werden, so daß die Innovation zwar gedacht aber nie verwirklicht wird. Der experimentelle Charakter von Planungsmaßnahmen kann dann besser akzeptiert werden, wenn Vorsorge für eine rechtzeitige Fehlerkorrektur getroffen wird, wenn es eben Evaluationskonzepte gibt.

Bündelung und Projektsteuerung am Runden Tisch – Voraussetzung für Kommunikation und Kooperation

Aus den Erkenntnissen der vier untersuchten Fallstudien konnten Folgerungen und konkreter Handlungsbedarf zur Weiterentwicklung der Landschaftsplanung abgeleitet werden. Deutlich wird, daß umsetzungsorientierte Planungsprozesse auf keinen Fall mit einer bewertenden Bestandsaufnahme der Landschaftselemente und ihrer Dokumentation beendet sind. Die naturwissenschaftliche Datensammlung ist nur ein Teil der Planung, die Landschaftsplaner sind nur eine Gruppe der Beteiligten beim Umsetzungsprozeß.

In Abbildung 5 sind die wichtigsten Erkenntnisse des Erprobungs- und Entwicklungsprojektes für die kommunale Ebene zusammengefaßt: Um über erste sektorale Planungsschritte hinaus zu weitergehenden Maßnahmen in der Fläche zu gelangen, ist die Aufweitung herkömmlicher Planungskonzepte zu einer Phase der Bündelung und Projektsteuerung am Runden Tisch unerläßlich. Das Sich-gegenseitig-ernstnehmen verschiedener Teilnehmer im Planungsprozeß kann völlig unerwartete Planungsdimensionen erschließen, die über die angestammten Grenzen der Fachbereiche hinausgehen. Dabei können einzelne Umsetzungsschritte sich ohne weiteres von dem Feld der Landschaftsplanung wegbewegen, wenn sie unter langfristigen und fachübergreifenden Gesichtspunkten kooperativ entwickelt wurden. Die Vermarktungskonzepte für ökologisch produzierte Produkte haben dies in der Praxis gezeigt. Hier sind die Landwirte angewiesen auf Hinweise für eine ökologische Produktion (Landschaftsplanung) und auf der anderen Seite sind die Ökologen angewiesen auf eine Landbewirtschaftung in ihrem Sinn mit einem Absatzmarkt für die so produzierten Produkte. Auch wenn dieses Modell in der Realität oft verkürzt umgesetzt wird, sind wir davon überzeugt, daß es ohne eine kooperierende Zusammenarbeit zwischen Landwirten und Ökologen nicht funktionieren wird. Ähnliche Befunde gelten für eine Förderung eines landschaftsbezogenen Tourismus oder der integrierten Regionalentwicklung. Solange eine ständige Überprüfung der Planungsaktivitäten auf ihre ökologische Zielerreichung und soziale Wünschbarkeit hin gesichert ist, kann die Landschaftsplanung als zukunfts- und vorsorgeorientiertes Instrument zu einer ökonomisch tragfähigen Landschaftsentwicklung wichtige Beiträge leisten und neue kommunale Handlungsspielräume erschließen.

Schlußfolgerungen

Im Forschungsvorhaben wurden neben einer Reihe von Folgerungen zu Programmen und Planungsprozessen auf der überregionalen und regionalen Ebene konkrete Hinweise zur Verbesserung der Planungspraxis auf kommunaler Ebene erarbeitet. Die wesentlichsten Forderungen werden nachfolgend aufgezählt:

1. Instrumente zur räumlichen Umweltvorsorge (Landschaftsplanung) sollten in Zukunft konsequent mit Fördermitteln aus Umweltschutzprogrammen ausgestattet werden:

Die zur Verfügung stehenden landschaftsplanerischen Instrumente reichen zur Steuerung der agrarischen Nutzungssysteme in der Regel aus. Eine Möglichkeit zur Stärkung des Instrumentes liegt in der Verknüpfung mit Programmitteln aus den unterschiedlichsten Bereichen ökologischer Planung. Fortschrittliche Gemeinden sehen in dieser Verknüpfung in immer größerem Maße die Chance, ihre Gemeindeentwicklung positiv zu beeinflussen. Die

Planung hört nicht mit dem Planen auf

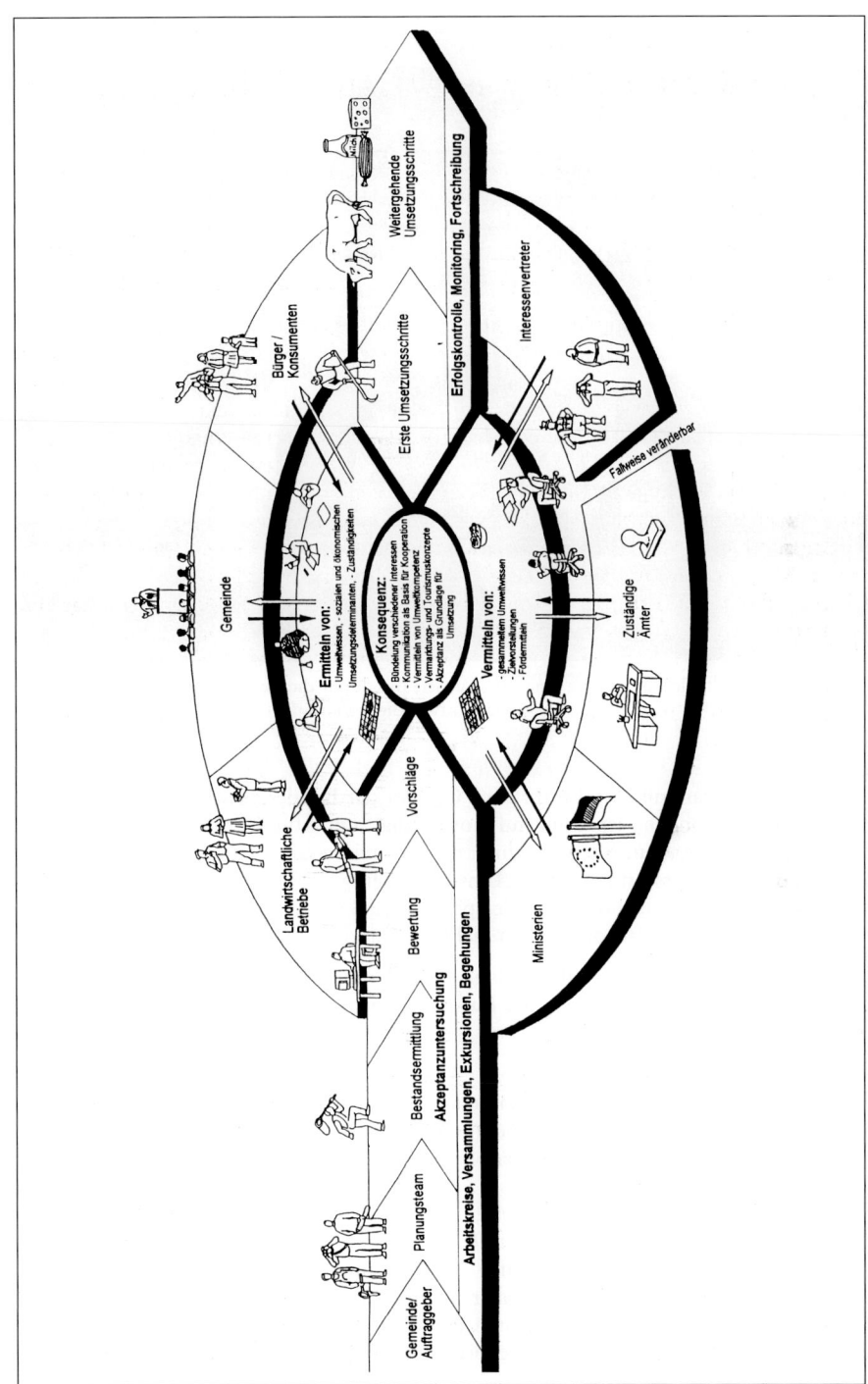

Abbildung 5: Das Zusammenführen der lokalen Akteure und das Bündeln landschaftsbezogener Interessen am Runden Tisch bzw. in Arbeitskreisen wird zum Kernstück umsetzungsorientierter Landschaftsplanung. (Grafik: Geigenmüller und Buchweiz, Filderstadt-Harthausen)

Planung hört nicht mit dem Planen auf

Abbildung 6: Eine Kulturlandschaft ist eine Landschaft, die durch die Bevölkerung vor Ort erhalten und ständig neugeschaffen wird. Dies ist heute ein aufwendiger Planungs- und Konfliktlösungsprozeß.

Anpassung von Programmitteln, die auf der EG- oder der Bundesebene gar nicht paßgenau formuliert werden können, ist dringend notwendig, um kontraproduktive Programmkonkurrenzen auszuschalten. So ist es zum Beispiel notwendig, Landschaftsnutzern und Grundeigentümern in verstärktem Maße Umweltwissen zu vermitteln, und gleichzeitig im Rahmen der Politik konsequente und widerspruchsfreie Förderprogrammkonzeptionen anzubieten. Dies ist in der Agrarpolitik noch nicht vollständig gelungen.

2. Parallel zur Ermittlung landschaftsökologischer Planungsgrundlagen sollte künftig eine Akzeptanzuntersuchung bei beteiligten Entscheidungsträgern und Betroffenen durchgeführt werden (LUZ 1993):

Der Stellenwert der Ermittlung subjektiver Akzeptanzgründe und -hindernisse muß im Interesse der Umsetzbarkeit von Landschaftsplänen aufgewertet werden. Dadurch wird die Grundlage für Kommunikation und Kooperation gelegt. Wenn jeder weiß, wo die Interessen des anderen liegen, kann man daran gehen, kreativ nach Lösungen und Kompromissen zu suchen. Das Modell »mehr ermitteln, besser vermitteln« muß zu einem festen Grundgerüst der Planungsinstrumente werden. Schwierige Akzeptanzbedingungen bei Gemeinden und Landwirten sowie Vermittlungsschwächen der Planer bewirken häufig nicht konsensfähige Schubladenplanungen. Die Ermittlung und Berücksichtigung der Determinanten lokaler Akzeptanz und Umsetzbarkeit gehört bisher noch nicht zu den Planungsgrundlagen. Die frühzeitige Berücksichtigung der genannten Kriterien kann dazu beitragen, wesentliche Umsetzungshindernisse rechtzeitig zu erkennen und im späteren Planungsprozeß abzubauen.

Tabelle 1: Ergänzung landschaftsplanerischer Instrumente durch konsequentes Ermitteln gemeindebezogener und Vermitteln projektbezogener Kriterien

Ermitteln:

- Wahrnehmungs- und Bewertungsdifferenzen
- Verhältnis zwischen Landwirten und Nichtlandwirten
- persönliche Wertschätzung
- emotionale Vorbelastung
- Agrarstruktur, Zukunftsperspektiven der Landwirtschaft
- Vermarktungschancen für Produkte aus extensiver Landwirtschaft
- Fachkompetenz der Gemeinde in Umweltfragen

Vermitteln:

Weitergabe des gesammelten Umweltwissens und Schaffen von Umweltkompetenz durch
- vereinfachte Aufbereitung und Darstellung von Expertenwissen
- Betreuung von Arbeitskreisen zur Leitbildentwicklung
- Vorträge, Begehungen mit Bürgern, Landwirten, Schülern
- Beratung zur »Übersetzung« der Projektziele auf einzelbetriebliche Situationen, Klären von Fördermodalitäten
- entwickeln professioneller Vermarktungsstrategien

Fazit: Mehr ermitteln – besser vermitteln (LUZ 1993, S. 220).

3. **Kommunikative und kooperative Steuerungstechniken müssen fester Bestandteil der Interessenbündelung im Rahmen einer umsetzungsorientierten Landschaftsplanung sein:**

Die Teilnahme an Programmen erfolgt nicht nur aufgrund ökonomischer Kriterien, sondern sie hängt auch vom richtigen Umgang mit verschiedenen gesellschaftlichen Gruppen ab. Die Erkenntnis, daß ökologische Landschaftsentwicklung nur als langfristig auszurichtendes Projekt durchführbar ist und sowohl die Interessenlagen der Landwirte, der Gemeinden und anderer Beteiligter mitberücksichtigen muß, legt ein Modell der weitreichen Beteiligung nahe. Die Agrarberatung hat in dem Projekt deshalb eine wichtige Rolle innegehabt. Sie hat die Planervorstellungen in die Sprache der Betroffenen übersetzt, so daß die Landwirte sich dann zu den Maßnahmen äußern konnten. Solche Modelle sind auf andere Bereiche zum Beispiel den Schutz des Grund- und Trinkwassers übertragbar. Weiterhin existieren vielfältige Modelle der Beteiligung, die in der Landschaftsplanung verstärkt zum Einsatz kommen sollten und auf bestimmte Projekte und Problemlagen zugeschnitten werden müssen. Die Techniken der Moderation und Projektsteuerung müssen in der Ausbildung von Landschaftsplanern gelehrt und geübt werden. In kommunalen Gremien ist die Fähigkeit der Planer, der Berater und der Verwaltungsfachleute, miteinander zu kommunizieren von größter Bedeutung. Dabei muß auch ein neues Planungsverständnis, nämlich ein schrittweises konsensorientiertes Vorgehen zur Verwirklichung der Planungsideen zum Tragen kommen.

Die teilweise erheblichen Informations- und Verständnislücken bei den Entscheidungsträgern vor Ort waren ein deutliches Beispiel für umsetzungshemmende Vermittlungsschwächen der Landschaftsplanung. Künftige Planer müssen in Zukunft neben den landschaftsökologischen Analyse- und Bewertungsmethoden Kenntnisse als Berater für einen kooperativen Planungsprozeß erlernen und weitergeben. Dazu gehören im Aus- und Weiterbildungsprogramm:

- die didaktische Aufbereitung umfangreicher schriftlicher Einzelinformationen der Fachleute verschiedener Herkunft zur Weitergabe an Entscheidungträger und Bürger,
- rhetorische Fähigkeiten für mündliche Präsentationen,
- Grundkenntnisse über kommunikative und kooperative Planungstechniken (z.B. Moderationstechnik, Mediation, Konfliktmanagement usw.),
- Wissen über die Anwendungsbedingungen dieser Planungstechniken und Know-how zur Anwendung im Bereich der Landschaftsplanung.

4. Monitoring und Evaluationskonzepte müssen in den Planungsprozeß integriert und langdauernde Verfahren dynamisch fortgeschrieben werden.

Die langen Laufzeiten der Verfahren führen teilweise zur Realisierung von Maßnahmen, die nicht den aktuellen landschaftsplanerischen Erkenntnissen und agrarpolitischen Rahmenbedingungen entsprechen. Die reflexive Betrachtung der Wirkungen eines Programmes oder eines Projektes ist auch wegen des ständigen Bedarfs der Anpassung an sich verändernde Umweltkenntnisse besonders wichtig. Die Forderung nach einer Öffnung und Flexibilisierung der Verfahren muß mit der Forderung nach verstärkten Aktivitäten zur Evaluierung und Erfolgskontrolle verknüpft werden, auch um ökologische Belange im allgemeinen Aushandlungsprozeß nicht zu vernachlässigen. Da die Finanzierung solcher Aktivitäten oft schwierig ist, sollten Erfolgskontrollmaßnahmen von den Ländern gefördert werden.

Trotz der weitgehenden Machtlosigkeit gegenüber den schwer beeinflußbaren Rahmenbedingungen der EG-Agrarpolitik können die Gemeinden ermutigt werden, die Landschaftsplanung als Hebel ihrer Kommunalentwicklung einzusetzen. Eine »gelungene« Landschaftsplanung auf der Basis einer konsequenten Umsetzung bewirkt eine sehr produktive Kommunikation zwischen allen Beteiligten. Wenn dies so weit geht, daß zwischen Gemeinde, Bürgern und Landwirten eine Solidargemeinschaft zur Erhaltung der Kulturlandschaft entsteht, dann werden auch andere kommunale Anstrengungen im Interesse einer umweltfreundlichen Kommunalpolitik kaum auf Akzeptanzprobleme stoßen.

Literatur

AUWECK, F., JAHNKE G., 1994: Von der Experten zur Dialogplanung, Garten und Landschaft **8**, S. 28-30

CLAUS, F., WIEDEMANN, P., 1994: Umweltkonflikte, Vermittlungsverfahren zu ihrer Lösung, Blottner. Taunusstein, S. 215-227

GANSER, K., SIEBEL, W., SIEVERTS T., 1993: Die Planungsstrategie der IBA Emscher Park, eine Annäherung, In: RaumPlanung **61** (1993), Dortmund, S. 112-118

GASSNER, HOLZNAGEL, LAHL, 1992: Mediation, Verhandlungen als Mittel zur Konsensfindung bei Umweltstreitigkeiten, Economica Verlag Bonn

GRÖNING, G., 1980: Ist Objektplanung in der Landschaftsplanung noch zeitgemäß? Das Gartenamt **29**, S. 782-787

HIRSCH, G., 1993: Die Umsetzung ökologischen Wissens in ökologisches Handeln. Gaia **2**, Nr. 3, S. 141-151

HOLZNAGEL, B.,1990: Konfliktlösung durch Verhandlungen, Nomos, Baden-Baden (1990).

Luz, F., 1993: Zur Akzeptanz landschaftsplanerischer Projekte. Determinanten lokaler Akzeptanz und Umsetzbarkeit von landschaftsplanerischen Projekten zur Extensivierung, Biotopvernetzung und anderen Maßnahmen des Natur- und Umweltschutzes, P. Lang, Frankfurt

Luz, F., Oppermann, B., 1993: Landschaftsplanung, umsetzungsorientiert, Garten und Landschaft, Nr. 11, S. 23-27

Kaule, G., Endruweit, G., Weinschenck, G., 1994: Landschaftsplanung, umsetzungsorientiert! Schriftenreihe des Bundesamtes für Naturschutz, Nr. 2, Verlag Münster Hiltrup

Mussel, C., Philipp, U., 1992: Beteiligung von Betroffenen bei Rüstungsaltlasten, Entwicklung eines standortbezogenen Beteiligungsmodells, Wissenschaftliches Zentrum GhK Kassel, Arbeitsberichte 19, 22 und 23

Renn, O. 1992: Die Bedeutung der Kommunikation und Mediation bei der Entscheidung über Risiken, Umweltrecht in der Praxis, Heft 6, Nr. 4 (August 1992), S. 275-308

Renn, Webler, Rakel, Dienel, Johnson, 1993: Public participation in the decision making: A three-step procedure, Policy Sciences 26, S. 189-214

Renn O., Oppermann B., 1995: Bottom-up statt Top down, die Forderung nach Bürgermitwirkung als (altes und neues) Mittel zur Lösung von Konflikten in der räumlichen Planung, In: Zeitschrift für angewandten Umweltschutz, ZAU, Analytica Verlag, Sonderheft 6 (1995), S. 257-276

Selle, K., 1994: Was ist bloß mit der Planung los?, Erkundungen auf dem Weg zum kooperativen Handeln, ein Werkbuch, Institut für Raumplanung, Universität Dortmund, Dortmund

Zukünftige Kulturlandschaft aus der Tradition heraus

Ein Beispiel aus Oberschwaben

W. KONOLD, K. SCHWINEKÖPER, P. SEIFFERT

Einleitung

In den letzten Jahren wurden auf dem Gebiet einzelner Fachplanungen – in Naturschutz, Landwirtschaft, Wasserbau – neue und auch gute Standards gesetzt, aber eben fachspezifische, ausgerichtet auf sektorales, nicht-integratives Handeln. Es werden jedoch immer mehr inhaltlich und räumlich ganzheitliche Lösungen, flächenbezogene, flächendeckende und flächenscharfe Perspektiven verlangt (vgl. BRAUN et al. 1993), also Antworten auf die Frage nach der gewünschten Entwicklung von Landschaften und Landschaftsteilen: Soll gepflegt und konserviert werden wie bisher (was aber eigentlich nicht möglich ist, weil sich ein enormer agrarstruktureller Wandel vollzieht), oder soll man großflächig alles sich selber überlassen (dazu PFADENHAUER 1990, SCHERZINGER 1990, MAYERL 1990, ESER et al. 1992)?

Die Sorgen um das Schicksal unserer Kulturlandschaften hat fast zu einer Art Sehnsucht nach **Leitbildern** geführt. Das Schlagwort Leitbild hat binnen kurzem eine Popularität erreicht wie vor Jahren das Wort »Biotop«. Das hier entworfene Leitbild soll ganzheitlich angelegt sein und ist räumlich bezogen auf einen Landschaftsausschnitt im württembergischen Alpenvorland. Wir sehen das Ganze als Beispiel dafür, wie man gedanklich-theoretisch und dann konkret planend an eine solche komplexe Aufgabe herangeht (hierzu RINGLER 1992).

Das Untersuchungsgebiet

Zur Landschaft seien nur ein paar Stichworte genannt (Abbildung 1 und Abbildung 2; SEIFFERT et al. 1994): Es handelt sich um das Einzugsgebiet der Wolfegger Ach, zum größten Teil gelegen zwischen dem äußeren und dem inneren Jungendmoränenwall, die der württemeiszeitliche Rheingletscher hinterlassen hat.

Die Landschaft besitzt ein ausgeprägtes, kuppiges Relief, in das die teilweise breite Niederung der Ach eingelagert ist. Die durchschnittlichen Niederschläge liegen zwischen etwa 1100 mm und 1400 mm; es gibt recht häufig sommerliche Starkniederschläge. Die intensive Grünlandnutzung herrscht vor. Die Waldflächen bestehen zu circa 80% aus Fichtenforsten. In Becken, Senken und Rinnen finden wir Seen, Weiher und Moore in unterschiedlichen Zuständen. Viele Flächen sind entwässert, darunter alle Niederungen mit Niedermoortorf und zahlreiche Hangbereiche, an denen ursprünglich Wasser diffus in Form von Sumpfquellen austrat. Fast alle Fließgewässer sind ausgebaut und begradigt und in einem unbefriedigenden Gütezustand. Die stehenden Gewässer, zum Beispiel Obersee und Zellersee, sind nährstoffreich und sehr stark durch Schwebstoffeinträge belastet

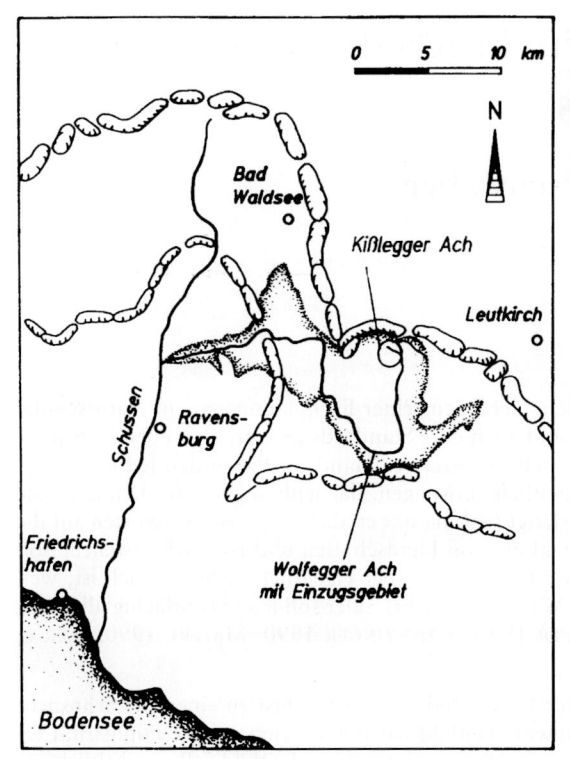

Abbildung 1: Die Lage des Untersuchungsgebiets zwischen dem äußeren und dem inneren Endmoränenwall des würmeiszeitlichen Rheintalgletschers. Der obere Teil der nach Süden fließenden Ach heißt Kißlegger Ach

(SEIFFERT et al. 1993, WURM 1995). Es gibt im Gebiet einige Naturschutzgebiete, darunter das Gründlenried, ein im Kern nahezu intakter Hochmoorkomplex.

Formulierung von Landschaftsqualitätszielen

Vor der Praxis stehen die theoretischen Überlegungen. Das heißt, wir müssen *vor* der Bestandsaufnahme und Planung die allgemeinen Ziele des Projekts formulieren, gleichsam einige zunächst noch *visionäre Landschaftsqualitätsziele* entwerfen, die visuell, das heißt kartographisch, nicht darstellbar sind (vgl. SCHWINEKÖPER et al. 1992). Von der natürlichen und kulturgeschichtlichen Ausgangssituation her bietet sich als visionärer Idealtypus (als »Idol«) für das Westallgäuer Hügelland eine Landschaft an, in der Produktion, aber auch Ressourcen- (Boden-, Wasser-) und Artenschutz möglich sind (oberstes Kärtchen in Abbildung 3). Dies käme dem Integrationstypus HAMPICKEs (1988) nahe. Die anderen in Abbildung 3 dargestellten visionären Landschaftstypen sind eher ausgerichtet auf ausgeräumte, ackerbaulich genutzte Bördenlandschaften, auf kleinstrukturierte, traditionelle Kulturlandschaften und auf weitgehend sich selbst zu überlassende, »nutzlose«, größere Gebiete.

Die allgemeinen Ziele bzw. die Inhalte der visionären Landschaftsqualitätsziele sind:

– Die Förderung natürlicher Prozesse ohne Weg- und Zielvorgaben. Die Natur soll sich ganz nach ihren eigenen Gesetzmäßigkeiten entwickeln.

Zukünftige Kulturlandschaft aus der Tradition heraus

Abbildung 2: Blick über die Gründlenniederung bei Kißlegg in die Landschaft des württembergischen Allgäus

- Ressourcenschutz (z.B. Schutz der Moorböden vor Mineralisation, Schutz des Grundwassers und der Oberflächengewässer vor Einträgen).
- Die Renaturierung landschaftlicher Funktionen (Retention, das heißt Wasserrückhaltung in den Auen; Sedimentation und Akkumulation von Stoffen statt Austrag in die Gewässer).
- Die Stabilisierung des Landschaftswasserhaushalts (z.B. bezogen auf die Amplitude des Grundwassergangs oder auf eine Harmonisierung der Hoch- und Niedrigwasserabflüsse).
- Die Minimierung von Stoffverlagerungen, also von Ein- und Austrägen.
- Die Entwicklung der abiotischen bzw. standörtlichen und biotischen Potentiale.
- Protektion im klassischen Sinn, z.B. Schutz von intakten Mooren.
- Die Wahrung der Identität der Landschaft; der Wiedererkennungswert muß erhalten bleiben.
- Hohe, der Landschaft adäquate Vielfalt in Raum und Zeit, bezogen auf Arten, Strukturen, Nutzungen usw.
- Eine positive Bilanz für den Arten- und Biotopschutz. Wichtig: Es muß immer wieder bilanziert werden (Erfolgskontrollen).
- Die Landwirtschaft soll die absolut prägende Art der Landnutzung bleiben. Die Betriebe sollen wirtschaftlich arbeiten können.
- Die Ziele sollen mit möglichst geringen Eingriffen und möglichst geringem Energieaufwand erreicht werden.

Zukünftige Kulturlandschaft aus der Tradition heraus

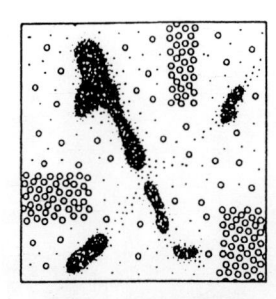

Primäre Funktion: PRODUKTION
aber auch: Reproduktion, Ressourcenschutz, aktiver Artenschutz
(Landschaften mit naturbetonten Relikten)

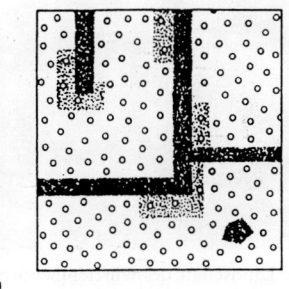

Primäre Funktion: PRODUKTION
aber auch: Ressourcenschutz, Artenerhaltung, Gestaltung
(heute noch intensiv genutzte Bördenlandschaften)

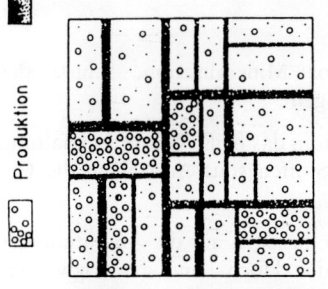

Primäre Funktion: PROTEKTION, REPRODUKTION, ÄSTHETIK
aber auch: Ressourcenschutz
(traditionelle, reich gegliederte Kulturlandschaften)

Primäre Funktion: PROTEKTION, PROGRESSION, NATÜRLICHE PROZESSE
ohne Zeitrahmen, ohne Ziel
(Flußauen, vernässende Niedermoore, große Abbauflächen, größere Wälder)

Abbildung 3: Visionäre Landschaftstypen als »Idole« für zu entwerfende Leitbilder

Es geht also letztlich um *neue Intensitäten und neue Proportionen von bzw. zwischen Nutzung und Schutz* (zu diesem Fragenkomplex MAYERL 1990, SCHERZINGER 1990, ESER et al. 1992).

Erkenntnisse aus der historischen Analyse

Um der Umsetzung dieser Ziele näher zu kommen, müssen weitere gedankliche und auch sachliche Grundlagen geschaffen werden. Ein unseres Erachtens unverzichtbarer Blickwinkel ist die *historische Perspektive*, die uns einige wichtige Dinge lehrt (dazu z.B. BECK, siehe Beitrag in diesem Band, GANZERT 1992, SEIFFERT et al. 1994). Ausgehend vom jetzigen Zustand der Landschaften, kann sie die Richtung weisen für die zukünftige Entwicklung. Hierzu seien Prinzipien der historischen Landnutzung genannt; es handelt sich hierbei um einen Positiv-Katalog, der Denkanstöße geben soll und auch sozusagen leitbildrelevant ist (es ließe sich genauso ein Negativ-Katalog aufstellen, um zu demonstrieren, was wir nicht übernehmen sollten):

– Austräge wurden als Verlust empfunden, insbesondere beim Dünger. Das »Empfinden« schließt natürlich nicht aus, daß es de facto doch häufig Austräge gegeben hat.

– Es herrschte – unter dem Diktat der Knappheit – das Prinzip der Wiederverwendung; es gab kaum »Ab«-Produkte. Abfall und Abwasser waren positiv belegte Begriffe, ja sie waren geradezu Inbegriff des Wieder- und Weiterverwendens.

– Es herrschte das Prinzip des Sowohl-als-auch (gegenüber heute des Nur-dieses und des Entweder-oder): Mehrfachnutzung und Polykultur statt Monokultur; so ergab sich eine Optimierung der Ressourcennutzung und eine Risikominderung.

– Es herrschte das Prinzip des Hin-und-wieder und des Immer-wieder, also eines diskontinuierlichen Wechsels von Eingriff und Regeneration. Es gab eine auf den individuellen Bedarf ausgerichtete und nicht eine ökonomisch maximierte, marktorientierte Ausnutzung der Ressourcen. Die Natur konnte sich immer wieder ein Stück kultivierter Landschaft auf Zeit zurückholen.

– Es gab das Prinzip des Hier-und-dort, aber über die Zeit hinweg des Fast-überall. Das war die kleinräumliche Differenzierung der Eingriffe bzw. der Nutzungen, die jedoch letztlich irgendwann überall einmal stattfanden. Die Nutzung paßte sich räumlich und zeitlich ein.

– Es gab eine nahezu »grenzenlose Unschärfe« von Strukturen und Nutzungsformen auf der Dorfmarkung.

– Es herrschte das Prinzip der Niedrig-Energie-Wirtschaft, weil nur wenig Energie zur Verfügung stand.

Für das konkrete Untersuchungsgebiet müssen wir in einer historischen Analyse herausarbeiten, in welchen Bereichen ein Wandel stattgefunden hat und wo Kontinuität gewahrt wurde, um insgesamt zu wissen, in welcher Tradition wir uns heute befinden (dazu z.B. FREYER 1990, WÖBSE 1992). Es geht hierbei im Grunde letztlich um die Geschichte der Landschaftsbilder oder – anders ausgedrückt – um das Abheben und die Erfassung der verschiedenen Kulturschichten, die sich in unterschiedlicher Intensität ins gegenwärtige Landschaftsbild durchgedrückt haben. In einem übertragenen Sinne ist dies eine Arbeitsweise wie bei den Archäologen oder Restauratoren.

In einer ersten Phase erfolgt die Auswertung schriftlicher Primär- und Sekundärquellen und die Interpretation alter Karten und Pläne. In einer zweiten Phase wird bei einer Geländekartierung aufgenommen, welche Elemente aus welchen Kulturschichten noch vorhanden sind und in welchem Zustand sie sich befinden, um danach entscheiden zu können, was davon es wert ist, im Rahmen der Zielerfüllung entwickelt zu werden. Gemeinsam mit anderen aktuellen Befunden wird der Gesamtzustand erfaßt, und es werden die *individuellen Züge* der Landschaft und die biotischen und abiotischen Potentiale herauspräpariert.

Entwicklungspotentiale

Wir bewegen uns mittlerweile auf einem Weg, wo das Konkrete der Landschaft immer stärker in den Vordergrund tritt und allmählich auch eine bildliche Gestalt annimmt. Welches sind nun diese individuellen Züge und die Potentiale (zum Potentialbegriff in der Landschaftsplanung kritisch und sehr interessant: DURWEN 1995) im Untersuchungsgebiet, genauer im Raum Kißlegg?

a) Abiotische/standörtliche Potentiale:

Diese ergeben sich im wesentlichen aus aktuellen und potentiellen Abweichungen im Wasser- und Nährstoffhaushalt vom Durchschnittlichen in der Landschaft (siehe unten). Feuchte bis nasse Standortverhältnisse gibt es oder sind generell zu erwarten im Bereich organischer und mineralischer, auch degradierter Naßböden (hydromorphe Böden), einschließlich der Böden gesömmerter oder periodisch wenigstens teilweise »trocken«fallender Stillgewässer sowie des offenen Wassers. In folgenden Landschaftselementen stecken (ganz allgemein und speziell für das Untersuchungsgebiet) abiotische Potentiale für die Landschaftsentwicklung bezüglich des Faktors Nässe:

Mulden und Dellen, im Gebiet vorwiegend im Grünland	m
Senken, z.B. Auenbereiche oder Moore, auch unter Nutzung	m
Unterhänge, insbesondere in Talrandlagen	m
Böschungen mit Wasseraustritten	m
Bäche in unterschiedlichen Zuständen	ms
ehemalige Bachverläufe	ms
Gräben	ms
Fahrspuren – vorwiegend im feuchten Grünland	ms
ehemalige Torfstiche	ms
Kiesgruben (Grundflächen)	msn
Seen	ms
Weiher	msn
stark entwässerte und degradierte Moore bis hin zu	s
wenig beeinträchtigten Moorkomplexen	s
Quellstandorte – naturnahe bis nutzungsüberprägte	s
Tümpel, beispielsweise ehemalige Lehmgruben (s. Abbildung 4)	s
Schlammböden in gesömmerten Weihern	sn

Zuordnung der Begriffe: m = überwiegend morphologisch bedingt, s = überwiegend standörtlich bedingt, n = überwiegend nutzungsbedingt

Zukünftige Kulturlandschaft aus der Tradition heraus

Abbildung 4: Tümpel im Grünland am Fuß einer brachgefallenen Böschung bei Kißlegg

Trockene Standortverhältnisse gibt es oder sind zu erwarten im Bereich flachgründiger, skelettreicher und grobkörniger Böden und Rohböden. In folgenden Landschaftselementen sind abiotische Potentiale für die Landschaftsentwicklung bezüglich des Faktors Trockenheit zu finden:

Rücken mit flachgründigen Böden: im Gebiet meist Grünland, auch Acker	m
Kuppen mit flachgründigen Böden: oft aufgeforstet	m
Hänge, insbesondere südexponierte, teils aufgeforstet, teils Grünland	m
Steilränder, in Talrandlage oft als Kiesentnahmestellen	m
Böschungen, meist Grünland, auch mit Gehölzen	m
Bach- und Grabenschultern	m
ehem. Feldwege als leichte Schotterwälle im Grünland auf Niedermoorböden	m
Wege, Wegränder	mn
Stufenraine	mn
Kiesgruben, insbesondere Grubenwände	mn
Streifen unter dauerhaften Weidezäunen	mn
Ruderalstellen, oftmals an Böschungs- oder Hangkanten	n

Zuordnung der Begriffe: m = überwiegend morphologisch bedingt, s = überwiegend standörtlich bedingt, n = überwiegend nutzungsbedingt

Nährstoffarme Verhältnisse bzw. diesbezügliche Potentiale werden kombiniert mit Extremen im Wasserhaushalt. Hierher gestellt werden organische und mineralische Böden mit geringem Nährstoffangebot beziehungsweise geringer Nährstoffverfügbarkeit (auch disharmonisches Angebot). Abiotische Potentiale bezüglich Nährstoffarmut sind in folgenden Landschaftselementen zu finden:

Zukünftige Kulturlandschaft aus der Tradition heraus

Abbildung 5: Ehemalige Kiesgrube am Rand des Tales mit einem gut entwickelten Laubholzbestand

Kuppen mit flachgründigen Böden: oft aufgeforstet	m
Hänge, insbesondere Hangschultern, z.T. mit Extensivgrünland	m
Steilhänge, meist als Talränder	m
Böschungen	m
Stufenraine	mn
Kiesentnahmestellen (s. Abbildung 5)	mn
Wege, Wegränder	mn
Bäche und Gräben, insbesondere deren Böschungsschultern (s. Abbildung 6)	ms
stark entwässerte und degradierte Moore bis hin zu wenig beeinträchtigten Moorkomplexen	s
Quellstandorte (s. Abbildung 7) und Quelläufe	s

Zuordnung der Begriffe: m = überwiegend morphologisch bedingt, s = überwiegend standörtlich bedingt, n = überwiegend nutzungsbedingt

Sehr nährstoffreiche Verhältnisse bzw. diesbezügliche Potentiale finden wir auf tiefgründigen, skelettarmen oder -freien, organischen und mineralischen Böden, die ein hohes Nährstoffangebot und eine hohe Nährstoffverfügbarkeit besitzen. In folgenden Landschaftselementen wurden abiotische Potentiale für die Landschaftsentwicklung bezüglich des Faktors Nährstoffüberangebot festgestellt:

Zukünftige Kulturlandschaft aus der Tradition heraus

Abbildung 6: Reichblühende Hochstauden-Gras-Flur entlang eines Grabens

Geländedepressionen, z.B. Senken	m
Auen in ihrer Funktion als Überschwemmungsgebiete	m
Unterhänge	m
Gewässersedimente, hier: Böden gesömmerter Weiher	s
Ruderalflächen	n

Zuordnung der Begriffe: m = überwiegend morphologisch bedingt, s = überwiegend standörtlich bedingt, n = überwiegend nutzungsbedingt

Eine zusammenfassende Abschätzung der wichtigsten Standortfaktoren im Planungsgebiet gibt Abbildung 8 wieder. Das Spektrum der Standorteigenschaften wurde, basierend auf der Auswertung der Vegetationsaufnahmen, anhand der Zeigerwertspektren und der Zeigerarten (Nässe-, Wechselnässe-, Feuchte-, Frische- und Trockniszeiger, Nitrophyten, Verdichtungszeiger, Licht-, Halbschatten- und Schattenpflanzen usw.; ELLENBERG et al. 1991) sowie standörtlichen Untersuchungen und Beobachtungen im Gelände erstellt. Im Vergleich zeigen sich die vom vorherrschenden Standorttypus abweichenden, standörtlichen Differenzierungen mehr oder weniger deutlich.

Die dominierenden Standorte im Untersuchungsgebiet sind frisch, gut mit Nährstoffen versorgt und oft auch verdichtet. Dieser Standorttypus trägt überwiegend intensiv genütztes Wirtschaftsgrünland (WGL intensiv). Wenig Abweichungen davon zeigen das WGL intensiv auf frischen bis feuchten Standorten und ehemalige Feldwege (als Schotterzüge im Intensivgrünland auf Niedermoorböden). Ähnliche Standortverhältnisse sind bei den nas-

Zukünftige Kulturlandschaft aus der Tradition heraus

Abbildung 7: Röhricht-Fragment auf degradierter Sumpfquelle im Wirtschaftsgrünland

sen Wiesenmulden, den Streifen unter dauerhaften Weidezäunen und Bachsäumen, die an das WGL intensiv angrenzen, anzutreffen. Bei den letztgenannten ergeben sich jedoch teilweise deutliche Abweichungen bezüglich der Wasser- und Nährstoffverhältnisse sowie der Bodenstruktur. Größere Unterschiede hierzu weisen die übrigen Landschaftselemente auf, wobei solche mit Gehölzen generell bezüglich der Lichtverhältnisse und der Bodenstruktur (geringere Lagerungsdichte) stark abweichen. Damit wird deutlich, daß diese neben ihrer landschaftsgliedernden Funktion auch einen erheblichen Anteil zur Standortvielfalt beitragen.

Dies trifft in erhöhtem Maße auch für Quellstandorte, gehölzfreie Kiesentnahmestellen, Stufenraine und gehölzfreie Böschungen zu. Ihre Wichtigkeit in diesem Zusammenhang ist insbesondere im reduzierten Nährstoffangebot gegenüber dem Durchschnittlichen zu sehen. Je geringer die Einflüsse einer intensiven Nutzung sind, desto mehr spiegeln sich »ursprüngliche« Standortverhältnisse in der Vegetation wider, wie dies bei Stufenrainen, Böschungen, unter Gehölzen und entlang der Gewässerufer usw. der Fall ist.

b) Biotische Potentiale sind im Gebiet meist nur noch reliktär vorhanden; sie werden angesprochen und aufgenommen mit Hilfe von »Leitarten« und Zeigerarten. Biotische Potentiale sind:

– Naturnahe »Laubwaldreste« mit Waldbodenflora (*Arum maculatum, Maianthemum bifolium*...; s. Abbildung 5).

– Streuwiesenreste, einzelne Streuwiesenpflanzen (*Molinia caerulea, Succisa pratensis*...).

– Fragmente von Röhrichten und Hochstaudenfluren, z.B. entlang von Gräben (Abbildung 6) oder in einem ehemaligen Torfstich.

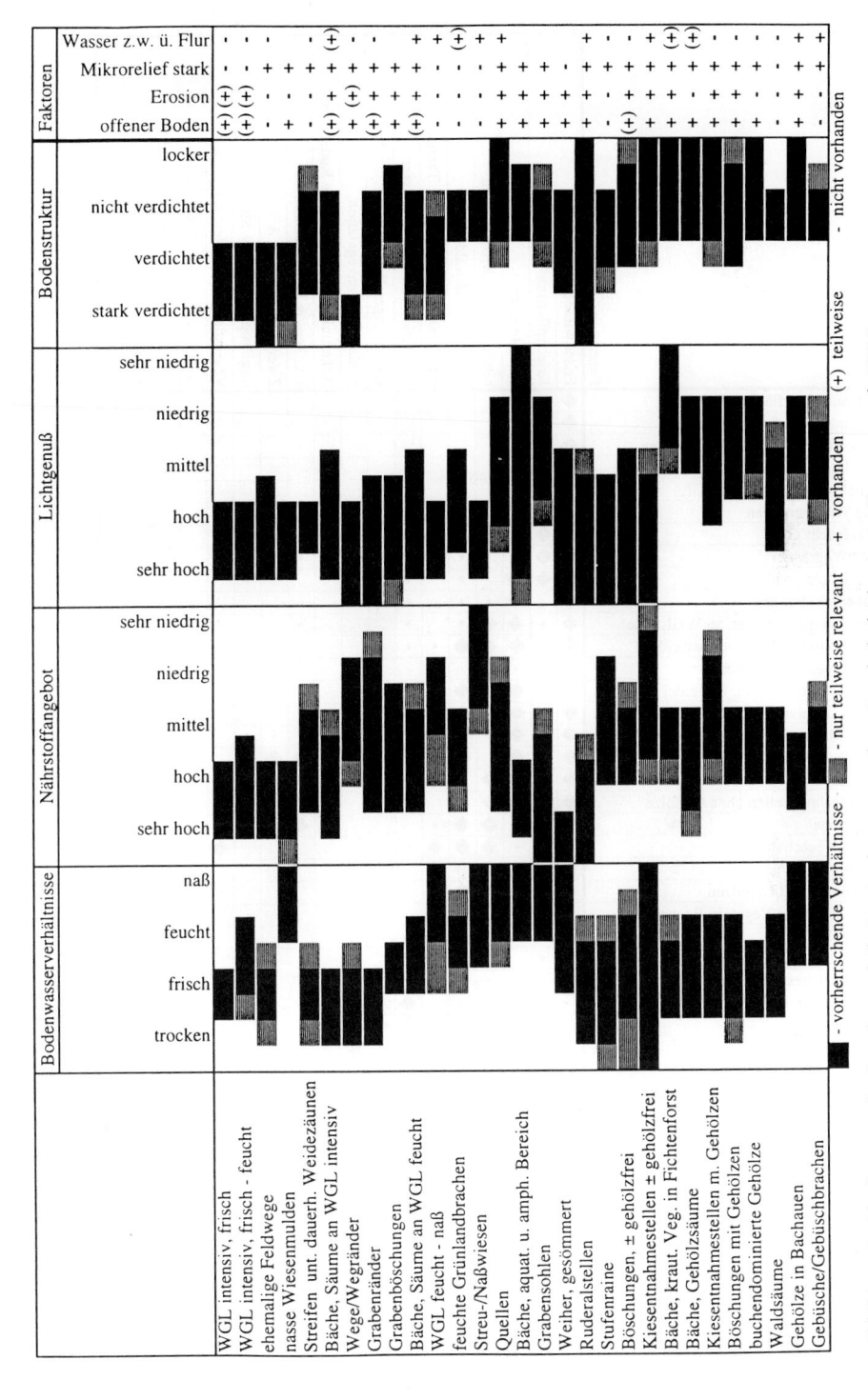

Zukünftige Kulturlandschaft aus der Tradition heraus

Abbildung 8: Abschätzung der Standortverhältnisse in den untersuchten Landschaftselementen (SEIFFERT et al. 1994)

Zukünftige Kulturlandschaft aus der Tradition heraus

Formation	Frischwiesen & -weiden	Kriechpflanzen- und Trittrasen	Feuchtwiesen	nitrophile Staudenvegetation	Feucht- & Naßwälder	mesophile Fallaubwälder & Tannenwälder	Vegetation eutropher Gewässer	Zweizahngesellschaften	Schlammbodenvegetation	Ackerunkraut- & kurzlebige Ruderalveg.	Trocken- & Halbtrockenrasen	Zwergstrauchheiden & Borstgrasrasen	oligotrophe Moore & Moorwälder	Vegetation der Quellen & Quelläufe	azidophile Laub- & Nadelwälder	subalp. Hochstauden- & Gebüschveg.	halbruderale Queckenrasen	xerotherme Gehölzvegetation
WGL auf Moorflächen*	◆	•	•															
WGL intensiv - frisch bis feucht	◆	•	•															
Streifen unter dauerh. Weidezäunen	◆										•							
WGL intensiv - frisch	◆	◆	•															
ehemalige Feldwege im WGL	◆	◆	•															
nasse Wiesenmulden	◆	◆	•															
WGL feucht	◆	◆	•	•	•		•											
Wege/Wegränder	◆	◆	•	•	•					•	•							
WGL feucht - naß	◆	◆	◆		•		•						•					
Grabenböschungen	◆	•	◆	•			•	•										
Bäche - krautige Veget. an WGL frisch	◆	•	◆	◆	•						•							
Quellen - unbeschattet, unbeweidet	◆	•	◆	◆	◆	•	•				•			•		•	•	
Böschungen ohne Gehölze	◆		•	◆			•				•						•	
Quellen - unbeschattet, beweidet	◆	•	◆	•	◆		•							•				
feuchte Grünlandbrachen	◆	•	◆	•	◆	•	•										•	
Grabenränder	◆	•	◆	•	◆		•	•		•	•	•	•					
Streu-/Naßwiesen	◆	•	◆								◆	◆	◆				•	
Ruderalstellen	◆	◆	•	◆	•					◆								
Kiesentnahmestellen ohne Gehölze	◆		•	◆							◆	•					•	•
Stufenraine	◆	•	•	◆	◆	•					◆	◆					•	•
Quellen - beschattet		•	◆	◆	◆	•								◆				•
Gehölze in Bachauen			•	◆	◆	◆									•	•	•	
Böschungen mit Gehölzen			•	◆	◆	◆									•	•	•	
Bäche - krautige Veget. in Bachauen		•	•	◆	◆	◆												
Hangmulde		•	◆	•														
buchendominierte Gehölze	•		•	◆											•	•		
Kiesentnahmestellen mit Gehölzen			•	•	◆													
Bäche - aquat. und amphib. Bereich			•	•			◆							•				
Grabensohlen			•	•			◆	◆										
Weiher, gesömmert			•	•			◆	•	◆	•								
fichtenbestandene Moorflächen*			•	•									◆	•	◆	•		
kiefernbestandene Hochmoorflächen*													◆	◆	•	•		
Waldsäume	•		•	•	•										•			
Bäche - krautige Veget. an WGL feucht	•			•										•				
Bäche - krautige Veget. in Fichtenforsten				•	•													

◆ von größerer Bedeutung
• von untergeordneter Bedeutung

Abbildung 9: Biotisches Potential, gegliedert nach Pflanzenformationen nach KORNECK & SUKOPP (1988), in den untersuchten Landschaftselementen und deren Bedeutung für die Landschaft des Westallgäuer Hügellandes (SEIFFERT et al. 1994)

- Reste von Quellfluren (*Ranunculus aconitifolius, Thalictrum aquilegiifolium, Equisetum telmateja...*).
- Fragmente von Feucht- und Naßwiesen-Pflanzengemeinschaften (*Eleocharis palustris, Scirpus sylvaticus, Caltha palustris, Carex rostrata...*).
- Zwickel und Ränder, die nur selten oder gar nicht genutzt werden, mit Hochstauden oder Seggenbulten (*Angelica sylvestris, Cirsium oleraceum, Mentha longifolia, Filipendula ulmaria, Carex paniculata...*).
- Fragmente von Ruderalfluren (*Verbascum spp., Melilotus alba, Hypericum spp....*).
- Kurzfristig vorhandene Schlammbodenflora (*Cyperus fuscus, Carex pseudocyperus, Elatine hexandra, Ranunculus sceleratus...*).
- Restpopulationen von Amhpibien.
- Reste der mutmaßlich natürlichen Fischfauna.

Abbildung 9 zeigt die biotischen Potentiale bezogen auf die Vegetation. Um die Datenfülle auf ein überschaubares Maß zu reduzieren, wurden die Vegetationsaufnahmen der untersuchten Landschaftselemente nach den Pflanzenformationen nach KORNECK & SUKOPP (1988) ausgewertet. Zur Identifikation der abiotischen und biotischen Potentiale, welche als Flächen, Linien und Punkte in der Landschaft zu finden sind, ist eine Flächenkartierung notwendig. Natürlich werden die Erhebungen der Biotopkartierungen und auch andere zur Verfügung stehende Unterlagen in die weitere Planung einbezogen.

Die standörtlichen und biotischen Potentiale – gleichsam die Keimzellen – werden im weiteren Verlauf der Planung nun unterstützt und entwickelt in Richtung der oben genannten Ziele. Es soll möglichst viel aus der Landschaft »herausgekitzelt« werden. Das Leitbild wird immer konkreter.

Zielführende Maßnahmen

Zur Umsetzung des Leitbildes steht uns eine ganze Reihe von Maßnahmen zur Verfügung, die jeweils einem oder mehreren Zielen des visionären Leitbildes bzw. den historischen Landnutzungsprinzipien zugeordnet werden können:

- Die Aufgabe der Nutzung von land- und forstwirtschaftlichen Flächen, Rückzug des Menschen (*natürliche Prozesse*)
- Extensivierung; z.B. weniger Schnitte, späterer erster Schnitt, Fleischrinderhaltung (*Ressourcenschutz, Niedrig-Energie-Wirtschaft*)
- Wechsel von Nutzung und Nichtnutzung, etwa an Gewässerrändern (*hin und wieder*)
- Pflege von Kulturformationen, z.B. von Streuwiesen; wichtig: nach neuem ökonomischen Nutzen suchen! (*Identitätswahrung, Artenschutz*)
- Bedarfsnutzung zulassen, z.B. in Kiesgruben, um die »Kratzspuren« nicht vernarben zu lassen (*hin und wieder, hier und dort*)
- Wiederaufnahme alter Bewirtschaftungsmethoden, etwa in der Form, schwebstoffreiches Wasser aus ablaufenden Fischweihern im Herbst, also außerhalb der Nutzungsperiode,

Zukünftige Kulturlandschaft aus der Tradition heraus

Abbildung 10: Entwässerte Niedermoorböden in der Gründlenniederung

auf Wiesen zu verrieseln (*Minimierung von Stoffverlagerungen, Akkumulation statt Austrag, Vermeidung von »Ab«wasser*)

- Veränderungen des Wasserhaushalts, ggf. unterstützt durch wasserbauliche Eingriffe (*Retention, Minimierung von Stoffverlagerungen, Akkumulation statt Austrag, Schutz der Moorböden vor Mineralisation, Harmonisierung des Grundwassergangs und der Abflüsse*)

- Aufheben von Quellfassungen, Sanierung der Quellbereiche (*Vielfalt, Arten- und Biotopschutz*)

- Renaturierung von Fließgewässern (*natürliche Prozesse, Renaturierung landschaftlicher Funktionen*)

- Initialpflanzungen (*Vielfalt*)

Wenn diese Maßnahmen gezielt, also auf die vorhandenen standörtlichen und biotischen Potentiale bezogen, in der Landschaft eingesetzt werden, stellt sich die Frage, wie sie sich auf Tier- und Pflanzenlebensgemeinschaften auswirken und welche Strukturen sich mutmaßlich einstellen werden. Was die Pflanzengemeinschaften angeht, so lassen sich halbwegs realistische Prognosen abgeben, wenn wir die Kartierung des Status quo mit den Erkenntnissen der Sukzessionsforschung verknüpfen. Einige der im Gebiet prognostizierbaren Vegetationsformen können genannt werden: Nährstoffreiche Feuchtwiesen vom Typ der Sumpfdotterblumenwiese, Pfeifengras-Streuwiesen, Hochstaudenfluren (z.B. mit *Filipendula ulmaria, Cirsium oleraceum*), Großseggenrieder (z.B. aus *Carex rostrata, Carex gracilis, Carex acutiformis* u.a.), Röhrichte (z.B. aus *Phragmites australis*), Quellfluren als rieselfeuchte Flächen mit Kalktuffbildung, grasdominierte Streifen mit dichter werdenden

Zukünftige Kulturlandschaft aus der Tradition heraus

Abbildung 11: Begradigter und tiefgelegter Bachlauf in intensiv genutztem Grünland auf stark entwässerten Niedermoorböden südlich Kißlegg

Gebüschen auf Böschungen und Stufenrainen, Annuellenfluren, Ruderalfluren, Weidengebüsche, Naßwälder (z.B. Bruchwälder).

Zwei Beispiele

In einem weiteren Schritt werden nun die genannten Ziele auf zwei Landschaftsausschnitte übertragen, so daß ein konkretes, zielgerichtetes, flächenscharfes Leitbild entsteht, das man sukzessive umsetzen kann.

1. Beispiel: Die Gründlenniederung nördlich von Kißlegg

Hier vereinigen sich die Gründlenach und die Immenrieder Ach zur Kißlegger Ach, die dann unterhalb von Kißlegg Wolfegger Ach heißt.

Zukünftige Kulturlandschaft aus der Tradition heraus

Abbildung 12: Gebüsch, Wegrain und schmale Uferstreifen in einem ansonsten intensiv genutzten Talabschnitt der Wolfegger Ach südlich Kißlegg

Charakteristika des Ist-Zustandes (Abbildung 13): Bäche sind begradigt, teilweise verlegt, tief eingeschnitten; Ufererosion, hohe Schwebstofführung, schlechte Gewässergüte; Quellen sind gefaßt, die Niederung ist weitgehend mit Drainagen und Gräben entwässert (s. Abbildung 10); Torfsackung und Torfschwund; »Ausbluten« des Gründlenrieds an der tief eingeschnittenen Gründlenach; überwiegend intensive Grünlandnutzung.

Entwickelbare Potentiale (Abbildung 13): Degradierte Quellbereiche, Böschungen, Stufenraine, ehemalige Torfstiche, Großseggen- und Röhrichtbestände, Streuwiesenreste, feuchtepräferente Arten in Fettwiesen (z.B. *Carex rostrata, Carex disticha, Scirpus sylvaticus*).

Maßnahmen, Entwicklungsziele (Abbildung 14): Einbau von zwei rauhen Rampen aus senkrecht eingerammten Rundhölzern in die Immenrieder Ach und den Moosbach als billige Eingriffe mit großer Flächenwirkung, Vereinigung der Bäche im Taltiefsten, Aufstau bzw. Teilverfüllung der Gründlenach; daraus eingeschränkte Nutzbarkeit der Flächen, Vernässung, häufigere Überschwemmungen, Sedimentation, Akkumulation, Retention. Geschiebeführender Bach, der orographisch von rechts der Immenrieder Ach zufließt, soll seine Dynamik wieder erhalten und einen Schwemmkegel ausbilden; das sommerkalte, calciumhydrogenkarbonatreiche Wasser bleibt möglichst lang getrennt von der sommerwarmen, braunen, schwebstoffreichen Gründlenach. Keine Bach- und Grabenräumungen im Rückstaubereich der Rampen. Bachbepflanzungen nur initial im Wirtschaftsgrünland, ansonsten spontane Entwicklung. Ausbildung eines rieselfeuchten Hanges mit differenzierter Vegetationsentwicklung aus dem Potential. Aufgabe der Nutzung auf Böschungen und

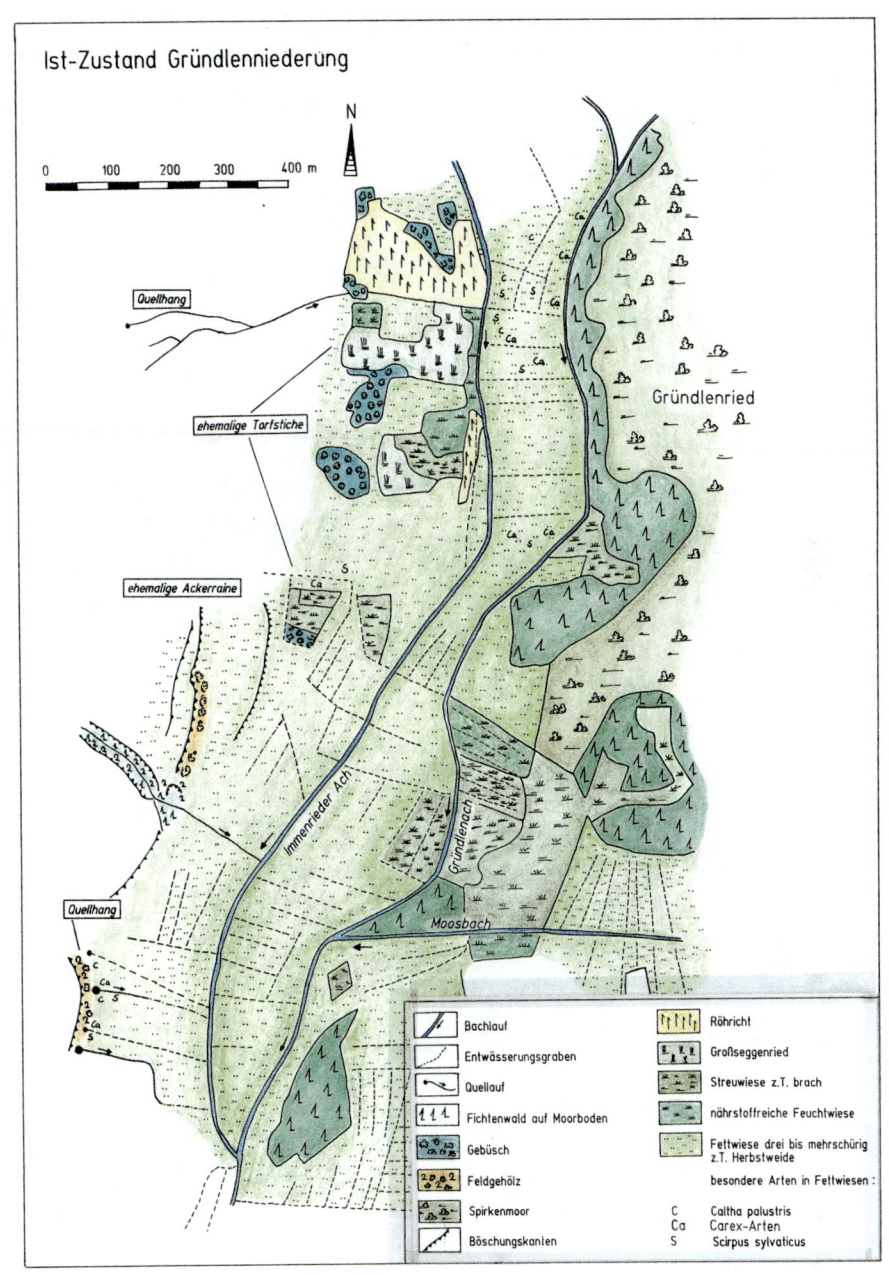

Zukünftige Kulturlandschaft aus der Tradition heraus

Abbildung 13: Ist-Zustand der Gründlenniederung oberhalb von Kißlegg mit ihrem abiotischen und biotischen Potential

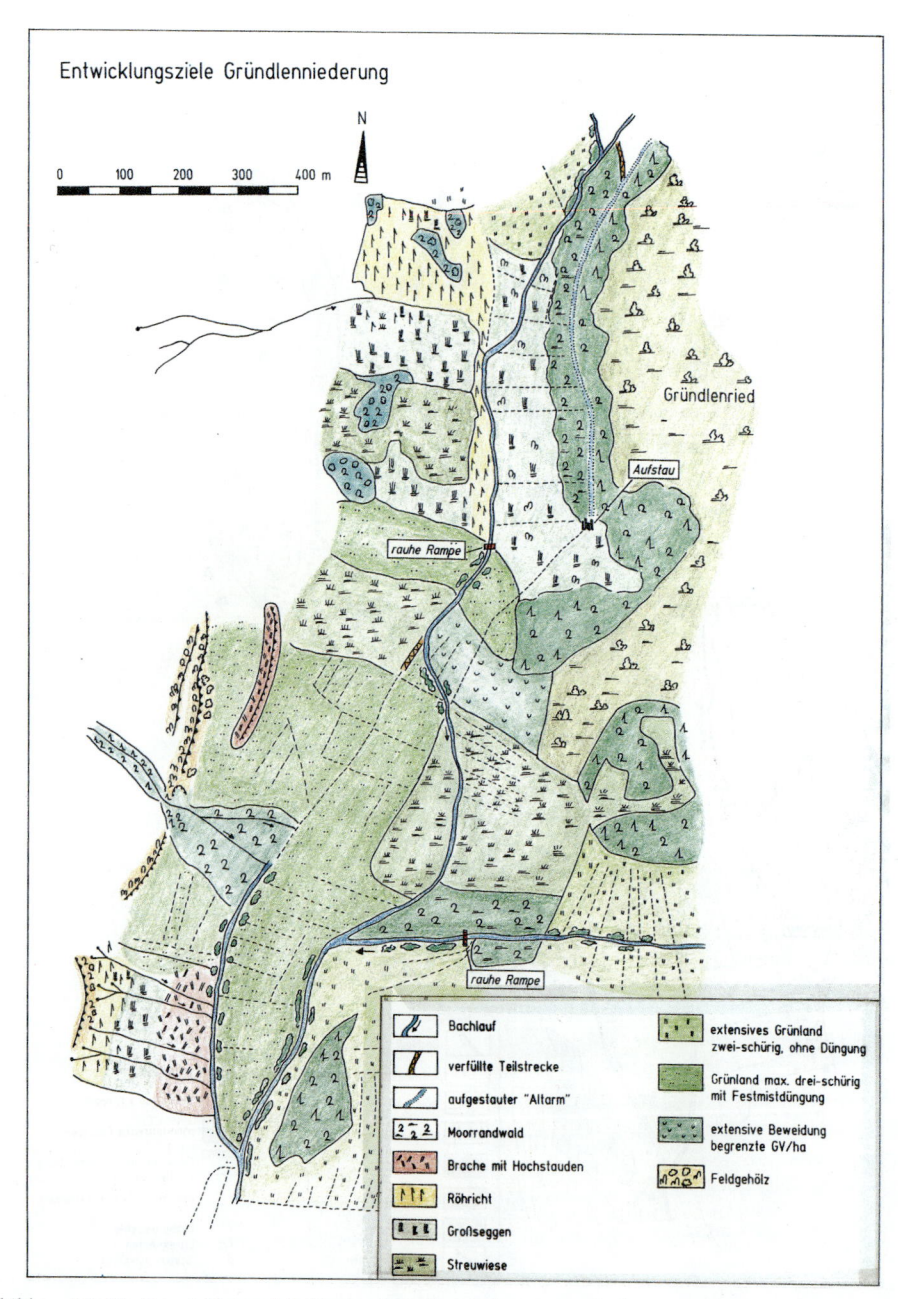

Zukünftige Kulturlandschaft aus der Tradition heraus

Abbildung 14: Die Entwicklungsziele für die Gründlenniederung oberhalb von Kißlegg

Stufenrainen. Ausdehnung der Streuwiesenflächen. Nutzung des Wirtschaftsgrünlandes auf weniger intensivem Niveau, extensive Weidewirtschaft gezielt fördern; Ausweisung von Puffern zu den Gewässern. Monotone Fichtenforste umbauen.

2. Beispiel: Tal der Wolfegger Ach unterhalb von Kißlegg

Charakteristika des Ist-Zustandes (Abbildung 15): Ganzes Tal extrem ausgeräumt und strukturarm; die Ach ist begradigt und tiefer gelegt, es gibt keinerlei Ufergehölze; Quellgräben sind verrohrt, zumindest aber begradigt; das Tal ist vollständig entwässert (s. Abbildung 11); alle Wälder sind Fichtenforste; nahezu undifferenzierte, intensive Grünlandwirtschaft; an vielen Stellen wilde Ablagerungen und Auffüllungen.

Entwickelbare Potentiale (Abbildung 15 und Abbildung 12): Auf kleinen Flächen ausgeprägtes Mikrorelief, Stufenraine, Kiesgruben und Kiesentnahmen, gefaßte Quellen, Entwässerungsgräben; Aue mit Niedermoortorfen; kleiner Schilfbestand, kleine Ruderal- und Hochstaudenfluren, im Wirtschaftsgrünland nur sehr wenige feuchtepräferente Pflanzenarten.

Maßnahmen, Entwicklungsziele (Abbildung 16): Da in diesem Raum das Potential insgesamt sehr gering ist, gehen die Ziele primär in Richtung Ressourcenschutz (Moorboden, Wasser) und Renaturierung landschaftlicher Funktionen. Es gilt abzuwarten, was sich im Lauf der Zeit einstellt und dann weiter entwickelt werden könnte. Im einzelnen: Zwei Sohlanhebungen in der Ach um jeweils etwa 0,5 m. Dadurch gehen Hochwässer mit geringerer Jährlichkeit über die Ufer, aber es wird nicht großflächig vernäßt; die landwirtschaftlichen Flächen bleiben nutzbar. – Einstau der Entwässerungsgräben im Winterhalbjahr (Montage einer einfachen Stauvorrichtung); Reduzierung der Grabenpflege, partielle Bepflanzung der Achufer, dadurch Dynamisierung des Profils ohne bauliche Eingriffe; Öffnung der gefaßten Quellen, Entwicklung von Quell- und Staudenfluren; keine oder nur sporadische Nutzung/Mahd von Grabenrändern, Stufenrainen, Böschungen, Hangkanten und Zwickeln; Pflanzungen zu einer bereits kurzfristigen strukturellen Aufwertung der Gegend; Bedarfsnutzung der Kiesgruben; Umbau der Fichtenforste, an den Talhängen sollten auch Aufforstungen mit den passenden Laubgehölzen möglich sein. Extensivierung der Grünlandnutzung in Hanglage (Oberflächenabfluß, Erosion!) und in der Aue auf Niedermoortorf; Wiese und Weide möglich.

Akzeptanz und Kooperation

Es könnte nun der Einwand kommen, dies sei zwar alles wissenschaftlich fundiert und planerisch ausgefeilt, das ganze sei aber doch abgehoben und fernab von jeder Umsetzungschance. Und was die Betroffenen davon hielten. – Mit solchen Einwänden werden die landschaftsökologischen Planer in die Realität des Alltags zurückgeholt. In diesem Stadium wird in das Verfahren ein politischer und gesellschaftlicher Filter eingesetzt, in dem mehr oder weniger hängen bleibt, je nach dem, wie gut der Umgang miteinander ist.

Wir haben folgenden Weg eingeschlagen und als erfolgversprechend empfunden: Es wurde von Beginn an mit offenen Karten gespielt in enger Kooperation mit den Auftraggebern. Dies gilt allerdings zunächst nur für die Gründlenniederung nördlich von Kißlegg, wo das Verfahren schon am weitesten fortgeschritten ist. Die Planung war und ist zu einem Gutteil ein *argumentativer Prozeß* (dazu RITTEL 1992), und es wurde nie der Eindruck vermittelt, es sei irgendetwas schon endgültig festgelegt. Alle Verursacher von Problemen und

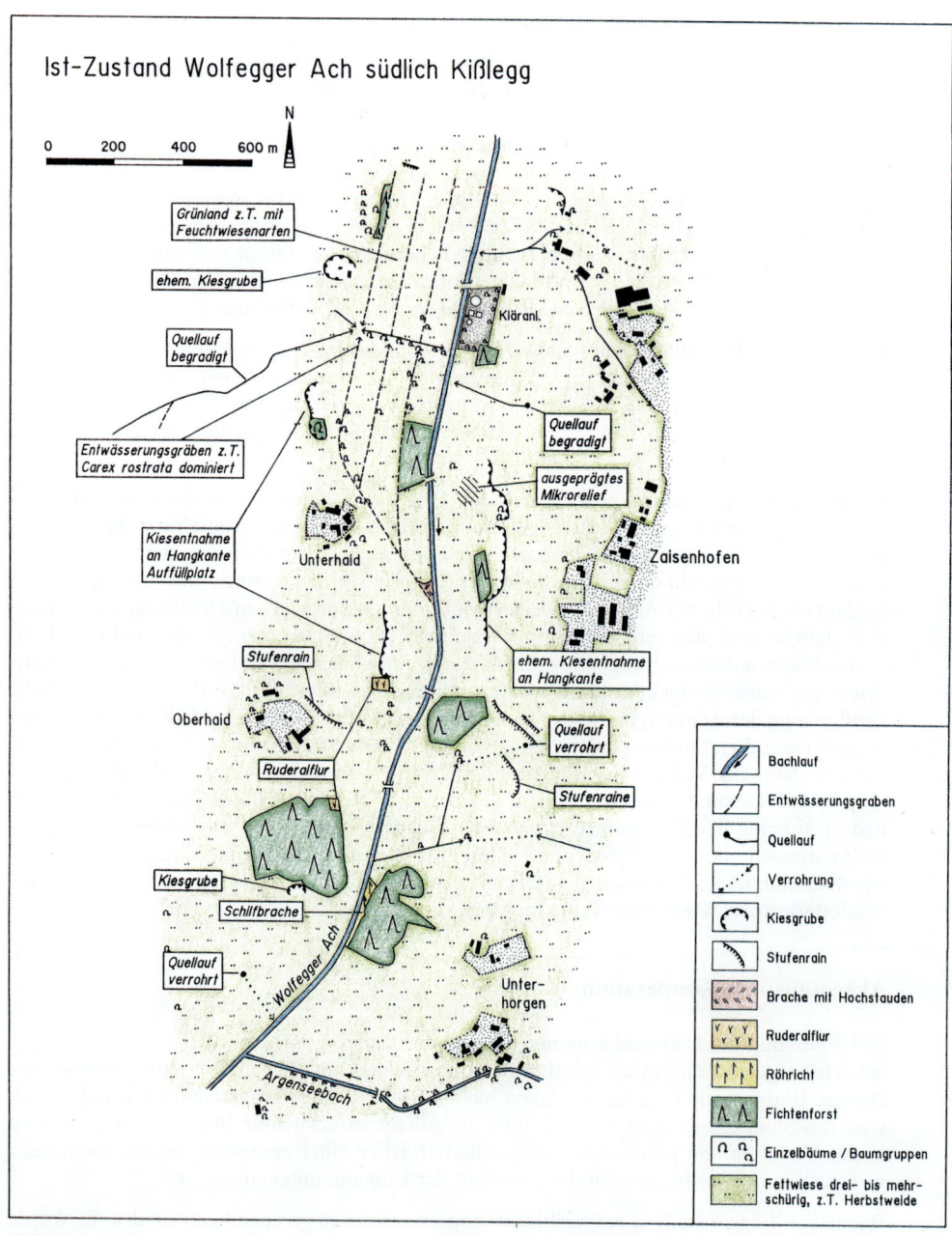

Zukünftige Kulturlandschaft aus der Tradition heraus

Abbildung 15: Ist-Zustand des Wolfegger Achtales südlich von Kißlegg mit seinem abiotischen und biotischen Potential

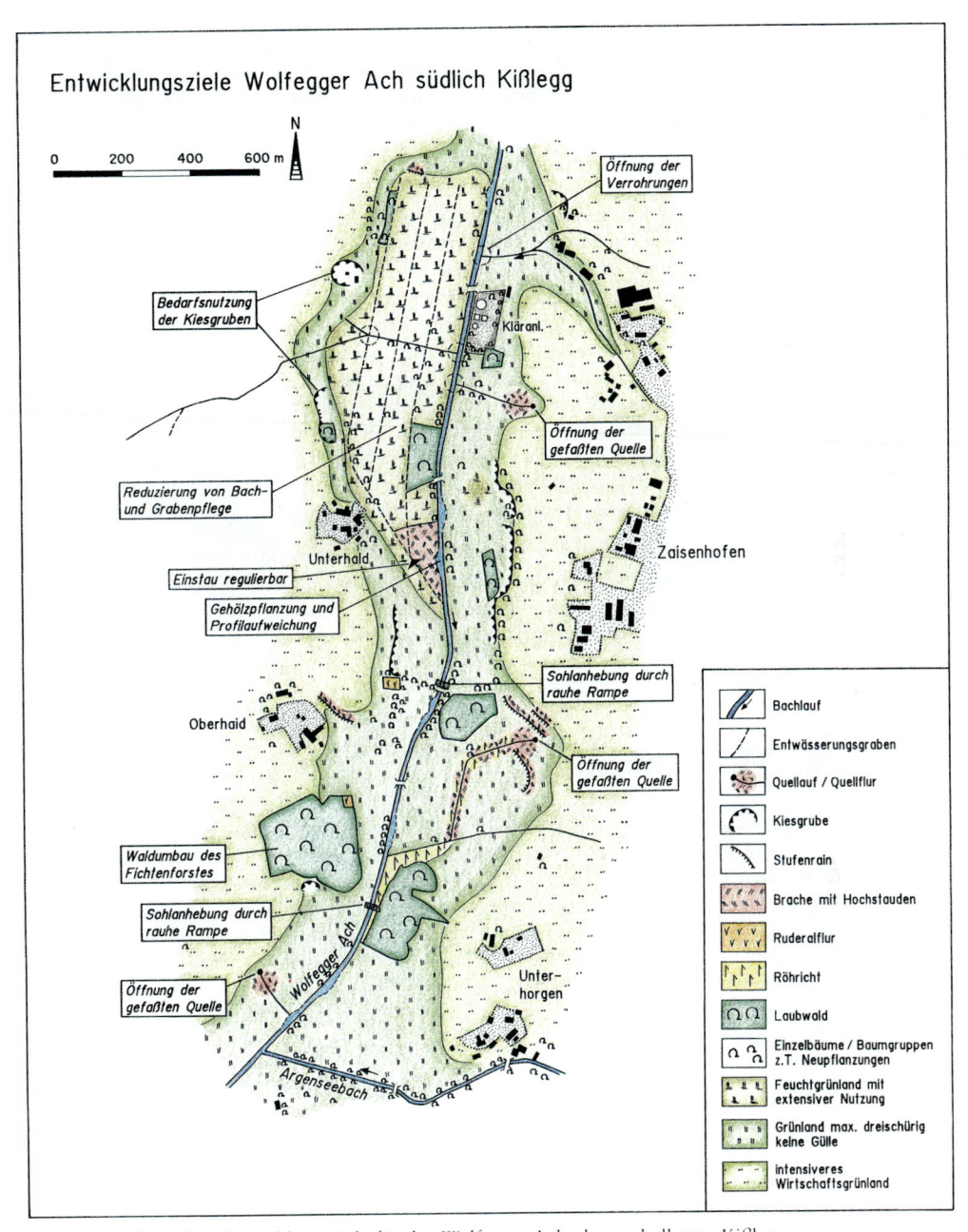

Zukünftige Kulturlandschaft aus der Tradition heraus

Abbildung 16: Entwicklungsziele für das Wolfegger Achtal unterhalb von Kißlegg

Belastungen wurden beim Namen genannt (Wasserwirtschaft, Wasserbau, Sportfischerei, Landwirtschaft, private Haushalte) und es gab keine einseitigen Schuldzuweisungen. Eine integrierte Planung wie die vorliegende erleichtert sicherlich fast automatisch manche Umsetzung, da man als Planer mehrere Partner hat, die ihrerseits auch untereinander zumindest partiell gemeinsame Interessen haben (»Risikoverteilung« nach RITTEL 1992).

Es gab während der Geländearbeit viele persönliche Kontakte mit den Ortsansässigen. Insofern hat die Geländearbeit auch eine nicht zu unterschätzende soziale und vertrauensbildende Funktion. Wir saßen zusammen mit Vertretern des Bauernverbandes und der Landwirtschaftsverwaltung, mit dem Wasser- und Bodenverband, in dem die direkt Betroffenen organisiert sind, mit der Wasserwirtschaft, dem Naturschutz, der Gemeindeverwaltung und dem Gemeinderat. Der Bürgermeister steht voll und ganz hinter der Sache, was sehr vieles erleichtert. – Daraus ergibt sich für uns die an und für sich ganz banale Erkenntnis, daß der Erfolg einer Planung mit dem Aufwand, den man während der Planerstellung in Kontakte und Abstimmungsgespräche steckt, steht und fällt. Die »Betroffenen« werden hierbei oftmals zu sehr konstruktiven Ideenträgern. Überspitzt formuliert dies RITTEL (1992, S.49): »Die besten Experten mit dem besten Wissen sind in der Regel diejenigen, die von einer Lösung möglicherweise betroffen sind. Deshalb sollte man die Betroffenen und nicht die Experten fragen«.

Um in die große Fülle von Einzelmaßnahmen und Wirkungen eine Struktur hineinzubringen und um damit für alle Beteiligten zeitlich und finanziell einen Rahmen abzustecken, haben wir Prioritätenlisten von Maßnahmenkomplexen aufgestellt, Flächen, die von Stillegung oder Extensivierung betroffen wären, quantifiziert und für die einzelnen Maßnahmenbündel Zeithorizonte gesetzt.

Rechtliche Möglichkeiten

Wir haben in unserer Arbeitsgruppe auch Überlegungen angestellt, wie man am besten vorgehen könnte, um die zum Beispiel von Vernässung und Stillegung betroffenen Flächen im gewünschten Sinn ausgliedern oder umwidmen zu können. Für sehr gut hielten wir es, wenn bei den Gemeinden eine Art *Flächenbörse* eingerichtet werden könnte, über die – wenn etwa ein Betrieb aufgibt – Tausch und Kauf vermittelt werden könnten. Bei komplexen und zusammenhängenden Vorhaben wäre eine *Zweckflurbereinigung* denkbar, innerhalb derer z.B. künftig nicht mehr nutzbare Flächen im Gewässer- oder Überschwemmungsbereich zusammengelegt werden könnten. Mittlerweile ist in diesem Sinne ein Verfahren zur *beschleunigten Zusammenlegung* von Flächen eingeleitet worden.

Statt des heute noch üblicherweise praktizierten Flächenaufkaufs durch die öffentliche Hand wäre es möglich, den Eigentümern die derzeitige Nutzung abzukaufen und die neu festzulegende Nutzung oder Nicht-Nutzung als *Grunddienstbarkeit* im Grundbuch einzutragen. Diese Grunddienstbarkeit müßte prinzipiell auch ablösbar sein. Je nach Grad der Nutzungsveränderung müßte der Preis festgelegt werden. Für eine Stillegung etwa müßte der Preis in der Nähe des Verkaufspreises liegen. Eine solche Lösung hätte den Vorteil, daß sich der Eigentümer nicht von seinem Grund und Boden trennen müßte – dies wäre eine wichtige psychologische Wirkung – und zum anderen, daß der Verwaltungsaufwand der öffentlichen Hand minimal wäre gegenüber der Praxis, immer wieder kurzfristige Verträge abzuschließen, oder aber, das Land zu kaufen, um es anschließend mit Auflagen wieder zu verpachten.

Ein rein marktwirtschaftlicher Ansatz wäre es, daß Eigentümer die Umnutzung von Grundstücken anbieten – zur Vernässung und Brachlegung von gewässernahen oder steilen Hangflächen – und die öffentliche Hand als Nachfrager auftritt, daß also Angebot und Nachfrage den Preis regeln. Letztlich entscheidend ist jedoch, daß alle Maßnahmen den eingangs formulierten Zielen dienen.

Danksagung

Für die Finanzierung des Projekts danken wir sehr herzlich dem Umweltministerium Baden-Württemberg und dem Regierungspräsidium Tübingen. Wichtige Teilbeiträge geliefert haben Dipl.-Biol. Hildegard Lott, Dipl.-Biol. Susanne Stabrey, Dipl.-Ing.agr. Sigrid Metzler, Dipl.Agr.Biol. Bettina Brandt, Dipl.Agr.Biol. Franz Bühler und Dipl.-Ing.agr. Harald Kiefer, die innerhalb des Projekts ihre Diplomarbeiten gemacht haben. Auch ihnen sei herzlich gedankt.

Literatur

BRAUN, U., BUTTSCHARDT, T. & U. VIETING, 1993: Kommunale Biotopvernetzung – Erfahrungen aus Baden-Württemberg am Beispiel Walzbachtal. – Naturschutz und Landschaftsplanung 25(2): 45-51

DURWEN, K.-J., 1995: Naturraum-Potential und Landschaftsplanung. – Nürtinger Hochschulschriften Nr. 13, 44-82

ELLENBERG H., H.E. WEBER, R. DÜLL, V. WIRTH, W. WERNER, D. PAULISSEN, 1991: Zeigerwerte von Pflanzen in Mitteleuropa. – Scripta geobotanica XVIII. Verlag Erich Goltze KG, Göttingen.

ESER, U., C. GRÖZINGER, W. KONOLD & P. POSCHLOD, 1992: Naturschutzstrategien. Primäre Lebensräume – Sekundäre Lebensräume – Ersatzlebensräume und ihre Lebensgemeinschaften. Ansätze für eine Neuorientierung im Naturschutz. – Veröff. PAÖ, Bd. 2: 103 S. (Karlsruhe)

FREYER, H., 1990: Landschaft und Geschichte. – In: GRONING, G. & U. HERLYN (Hrsg.): Landschaftswahrnehmung und Landschaftserfahrung. Arbeiten zur sozialwissenschaftlich orientierten Freiraumplanung, Bd. 10, minerva publikation, München.

GANZERT, C., 1992: Eine intelligente energie- und nährstoffeffiziente Naturnutzung. – Zum Leitbild einer nachhaltigen Landwirtschaft. – Naturschutzforum, Beiheft: 53-66

HAMPICKE, U., 1988: Extensivierung der Landwirtschaft für den Naturschutz – Ziele, Rahmenbedingungen und Maßnahmen. – Schriftenr. Bayer. Landesamt f. Umweltschutz 84: 9-35

KORNECK, D. & H. SUKOPP, 1988: Rote Liste der in der Bundesrepublik Deutschland ausgestorbenen, verschollenen und gefährdeten Farn- und Blütenpflanzen und ihre Auswertung für den Arten- und Biotopschutz. – Schriftenreihe für Vegetationskunde 19 (Bonn-Bad Godesberg)

MAYERL, D., 1990: Die Landschaftspflege im Spannungsfeld zwischen gezieltem Eingreifen und natürlicher Entwicklung – Natur und Landschaft 65(4): 167-175

PFADENHAUER, J., 1990: Renaturierung von Agrarlandschaften – Begründung, Konzepte, Maßnahmen als Aufgabe ökologischer Naturschutzforschung. – Laufener Seminarbeitr. 3/90: 40-44

RINGLER, A., 1992: Aufbruch zur naturschutzorientierten Landnutzung. – Naturschutzreport (Jena) 4/92: 141-159

RITTEL, H.W.J., 1992: Zur Planungskrise. Systemanalyse der »ersten und zweiten Generation«. – In: Planen, Entwerfen, Design: Ausgewählte Schriften zu Theorie und Methodik: 37-58 (Stuttgart)

SCHERZINGER, W., 1990: Das Dynamik-Konzept im flächenhaften Naturschutz. Zieldiskussion am Beispiel der Nationalpark-Idee. – Natur und Landschaft 65(6): 292-298

SCHWINEKÖPER, K., P. SEIFFERT & W. KONOLD, 1992: Landschaftsökologische Leitbilder. – Garten und Landschaft 6/92: 33-38

SEIFFERT, P., K. SCHWINEKÖPER, K. WURM & W. KONOLD, 1993: Integrierte Gewässerentwicklungsplanung am Beispiel der Kißlegger Ach (Landkreis Ravensburg). – Verh. Ges. Ökologie (Zürich 1992) 22: 289-294

SEIFFERT, P., K. SCHWINEKÖPER & W. KONOLD, 1994: Analyse und Entwicklung von Kulturlandschaften. Das Beispiel Westallgäuer Hügelland. – Umweltforschung in Baden-Württemberg, ecomed verlagsgesellschaft, Landsberg: 456 S.

WÖBSE, H.H., 1992: Historische Kulturlandschaften. – Garten und Landschaft 6/92: 9-13

WURM, K., 1995: Limnologische Untersuchungen im Einzugsgebiet des Obersees und des Zeller Sees (Gemarkung Kißlegg) im Rahmen des Aktionsprogramms zur Sanierung oberschwäbischer Seen. – Unveröff. Abschlußbericht an das Reg.präs. Tübingen.

Stichwortverzeichnis

Aalen 240
Abbaufläche 292
Abfall 293
Abgabe,
- grundherrliche 42
Abiotisch 294, 305
abiotisches Potential 291
Absatzmarkt 282
Abtorfung 166
Abwärme 250, 251
Abwasser 176, 232, 293
Abwasserentsorgung 259, 271
Abwasserkanal 27
Acker 32, 33, 35, 36, 38, 40, 50, 64, 79, 85, 100, 104, 106, 107, 109, 111, 126, 127, 129, 130, 142, 148, 193, 205, 209, 212, 243, 249, 250, 295
Ackerbau 41, 43, 51, 63, 64, 65, 78, 79, 90, 103, 127, 138, 139, 166, 169, 175, 192, 207, 216, 218, 262, 264, 268, 271, 290
Ackerbaugebiet 186
Ackerbeet 33
Ackerberge 106, 107
Ackerbrachen 212
Ackerbürger 231
Ackerende 106
Ackerfläche 79, 83, 107, 110
Ackerland 100, 106, 107, 109, 110, 114, 198
Ackernutzung 109, 264
Ackerrain 106
Ackerrandstreifen-Programme 58
Ackerterrassen 103, 108
Adelegg 126
Ägypten 138
Ästhetik 19, 29, 39, 45, 49, 59, 61, 62, 64, 190
Agrarberatung 285
Agrarfördermittel 61
Agrarförderung 62
Agrarkultur 192
Agrarlandschaft 33, 43, 45, 49, 65, 229, 231, 236, 237, 238, 239, 240
Agrarmarktpolitik 57
Agrarmorphologie 115
Agrarökonomie 92
Agrarpolitik 48, 62, 77, 91, 284, 286
Agrarreform 28, 31, 37, 38, 40, 41, 274, 281
Agrarstruktur 54, 57, 78, 82, 88, 92, 95, 131, 274, 285

Agrarsubvention 64, 65
Agrarwirtschaft 28
Agrikultur 40, 43, 126
Akkumulation 291, 302, 304
Akzeptanz 72, 273, 275, 278, 284, 286
Akzeptanzforschung 281, 284
Albtrauf 142
Alemannisch 203
Algershofen 204
Alkimoennis 201
Allee 102, 137
Allgäu 50, 60, 63, 121, 124, 125, 126, 127, 129, 130, 131, 132, 133, 135, 161, 162, 167, 180, 185, 191, 192, 194, 195, 198
Allmend 35, 36, 101, 104, 110, 114, 130, 139, 130, 139, 140
Allmendeweide 177
Alpen 29, 180
Alpenvorland 192, 193, 289
Altdorfer Wald 127
Alterthum 37
altkeltisch 201
Altmoränenlandschaft 169, 174
Altsteinzeit 174
Altwasser 205, 207, 208, 209, 211
Amhpibien 301
Ammersee 28, 31
Analyse,
- historische 293
- landschaftsökologische 285
Anden 109
Anmoorboden 212
Annuellenflur 303
Anthropogeographie 115
Anwand 33, 102, 103, 104, 106, 107, 109, 129
Arbeitsproduktivität 52
Argenbühl 179, 196
Arnikawiese 56
Arrondierung 40
Artenarmut 46
Artenreichtum 42, 48, 49, 50, 52, 60, 61, 64, 68, 88, 91, 148, 149, 167
Artenrückgang 27, 46, 254
Artenschutz 92, 116, 156, 198, 241, 269, 290, 291, 292, 301, 302
Artenschutzprogramm 92
Artenschwund 27
Atmosphäre 14, 16, 62, 63, 164

Aue 34, 78, 188, 201, 203, 204, 208, 212, 213, 217, 225, 234, 235, 239, 254, 255, 291, 294, 297, 307
Aufforstung 53, 57, 64, 65, 134, 158, 260, 264, 269, 274, 307
Aufklärer 28, 37, 38
Ausgleichsleistung 241
- ökologische 240
Ausgleichszahlung 63
Ausgleichszulage 66
Ausleitung 213
Ausleitungsstrecke 225
Ausmagerung 198
Auwald 207, 208, 211, 216

Bachaue 299, 300
Bachsäume 298
Bad Buchau 167, 175
Baden 140, 263
Baden-Württemberg 69, 141, 142, 152, 176, 196, 201, 225, 251, 261, 264, 272, 274
Badetorfgewinnung 171
Bad Schussenried 167
Bad Waldsee 167
Bad Wurzach 167
Bahntrasse 237
Ballungsraum 251
Bannwald 53
Basel 231
Bauleitplanung 234, 256, 260, 266, 267, 272
Baumäcker 140
Baumgarten 101, 114
Bayern 21, 28, 30, 36, 50, 69, 70, 196, 219, 274
Bebauungsplan 249, 256, 260, 267
Beetpflug 105
Begradigung 133, 177
Beiertheim 236
Beizkofen 204
Belastbarkeit 254
Benediktbeuren 78, 79, 82, 83, 86, 87
Berchtesgaden 262
Bergbau 53, 264, 268, 271
Bergwerk 264
Berlin 65, 141, 249
Besömmerung 36
Betriebsmittel,
- ertragssteigernde 94
Betriebsstruktur 52
Betriebswirtschaft 49, 50, 69
Bevölkerungswachstum 43

313

Stichwortverzeichnis

Bewässerung 177, 204, 209, 266
Bewässerungsanlage 108, 213
Bewässerungsgraben 102, 209
Beweidung 170, 207, 269
Bewertungsmethode,
- landschaftsökologische 285
Biberach 162
Bifang 103, 105, 106
Bildstock 125
Binzwangen 204, 209, 210, 213, 214, 215, 217, 218, 219
Biocoenose 240, 241
Biodiversität 47, 52, 63, 93, 99, 109, 116
Biologie 23
biologisch-organisch 52
Bio-Ökologie 14, 15, 16
Biosphäre 13, 14, 16, 24
Biosphärenreservat 77
biotische Ressourcen 50
Biotop 27, 31, 33, 53, 63, 67, 148, 191, 196, 199, 262, 269, 271, 275
Biotopkartierung 253, 301
Biotopschutz 92, 116, 241, 269, 291, 302
Biotopschutzgesetz 196
Biotopverbund 256
Biotopverbundsystem 254
Biotopvernetzung 60, 274
Biotopwert 152
Biozide 152
Blochingen 204
Boden, hydromorpher 294
Bodenerosion 99, 107, 108, 147
Bodenfruchtbarkeit 236
Bodenkunde 18
Bodennutzung 78, 79, 83, 85, 87, 88
Bodennutzungserhebung 263
Bodennutzungsstruktur 82, 85
Bodennutzungsveränderung 77, 83
Bodenschutz 260, 290
Bodensee 194
Bodenstörung 237
Bodenstreu 126
Bodenstruktur 298
Bodenverband 310
Bodenwasserhaushalt 206, 207
Böblingen 231
Böblingen/Sindelfingen 240
Böhmen 106
Bördenlandschaft 290, 292
Böschung 121, 129
Bollenbach 235, 236
Bollenbachtal 235
Borstgrasheide 56
Botanik 18
Brach 35, 36, 66, 91, 122, 134, 169, 175, 193, 259, 262, 295
Brachacker 31

Brachfeld 33, 41, 43, 192, 208
Brachfläche 83, 88, 121, 250
Brachlegung 311
Brachweide 33
Brandenburg 65
Braunschweig 244, 245, 248, 249
Brennholzgewinnung 204
Brenntorfgewinnung 161, 171
Bronzezeit 175
Bruchwald 254, 303
Brühle 204
Brutgebiet 191
Bünten 101
Bulach 236
Bundesnaturschutzgesetz 241

Cannstatt 231
Contingent Valuation 60, 61

Dauerbrach 63
Dauergrünland 110
Daugendorf 204
Daxlanden 236
Deckenschotter-Riedel 125
Dendrochronologie 203
Denkmalpflege 26 C261
Deponien 245
Desinvestition 52
Deutschland 28, 53, 61, 67, 78, 85, 141, 195, 229, 280
Diversifizierung 93
Diversität 116
Donau 169, 177, 201, 202, 203, 204, 205, 206, 207, 208, 211, 213, 216, 217, 218, 219, 220, 221, 222, 223, 224
Donauaue 203, 207, 209, 218, 221
Donaumoos 30, 166
Donauniederung 206
Donaurieden 205
Donau-Schwarzach-Niederung 225
Donautal 203, 210, 214, 215, 225
Dorferneuerung 55
Dorfgemarkung 122, 293
Dränage 105, 115
Dreifelderwirtschaft 101, 114, 122
- verbesserte 208
Dresden 141
Dümmerniederung 78, 84, 85
Dünger 63, 238
- wirtschaftseigener 79
Düngerwirtschaft 209
Düngung 52, 239, 266
Durchströmungsmoor 169
Durchströmungsmoore 177, 178

Egartwirtschaft 78, 79

Eglofs 196
Ehingen 205, 208, 223
Eigenart 20
Eindeichung 28
Eingriff 293
- wasserbaulicher 302
Eingriffsregelung 272
Einöde 130
Einstreu 32, 70, 79, 127, 186, 193, 194, 198, 209
Einzelhofstruktur 235
Eisenzeit 203
Eiszeit 138, 162, 164, 169, 174, 177
Elemente,
- agrarmorphologische 101
Ellwangen 240
Emission 238
Endmoränenlandschaft 169, 179
Energieeinsatz 86, 87, 88
Energiereserve, fossile 42
Energieversorgung 42, 232
Engadin 109
Ennetach 209
Entscheidungstheorie 47
Entsiegelung 241
Entsorgungseinrichtung 232
Entsorgungsfläche 241
Entsorgungsinfrastruktur 236
Entsorgungsstraße 245
Entwässerung 86, 87, 115, 121, 132, 133, 164, 166, 170, 177, 302
Entwässerungsgraben 127, 189, 196, 209, 307
Entwicklungskonzept 259, 267, 270, 271
Entwicklungsprojekt 282
Entwicklungsziel 309
Erbach 205
Erbe, kulturhistorisches 115
Erdatmosphäre 164
Erfolgskontrolle 286, 291
Erholung 145, 239, 245, 249
Erholungseinrichtung 262, 268
Erholungsfunktion 241, 255
Erholungssuchende 262
Erisdorf 209
Erosion 123, 133, 167, 177, 203, 208, 307
Erosionsschutz 116
Ersatzmaßnahmen 249
Ertingen 204, 209, 217, 219
Ertingen/Waldhausen 213
Ertragsoptimierung 42
Erwerbsobstbau 141, 142, 144, 152, 156
Erzabbau 101
Erzverhüttung 101
Esslingen 231, 240
Ethik 46, 47, 59
Entwicklungspotential 294

314

Stichwortverzeichnis

Europa 29, 30, 88, 229
Eutrophierung 147, 176, 179, 222
Evolution,
- kultürliche 123
- kulturelle 93
Extensiv 43, 52, 58, 63, 64, 67, 68, 85, 130, 148, 164, 177, 186, 189, 254, 307
Extensivgrünland 72, 296
Extensivierung 52, 55, 62, 63, 66, 241, 269, 274, 301, 307, 310
Extensivierungsförderung 50
Extensivierungsmaßnahme 71, 274
Extensivierungsprämie 69
Extensivierungsprogramm 62
Extensivlandschaft 65
Extensivwirtschaft 62

Fachplanung 274, 289
Faschinen 207
Federsee 174, 175, 176
Federseebecken 174, 177
Federseeried 169, 174
Feldflur 33, 54, 57, 129, 130, 137, 141, 238
Feldgehölz 102, 241
Feldgraswirtschaft 264
Feldkreuz 125
Feldrain 45, 58, 130
Fellbach 238
Fellbach/Waiblingen 240
Festmist 87
Fettwiese 63, 191, 235, 304
Feuchtbiotop 148
Feuchtboden 186
Feuchtgebiet 164, 243
Feuchtgrünland 64, 218
Feuchtlebensraum 213
Feuchtökotop 209, 213, 217
Feuchtwiese 128, 134, 174, 177, 190, 191, 195, 212, 254, 301
Feudalismus 40, 232
Feuerlöschteich 130, 131
Fichtenaufforstung 177
Fichtenforst 299, 300, 307
Filder 238
Filderstadt 240, 251
Fischerei 170
Fischfauna 301
Fischweiher 209, 301
Flächenbörse 310
Flächennutzung,
- vielfältige 255
Flächennutzungsplan 234, 243, 245, 248, 249, 255, 256, 267
Flächenstillegung 63, 274
Fleischrinderhaltung 301
Flensburg 262
Flößerei 127

Floßstraße 127
Flügelginsterweide 269
Flugsand 53
Flurbereinigung 53, 54, 55, 56, 100, 106, 107, 108, 111, 114, 115, 116, 129, 141
Flurbereinigungsverfahren 268, 274
Flurform 116, 264, 266
Flurformenforschung 105
Flurgehölz 235
Flurgenese 116
Flurgenetik 115
Flurgeschichtsforschung 99
Flurgrenze 107
Flurname 79, 106, 126, 128, 130, 203, 205, 206, 219
Flurneuordnung 55
Flursystem 99
Flurweg 104, 107
Flurzersplitterung 53
Flurzwang 101, 114
Flußaue 199, 201, 225, 292
Flußlandschaft 213, 225
Flußname 201
Flußregulierung 53
Flutmulde 207
Flyschberge 125
Förderprogramm 262
Formenschatz,
- agrarmorphologischer 99, 102, 103
- kultureller 121
Forstwirtschaft 28, 38, 46, 126, 132, 162, 165, 193, 254, 263, 301
- intensive 178
Fränkische Alb 66
Frästorfabbau 169
Frankfurt 249
freie Reichsstadt 244
Freifläche 241, 254
Freimann 40
Freiraum 254, 256
Fremdenverkehr 259, 260, 261
Friedhof 148
Fruchtbarer Halbmond 201
Fruchtfolgesystem 86
frühindustriell 248
Frühmittelalter 203, 204, 229
Fuchsschwanz 216
Funktionalismus 249
Futtergetreide 42
Futtergewinnung 82
Futtergrünland 83
Futterlaub 126
Futterwert 63
Futterwiese 85, 87, 128
Futterwirtschaft 37

Gäulandschaft 142
Garten 127

Gartenbau 231
Gartenstadt 249
Gebüsch 63, 107, 126, 299, 303, 304
Gebüschbrachen 299
Gehölz 109, 208, 298, 300
Gehölzsaum 299
Gemarkung 123, 129
Gemeindeweide 32, 35, 36
Gemeinschaftsweide 129
Genbank 147
Genreservoir 147
Geofaktor 14
Geographie 18, 100
Geosphäre 14, 25
Geschiebehaushalt 207
Geschiebemergel 179
Gestaltung 292
Getreideacker 100
Getreidebau 41, 42, 65, 66
Getreidewirtschaft 37
Gewässerausbau 56, 271
Gewässergüte 304
Gewässerrückbau 55
Gewässersediment 297
Gewässerverunreinigung 27
Gewann 102
Gewannflur 103, 104, 106
Gewannstoß 103, 106, 107, 108, 115, 129
Gewerbe 28
Gewerbegebiet 237, 238, 241, 242, 245, 255
Gießbach 208
Gießbachtal 179, 180
Gießen 209
Glasbläserei 268
Glashütte 126
Glasverhüttung 53
Glatthaferwiese 149
Gögglinger Ried 212
Göppingen 240
Goslar 244
Graben 241, 294, 296, 297, 298, 299, 300, 304
Grabenpflege 307
Grasrain 33
Grasstreu 33
Grenzfurche 102, 104
Grenzsteine 105
Griechenland 138
Gropiusstadt 251
Großseggenbestand 216, 304
Großseggenried 205, 212, 302
Großseggenrieden 212
Großstadt 243, 250, 252
Großterrassengebiet 114
Grünanlage 255
Gründerzeit 237
Gründlenach 303, 304
- schwebstoffreiches 304
Gründlenniederung 302

315

Stichwortverzeichnis

Gründlenried 161, 290, 304
Grünfläche 241, 245, 255, 269
Grüngestaltung 271
Grünland 33, 35, 36, 50, 63, 65, 69, 79, 84, 85, 86, 88, 90, 91, 100, 105, 109, 110, 133, 140, 142, 148, 151, 169, 176, 177, 185, 198, 205, 209, 213, 216, 217, 218, 220, 221, 239, 249, 262, 263, 264, 269, 271, 289, 294, 295, 303
- extensives 65
Grünlandbetrieb 51
Grünlandbiotop 269
Grünlandbiotopkartierung 269
Grünlandbrache 299, 300
Grünlandnarbe 88
Grünlandnutzung 166, 304, 307
Grünland-Pflegeprogramm 271
Grünlandregion 50, 63
Grünlandvegetation 78, 85
Grünlandwirtschaft 79, 264, 271
- intensive 307
Grünordnung 250
Grünordnungsplan 234
grundherrliche Abgabe 42
Grundmoräne 179
Grundmoränenlandschaft 169
Grundwasser 27, 49, 50, 63, 99, 132, 147, 164, 174, 177, 179, 187, 188, 205, 212, 219, 251, 253, 285, 291
Grundwasseranreicherung 271
Grundwasseranstieg 164
Grundwasserentnahme 245
Grundwassererneuerung 238
Grundwasserfenster 133
Grundwassergang 291, 302
Grundwasserneubildung 249, 250
Grundwasserreinhaltung 241
Grundwasserspiegel 178, 213, 225
Grundwasserstrom 208
Grundwasserverhältnisse 245
Grundwasservorrat 133
Gülle 50, 70, 87, 179, 186, 198
Güllewirtschaft 195
Güterstraße 107
Güterweg 106
Gut, öffentliches 58, 59

Hackfrüchte 36
Häusler 32
Hage 129
Haidgauer Quellsee 170
Haidgauer Ried 172
Halbkulturlandschaft 64
Halbkulturpflanze 194
Halbtrockenrasen 212
Handtorfstich 168, 169, 171
Hangmoor 87, 167, 169, 179

Hangmulde 300
Hangquelle 78, 235
Hannover 244
Hanse 244
Hardtwald 148
Harz 244
Hauberge 101
Hausform 235
Hausgarten 141
Havelländer Luchs 30
Hecke 92, 93, 100, 102, 104, 107, 109, 110, 114, 130, 131, 191, 229, 236, 241, 264
Heckenlandschaft 123, 131
Heide 30, 60, 64, 205, 220
Heidenheim 240
Heiligkreuztal 204
Heimat 124, 135, 158, 261
Heimatschutz 261
Herbertingen 204, 209
Herbizid 58, 88, 147
Herbrechtingen 274
Hessen 51
Heuneburg 201
Heuwiese 66, 264
Himalaya 109
Hochacker 104
Hochbeet 104
Hochmittelalter 203, 204, 231
Hochmoor 78, 82, 165, 167
Hochmoorfläche 300
Hochmoortorf 250
Hochmoorvegetation 79
Hochrain 107
Hochstammobstbäume 105
Hochstaude 301
Hochstaudenflur 216, 298, 302, 307
Hochterrasse 177
Hochwasser 123, 133, 164, 201, 203, 206, 207, 213, 220, 235, 307
Hochwasserabfluß 291
Hochwassergefahren 208
Hochwasserschutz 225
Hochwasserschutzdamm 220
Hohenheim 177, 194
Hohentengen 204
Hohentengen/Hundersingen 213
Hohenzollern 140
Hohlweg 56, 103, 111, 112, 113, 116
Holzkohle 53
Holzmangel 130
Hudewald 101, 111, 148
Hüteschafhaltung 65
Hufenlandschaft 110
Humus 116
Hundersingen 201, 204, 205, 207, 211, 216, 217, 218
Hutung 35, 64, 101
Hutweide 32, 36
Hydrosphäre 13, 14

Iller 127, 201, 204
Immenrieder Ach 303, 304
Immission 245
Indien 138
Individualverkehr 250
Industrialisierung 20, 27, 28, 43, 44, 162, 232
Industriefläche 242, 255
Industriegesellschaft 94
Infrastruktur 55, 62
- landwirtschaftliche 56
Ingolstadt 166
intensiv 87, 130, 164, 177, 180, 238, 239, 254, 297, 307
Intensivgrünland 128, 169, 297
Intensivierung 36, 49, 51, 63, 130, 132, 238, 269
Intensivkultur 145
Intensivnutzung 62
Intensivobstbau 143, 144, 148
Intensivwirtschaft 62, 65, 70
Isnyer Moos 127
Isolationseffekt 254

Jungsteinzeit 138, 175, 201
Jungviehweide 262, 266

Kaiserstuhl 56, 112, 113
Kaiserzeit, römische 138
Kalkfällung 174
Kalkgestein 56
Kalklebermudde 174
Kalkmagerrasen 56
Kalkstandort 64
Kalktuffbildung 302
Kaltluftfluß 255
Kanal 54, 108, 115
Kanton Zürich 194
Karlsruhe 236, 238, 239
Kastanienselven 101
Kehlheim 201
Kelten 201
Kempten 128
Kernkraftwerk 274
Kesselmoore 169
Keuperstufenrand 142
Kiesabbau 133, 212, 213, 300, 307
Kiesgrube 133, 209, 213, 294, 295, 296, 298, 299, 300 301, 307
Kinzig 235
Kinzigaue 235
Kinzigtal 235
Kißlegg 133, 161, 294, 295, 303, 304, 305, 306, 307, 308, 309
Kißlegger Ach 290, 303
Kläranlage 27
Kläranlagenausbau 254
Kleinbiotop 63, 148
Kleinblockfluren 101

Stichwortverzeichnis

Kleinformen 101
Kleingewässer 64
Kleinlebensraum 111
Kleinrelief 110
- agrarmorphologisches 100
Kleinseggenried 212
Kleinviehweide 109
Klima 42
Klimageschichte 162
Klingen 121
Knielingen 236
Kochel 86
Köhlerei 101, 126, 268
Kohldistel-Glatthaferwiese 216
Kohlendioxid 164, 166
Kohlenstoffhaushalt 164
Kollektiv 59
Kollektivgut 58, 59, 60, 61
Kommunalentwicklung 286
Kommunalpolitik 286
Konfliktanalyse 280
Konfliktmanagement 286
Konservatismus 22
Konsumgüter 42
Kopfbinsenrieder 212
Kopfweide 102, 204
Kosmos 19, 21
Kostendeckung 65
Kosten-Nutzen-Analyse 56
Kraichgau 60, 109
Kultivation 29, 31, 32, 33, 36, 39, 41, 43 85, 87, 162
Kulturart 145
Kulturbiotop 70, 116
Kulturdenkmal 162, 264
Kulturfläche 111
Kulturform 116
Kulturformation 102, 138, 301
Kulturgeschichte 161, 162, 169, 174, 290
Kulturgut 260
kulturhistorisch 19
kulturhistorisches Erbe 114
Kulturland 53, 105, 110, 111, 115, 208
Kulturlandschaft 13, 14, 21, 22, 23, 28, 60, 61, 64, 88, 90, 92, 93, 94, 99, 100, 101, 102, 103, 106, 109, 111, 114, 115, 116, 121, 123, 124, 126, 129, 132, 134, 135, 137, 138, 145, 180, 201, 229, 231, 234, 235, 237, 240, 241, 242, 260, 261, 262, 263, 266, 268, 271, 275, 281, 284, 286, 289, 290
- historische 64
- mitteleuropäische 180
- vielfältig 23
Kulturlandschaftselement 242
Kulturlandschaftsentwicklung 93
Kulturlandschaftsschutz 260
Kulturlandschaftswandel 135

Kulturpflanze 101, 194, 201
Kulturschichten 135
Kulturtechnik 87, 121, 162, 195
Kulturwechsel 102
Kulturwechsel-Stufe 102, 103, 109, 110
Kulturwechsel-Terrasse 102

Lagerungsdichte 298
Lahn-Dill-Bergland 60
Landbau 99
Landbewirtschaftung 49, 77, 78, 88, 91, 93, 94, 95, 238, 282
- nachhaltige 93, 94
Landesentwicklungsplan 261
Landeskultur 37, 53, 54, 137, 275
Landeskulturbehörde 57, 61
Landeskunde 100
Landespflege 13, 143
Landesrahmenprogramm 234
Landgewinnung 31, 175
Landnahme, fränkische 203
Landnutzung 45, 192, 263, 291
- extensive 71
- historische 293
Landnutzungsforschung 65
Landnutzungsprinzip,
- historisches 301
Landschaft,
- Eigenart 20, 22
Landschaftplanung 278
Landschaftsästhetik 63, 137, 139, 143
Landschaftsbild 37, 44, 56, 65, 66, 129, 137, 140, 142, 145, 150, 237, 264, 293
Landschaftselement 241, 282, 294, 295, 298, 299, 300, 301
Landschaftsentwicklung 45, 59, 65, 273, 274, 282, 285, 295, 296
Landschaftsgeschichte 93
Landschaftsgestaltung 271
Landschaftshaushalt 23, 24, 90, 241
Landschaftskomplexe 234
Landschaftskunde 17
Landschaftsnutzung 44, 102, 242
Landschaftsökologe 14, 100, 162, 164, 167, 169, 172, 273, 284, 307
Landschaftspflege 19, 20, 60, 65, 66, 99, 109, 116, 137, 186, 196, 217, 225, 245, 254, 262, 269
Landschaftspflegeaufgaben 269
Landschaftspflegekosten 65, 66
Landschaftspflegemaßnahme 269
Landschaftsplan 234, 276, 284
Landschaftsplaner 282

landschaftsplanerisches Instrument 282
Landschaftsplanung 19, 256, 273, 274, 275, 280, 281, 282, 285, 286, 287
Landschaftsqualität 58, 59, 65
- ökologische 62
Landschaftsqualitätsziel 290
Landschaftsräume 250
Landschaftsrahmenprogramm 234
Landschaftsressourcen 68
Landschaftsschönheit 59
- landwirtschaftliche 68
Landschaftsschutz 99, 235, 245, 260
Landschaftsschutzgebiet 249, 254
Landschaftsstruktur 93, 235, 237
Landschaftstyp 290
Landschaftsversiegelung 245
Landschaftswasserhaushalt 291
Landverbrauch 255
Landwirtschaft 28, 31, 32, 33, 35, 38, 40, 43, 46, 48, 49, 50, 51, 55, 62, 63, 66, 67, 68, 69, 70, 72, 77, 85, 86, 87, 88, 90, 91, 92, 93, 94, 99, 126, 132, 162, 254
Landwirtschaftpflege 66
Landwirtschaft/Umwelt 90
Landwürthschaft 40
Lange Rhön 64
Langenauer Ried 162
Laubbaum 130
Laubgehölz 307
Laubholzhecke 130
Laubstreu 32, 33, 101, 126
Laubwald 33
Laubwaldreste 298
Laupheim 207, 208
Lebensgemeinschaft 23, 38, 99, 164, 208, 255
Lebensraum 46, 99, 116, 123, 133, 134, 147, 208, 213, 222, 235, 236, 238, 241, 255, 261
Lebensraumkomplex 236
Lebensraumtyp 240
Lebermudde 176
Lech 28, 31
Leguminosen 36
Lehmgrube 194
Leistung, ökologische 72
Leitbild 64, 241, 242, 249, 273, 274, 281, 289, 301, 303
Leitbildentwicklung 285
Leonberg 240
Lesesteine 103, 111
Lesesteinhaufen 100, 102, 110
Lesesteinmauer 111
Lesesteinrain 107
Lesesteinreihen 100, 110

317

Stichwortverzeichnis

Lesesteinzeilen 110
Leupolz 196
Leutkirch 127, 194
Limes 201
Lindau 194
Lithosphäre 13, 14, 16
Löß 110, 112, 113, 114, 238
Lößgebiet 109, 112
Lößlehm 110
Lößwand 113
Loisach 78, 79, 82
Loisach-Kochelsee-Moore 78, 82, 89, 90
Lokalklima 145
Ludwigsburg 240
Luftverschmutzung 27

Mähde 127, 133
Mähwiese 114
Märkisches Viertel 251
Märkte 248
Magdeburg 141, 244
Magerrasen 32, 65, 66, 122, 133, 219, 220, 237
Magerweide 57
Magerwiese 33, 174, 220, 235
Mahdzeitpunkt 83
Main 138
Maisacker 191
Manching 201
Markt 231, 250
Marktobstbau 144
Marktordnung 48, 49, 63, 68
Marktordnungskosten 62
Marktwirtschaft 49, 55, 57, 58, 70, 71, 92, 144, 311
Maschinentorfstich 169
Massentierhaltung 90
Mauer 107, 111, 264
Mediation 281, 286
Mediationsverfahren 280
Medizinpflanzen 101
Mehrfachnutzung 293
Melioration 36, 55, 121, 195
Meliorative 133
Mikrorelief 307
Mindestflur 269
Mineraldünger 42
Mineralisation 166, 291, 302
Mischwald 32, 33
Mittelalter 16, 18, 37, 114, 127, 177, 207, 232, 262
Mitteleuropa 63, 99, 101, 138, 191, 193, 229, 248, 256
Mittelmeerraum 64, 109
Mittelwald 101
Mittlerer Neckar 231, 240
Moderationstechnik 286
Molasse 125
Monitoring 286
Monokultur 32, 38, 39, 43, 293

Monotonie 28
Monotonisierung 251
Moor 29, 30, 33, 53, 64, 79, 82, 83, 87, 125, 128, 130, 132, 161, 162, 164, 165, 166, 167, 168, 169, 175, 176, 177, 178, 179, 180, 254, 289, 291, 294, 296
Moorbildung 164, 179
Moorboden 88, 291, 302, 307
Moorfläche 300
Moorkolonie 170
Moorkomplex 162, 167, 169, 170, 172, 177, 179, 180, 294, 296
Moorkultivierung 53, 162
Moorkultur 79
Moorlandschaft 180, 199
Moorlandschaftsschutzkonzept 169
Moormelioration 86
Moor Oberschwaben 162
Moorregeneration 167
Moorschutz 164
Moortyp 163, 167, 178
Moorwachstum 164
Moorzonation 170, 171
Moosbach 304
Moose, leopoldskroner 29
Moränenlandschaft 125
Mostobst 145
Mühle 43, 231
Mühlweiher 129
Müllverbrennungsanlage 274
München 40, 78
Münstertal 259, 260, 261, 263, 264, 265, 266, 267, 269, 270, 271, 272
Münstertallandschaft 266
Munderkingen 205
Muschelkalk 142
Mutterkuhhaltung 65

Nacheiszeit 164
Nachhaltigkeit 91, 123
Nachtweide 206
Nachwärmezeit 170
Nadelstreu 126
Nährstoff 90, 92, 94, 132, 147, 156, 164, 186, 187, 198, 238, 240, 297
Nährstoffangebot 295, 296, 298
Nährstoffarmut 186, 295
Nährstoffauswaschung 86
Nährstoffbilanz 87
Nährstoffeinträge 169
Nährstoffluß 90
Nährstoffgehalt 186
Nährstoffhaushalt 294
Nährstoffkreislauf 41
Nährstoffreiche Feuchtwiese 302
Nährstoffreichtum 289, 296

Nährstoffstrom 91
Nährstoffverfügbarkeit 295, 296
Nährstoffverhältnis 298
Nährstoffversorgung 148
Naherholung 255
Nahrungsmittelproduktion 92
Narbenpflege 88
Narbenverletzung 88
Naßboden 186, 294
Naßwald 303
Naßwiese 128, 134, 177, 186, 191, 195, 209, 212, 254, 299, 300, 301
Naßwiesenbrache 190
Natürlichkeit 37
Naturaneignung 41
Naturgeschichte 17
Naturgesetz 38
Naturhaushalt 23, 24, 253, 273, 280, 281
Naturlandschaft 13, 14, 54, 79, 85, 99, 100, 121, 180, 240
Naturlandschaftsschutz 260
Naturpotential 77
Naturraum 42, 93, 99, 111, 178, 234, 241, 275
Naturschönheit 64
Naturschützer 56, 72
Naturschutz 47, 48, 61, 64, 67, 70, 72, 77, 94, 95, 99, 109, 116, 137, 150, 151, 162, 172, 177, 186, 196, 198, 217, 225, 229, 242, 254, 269, 275, 278, 289, 310
Naturschutzgebiet 151, 175, 179, 249, 254, 290
Naturschutzgebiet Federsee 176
Naturschutzgesetz 20, 278
Naturschutzkonzept 77
Naturschutzrecht 272
Naturschutzverband 57, 62, 137
Naturschutzvereinigung 157, 158
Naturschutzziel 91, 92, 93
Nebenerwerbsbetrieb 52
Nebenerwerbslandwirt 152
Neckar 138
Neckarbecken 231
Neckartal 237
Neolithikum 201
Neophyten 240
Nesenbach 237
Neu-Breisach 232
Neufra 209, 217
Neulandgewinnung 31
Neureut 236
Nieder-Energie-Wirtschaft 301
Niedermoor 78, 79, 82, 101, 178, 212, 292
Niedermoorboden 212, 295, 297, 302
- entwässerter 303
Niedermoortorf 170, 289, 307

318

Stichwortverzeichnis

Niederrhein 63
Niedersachsen 131
Niedersonthofener See 128
Niederstammplantage 100
Niederterrassenschotter 133
Niederwald 101, 126
Niedrig-Energie-Wirtschaft 293
Niedrigwasserabfluß 291
Nische, ökologische 43
Nitrophytenflure 221
Nitratemission 92
Nitrophyt 208
Nivellierung 22
Noosphäre 14, 16, 21, 24
Nordostschweiz 105, 109, 192
Nordrhein-Westfalen 58
Nordstadt 251
Nordwestdeutschland 53
Nürtingen 240
Nutzpflanzen 101
Nutzung 94
- extensive 174
Nutzungsdiversität 83
Nutzungsextensivierung 238
Nutzungsintensität 87, 88, 254
Nutzungssystem 85
- agrarisches 282
Nutzungstechnik 88

Oberflächenversiegelung 255
Oberflächenwasser 50, 63, 132, 166, 245
Obermünstertal 264
Oberrhein 231
Oberrheinebene 53
Oberschwaben 161, 162, 167, 169, 172, 176, 180, 185, 194, 289
Obersee 289
Oberwallis 109
Obstbau 137, 138, 139, 140, 141, 143, 145, 151, 152
Obstbaum 114, 130, 137, 138, 139, 141
Obstbaumwald 137
Obstgarten 138, 237, 239
Obstwiese 101, 111, 237
Odenwald 142
Oderbruch 53
Öde 31, 35, 37
Ödländerei 30, 31
Ödlandkultivierung 176
Ödung 130
Ökobilanz 273
Ökologen 56
Ökologie 18
Ökonomie 40, 41, 46, 47, 49, 52, 54, 56, 57, 58, 59, 61, 77, 90, 92, 94, 95, 131, 285
Ökosphäre 14, 21, 24, 249
Ökosystem 13, 15, 24, 44, 69,
85, 94, 162, 164, 166, 172, 187, 221, 239, 240, 254, 255, 256
Ökosystemkompartiment 250
Ölkofen 204, 217
Österreich 36, 60, 219
Oker 244
Olderbruch 30
Orchideenwiese 72
Ortsbild 260
Ostasien 109
Ostdeutschland 166
Osterried 169, 177, 178
Ostfildern 240
Ostrach 209

Park 148, 231, 237, 241
Pedosphäre 13
Penzberg 79
Perlesreut 274
Persien 138
Pestizideinsatz 52
Pestwurzflur 211
Pfeifengras-Steuwiese 185, 217
Pfeifengraswiese 212, 216, 302
Pflanzenformation 300, 301
Pflanzengemeinschaft 164, 240, 302
Pflanzennährstoffe 62
Pflanzenproduktion 94
Pflanzenschutz 152, 156
Pflanzenschutzmittel 147, 148
Pflanzgarten 104
Pflege 85, 87, 90, 151, 152, 155, 158, 174, 199, 254
Pfrunger Ried 162
Phosphor 166
Physiosphäre 14
Planung 282, 284 286
Polykultur 43, 293
Population 46, 53, 58, 71, 116, 191, 254
Potential
- abiotisches 291, 194, 295, 296, 301, 308
- biotisches 291, 298, 300, 301, 302, 305, 308
Pottasche-Herstellung 126
Privatgut 57, 58, 61
Produktion 94
- agrarische 43
- ökologische 282
Progression 292
Protektion 292
Prozesse, - natürliche 290, 292
Psychologie 19
Psychotope 261
Pufferfunktion 1164, 72
Pufferzone 63, 67, 174, 179

Qualität, ökologische 61
Quellbach 209
Quelle 79, 254, 262, 270, 294,
296, 298, 299, 300, 302, 304, 307
Quellengebiet 199
Quellfassung 302
Quellflur 301, 302
Quellgraben 307
Quellmoor 179
Quellmulde 263
Querrain 106

Rain 102, 103, 106, 127, 129, 134, 241, 250
Randsenke 212
Raum, ländlicher 240
Raumordnung 234
Ravensburg 167
Realteilungsgebiet 53
Rebberg 101, 109
Rebflurbereinigung 113
Rechtenstein 204
Rederalstelle 295
Reduktionismus 16
Refugialbiotop 147
Regeneration 85, 90, 198, 293
Regenmoor 169, 172
Regenmoorkomplex 167, 170, 174
Regenmoorschild 170, 172, 174, 176
Regionalentwicklung 282
Regionalplan 234, 235
Reichermoos 162, 167
Reichsarbeitsdienst 195
Relief,
- agrarmorphologisches 116
Renaissance 18
Renaturierung 225, 255, 291, 302, 307
Reproduktion 292
Ressourcen,
- abiotische 63
- ökologische 57
Ressourcennutzung 93, 293
Ressourcenschutz 290, 291, 292, 301, 307
Retention 207, 225, 291, 302, 304
Retentionsfunktion 164, 165, 172
Reutberge 101
Rhein 138, 231
Rheinebene 263
Rheingletscher 174, 289, 290
Rheinland 141
Rheintal 235
Rheinterrasse 238
Rhön 66
Riedlingen 204, 206, 209, 210, 211, 212, 213, 214, 215, 217, 225
Riedwiese 212
Rieselfeucht 304

319

Stichwortverzeichnis

Rindviehhaltung 92
Rinnen 121
Risikominderung 293
Risikominimierung 42
Rißeiszeit 174, 177
Rißtal 177
Rodung 28, 141, 143, 178, 201, 203, 204, 207, 264, 268
Röhrichtbestand 304
Röhrichte 125, 205, 208, 216, 254, 298, 302
Römerzeit 203
Rohboden 235, 295
Rohrglanzgrasbestand 221
Romantiker 20, 31
Rotationswirtschaft 101
Rote Liste 150, 238
Rottenacker 209
Rottenacker Ried 212
Rotterdam/Amsterdam 229
Ruderalfläche 297
Ruderalflur 301, 303, 307
Ruderalstelle 299, 300
Ruderalstratege 85
Ruhrgebiet 229

Säkularisation 78, 128
Salbei-Glatthaferwiese 151
Salzburg 29
Salzgewinnung 53
Saumbiotope 108
Saumstrukturen 110
Schadstoff 27, 238, 241
Schadstoffbelastung 27
Schaffhausen 109
Schafweide 127, 151
Scheer 204
Schilfröhrichte 212
Schlaggröße 83
Schlammboden 294
Schlammbodenflora 301
Schleswig-Holstein 60, 131
Schmiech 204
Schneiteln 101
Schönbuch 251
Schorndorf 240
Schotterterrasse 209
Schussen 127, 174, 176
Schussenbecken 174
Schussenried 176
Schutzgebiet 256
Schutzprogramm 180, 253
Schwäbische Alb 51, 52, 66
Schwarzach 213
Schwarzwald 142, 235, 262, 263, 269, 271
Schwebstoff 304
Schweden 60
Schweinemast 32, 126
Schweiz 67, 116
Schwermetall 166
Sediment, äolisches 112

Sedimentation 133, 206, 291, 304
See 125, 132
Seefällung 175, 176
Segetalflora 65
Selbstversorgungswirtschaft 82
Sersheim 274
Sickerquelle 188
Siedlungsentwicklung 249, 262, 271
Siedlungsgeographie 100, 266
Siedlungsnamen 126
Siedlungsplanung 256
Siedlungsstruktur 260
Sigmaringen 202, 220, 221, 224
Silikatgestein 56
Silikatstandort 64
Sindelfingen 231
Sinterbildung 187
Smogbelastung 250
Sommergetreide 43
Sommerkalt 304
Sommerwarm 304
Sozialpolitik 62
Sozialstruktur 235
Soziosphäre 14
Sportfischerei 310
Staatswald 57
Stadt 42
Stadtbiotopkartierung 239
Stadt Buchau 175
Stadtentwicklung 249, 256, 257
Stadterweiterung 245
Stadtlandschaft 238, 243, 253
Stadtökologie 25 S257
Stadtplanung 249, 252
Stadtumland 249, 254, 255, 256
Städtebau 249, 253, 270
städtisch-industrieller Komplex 94
Stahlverhüttung 53
Stallfütterung 100, 266, 269
Standort 93, 301, 302
Standortbedingungen 82, 297, 299
Standortvielfalt 298
Staudenflur 208, 307
Staudensaum 236
Stauhaltung 222
Stauwasser 179
Steinbruch 231
Steinhauser Ried 176
Steinwall 107
Stephanskirchen 274
Stickstoff 164, 166
Stickstoffdünger 86
Stickstoffzeiger 166
Stillegung 310
Stillgewässer 294
Stoffverlagerung 302
Stoppelfeld 33
Stoppelweide 33

Sträuobstbestand 144, 149
Straße 237
Straßenbau 115
Streichbrettpflug 105
Streu 33, 127, 137, 188
Streugbedarf 87
Streugewinnung 82, 123, 170, 175, 194
Streumahd 79
Streumangel 193
Streunutzung 193
Streuobst 64, 139, 143, 151, 157
Streuobstbäume 142
Streuobstbau 137, 141, 142, 143, 144, 145, 151, 152, 153, 156, 157, 158
Streuobstland 140
Streuobstwiese 101, 137, 138, 140, 142, 143, 145, 147, 148, 150, 151, 152, 155, 157, 158, 241
Streuobstwiesengürtel 238
Streutorfgewinnung 171
Streuwiese 32, 70, 79, 85, 87, 90, 101, 125, 127, 128, 134, 137, 151, 164, 165, 169, 174, 176, 177, 178, 179, 180, 185, 186, 187, 188, 189, 190, 191, 192, 193, 194, 195, 197, 198, 199, 212, 216, 217, 298, 299, 300, 301, 302, 304, 307
- Pflege 198
Streuwiesenfläche 83
Streuwiesenkultur 79, 86, 127, 192, 193, 194, 195
Strohgäu 231
Strukturen 99
Strukturpolitik, ländliche 54, 55
Strukturvielfalt 49, 71, 190
Stufenrain 100, 102, 103, 107, 108, 109, 128, 295, 296, 298, 299, 300, 303, 304, 307
Stuttgart 231, 232, 234, 237, 238, 240, 251, 254, 256
Stuttgart-Cannstatt 238
Subsistenzwirtschaft 42
Süddeutschland 52, 66, 106
Südwest-Deutschland 137, 138, 141, 169, 220
Sukzession 63, 155, 216, 269
Sukzessionsforschung 302
Sumpf 130
Sumpfdotterblumenwiese 302
Sumpfkultivierung 53
Sumpfquelle 289
System, ökologisches 91

Tafelobst 145, 154, 155
Tafelobstmarkt 144
Taubertal 110, 111, 113
Technosphäre 14, 24
Teich 101

Stichwortverzeichnis

Terrasse 100, 102, 107, 108, 109, 113, 127, 207, 212
Terrassenacker 102, 103, 108
Terrassenackerfluren 109
Terrassenflur 108, 109, 115
Tettnang 194
Thüringen 106
Thurgau 194
Tiergemeinschaft 240, 302
Tirol 34, 35
Torf 132, 161, 162, 164, 167, 174, 177, 179
Torfabbau 162, 164, 165, 166, 167, 169, 170, 172, 176, 177, 212
Torfablagerung 164
Torfen 162
Torffläche 167
Torfkanäle 213
Torfkörper 166
Torflager 164
Torflagerstätte 128, 162
Torfmoor 167, 194
Torfnutzung 175
Torfprofil 177
Torfsackung 304
Torfschwund 304
Torfstich 166, 167, 172, 177, 194, 294, 298, 304
Torfwachstum 164
Tourismus 260, 263, 270, 282
Tourist 261
Tradition 64
Tränkeweiher 130
Trieb 204, 206
Triebgasse 129
Triebweg 130
Trift 32, 35, 127, 130
Trinkwasser 285
Trittpflanzengemeinschaft 235
Trittrasen 236
Trockenbiotop 148
Trockenlegung 29, 36
Trockenmauer 237
Trockenrasen 32, 212
Trockensteinmauer 101, 111, 114
Tümpel 239, 294, 295

Überfahrt 129
Überflutungsmoor 179
Übergangsmoor 78, 167
Überschwemmung 207, 208, 304
Überschwemmungsbereich 310
Überschwemmungsgebiet 204, 208, 213, 297
Ufererosion 304
Ufergehölz 307
Uferstruktur 220
Uferverbau 221
Uferwälle 207
Ulm 202, 204, 212, 213, 220,
221, 223, 224
Umweltbelastung 251, 273
Umweltgüter 58
Umweltinformationssystem 256
Umweltplanung 273
Umweltpolitik 92, 280
Umweltprobleme 278
Umweltschutz 55, 150, 229, 254, 273, 274, 275, 276
Umweltschutzpolitik 280
Umweltschutzprogramm 282
Umweltveränderung 278
Umweltverträglichkeit 27
Umweltverträglichkeitsprüfung 256, 260, 266
Umweltvorsorge 256, 260, 273, 274, 282
Ungarn 244
Unkultur 28, 29
Untermarchtal 222
Urban-Industriell 255
Urbanisierung 234, 235, 236, 238, 240, 241, 245
Urbarmachung 121
Urlandschaft 180

Vegetationsentwicklung 304
Vegetationsgeschichte 162
Vegetationsveränderung 77, 78
Verbrachung 260
Verbuschung 158
Verdichtung 250
Verdichtungsgebiet 240
Vereinödung 129, 130
Vergletscherung 164
Verkehrsbelastung 259
Verkehrsberuhigung 260, 270
Verkehrsplanung 234
Verlandungsmoor 169, 174
Vermarktung 273
- extensive 285
Vermarktungskonzept 282, 285
Vernässung 178, 304, 310, 311
Vernetzung 116
Verrohrung 133
Versiegelung 241, 245, 250, 251, 255
Versiegelungsgrad 245
Versorgungseinrichtung 232
Versorgungsfläche 241
Versorgungsinfrastruktur 236
Versorgungsstrasse 245
Verstädterung 43, 245
Versumpfung 169
Versumpfungsmoore 177
Vertragsnaturschutz 59
Verursacherprinzip 94
Vieh 36, 38, 41, 43
Viehbesatz 87
Viehbetrieb 102
Viehgasse 264
Viehhaltung 41, 127
Viehtrieb 35, 129
Viehtrift 32
Viehweide 34, 130, 206
Viehwirtschaft 41, 268
Viehzucht 35, 41, 43
Vielfalt 22, 28, 46, 124, 145, 255, 302
- biologische 90
- ökologische 47
Völkerwanderungszeit 203
Volkswirtschaft 55, 57, 62
Vollerwerbsbetrieb 50, 51, 52
Vorderer Orient 201
Vorfluter 55
Vorrangfläche 67, 68
Vorrangfunktion 67
Vorwald 63

Wärmezeit 174, 175
Wässerwiese 86, 93, 101, 129, 204
Waiblingen 240
Waid 204
Wald 31, 32, 33, 35, 38, 39, 53, 57, 60, 63, 79, 82, 83, 86, 101, 102, 105, 107, 109, 110, 114, 115, 116, 126, 148, 178, 193, 218, 243, 249, 254, 263, 264, 266, 268, 292, 307
Waldbodenflora 298
Waldburg 162
Waldfläche 110, 268
Waldhufenflur 110
Waldlandschaft 238, 239, 240
Waldrandstufe 102, 103, 109, 110
Waldrodung 264, 271
Waldsaum 300
Waldsterben 27
Waldstreunutzung 193
Waldweide 32, 33, 34, 126, 148, 193, 264
Waldweidetypen 101
Waldwirtschaft 43
Wall 111, 115
Wandel, agrarstruktureller 289
Wanderdüne 53
Wanderschäferei 269
Wangen 128, 194, 196
Warthebrüche 30
Wasser 298
Wasserbau 53, 54, 57, 79, 127, 213, 235, 289, 310
Wasserhaushalt 82, 187, 212, 216, 217, 270, 294, 295, 302
Wasserkraft 42
Wasserkraftnutzung 225
Wasserpflanze 208, 221
Wasserpflanzenflora 221
Wasserqualität 71
Wasserschutz 290

321

Stichwortverzeichnis

Wasserschutzgebiet 274
Wasserspeicherkapazität 206
Wasserverband 310
Wasserversorgung 65, 259
Wasserwirtschaft 55, 225, 274, 310
Wechselfeld 126, 130, 216
Wechselfurchen 105
Wechselgründland 78
Wegebau, ländlicher 55
Weichholzaue 203
Weide 31, 32, 33, 34, 35, 37, 41, 43, 53, 64, 66, 79, 82, 86, 101, 102, 104, 111, 114, 125, 126, 127, 128, 129, 130, 132, 148, 175, 207, 208, 243, 263, 264, 266, 268, 307
Weidebuche 266
Weidefläche 260, 264
Weidegang 100, 192
Weidegasse 111
Weideland 264, 268
Weiden 205
Weidengebüsch 303
Weidenutzung 269
Weiderecht 204
Weidetier 36, 206
Weidewirtschaft 175, 225, 307
Weidgasse 100, 102, 114
Weidgraben 100
Weiher 125, 128, 130, 131, 132, 254, 289, 294, 297, 299, 300
Weiherboden 128
Weilerstruktur 235

Weinbau 54, 138, 139, 237
Weinberg 104, 109, 237
Weißer Jura 203
Weltmarkt 48, 49, 61
Wendepflug 106
Westallgäuer Hügelland 178, 179, 290, 300
West-Berlin 240
Westdeutschland 144
Weyden 34
Wiedervernässung 166, 172, 177, 178, 198
Wiese 32, 33, 34, 36, 38, 39, 40, 64, 65, 79, 102, 109, 111, 126, 127, 128, 130, 133, 148, 177, 192, 193, 204, 205, 207, 208, 212, 216, 219, 220, 235, 238, 243, 264, 267, 268, 270, 307
Wiesen, Daugendorfer 207
Wiesenbau 127
Wiesenbewässerung 115
Wiesenkultur 79
Wiesenland 107, 216
Wiesenmahd 32, 83
Wiesenmulde 298, 299, 300
Wiesenrandstufe 109
Wiesenstreu 194
Wildnis 28, 31
Wildobst 141, 153
Wilhelmsdorf 162
Windschutz 145
Wintergetreide 43
Wirtschaftsgrünland 297, 304, 307
Wirtschaftswissenschaft 49, 58

Wölbacker 102, 103, 104, 105, 115
Wölbackerflur 115
Wohndörfer 235
Wohnraumbedarf 259
Wolfegger Ach 180, 289, 303, 304, 307, 309
Wolfegger Achtal 308
Wolfenbüttel 244
Würmeiszeit 176, 179, 203, 289, 290
Württemberg 138, 140, 162
Wüstungsforschung 105, 115
Wurzacher Ach 127
Wurzacher Ried 169, 170, 171, 172, 173, 174

Zaun 100, 102, 114, 130, 229, 264
Zeigerart 297
Zeigerwertspektren 297
Zellersee 289
Ziegenhaltung 269
Zielartenkonzept 92
Zierrasen 236
Zivilisation 21
Zoologie 18
Zuckerrübenacker 72
Zugvieh 41
Zusammenlegung,
- beschleunigte 310
Zweckflurbereinigung 310
Zwergsträucher 79
Zwiefaltendorf 204
Zwischeneiszeit 177

322

Umweltforschung in Baden-Württemberg

Weller/Durwen
Standort und Landschaftsplanung
Ökologische Standortkarten als Grundlage der Landschaftsplanung
1994, Paperback, 188 Seiten,
Format 17 x 24 cm, mit farbiger Faltkarte 70 x 100 cm
ISBN 3-609-65430-9
DM **98,**–/öS **765,**–/sFr **98,**–

Für Umweltschutzmaßnahmen im Sinne einer Schadensvermeidung sind Vorsorgeplanungen auf der Basis einer ökologisch fundierten Landschaftsplanung notwendig. Im Konflikt zwischen Landnutzung und Naturschutz ist es notwendig, landschaftliche Leitbilder festzulegen, in die die Ergebnisse von Biotopkartierungen und großräumiger Erfassung von natürlichen Standortverhältnissen einfließen. Im Buch wird das EDV-System und seine Anwendung in der Praxis erläutert und diskutiert. Es liegt eine Karte mit Angaben zur Verbreitung feuchter, trockener und steiler Lagen als potentielle Schwerpunkte für Schutz, Pflege und Entwicklung in den Agrarlandschaften Baden-Württembergs bei.

Inhaltsübersicht: Methode- und Kartierverfahren – Planungsrelevanz – Eignungsbewertung, Abgrenzung und Maßstäbe – Aufbau eines Agrarökologischen Informationssystems – Geometrie und Sachdatenbank, Auswertungsmöglichkeiten, Nutzung von Sekundärquellen, Geländemodelle – Anwendung, Entwicklung, Ziele – Faktoren-, Verknüpfungs- und Eignungskarten, Beispiele: „Potentielle Grünlandgesellschaften" – „Natürliche Schwerpunkte für Schutz, Pflege und Entwicklung", „Leitbilder" – Weitere Entwicklung und Perspektiven.

ecomed verlagsgesellschaft
**Postfach 1752
86887 Landsberg**

Umweltforschung in Baden-Württemberg

Seiffert/Schwineköper/Konold
Analyse und Entwicklung von Kulturlandschaften
Das Beispiel Westallgäuer Hügelland
1995, Paperback, 460 Seiten,
Format 17 x 24 cm, mit zwei Faltkarten,
ISBN 3-609-65460-0
DM 98,–/öS **765,–**/sFr **98,–**

Mit einer systematischen Bestandsaufnahme von Lebensräumen und der historischen Entwicklung von Landschaften soll festgestellt werden, ob diese im derzeitigen Zustand zu erhalten oder Entwicklungen zu anderen Landschaftssystemen zuzulassen sind. Am Beispiel des Einzugsgebietes des Flusses „Wolfegger Ach" werden landschaftliche Leitbilder erstellt, um die Möglichkeiten für eine „naturschutzintegrierte" Landnutzung darzustellen und zu vermeiden, daß sich Planungen nicht aus voneinander mehr oder weniger unabhängigen Einzelmaßnahmen zusammensetzen. Die Erarbeitung naturraumbezogener Konzepte soll Grundlage bei der Entscheidung „Erhaltung, Weiternutzung oder Einleitung von natürlichen Prozessen" sein.

Inhaltsübersicht: Einführung – Untersuchungsgebiet – Methoden – Historische Analyse – Bestandsaufnahme/Potentialermittlung – Leitprinzipien – Potentialanalyse – Instrumentarien zur Umsetzung der Leitprinzipien – Entwicklungskonzepte für ausgewählte Landschaftsausschnitte – Erfahrungen und Anregungen für Umsetzungen – Literatur – Faltkartenbeilage.

ecomed verlagsgesellschaft
Postfach 1752
86887 Landsberg